Computerhardware für Fortgeschrittene

Klaus Eifert

9. Auflage Februar 2026

Der Autor

Autor: Klaus Eifert, geb. 1949 in Sachsen;

- 1967–1973 Studium in Moskau: Dipl.-Ing. für Elektronik, Spezialrichtung Computerentwurf.
- 1973–1990 Arbeit im Forschungsinstitut der Metallurgie. Entwicklung und Einsatz von Großrechnern und spezialisierten PC. Programmierung von Robotertechnik und Einrichten von lokalen Rechnernetzen.
- 1990–2008 eigene Firma „Schulung und Beratung" sowie Arbeit als Dozent in der Lehrlingsausbildung und Lehrerweiterbildung und im Computerservice.
- Seit 2005 als Autor tätig.

Angaben zu den lieferbaren und geplanten Büchern des Autors, Leseproben sowie Bestellmöglichkeiten finden Sie auf www.eifert.net

Impressum

Im Buch sind zahlreiche Verweise auf Internetseiten enthalten. Alle Links wurden vor der Drucklegung überprüft. Doch das World Wide Web ist höchst dynamisch. Webseiten können verschwinden oder sie werden geändert. Der Autor übernimmt keine Verantwortung für den Inhalt der verlinkten Webseiten.

Bildlizenzen: Titelbild von © Smileus und Hintergrundgrafik von © Neyro, beide von de.fotolia.com. Weitere Lizenzen siehe Seite 203. Layout für Cover von © rapidgraf.

Die Deutsche Bibliothek verzeichnet diese Publikation in der Deutschen Nationalbibliografie; detaillierte bibliografische Daten sind im Internet über https://portal.dnb.de/opac.htm abrufbar.

1. Auflage im Mai 2016, überarbeitet im August 2016
2. Auflage im Februar 2018, überarbeitet im Oktober 2018 und Februar 2019
3. Auflage im September 2019, überarbeitet im April 2020, November 2020 und Februar 2021
4. Auflage im Juli 2021, überarbeitet im Dezember 2021 und Mai 2022
5. Auflage im August 2022, überarbeitet im Dezember 2022
6. Auflage im Juli 2023, aktualisiert im Januar 2024
7. Auflage im März 2024
8. Auflage im März 2025
9. Auflage im Februar 2026

Druck: ScandinavianBook, Rudolf-Diesel-Str. 10, 91413 Neustadt a. d. Aisch
Gestaltung: vision2.media ISBN 978-3-9814657-4-7

Über dieses Buch

Dieses Buch soll Ihnen Mut machen, Ihren Computer zu reparieren, aufzurüsten und die Komponenten eines Computers auszuwählen, den Sie anschließend selbst zusammenschrauben.

Es sind auch Hintergrundinformationen enthalten, damit Sie besser verstehen, wie und warum ein Computer funktioniert. Im Buch finden Sie

- Hintergrundinformationen, die für Anfänger zu kompliziert sind,
- Anleitungen für die Fehlersuche,
- Reich bebilderte Montage- und Demontageanleitungen für den Austausch von Komponenten,
- Empfehlungen, aus welchen Komponenten Sie Ihren individuellen PC zusammenstellen sollten.

Es ist ratsam, aber nicht Bedingung, „Computerhardware für Anfänger" gelesen zu haben.

Meine erstes Buch, „Computerhardware für Anfänger", vermittelt grundlegende Hardware-Kenntnisse, die für jeden Benutzer eines Computers ratsam sind, ob der Computer nun ein PC, Notebook, Tablet, Smartphone oder anderes ist. Die meisten Leser des Anfänger-Buches haben ihren PC vermutlich noch nie aufgeschraubt. Dennoch enthält das Anfängerbuch einige Anleitungen, wie man den Arbeitsspeicher aufrüstet, ein defektes DVD-Laufwerk auswechselt, eine Festplatte einbaut und PC oder Notebook reinigt. Das sind einfache Tätigkeiten, dafür braucht man nur wenig handwerkliches Geschick. Die komplizierteren Anleitungen, wie man seinen PC repariert, modernisiert oder einen eigenen PC komplett selbst zusammenschraubt, fanden ebenfalls keinen Eingang in das Anfängerbuch.

Doch aus zahlreichen Zuschriften weiß ich: Auch erfahrenere Computernutzer fanden das Buch hilfreich.

Dies ist mein zweites Buch zur Hardware. Es ist an „Fortgeschrittene" gerichtet. Ein besseres Wort ist mir nicht eingefallen. Mit „Fortgeschrittene" meine ich nicht die Spezialisten, die regelmäßig mehrere Fachzeitschriften studieren und denen eine Fehlersuche und Reparatur locker von der Hand geht, sondern „fortgeschritten" im Sinne von „über mein Anfängerbuch hinausgewachsen". Das können also auch die „normalen" Benutzer sein, die sich bisher nicht getraut hatten, ihren PC selbst zu reparieren und aufzurüsten. Die bisher nicht den Mut hatten, für ihren nächsten PC die Teile selbst auszuwählen, um ihn dann selbst zusammenzuschrauben.

Sie haben sich bisher noch nicht getraut, an Ihrem Computer herumzuschrauben? Wenn Sie sich trauen, aus dreißig Teilen nach Anleitung eine Schrankwand zu montieren, schaffen Sie das auch mit einem PC. Wobei ein PC einfacher ist: Er besteht nur aus einem Dutzend Komponenten.

- Reparieren Sie Ihren Computer selbst. In vielen Fällen sollte das gelingen. Vielleicht müssen Sie den PC doch noch in eine Werkstatt bringen (weil Sie keine Ersatzteile im Regal haben). Erklären Sie dem Techniker, welche Fehlerursachen Sie bereits ausgeschlossen haben, dann wird die Reparatur vielleicht billiger und schneller.
- Rüsten Sie den PC mit mehr Arbeitsspeicher oder einer zweiten Festplatte auf. Tauschen Sie eine Magnet-Festplatte gegen eine SSD-Festplatte aus.
- Wählen Sie die Komponenten für Ihren nächsten Computer oder für die Aufrüstung selbst aus. Im Kapitel 7 finden Sie Empfehlungen und Varianten, die von einem „einfachen" bis zu einem „anspruchsvollen" PC reichen. Für eine „Super-Spielmaschine" habe ich allerdings keine genauen Empfehlungen: Was ich empfehlen könnte, wäre veraltet, bevor dieses Buch gedruckt ist.
- Bauen Sie Ihren PC selbst zusammen! Die zweite Hälfte des Buches besteht aus reichlich bebilderten Anleitungen für jede Bauetappe. Es gibt auch spezielle Anleitungen für den Austausch von Festplatte, BIOS-Batterie und Hauptplatine.

Auf meiner Website `eifert.net` unter „Hilfen" finden Sie ein Fachwortverzeichnis, das umfangreicher ist als das am Ende dieses Buches. Dort gibt es auch Anleitungen, die ausführlicher sind als im Buch oder die im Buch nicht vorkommen.

Inhalt

1 Rund um die Zentraleinheit

Die vergleichsweise einfacheren Fakten über die Hauptplatine, Chipsatz, Steckplätze und Schnittstellen wurden im Buch „Computerhardware für Anfänger" ausführlich erklärt. In diesem Kapitel geht es um weniger bekannte Details, die für die überwiegende Zahl der Computernutzer sowohl zu schwierig als auch wenig interessant sind.

Zunächst eine kurze Erläuterung von Fachbegriffen.

BIOS
: Als „**B**asic **I**nput **O**utput **S**ystem", abgekürzt „BIOS", wird das Programm bezeichnet, mit dem der PC nach dem Einschalten startet, Tests ausführt und das Betriebssystem lädt.

BIOS-ROM
: Festwertspeicher, in dem das Startprogramm der Hauptplatine (das BIOS) gespeichert ist. Der BIOS-ROM belegt die Speicheradressen ab $FFFFF_h$ abwärts.

CMOS
: Eine Halbleitertechnologie mit äußerst geringem Energiebedarf.

CMOS-RAM
: Ein statischer RAM, gefertigt in CMOS-Technologie, zur Speicherung von Datum, Uhrzeit und diversen Einstellungen. Steckt seit den 286er CPUs in jedem PC.

286er
: PCs werden nach der Art des verwendeten Prozessors kategorisiert. PCs mit der Intel-CPU 8088 und 8086 aus dem Jahr 1980 werden als PC/XT bezeichnet, Nachfolger waren 1982 die „286er" CPUs mit dem i80286, es folgten 1985 die „386er" mit i80386 und 1989 die „486er" mit i80486-CPU. Die fünfte Generation der x86-CPUs kam 1992 heraus und hieß „Pentium". Es folgten Pentium MMX, MMX-2, 3, 4, Pentium Duo, Core Duo und Core Quad. Aktuelle Intel-CPUs heißen „Core" mit dem Zusatz i3, i5, i7 und i9. Die neuesten CPUs heißen „Core Ultra". Mit einer „**N**euronalen **P**rocessor **U**nit" (NPU) sollen Aufgaben der Künstlichen Intelligenz gelöst werden. Ein angehängtes „X" steht für Spitzenexemplare mit „extremer" Leistung.

RTC
: **R**eal **T**ime **C**lock: Eine Digitaluhr, die seit dem 286er auf jeder Hauptplatine eingebaut ist. Diese Uhr speichert jede Sekunde die aktuelle Uhrzeit in den ersten 10 Byte des CMOS-RAM, wo sie von jedem Programm abgerufen werden kann. Der RTC-Chip ist in stromsparender CMOS Technologie gefertigt.

BIOS-Batterie
: Kleine Batterie, oft als Knopfzelle vom Typ 2032, welche das CMOS-RAM und den RTC versorgt, während der PC ausgeschaltet ist. Hält je nach Nutzung des PCs drei bis 10 Jahre.

BIOS-Setup
: Ein Programm, mit dem einige Zustände des PCs abgefragt werden können, z. B. CPU-Temperatur und Lüfterdrehzahl. Zweitens können die im CMOS-RAM gespeicherten Einstellungen abgefragt und verändert werden, z. B. die Boot-Sequenz, die CPU-Maximaltemperatur, bei der ein Alarm erfolgt, die Art der Lüfterregelung (ob temperaturabhängig oder ständig mit voller Drehzahl) und vieles mehr. Das BIOS-Setup-Programm ist im BIOS-ROM gespeichert und wird meist mit der Taste Entf oder F2 aufgerufen.

DMA
: **D**irect **M**emory **A**ccess (Direkter Speicherzugriff): Ein Controller, der Daten zwischen Arbeitsspeicher und Peripherie (vor allem von und zur Festplatte) schneller transportieren kann als es die CPU könnte. Die CPU gibt Quell- und Zieladresse sowie Bytezahl vor und kann sich anderen Berechnungen widmen, bis der DMA-Controller mit einem Interrupt das Ende der Übertragung meldet.

Interrupt
: Meldung an die CPU über ein meist zeitkritisches Ereignis (z. B. die Meldung von der Tastatur, dass eine Taste gedrückt wurde), woraufhin die CPU die Abarbeitung einer anderen Befehlsfolge zeitweilig unterbricht, um auf das Ereignis zu reagieren.

1.1 BIOS

1.1.1 Die BIOS-Adressen

Im ersten IBM-PC arbeitete eine i8088-CPU von Intel, die einen Speicher mit 20 Adressbits verwalten konnte. Das begrenzte den Arbeitsspeicher auf 1 MB, genauer: 2^{20} = 1 048 576 Byte. Der adressierbare Speicherbereich reichte von Adresse 0 bis $FFFFF_{Hex}$ (Falls Sie sich mit Hexadezimalzahlen nicht auskennen, lesen Sie den Anhang meines Buches „Software-Grundlagen" oder den Wikipedia-Artikel „Hexadezimalsystem"). Im Jahr 1981 war 1 MB sehr viel und RAM war unglaublich teuer.

Die PCs wurden wahlweise mit 16 oder 64 kByte RAM ausgeliefert. Bill Gates meinte 1981, „640 kB sollten genug für jedermann sein". Daher wurden die Adressbereiche oberhalb von 640k recht freizügig vergeben.

Für den Arbeitsspeicher war der Adressbereich ab 0 bis $9FFFF_h$ reserviert (640 kB). Der darauffolgende Speicherbereich von $A0000_h$ bis $AFFFF_h$ ist für das Startprogramm einer Grafikkarte (das BIOS der Grafikkarte) vorgesehen und der darauffolgende Bereich von $B0000_h$ bis $BFFFF_h$ ist für den BildWiederholSpeicher reserviert, in dem die Bildschirmausgabe zusammengestellt wird. Ab $C0000_h$ ist Platz für „BIOS-Erweiterungen" und dahinter war Platz für einige Zusatzprogramme, z. B. ein „ROM-BASIC".

	von	bis
Arbeitsspeicher	0	$9FFFF_h$
Grafik-BIOS	$A0000_h$	$AFFFF_h$
Bildwiederholspeicher	$B0000_h$	$BFFFF_h$
BIOS-Erweiterungen	$C0000_h$	
Haupt-BIOS		$FFFFF_h$
BIOS-Startadresse	$FFFF0_h$	

Tab. 1.1: Speicherbelegung IBM-PC (vereinfacht)

Vom oberen Ende des adressierbaren Speichers abwärts, beginnend ab Adresse $FFFFF_h$ befindet sich das BIOS-Programm. Die CPU ist so entworfen, dass sie nach dem Einschalten auf Adresse $FFFF0_h$ ihren Startbefehl erwartet. Weil an dieser Stelle, 16 Byte vor dem Ende des Speichers, kein Platz für ein Programm ist, befindet sich dort ein Sprungbefehl, der zum eigentlichen BIOS-Start führt.

1.1.2 Power On Self Test

Das erste Programm, welches die CPU nach dem Einschalten ausführt, ist ein Selbsttest, der „Power On Self Test", abgekürzt POST. Was sind die wichtigsten Etappen des POST?

Einige Komponenten der Hauptplatine, wie zum Beispiel die Interrupt-Controller, sind nach dem Einschalten der Betriebsspannung in einem nicht vorhersehbaren Zustand. Darum sperrt die CPU zuerst alle Interrupt-Eingänge, damit der POST ungestört ablaufen kann. Dann werden Reset-Signale und Initialisierungsbefehle an den Chipsatz und andere Komponenten gesendet. Der Tastaturcontroller wird getestet und ein Puffer für die Tastatureingaben wird eingerichtet.

Die CPU berechnet die Kontrollsumme des BIOS-ROM und vergleicht diese mit der gespeicherten Summe. Auch die Kontrollsumme des CMOS-RAM wird überprüft. Stimmt diese nicht, ist häufig die Batterie leer.

Von den ersten 64k des Speichers werden alle Bytes kurz getestet. Der restliche Speicher wird in 64k-Schritten überprüft, um festzustellen, wieviel RAM installiert ist. Der für den Speicher-Refresh zuständige erste DMA-Controller wird programmiert und der Refresh wird getestet.

Nun kann die CPU beginnen, den RAM mit der „Interrupt Vektor Tabelle" (siehe nächste Seite) zu füllen. Der Typ der Grafikkarte wird ermittelt, der Video-Speicher und Grundfunktionen der Grafikkarte werden getestet. Wenn alles funktioniert, kann das BIOS ab jetzt Meldungen auf dem Bildschirm ausgeben.

Die Tastatur wird getestet, dabei leuchten die LEDs der Tastatur kurz auf.

Das BIOS führt weitere Tests und Initialisierungen durch, um festzustellen, welche Komponenten auf der Hauptplatine verbaut oder angesteckt sind: Gibt es serielle und parallele Schnittstellen und wie viele davon? Gibt es Diskettenlaufwerke, Festplatten oder optische Laufwerke? Die ermittelten Werte werden auf vordefinierten Speicherplätzen abgelegt, damit diese später auch vom Betriebssystem und den Anwendungen abgefragt werden können.

1.1.3 IO Access

Das BIOS „initialisiert“ Komponenten, schickt Reset-Signale, sperrt Interruptsignale, programmiert den DMA-Controller ... Wie kommuniziert eigentlich die CPU mit den Komponenten des PCs?

Wenn die CPU mit dem Arbeitsspeicher kommunizieren will, legt sie eine Adresse an ihre Adressleitungen und nach einer winzigen Wartezeit fühlt sich eine der Speicherzellen angesprochen und sendet ihre Daten an die CPU oder empfängt Daten von der CPU zum Schreiben.

Die CPU hat ein zweites, wenig bekanntes Adressierungssystem. Wenn die CPU eine Adresse auf ihre Adressleitungen ausgibt und gleichzeitig ein Signal an ihr Pin M/IO gibt, wird von „Memory Access“ zu „IO Access“ umgeschaltet. Über diesen „Input Output Access“ könnte man sogar auf einen weiteren Speicher (RAM oder ROM) zugreifen, und in einigen Spezialsteuerungen wird das so gemacht.

IBM hat bei der Entwicklung ihres ersten PCs entschieden, den IO-Adressbereich für die Ansteuerung einiger hochintegrierter Chips zu nutzen. Für alle klassischen Komponenten ist ein Adressbereich festgelegt. Beispielsweise sendet die CPU Befehle an den ersten PIC (Programmable Interrupt Controller), indem sie ein Befehlsbyte an die IO-Adresse 20_h schickt, danach werden Daten an die Adresse 21_h geschickt. Danach holt die CPU von der Adresse 21_h die Antwort des PIC, z. B. die Nummer des letzten Interrupts. Mehr dazu können Sie unter der folgenden Adresse nachlesen: `http://www.lowlevel.eu/wiki/I/O_Ports`

1.1.4 Interrupt Vektor Tabelle

Die Hersteller von Hauptplatinen können wählen, von welcher Firma sie ein BIOS für eine neue Platine anpassen und liefern lassen: AMI, Award, Phoenix und IBM/Lenovo sind die bekanntesten.

Das BIOS enthält und nutzt zahlreiche Unterprogramme (Treiber) für den Zugriff auf Massenspeicher, Tastatur, Grafikkarte und viele andere. Die Startadressen der Treiber sind natürlich in jedem BIOS anders. Die Hersteller von Betriebssystemen benutzen die BIOS-Treiber ebenfalls (ersetzen diese aber nach dem Laden meist durch bessere Treiber). Damit jedes Betriebssystem mit jedem BIOS zusammenarbeiten kann, muss es eine einheitliche Tabelle für die Startadressen der BIOS-Treiber geben. Diese **I**nterrupt **V**ektor **T**able wird vom BIOS ab Adresse 0 im Arbeitsspeicher angelegt.

In der IVT sind für jede Adresse vier Byte vorgesehen. In der Tabelle 1.2 sind einige Interrupts aufgeführt. Der Interrupt 2 ist ein Nicht-Maskierbarer Interrupt (der sich im Unterschied zu anderen nicht sperren lässt).

Nr.	Adresse	Ereignis
0	00 - 03	CPU meldet (verbotene) Division durch Null
1	04 - 07	CPU hat Einzelschritt ausgeführt (Debugger-Testmodus)
2	08 - 0B	NMI (Fehler in RAM-Baustein)
3	0C - 0F	CPU hat Breakpoint erreicht (Debugger-Testmodus)
4	10 - 13	CPU meldet numerischen Überlauf
5	14 - 17	Print Screen (Bildschirminhalt ausdrucken)
8	20 - 23	IRQ0: Timer (alle 18,2 Sekunden vom RTC ausgelöst)
9	24 - 27	IRQ1: Tastatur (Taste wurde gedrückt oder losgelassen)
A	28 - 2B	IRQ2: Interrupt an einem der 8 Eingänge des zweiten PIC
B	2C - 2F	IRQ3: Serielle Schnittstelle 2
C	30 - 33	IRQ4: Serielle Schnittstelle 1 (Maus wurde bewegt)
D	34 - 37	IRQ5: Soundkarte
E	38 - 3B	IRQ6: Diskette
F	3C - 3F	IRQ7: Drucker
10	40 - 43	BIOS: Video-Funktionen (Grafikkarte)
20	80 - 83	DOS: Programm beenden
21	84 - 87	DOS: Funktion aufrufen
70	1C0 - 1C3	IRQ08: RTC (Echtzeituhr)
71	1C4 - 1C7	IRQ09: VGA oder Netz
72	1C8 - 1CB	IRQ10: PCI-Bus
73	1CC - 1CF	IRQ11: PCI-Bus oder SCSI
74	1D0 - 1D3	IRQ12: PS/2 Maus
75	1D4 - 1D7	IRQ13: 80287 NMI (Mathematischer Co-Prozessor)
76	1D8 - 1DB	IRQ14: Primärer Festplattencontroller
77	1DC - 1DF	IRQ15: Sekundärer Festplattencontroller

Tab. 1.2: Interrupt Vector Table (einige der ersten von 256 Einträgen)

Dieser Interrupt 2 wird bei einem Speicherparitätsfehler ausgelöst. Die CPU setzt dann das Programm an der Sprungadresse fort, die auf den Speicherplätzen 08 bis $0B_h$ bereitgestellt ist.

Die Interrupts 1 und 3 werden von Programmierern benötigt, um Maschinenspracheprogramme schrittweise testen zu können. Interrupt 5 wird von der Taste „Druck" ausgelöst. Auf den RAM-Adressen 14_h bis 17_h steht eine Sprungadresse zu einer Routine, welche den Bildschirminhalt direkt zum Drucker schickt. Windows ersetzt diese Adresse und speichert den Bildschirminhalt in der Zwischenablage. Und wenn Sie ein Screenshot-Tool installieren, ersetzt dieses die auf Windows zeigende Adresse durch eine andere, eigene.

Die zu den acht Unterbrechungsleitungen IRQ0 bis IRQ7 zugehörigen Sprungadressen, die vom ersten Interrupt-Controller überwacht werden, werden vom BIOS auf den Plätzen 20_h bis $3F_h$ bereitgestellt. Seit den 286er CPUs ist ein zweiter Interrupt-Controller mit den IRQ8 bis IRQ15 dazugekommen, deren Adressen ab Interrupt 70_h zu finden sind.

Die **I**nterrupt **V**ektor **T**abelle hat Platz für 256 Adressen von je 4 Byte, ist also 1024 Byte lang. Auf die IVT folgen 256 Byte „BIOS Data Area". In diesem Speicherbereich hält das BIOS solche Informationen bereit wie Speichergröße, Hardwareausstattung, die Anzahl und Adressen von Schnittstellen und Controllern. Dadurch bleiben von den 640 KByte des konventionellen Speichers noch knapp 639 KB übrig.

Bei alten PCs mit ISA-Karten durften Interrupts nicht doppelt belegt werden, wofür mit dem Setzen von Jumpern auf der Karte gesorgt werden musste. Seit dem PCI-Bus dürfen sich mehrere Geräte einen Interrupt teilen (das wird „IRQ-Sharing" genannt). Der PCI-Bus sucht sich aus den 15 IRQs vier freie aus, die mit INT_A, INT_B, INT_C und INT_D bezeichnet werden. Die PCI-Spezifikation empfiehlt den Mainboard-Herstellern die nachfolgende Zuordnung zu den Steckplätzen. Haben Sie ein altes PCI-Mainboard?

INT_A	AGP, 1. und 5. PCI-Steckplatz
INT_B	2. und 6. PCI-Steckplatz
INT_C	Onboard-Sound und 3. PCI-Steckplatz
INT_D	Onboard-USB und 4. PCI-Steckplatz

Prüfen Sie im Handbuch, ob Ihr PCI-Mainboard davon abweicht. Versuchen Sie die Steckkarten so auf die Slots zu verteilen, dass jede Karte einen anderen Interrupt bekommt, um Leistungsverluste zu vermeiden.

„**PCI E**xpress" kommt ohne diese Einschränkungen aus. PCIe arbeitet ohne Unterbrechungsleitungen und verschickt stattdessen Datenpakete, die „Message-Signaled Interrupts" genannt werden.

1.1.5 Dual-BIOS

Unter dieser Bezeichnung hat der Hersteller Gigabyte eine Sicherheitskopie vom BIOS eingeführt. Andere Hersteller bezeichnen dieses Feature als „Multi-BIOS" (MSI), „USB BIOS Flashback" (ASUS) und „BIOS Selection Switch" (ASRock).

Wenn die Hauptplatine erkennt, dass das erste BIOS defekt ist (z. B. wenn die Kontrollsumme des BIOS-ROM nicht stimmt), wird vom Ersatz-BIOS gebootet. In der Regel kann das defekte BIOS auf den Anfangszustand zurückgesetzt werden, eventuell muss dazu auf dem Mainboard ein Jumper umgesetzt werden.

Nach einem BIOS-Update des primären BIOS bleibt bei einigen Herstellern das Reserve-BIOS unverändert, bei anderen Herstellern kann man das Reserve-BIOS angleichen oder ebenfalls updaten. Es gibt auch die Variante, dass nach 10 erfolgreichen Bootvorgängen oder mit der Tastenkombination Alt-F12 während des Starts das Reserve-BIOS auf den (neuen) Stand des Haupt-BIOS upgedatet wird.

Im Prinzip ist das Dual-BIOS eine tolle Idee und hat schon viele Mainboards gerettet. Bei einem defekten BIOS sollten Sie das Mainboard-Handbuch lesen, um nichts falsch zu machen. Und manchmal geht es trotzdem daneben. Falls das Haupt-BIOS beschädigt ist, muss es zumindest noch seine eigene Kontrollsumme berechnen und entscheiden können, dass ein Wechsel zum Reserve-BIOS nötig ist. Ist auch dieser Programmteil beschädigt, hilft nur noch eine manuelle Umschaltung, falls eine solche vorgesehen ist.

Es gibt auch Grafikkarten mit einem zweiten und mitunter sogar mit einem dritten Grafik-BIOS, zwischen denen man mit einem Jumper oder einer Tastenkombination umschalten kann. So kann man ein Grafik-BIOS für Spiele updaten und modifizieren und das andere Grafik-BIOS mit Standardeinstellungen belassen.

1.2 CMOS

1.2.1 Was ist das „CMOS“?

Seit dem 286er ist das „CMOS-RAM“ Bestandteil jedes PCs. CMOS ist die Abkürzung von **C**omplementary **M**etal **O**xide **S**emiconductor und bezeichnet eine extrem stromsparende Halbleitertechnologie. Wird ein statischer RAM mit dieser Technologie gefertigt, so wird dieser als CMOS-RAM bezeichnet. Das CMOS-RAM nur als CMOS zu bezeichnen, ist also falsch.

Seit dem 286er gibt es in jedem PC einen Uhrenschaltkreis, den MC146818. Dieser RTC (**R**eal **T**ime **C**lock) ist ebenfalls in CMOS Technologie gefertigt und wird ebenso wie das CMOS-RAM von einer Batterie oder einem Miniakku versorgt, während der PC ausgeschaltet ist.

Es war naheliegend, die beiden in CMOS-Technologie gefertigten Schaltkreise zu integrieren. Seit dem 386er stecken CMOS-RAM und RTC im gleichen Chip, manchmal sogar gemeinsam mit einem winzigen Akku.

1.2.2 Was wird im CMOS-RAM gespeichert?

Der CMOS-RAM wird gebraucht, damit der Hersteller des PCs wichtige Informationen über die Hardware speichern kann. Der Anwender kann das BIOS-Setup-Programm benutzen, um die gespeicherten Werte zu lesen und zu verändern. Der CMOS-RAM befindet sich außerhalb des normalen Adress-Bereiches und kann keinen direkt ausführbaren Code enthalten. Der CMOS-RAM-Speicher hat technisch bedingt eine maximale Größe von 128 Bytes. Das nachstehende BASIC-Programm liest die Bytes von 0 bis 127 (hexadezimal: $7F_h$) aus dem CMOS-RAM und zeigt diese am Bildschirm an. Um ein Byte aus dem CMOS-RAM zu lesen, ist es nötig, ein BASIC Kommando OUT an Port 70_h zu senden, mit Angabe der CMOS-Adresse, die gelesen werden soll. Durch ein Kommando INP von Port 71_h erhält man die gewünschten Informationen.

```
10 CLS
20 FOR x = 0 TO &H7F
30 OUT &H70, x
40 PRINT USING "\ \"; HEX$ (INP(&H71));
50 NEXT x
60 PRINT " "
```

Die ersten zehn Byte sind für den Uhrenschaltkreis MC146818 reserviert: Die Werte von Sekunden, Minuten, Stunden, Tag, Monat, Jahr und Wochentag werden vom RTC jede Sekunde aktualisiert. Weitere zehn Byte sind für einen „Alarm“ vorgesehen: Man kann einen Alarmzeitpunkt festlegen, an dem der PC automatisch eingeschaltet werden soll. Die nächsten vier Byte sind für Statusinformationen vorgesehen. Die restlichen 104 Byte sind je nach BIOS-Hersteller sehr unterschiedlich belegt.

1.2.3 Wie kommen die Anfangswerte in den CMOS-RAM?

Die Werte im CMOS-RAM sind mit einer Kontrollsumme geschützt. Der **P**ower **O**n **S**elf **T**est errechnet bei jedem Start die Checksumme und vergleicht sie mit der gespeicherten Checksumme. Wenn durch einen Zufall ein Byte verändert worden ist oder durch eine schwache Batterie der gesamte Speicherinhalt verloren gegangen ist, kopiert das BIOS einen Satz Anfangswerte in den CMOS-RAM. Die Tabelle mit den Anfangswerten, den „Setup Defaults“, wird vom Hersteller der Hauptplatine zusammengestellt und vorsorglich im BIOS-ROM bereitgestellt. In vermutlich jedem BIOS gibt es noch eine zweite Tabelle „Fail-Safe Defaults“ für Notfälle, z. B. wenn der PC nicht stabil läuft: In dieser Tabelle sind Beschleunigungsfunktionen abgeschaltet und der Speicherzugriff ist verlangsamt. Mit diesen Werten kann der PC eventuell „wiederbelebt“ werden.

Falls sich das BIOS-Setup noch starten lässt, können Sie den CMOS-Speicher manuell auf diese Anfangswerte zurücksetzen. Suchen Sie dazu im BIOS-Menü nach „Exit Options“ o. Ä. Vermutlich kommen Sie mit Funktionstaste F10 dahin.

1.2.4 CMOS-RAM löschen

Das Löschen bzw. Zurücksetzen aller Werte ist beispielsweise nötig, wenn Sie das BIOS-Setup-Passwort vergessen haben. Es kann auch nötig werden, wenn nach Übertaktungs-Experimenten der PC nicht mehr bootet. Wenn Sie Glück haben, wird das Problem vom BIOS erkannt und das BIOS stellt nach fünf erfolglosen Startversuchen die Standardeinstellungen wieder her. Und wenn nicht?

Dann müssen Sie den PC vom Stromnetz trennen (Stecker ziehen), bei einem Notebook müssen Sie auch den Akku herausnehmen. Schrauben Sie den PC auf. Schrauben Sie den PC auf. Viele Mainboards haben einen Jumper, mit dem das CMOS-RAM kurzgeschlossen werden kann. Alternativ nehmen Sie die CMOS-Batterie heraus, die das CMOS mit Strom versorgt. Warten Sie eine bis zehn Minuten, bis die letzten Kondensatoren des PCs ihre Ladung verloren haben (in einem Extremfall hat es einmal zwei Stunden gedauert, bis alle 128 Byte des CMOS-RAM gelöscht waren). Setzen Sie die CMOS-Batterie wieder ein. Wenn Sie den PC starten, sollte das BIOS beim POST feststellen, dass die CMOS-Checksumme falsch ist und das CMOS-RAM mit den Werten des „Setup Defaults" füllen. Doch verlassen Sie sich nicht darauf: Starten Sie das BIOS-Setup und setzen Sie alle Werte auf „Setup Defaults". Stellen Sie anschließend Datum, Uhrzeit, Boot Sequenz und andere wichtige Werte neu ein und speichern Sie die Einstellungen. Nun sollte der PC starten – ohne nach einem BIOS-Passwort zu fragen.

1.3 BIOS-Update

Das BIOS-Programm ist in einem Festwertspeicher dauerhaft gespeichert, weil der PC ohne BIOS nicht starten kann. Als Festwertspeicher wird heute ein Flash-Speicher eingebaut, der mit einer speziellen Methode beschrieben werden kann. Um das BIOS vor Trojanern u. a. Schädlingen zu schützen, gibt es zwei Sicherheitsvorkehrungen:

- Das BIOS ist manchmal mit einem elektronischen Schreibschutz versehen, der über das BIOS-Setup aus- und eingeschaltet werden kann. Bei manchen alten PCs musste ein Jumper umgesetzt werden.
- Das Programm zum Durchführen des Updates ist herstellerspezifisch.

1.3.1 Risiken und Nebenwirkungen

Das Programm zum Durchführen eines BIOS-Updates ist ein Teil des BIOS und es benötigt viele der BIOS-Ressourcen, z. B. die USB-Treiber, um den USB-Stick mit dem neuen BIOS-Code lesen zu können. Deshalb wird zu Beginn eines Updates das Update-Programm und der neue BIOS-Code in den Arbeitsspeicher geladen. Dann wird das nunmehr im Arbeitsspeicher befindliche Update-Programm gestartet und beginnt, den BIOS-ROM zu löschen und mit dem neuen Code zu füllen.

Was kann geschehen, wenn Windows während des Updates abstürzt oder einfriert? Wenn ein kurzer Stromausfall eintritt oder wenn der Notebook-Akku leer wird? Das Update-Programm bricht ab mit einem nur teilweise erneuerten BIOS. Dass der PC jemals wieder startet, ist unwahrscheinlich. Sie müssen wahrscheinlich die Hauptplatine verschrotten oder an den Hersteller einschicken (was meist teurer ist als eine neue Platine). Wenn die neue Platine nicht baugleich ist oder zumindest den gleichen Chipsatz besitzt, wird Windows wahrscheinlich nicht mehr starten, und Sie werden Windows neu installieren müssen. Falls Ihre Daten vom Betriebssystem verschlüsselt wurden oder auch nur für die Mitbenutzer des PC gesperrt sind, kommen Sie mit einem neu installierten Windows nicht mehr an Ihre Daten heran. Einem BIOS-Update sollte deshalb immer eine Datensicherung vorausgehen!

Bei einem Notebook sollten Sie generell auf ein BIOS-Update verzichten. Einerseits ist kaum vorstellbar, welchen Sinn ein Update haben sollte. Andererseits ist das Risiko sehr hoch: Falls das Update fehlschlägt, müssen Sie das Notebook vielleicht wegwerfen, denn der Austausch der Hauptplatine ist zu teuer – rechnen Sie mit mindestens 200 Euro.

Auch bei einem erfolgreich durchgeführten Update kann es vorkommen, dass das neue BIOS mit Ihrer Hardware-Konfiguration nicht funktioniert. Deshalb wird in den Anleitungen meist empfohlen, das aktuelle BIOS vor dem Update zu sichern.

1.3.2 Wann ist ein BIOS-Update sinnvoll?

Wegen der genannten Risiken sollten Sie einen guten Grund haben, ein Update durchzuführen.

- Wenn Sie eine ältere CPU durch eine neue ersetzen wollen, läuft eventuell die neue CPU nicht an, wenn das BIOS zu alt ist. In diesem Fall müssen Sie die alte CPU noch einmal einbauen, das Update durchführen und es mit der neuen CPU erneut versuchen.
- Sehr alte Boards erkennen möglicherweise nicht die volle Größe Ihrer neuen Festplatte. Hier könnte ein Update helfen.
- Der Hersteller gibt für jede BIOS-Version an, welche Neuerungen es enthält und welche Fehler damit beseitigt werden. Wenn Sie in der Beschreibung auf die Ursache stoßen, warum sich Ihr PC „komisch" verhält, ist ein Update sinnvoll.
- Der Hersteller verspricht eine Geschwindigkeitssteigerung? Bestimmt sind es nur wenige Prozent. Eine Geschwindigkeitssteigerung unter 20 % würden Sie im Alltagsbetrieb ohnehin nicht spüren. Überdies ist nur die Geschwindigkeit des BIOS-Startvorgangs gemeint, denn nach dem Start wird das BIOS nicht mehr benutzt.
- Bei manchem BIOS kann man den Startbildschirm ersetzen, z. B. durch ein eigenes Bild. Wer's mag...

1.3.3 Durchführung eines BIOS-Updates

Manchmal werden zwei Installationsmethoden angeboten: eine DOS-Version und eine Windows-Version. In Erfahrungsberichten wird die DOS-basierte Methode als sicherer eingeschätzt – da kommt Ihnen kein Virus und kein Absturz dazwischen. Mit einem 64-Bit-Windows scheint das Risiko besonders hoch zu sein, dass ein Update fehlschlägt. Für die DOS-Methode müssen Sie eine bootfähige CD oder einen bootfähigen USB-Stick erstellen (können Sie das?) und die für das Update benötigten Dateien daraufkopieren. Doch vielleicht haben Sie Glück: Der Hauptplatine liegt eine Treiber-CD bei. Oft ist diese CD bootfähig und enthält ein Menü, mit dem man ein BIOS-Update herunterladen und installieren kann. Das scheint die am wenigsten riskante Methode zu sein.

- Stellen Sie zweifelsfrei die genaue Bezeichnung des Mainboards fest. Vielleicht ist sie auf der Platine aufgedruckt, oder Sie können sie mit einem Diagnoseprogramm wie „SiSoft Sandra" ermitteln.
- Finden Sie heraus, welche BIOS-Version die Hauptplatine gegenwärtig benutzt. Das wird in den ersten Sekunden nach dem Einschalten angezeigt.
- Laden Sie das Update von der Website des Herstellers herunter. Wahrscheinlich müssen Sie die Dateien entpacken. Oft ist eine README-Datei mit einer englischen Installationsanleitung enthalten.
- Lesen Sie die Update-Anleitung. Übersetzen Sie diese gegebenenfalls mit dem Google Translator. Machen Sie sich Notizen oder einen Ausdruck.
- Entfernen Sie den BIOS-Schreibschutz, falls einer vorhanden ist. Dazu müssen Sie im „BIOS Features Setup" die Option „BIOS Update", „BIOS Flash" o. Ä. auf „Enabled" setzen.
- Wenn Sie ein Notebook haben: Schließen Sie es an die Netzspannung an.
- Führen Sie das Update durch. Vergessen Sie nicht zu beten. Und drücken Sie nicht entnervt nach fünf Minuten auf die Reset-Taste, falls das Update etwas länger dauert.
- Sie wollen mit „yes" antworten und der PC reagiert nicht auf das Drücken der „Y"-Taste? Versuchen Sie es mit der Taste „Z". Dem BIOS fehlt der deutsche Tastaturtreiber. Bei der US-Tastaturbelegung sind „Y" und „Z" vertauscht.
- Updates bringen manchmal neue Funktionen oder verändern vorhandene. Gehen Sie beim ersten Start nach dem Update ins BIOS und wählen Sie „Load Setup Defaults".
- Stellen Sie gegebenenfalls den abgeschalteten BIOS-Schreibschutz wieder her.
- Testen Sie das neue BIOS gründlich, bevor Sie mit Tuningmaßnahmen anfangen.

1.4 BIOS-Signaltöne

Bild 1.1: Mini-Pieper

Nach dem Einschalten des PC wird der „Power On Self Test" (Selbsttest nach dem Einschalten) ausgeführt, um grundlegende Funktionen der CPU und des Mainboards zu überprüfen.

Im ersten Teil des POST ist die Ausgabe auf den Bildschirm noch nicht möglich (der Bildwiederholspeicher muss noch getestet und die Grafikkarte initialisiert werden). Deshalb werden eventuelle Fehlermeldungen mit kurzen und langen Pieptönen signalisiert (in der Tabelle mit K und L bezeichnet). Dazu ist meist ein kleiner Pieper („Speaker") auf dem Mainboard aufgelötet oder beigelegt. Bei älteren Hauptplatinen muss dazu ein im Gehäuse eingebauter einfacher Lautsprecher an den „System Connector" der Hauptplatine angesteckt werden.

Falls Ihnen das Handbuch zum Mainboard nicht zur Verfügung steht, hilft Ihnen vielleicht eine der folgenden Tabellen.

Im Google Play Store gibt es eine englischsprachige App „Computer Bios Beep Codes", welche von allen wichtigen BIOS-Herstellern die Beep-Codes kennt.

1K	POST beendet: System arbeitet ohne Fehler
2K	Problem mit Stromversorgung oder Steckkarte sitzt nicht richtig
1L	Fehler der Grafikkarte (sitzt nicht oder Strom reicht nicht)
1L 1K	Fehler der Hauptplatine
1L 2K	Fehler der Grafikkarte oder Onboard-Grafikkarte
1L 3K 1L	Fehler der Grafikkarte (GraKa)
3L	Fehlerhafte Tastatur oder Tastaturcontroller
viele 1K	Probleme mit Netzteil
viele 1L	Problem mit Arbeitsspeicher

Tab. 1.3: Signaltöne des IBM/Lenovo-BIOS

1K	System arbeitet ohne Fehler
1L	Speicherproblem: Module sitzen nicht richtig
Dauerton	Speicher- oder Videoproblem, RAM oder GraKa nicht gefunden
1L 2K	Videoproblem: GraKa defekt oder nicht richtig gesteckt
1L 3K	Tastatur-Controller fehlerhaft

Tab. 1.4: Signaltöne des AWARD-BIOS

1K	Speicherproblem: DRAM Refresh Fehler
2K	Speicherproblem: DRAM Parity Fehler
3K	Erste 64k Byte RAM (die Mindestbestückung) fehlerhaft
4K	Erste 64k RAM fehlerhaft oder Timer funktioniert nicht
5K	Genereller Prozessorfehler
6K	Gate-A20-Fehler im Tastaturcontroller
7K	Prozessor - Ausnahmefehler, BIOS kennt CPU-Typ nicht
8K	Fehler im BWS der Grafikkarte
9K	BIOS - ROM - Checksummenfehler
10K	Fehler im CMOS - RAM
11K	L2 - Cache fehlerhaft, wird vom BIOS abgeschaltet
Dauerton	Netzteilfehler oder Netzteil zu schwach
1L 1K	Schwerwiegender Hauptplatinenfehler
1L 2K	Grafikkarte nicht gefunden oder Video-ROM-BIOS defekt
1L 3K	Videofehler: Defekter RAMDAC oder Monitor fehlt
1L 4K	Timer defekt
1L 5K	Prozessorfehler
1L 6K	Tastatur - Controller fehlerhaft
1L 7K	Virtual-8086-Mode-Problem
1L 8K	Fehler im Videospeicher (BWS)
3L 1K	Fehler beim Test des DOS- und Extended Memory
3K 3L 3K	Arbeitsspeicher defekt
1L	POST beendet: System arbeitet ohne Fehler

Tab. 1.5: Signaltöne des AMI - BIOS

1.5 UEFI-BIOS

1.5.1 Warum wurde eine neue BIOS-Generation notwendig?

Das BIOS von 1981 kannte weder USB noch DVD und nicht einmal Festplatten. Mehr als 30 Jahren wurde am BIOS „geflickschustert", um das BIOS an immer neue Hardware und größere Festplatten und neue Datenträger anzupassen. Das Booten von DVD, USB-Sticks und externen Festplatten wurde hinzugefügt. Doch eine Umstellung auf ein 64-Bit-BIOS war zu aufwendig, und die Verwaltung von Festplatten über 2200 Gigabyte war nicht möglich, sie funktionieren mit dem alten „MBR-Partitionsschema" nicht mehr.

Intel hatte ein besseres BIOS, das „Extensible Firmware Interface" bereits 1998 entworfen. 2005 gründeten Intel, AMD, HP und weitere Firmen das „Unified EFI Forum", um einen Standard UEFI 2.0 zu definieren. Dieses neue BIOS hat eine übersichtliche grafische Oberfläche und kann mit der Maus bedient werden. Weil CPU, RAM und Festplatte gleichzeitig statt nacheinander initialisiert werden, verkürzt sich die Zeit bis zum Booten. Das neue BIOS verwendet ein „GPT-Schema" zur Partitionierung der Festplatte. Damit sind Festplatten bis 8 000 000 000 TB möglich (das entspricht ungefähr der gesamten Speicherkapazität aller Computer auf der Erde im Jahr 2008).

In das neue BIOS können Zusatzprogramme integriert werden, z. B. ein Datensicherungsprogramm oder ein einfacher Browser. Es könnte sogar ein Mini-Betriebssystem eingebaut werden ähnlich wie eine „Live Disk". Damit könnte man Windows reparieren, wenn es nicht mehr funktioniert, oder Daten retten.

Um bei Bedarf ältere Betriebssysteme booten zu können, kann man die neuen Funktionen abschalten und in einem Modus „Legacy BIOS" mit dem alten BIOS arbeiten.

Seit der Einführung von Windows 8 im Jahr 2012 wurden Hauptplatinen mit dem neuen UEFI-BIOS (**U**nified **E**xtensible Firmware **I**nterface) in der Version 2.3.1 ausgestattet, wodurch „Secure Boot" ermöglicht wurde.

1.5.2 Secure Boot

Wenn „Secure Boot" im UEFI-BIOS eingeschaltet ist, akzeptiert das BIOS nur „signierte" Bootloader. Das macht es Herstellern von Schadsoftware ohne passende Signatur nahezu unmöglich, den PC zu booten und die Kontrolle zu übernehmen. Seit Windows 11 ist die Aktivierung von Secure Boot vor der Installation und im Betrieb unbedingt notwendig.

Um zu ermitteln, ob Secure Boot schon aktiviert ist, tippen Sie „Systeminfo" in das Suchfeld von Windows 10/11 ein. In der System-Übersicht unter „Sicherer Startzustand" („Secure Boot State") erfahren Sie, ob Secure Boot aktiv ist. Wenn Secure Boot nicht aktiv ist, müssen Sie ins UEFI-BIOS gehen. Aktivieren Sie dort „Secure Boot". Wo ist bei jedem Board-Hersteller anders. In der Regel ist dieser Punkt unter „Sicherheit" zu finden.

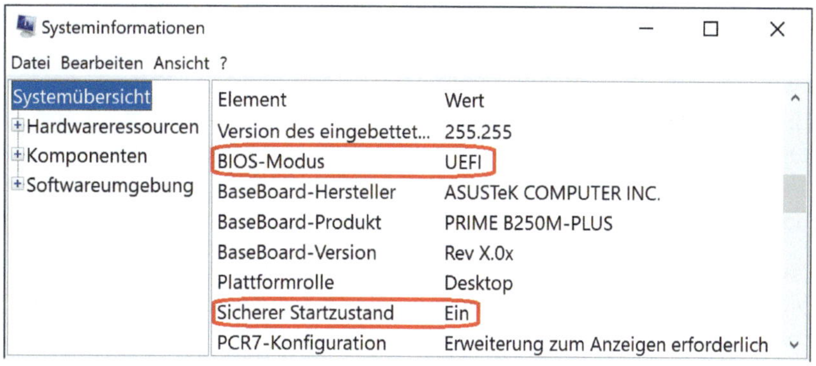

Bild 1.2: Secure Boot ist aktiviert

Überprüfen Sie auch den „BIOS Modus": Steht dort UEFI, dann kann Secure Boot ohne weiteres aktiviert werden. Wird „Legacy BIOS" oder „Vorgängerversion" angezeigt, sind zusätzliche Schritte erforderlich.

Wenn Secure Boot nicht aktiv ist, müssen Sie ins UEFI-BIOS gehen. Aktivieren Sie dort „Secure Boot".

Wo ist bei jedem Board-Hersteller anders. In der Regel ist dieser Punkt unter „Sicherheit" zu finden.

1.5.3 Wie wird das BIOS-Setup aufgerufen?

Es gibt zwei Möglichkeiten, ins BIOS zu kommen: beim Starten des PCs oder über Windows 10 bzw. 11.

BIOS-Setup aufrufen im Startvorgang nach einem Kaltstart

Sowohl beim alten als auch beim neuen BIOS kommt man ins Setup-Programm, indem man den Startvorgang des PC im richtigen Moment mit einer Taste oder Tastenkombination unterbricht. Vorwiegend bei älteren Computern ist die Taste „Delete" (dt.: Entfernen) bzw. „Entf") zu drücken, bei neueren Computern ist die Taste F2 zu drücken, in seltenen Fällen auch F12, F10, F8, F1, Esc, Strg-Einfg oder Strg-Esc.

Beobachten Sie den PC beim Booten genau. Auf dem Bootscreen sollte zu lesen sein, welche Taste man drücken muss, um ins BIOS zu kommen. Wenn Sie am unteren Bildschirmrand eine Meldung „Press Del for Setup" aufblitzen sehen, haben Sie einige Sekundenbruchteile Zeit, die „Entf"-Taste zu drücken. Wenn Sie den Moment verpaßt haben, müssen Sie Windows herunterfahren, den PC aus- und einschalten und es erneut versuchen. Tipp: Fangen Sie beim zweiten Versuch einige Sekunden früher an, in schneller Folge die richtige Taste zu drücken.

Wenn Sie nicht wissen, welches die richtige Taste ist, um ins BIOS zu kommen, drücken Sie einfach die „Entf"- und „F2"-Taste in schnellem Wechsel. Eine von beiden ist bestimmt die richtige. Wenn weder „F2" noch „Entf" funktionieren, sollten Sie im Handbuch zur Hauptplatine oder im Internet nachschauen, welche Taste die richtige ist.

Achtung: Auch mit der richtigen Taste kommen Sie nur während des Kaltstarts (wenn der PC vor dem Einschalten stromlos war) ins BIOS-Setup-Programm, aber nicht nach dem Aufwachen aus einem Schlafzustand oder nach einem Neustart. Das liegt daran, dass nach einem „Warmstart" das BIOS nur teilweise durchlaufen wird. Denn wozu den Speicher testen, wenn der PC eben noch funktioniert hat?

Bei einem Notebook ist es schwierig, einen Kaltstart durchzuführen, denn dazu müsste man den Stecker des Netzteils ziehen und außerdem den Akku herausnehmen.

Über Windows 10 oder 11 ins BIOS

Wenn im PC ein UEFI-BIOS steckt und Windows 10 oder 11 noch läuft, gibt es eine stressfreie Methode, ins BIOS zu kommen. Öffnen Sie die „Einstellungen" → „Update und Sicherheit" → „Wiederherstellung" → „Erweiterter Start" → „Jetzt neu starten".

Beim nächsten Start bietet Windows die folgenden Optionen an, siehe Bild 1.3: „Fortsetzen", „PC ausschalten" und „Problembehandlung". Wählen Sie „Problembehandlung" → „Erweiterte Optionen".

Nun sehen Sie ein Menü wie im Bild 1.4. Hier wählen Sie „UEFI Firmware-Einstellungen" (Hinweis: Geräten mit Legacy-BIOS fehlt diese Option) → „Neu Starten".

Nach dem Neustart gelangt man ins UEFI-BIOS.

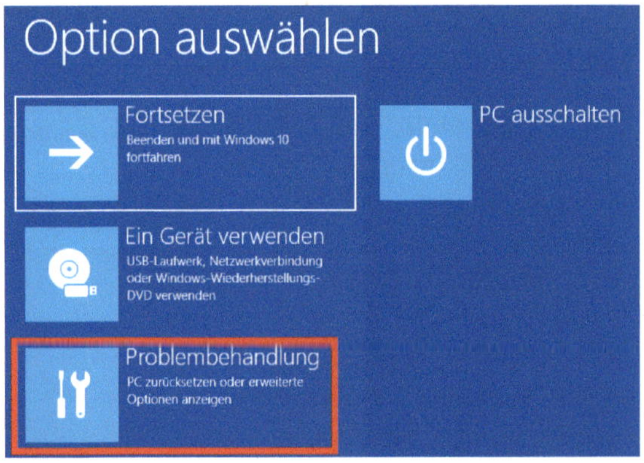

Bild 1.3: Menü Neustart-Optionen

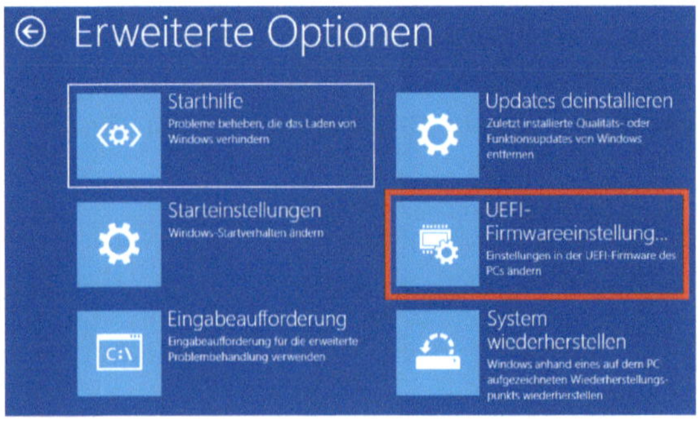

Bild 1.4: Neustart ins BIOS

1.6 TPM

1.6.1 Was ist TPM und wofür wird es gebraucht?

Seit dem Jahr 2014 werden immer mehr Computer mit einen „TPM-Chip" bestückt. TPM kann auch in Mobiltelefone, Smartphones und Unterhaltungselektronik eingebaut werden. TPM steckt in Android- und Apple-Smartphones, um kontaktlose Bezahlvorgänge abzusichern. MacBooks und iMacs haben einen Sicherheitschip „T2". Chromebooks haben einen Sicherheitschip „Titan C". Der **T**rusted **P**latform **M**odule Chip ermöglicht es, Daten zuverlässig zu verschlüsseln und zu signieren.

Beispielsweise können Daten der eigenen Festplatte, aber auch USB-Speichersticks und externe Festplatten so verschlüsselt werden, dass sie nur auf einem einzigen PC (dem eigenen) geöffnet werden können. Der Besitzer ist davor geschützt, dass Diebe die Daten von seiner Festplatte auslesen – es gelingt weder mit einer Live-CD (eine Live-CD ist eine startfähige CD mit Betriebssystem, mit der man den PC benutzen kann, ohne auf die Festplatte zugreifen zu müssen) noch durch Anstecken der Festplatte an einen fremden PC.

Allerdings: kein Licht ohne Schatten. Wenn die Hauptplatine mit dem TPM-Chip kaputt ist, kann auch der Eigentümer seine Daten nicht mehr retten. Und wenn das Notebook verloren geht, sind die Daten auf verschlüsselten USB-Sticks verloren. Es sei denn, man hat rechtzeitig vorher einen Wiederherstellungs-Schlüssel erzeugt.

Ein Gerät mit TPM, angepasstem Betriebssystem und Software bildet zusammen eine „Trusted Computing Plattform". Der Hersteller kann für seine „vertrauenswürdige Plattform" Beschränkungen festlegen.

Im Zusammenwirken mit Secure Boot kann der Hersteller das Booten von jeglicher Live-CD verhindern. Von den vielen im Internet zu findenden nützlichen CDs, zum Beispiel für Windows-Reparaturen, Virensuche und Datenrettung, kann man nur von denen booten, die eine gültige Signatur besitzen. Oder man benutzt das alte „Legacy BIOS", das Festplatten nur bis 2,2 GB zulässt. Wobei beginnend etwa seit dem Jahr 2021 bei immer mehr Hauptplatinen die Möglichkeit fehlt, zum alten BIOS zu wechseln.

1.6.2 Ist TPM 2.0 bereits aktiviert?

Um Windows 11 installieren zu können, muss TPM 2.0 im BIOS aktiviert sein. Etwa seit 2021 wurden Computer und Hauptplatinen in der Regel mit deaktiviertem TPM ausgeliefert, außer bei Business-Notebooks. Dann müssen Sie TPM im UEFI-BIOS einschalten.

So prüfen Sie, ob TPM 2.0 bereits aktiviert ist:

Tippen Sie tpm.msc ins Suchfeld oder an der Eingabeaufforderung ein. Unter „Status" sehen Sie, ob TPM aktiv ist. Wenn nicht, hat der PC keinen TPM 2.0 Chip oder er ist nur nicht aktiviert.

Gehen Sie ins BIOS und versuchen Sie, TPM einzuschalten.

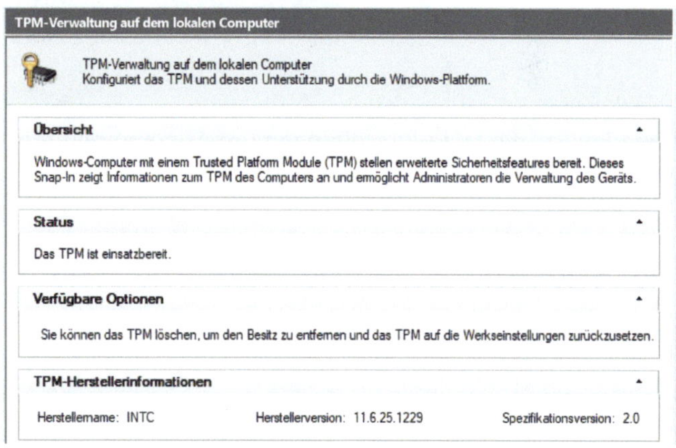

Bild 1.5: TPM 2.0 ist aktiviert

1.6.3 Die TPM-Konfiguration finden

Hier müssen Sie den passenden Eintrag zum TPM finden. Die Einstellung unterscheidet sich je nach Hersteller und Mainboard.

Das Bild 1.6 zeigt das BIOS einer ASUS-Hauptplatine mit Intel-CPU. Das TPM-Modul wird hier mit „Intel Platform Trust Technology" (Intel PTT) bezeichnet und ist unter „Advanced" → „PC-Host Firmware Configuration" zu finden.

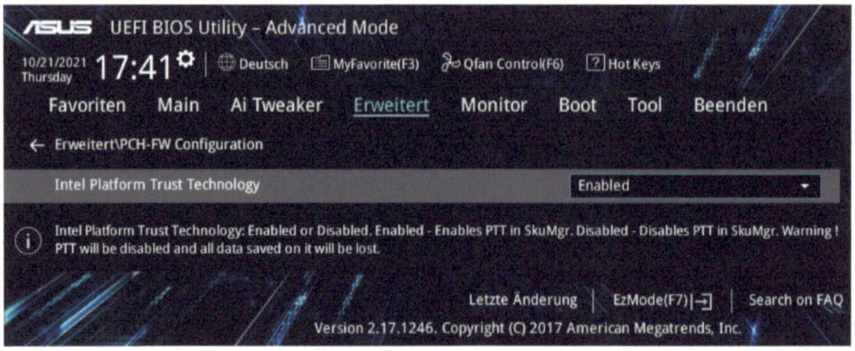

Bild 1.6: TPM-Einstellung eines ASUS-Mainboards mit Intel-CPU

Im Bild 1.7 ist das BIOS einer ASUS-Hauptplatine mit AMD-CPU gezeigt. Hier heißt der Eintrag „fTPM". Hat man die TPM-Einstellung gefunden, muss diese aktiviert werden („Enabled").

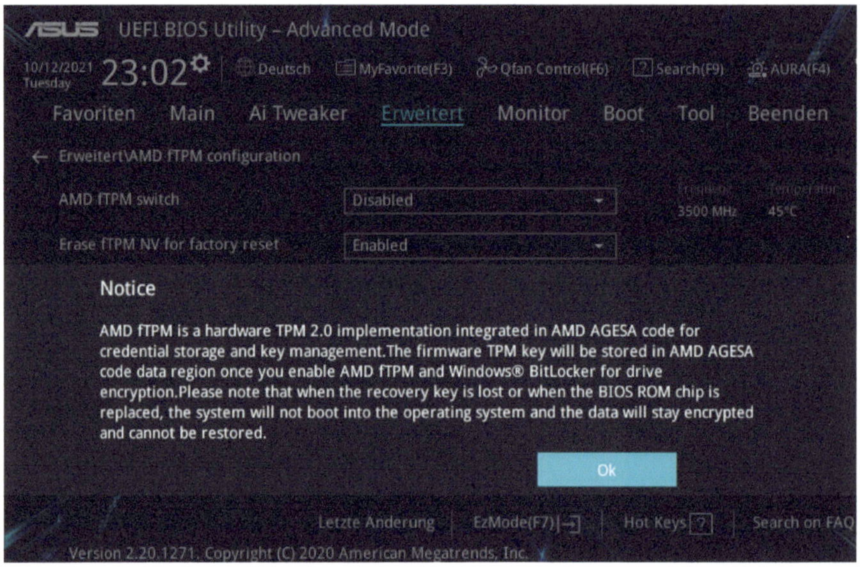

Bild 1.7: TPM-Einstellung eines ASUS-Mainboards mit AMD-CPU

Beenden Sie die UEFI-Einstellungen (im Allgemeinen mit Taste „F10").

Überprüfen Sie nach dem Neustart mit `tpm.msc`, ob TPM jetzt aktiv ist.

1.7 Bussysteme

1.7.1 Was ist ein „Bus“?

Damit die CPU mit dem Arbeitsspeicher, Festplatten- und DVD-Laufwerken sowie mit anderen peripheren Baueinheiten Informationen austauschen kann, müssen diese miteinander verbunden sein. Die beste Variante in Bezug auf die Leistungsfähigkeit wäre, die betreffenden Bauteile direkt mit speziellen Leitungen zu verbinden. Wenn man allerdings jeden von acht Steckplätzen mit je mindestens 60 Anschlüssen direkt mit der CPU verbinden müsste, würde die Zahl der „Beinchen“ der CPU und der interne Schaltungsaufwand übermäßig anwachsen. Weil diese Variante zu aufwendig ist und man das System durch die starre Verdrahtung nicht erweitern könnte, verwendet man universell nutzbare Kommunikationswege: Die Bussysteme.

Unter einem Bus versteht man ein Bündel von zusammengehörigen Leitungen, über welche die einzelnen Baugruppen eines digitalen Systems Informationen austauschen können.

Eine Busstruktur weist prinzipiell vier Gruppen von Leitungen auf:

Versorgungsbus (Strom- und Taktversorgung, Initialisierungen, Anzeige von Hardwarefehlern)

Datenbus (überträgt die Daten zwischen Prozessor, Arbeitsspeicher und Peripherie)

Adressbus (überträgt die Adresse einer Speicherzelle im RAM oder eines E/A-Gerätes)

Steuerbus (bestimmt, ob die Information gelesen oder geschrieben werden soll)

Da die Wege zum Datenaustausch von allen angeschlossenen Baugruppen gemeinsam genutzt werden, muss für eine Ordnung gesorgt werden. Zu jedem Zeitpunkt (Takt) darf nur genau eine Baueinheit die Kontrolle über den Bus haben und Informationen senden. Andere Baugruppen müssen warten, bis sie an der Reihe sind und den Bus benutzen dürfen.

John von Neumann stellte 1945 ein Konzept für den Bau eines Computers vor. In dieser „von-Neumann-Architektur“ besteht ein Computer aus der Zentraleinheit (Steuerwerk und dem Rechenwerk), dem Speicher und den Ein-/Ausgabeeinheiten. Alle Einheiten sind über einen einzigen Bus, den Systembus miteinander verbunden. Diese Architektur hat einen gravierenden Nachteil: Der Bus wurde immer mehr zum Flaschenhals des Systems (der sogenannte „Von-Neumann-Flaschenhals“, englischer Fachbegriff: „Von-Neumann-Bottleneck“). Moderne CPUs sind viel schneller, als die Daten über den Bus vom Speicher in den Prozessor geladen werden können.

Durch Spezialisierung und Strukturierung kann man diesen Engpass aber in gewissem Maße überwinden. Bei den ersten PCs gab es nur einen einzigen Systembus. Später bekam der Arbeitsspeicher einen eigenen Speicherbus. Als nächstes wurde der Bus für Steckkarten aufgetrennt: Seit dem Pentium 4 hat die Grafikkarte einen eigenen Bus (den AGP-Bus), der PCI-Bus versorgt alle anderen Steckplätze. Der Trend geht zu einer weiteren Spezialisierung der Busse:

- Prozessorinterne Busse
- Prozessorbus
- Speicherbus
- Systembus
- Peripherie- oder I/O-Bus
- Interrupt- oder Nachrichtenbusse

Heutige Hauptplatinen haben mindestens drei Busse:

1. Einen sehr schnellen Bus zu den Modulen des Arbeitsspeichers. Beginnend mit den Dual-Core-CPUs ist der Speicherbus doppelt vorhanden, Spitzenmodelle haben drei oder vier Speicherbusse.
2. Mehrere schnelle Busse zu den Steckplätzen (je einen für PCI und PCI-Express).
3. Einen langsamen Bus für Tastatur, Maus, USB, Diskettenlaufwerk und andere langsame Geräte.

1.7.2 ISA: Industry Standard Architecture

Im ersten IBM-PC wurde ein 8-Bit-Bus verwendet. Diese Architektur wurde von IBM nicht patentiert und konnte deshalb von vielen Herstellern nachgebaut werden. Mit der Einführung der PC-AT-Klasse mit dem ersten reinen 16-Bit-Prozessor i80286 wäre der 8-Bit-Bus zum Nadelöhr im Datenfluss geworden. Deswegen wurde mit dem PC-AT ein erweitertes Steckkartensystem eingeführt, der 16-Bit ISA-Standard.

Diesmal wurde das Bussystem präzise beschrieben! Der ISA-Bus war als weitgehend abwärtskompatibel entwickelt worden, so dass auch alte 8-Bit-Steckkarten in 16-Bit-Slots funktionierten.

Bild 1.8: Verschiedene Busse: oben: ISA 8-Bit, mitte: ISA 16-Bit, unten: EISA 32-Bit

Der ISA-Bus hat 16 Datenleitungen und 24 Adressleitungen. Die Taktfrequenz betrug je nach Hauptplatine 4,77 oder 6 oder 8 oder 8,33 MHz. Eine Übertragungsrate von max. 7 MByte pro Sekunde war möglich. Damit war der ISA-Bus optimal auf die Intel-CPU i80286 abgestimmt.

In den nachfolgenden 386er PCs und erst recht im 486er war der ISA-Bus auch in der 16-Bit-Version überfordert. Für den 386er wurden der MCA-Bus und der EISA-Bus entwickelt. Beide erreichten nur geringe Verbreitung. Speziell für die 486er wurde der „**V**esa **L**ocal **B**us“ als Nachfolger entwickelt.

Heute ist der ISA-Bus ausgestorben. Seit dem Pentium-III haben die Hauptplatinen keinen ISA-Bus mehr, und spätere Systeme schon gar nicht.

1.7.3 MCA: MicroChannel Architecture

IBM war nicht glücklich wegen der unzähligen Firmen, die Komponenten für den PC herstellten. Der ISA-Bus war ja nicht patentiert oder sonst irgendwie geschützt. Zudem war der ISA-Bus für den 386er PC nicht mehr ausreichend. Um das Jahr 1987 herum versuchte IBM mit einem neuen Steckkarten- bzw. Bussystem die Nachteile des ISA-Standards wieder wettzumachen.

Mit dem MCA-Bus (**M**icro**C**hannel **A**rchitecture) wurde ein Bussystem eingeführt, das eine wesentlich bessere Kommunikation zwischen den Bauteilen der Hauptplatine und den Steckkarten ermöglichte. Die MCA-Architektur ist technisch fast auf PCI-Niveau, aber zum ISA-Standard nicht abwärtskompatibel. Eine Busbreite von 32 Bit und ein Takt von 10 MHz ermöglichten eine Übertragungsrate von 40 MByte/s.

IBM besaß das Monopol und konnte bestimmen, wer Steckkarten und Hauptplatinen in Lizenz bauen durfte.

1.7.4 EISA: Extended Industry Standard Architecture

Die anderen Hauptplatinenhersteller waren nicht gewillt, Lizenzgebühren zu zahlen. Die Lizenzgebühren waren relativ hoch. Microchannel konnte sich deshalb nie so recht durchsetzen. Die vereinte Konkurrenz schuf ein anderes, verbessertes Bussystem. Der EISA-Bus (Extended Industry Standard Architecture) wurde so konstruiert, dass auch die älteren ISA-Erweiterungskarten genutzt werden konnten. Das wurde dadurch erreicht, dass der Steckplatz wie der des ISA-Busses aussah, aber über zwei Reihen Kontakte übereinander verfügte (im Bild 1.8 der untere Stecker). ISA-Karten erreichten nur die untere Kontaktebene, EISA nutzt zusätzlich die obere Kontaktreihe.

Der EISA-Bus hat einen 32-Bit Daten- und Adressbus. Seine Übertragungsgeschwindigkeit erreichte bis zu 16 MByte pro Sekunde bei 8,33 MHz.

Der EISA-Bus war der Vorgänger des PCI-Busses und ist eine Art Erweiterung des ISA-Busses mit einigen Optimierungen hin in Richtung Datendurchsatz und CPU-Entlastung – (damals) eigentlich ideal für Server!

1.7.5 VLB: VESA Local Bus

VLB wurde von der VESA entwickelt (**V**ideo **E**lectronics **S**tandard **A**ssociation, Vereinigung der Hersteller von Grafikkarten). Ziel der Gemeinschaftsentwicklung war die Erweiterung des ISA-Busses mit dem Ziel, den 16-Bit-Engpass für die Grafikausgabe zu umgehen. VESA kam 1992 auf den Markt.

Ein normaler 16 Bit ISA-Steckplatz wurde um einen zusätzlichen Steckverbinder verlängert. Dadurch kann VLB mit einer Datenbreite von 32 Bit arbeiten. Bei einer Taktfrequenz von 33 MHz ergibt das eine Datentransferleistung von max. 33,33 MHz × 4 Byte = 133 MByte/s. Maximal drei VLB-Steckplätze waren erlaubt. Eine höhere Taktfrequenz ist möglich, wenn nicht alle Slots besetzt sind: Bei zwei VLB-Karten sind 40 MHz erlaubt, eine einzelne VLB-Karte durfte mit 50 MHz getaktet werden.

Der VESA-Bus war zu sehr auf die 486er CPU zugeschnitten und konnte an die nachfolgenden Pentium-CPUs nicht angepasst werden. Die direkte Verbindung des VLB mit dem empfindlichen Prozessorbus war problematisch. Auf Boards mit einer Pentium-CPU gibt es keine VLB-Steckplätze mehr. VLB verschwand bereits 1995 vom Markt.

Für die Pentium-Prozessoren entwickelte Intel ein neues Konzept.

1.7.6 PCI: Peripheral Component Interconnect

Peripheral Component Interconnect wurde 1991 von Intel speziell für den Pentium entwickelt. Die CPU wurde um einen Controller-Chip (heute nennt man das den „Chipsatz“) ergänzt. Der PCI-Bus wurde nicht mehr direkt mit dem Prozessor verbunden, sondern über diesen Controller-Chip entkoppelt. Der PCI-Bus war so weitsichtig und universell entwickelt worden, dass er auch in Apple Macintosh (seit 1995) und Alpha-Workstations zum Einsatz kam. Der PCI Bus ist bis ins Detail normiert und leicht nachzubauen.

Die Leistung von PCI konnte mehrmals gesteigert werden. Für die Weiterentwicklung und Standardisierung ist die PCI SIG (**P**eripheral **C**omponent **I**nterconnect **S**pecial **I**nterest **G**roup) zuständig – eine Interessengemeinschaft der Hersteller von Computerkomponenten. Mitglieder sind Intel, AMD, Dell, HP, NVIDIA und weitere 800 Firmen. Die 2004 verabschiedete PCI-Version 3.0 ist die letzte PCI-Version.

Speziell für Server wurde **PCI**-e**X**tended entwickelt. Der „ursprüngliche“ PCI wird als PCI-konventionell bezeichnet, um ihn von PCI-X und seinem Nachfolger PCIe unterscheiden zu können. PCI-X konnte sich nicht durchsetzen, weil das etwa gleichzeitig entwickelte konkurrierende **PCI-E**xpress (PCIe) deutlich überlegen war.

PCI Version	1.0	2.2 bis 3.0	PCI-X 1.0	PCI-X 2.0
Busbreite	32 Bit	64 Bit	64 Bit	64 Bit
Bustakt	33 MHz	66 MHz	133 MHz	266 MHz
Übertragung	133 MByte/s	533 MByte/s	1067 MByte/s	2133 MByte/s

Tab. 1.6: Daten des PCI-Bussystems

Die PCI-Komponenten müssen sich nicht auf Steckkarten befinden, sie können auch auf der Hauptplatine untergebracht werden (sogenannte „planar devices").

Jede PCI-Komponente besitzt eine eindeutige Hardware-Kennung, die „PCI-ID". Diese setzt sich aus drei Teilen zusammen: Class-ID: Hersteller-ID: Geräte-ID, z. B. hat der „82557B 10/100 PCI Ethernet Adapter" von IBM die Hardware-Kennung 0200:1014:005C. Hier bedeuten:

0200 Ethernet Network Controller, 1014 IBM und 005C für dessen 82557B 10/100 PCI Ethernet Adapter.

Die ersten beiden Ziffern der Class-ID bezeichnen eine von 22 Klassen: 01=Massenspeichercontroller, 02=Netzwerkcontroller, 03=Grafikcontroller, ... siehe `https://pci-ids.ucw.cz/read/PD/`. Wenn man auf eine Klasse dieser Tabelle klickt, werden die Unterklassen angezeigt: Bei Netzwerken (Klasse 02) z. B. 00=Ethernet, 04=ISDN.

Bild 1.9: Hardwarekennung eines unbekannten Gerätes
Die Class-ID wurde als „Audiocontroller für Multimedia" entschlüsselt. Hersteller- und Geräte-ID stehen im „Wert".

Auf der Webseite `https://pci-ids.ucw.cz` finden Sie die „PCI Vendor and Device Lists". Den Namen der heruntergeladene Datei ändern Sie in `pci.ids.txt`, um sie öffnen zu können. In der „`pci.ids.txt`" finden Sie alle jemals hergestellten PCI- und PCIe-Geräte. Wenn Ihnen der Gerätemanager ein Gerät als „unbekannt" anzeigt, finden Sie dessen Hersteller- und Gerätenummer unter dessen Eigenschaften, siehe Bild 1.9.

Welche besonderen Eigenschaften hat der PCI-Bus (und seine Nachfolger AGP und PCIe)?

Plug and Play

Vom BIOS wird jede PCI-Erweiterungskarte nach ihren Ressourcenwünschen abgefragt und konfiguriert. Konflikte der Erweiterungskarten in Bezug auf Port-Adresse, Interrupt oder DMA-Kanal kommen – theoretisch – nicht mehr vor. (DMA = Datenübertragung zwischen Speicher und Geräten ohne CPU-Beteiligung)

Interrupt-Sharing

Am ISA-Bus brauchte jedes Gerät eine eigene Interruptleitung zur CPU. Doch die Interrupts waren sehr knapp, Doppelbelegung war verboten. PCI-Komponenten können sich einen Interrupt teilen. Allerdings kommt es bei neuentwickelten Komponenten in Ausnahmefällen vor, dass die Teilung der Ressourcen wegen unsauber programmierter Treiber nicht funktioniert.

Bus-Master-Betrieb

Da der Prozessor über einen Controller (der sich im Chipsatz befindet) vom Bus entkoppelt ist, kann der PCI-Bus teils unabhängig von der CPU arbeiten. So kann beispielsweise die Festplatte Daten zum Brenner schicken, während die CPU unabhängig davon Berechnungen ausführt. Die PCI-Karte, welche die Daten sendet, ist der Master, und die Karte, welche die Daten empfängt, ist der Slave.

Für die Steuerung des Datenaustauschs tauschen die Baugruppen Steuerbefehle (Messages) aus. Der Standard erlaubt bis zu 256 verschiedene Steuerbefehle.

Multiplex-Prinzip

Seit der Version 2.1 kann der PCI-Bus 32 Leitungen für die Daten plus 32 Leitungen für Adressen haben. Durch den Multiplex-Betrieb dürfen die Hersteller die Hälfte dieser Leitungen einsparen, indem mit einem Takt zuerst die Adresse und in einem zweiten Takt das Datenwort gesendet wird.

Auf Server-Platinen gab es meist einen oder zwei „echte" 64-Bit-Steckplätze, auf denen die Adress- und Datenleitungen gleichzeitig angesteuert wurden. Auf preiswerteren Platinen wurden meist 32-Bit-Steckplätze verwendet, die im Multiplexbetrieb genutzt wurden.

Burst-Modus

Der Bus-Controller bekommt nur die Start- und Zieladressen sowie die Bytezahl von der CPU mitgeteilt und überträgt dann einen beliebig großen Speicherblock ohne weitere Beteiligung der CPU. Das nennt man den „Burst-Modus". Ein Latenz-Timer überprüft in regelmäßigen Abständen, ob eine andere Komponente den PCI-Bus dringend benötigt, und er unterbricht nötigenfalls einen langen Burst.

Elektrische Entkopplung

Zwischen CPU und den Erweiterungssteckplätzen befinden sich Puffer-Schaltkreise, die stabile elektrische Signale garantieren. CPU und PCI-Bus können dadurch mit unterschiedlicher Frequenz getaktet werden. Die in der Tabelle 1.7 (übernächste Seite) für den PCI-Bus angegebenen Taktfrequenzen sind Höchstwerte. Der Takt darf auch geringer und sogar variabel sein, z. B. kann er zum Energiesparen heruntergesetzt werden.

1.7.7 AGP: Accelerated Graphics Port

Der Accelerated Graphics Port (etwa: beschleunigter Grafikkarten-Anschluss) wurde von Intel und Microsoft entwickelt, um Programmen mit starker Video-Orientierung (Videokonferenzen, 3D-Spiele) mehr Videoleistung bereitstellen zu können. AGP hat im Vergleich zu PCI die doppelte Übertragungsrate.

AGP ist direkt mit dem Chipsatz der Hauptplatine verbunden und kann unmittelbar auf den RAM zugreifen.

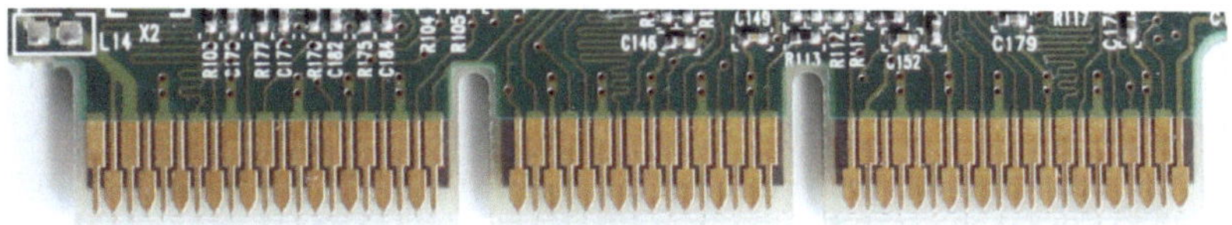

Bild 1.10: Stecker einer AGP-Grafikkarte

Der AGP-Bus ist (ebenso wie der PCI-Bus) 32 Bit breit, wird aber doppelt so schnell getaktet: Der AGP-Bus arbeitete anfangs mit 66 MHz, der PCI Bus mit 33 MHz. Das ergibt eine Datenübertragungsrate von 4 Byte × 66,66 MHz = etwa 266 MByte/s.

Es sind vier Zugriffsarten definiert:

- AGP x1 Modus 266 MByte/s — 67 MHz
- AGP x2 Modus 533 MByte/s — Doppelter Takt (133 MHz)
- AGP x4 Modus 1066 MByte/s — 267 MHz. Achtung: andere Betriebsspannungen!
- AGP x8 Modus 2133 MByte/s — 533 MHz (seit 2000)

Die AGP-Schnittstelle wurde nicht mehr weiterentwickelt. Dafür gab es mindestens zwei Gründe.

- Die Geschwindigkeit: Mit einem Faktor x8 ist die Technologie an ihre Grenzen geraten.
- Der Leistungsbedarf: Grafikkarten brauchen immer mehr Strom, der über den Steckplatz zugeführt werden muss. Ein Standard-AGP-Slot liefert maximal 25 Watt. Der neue PCI-Express-Slot stellt bereits in der kurzen Ausführung 75 Watt bereit. Im Jahr 2003 lag der typische Verbrauch einer Grafikkarte noch bei etwa 60 Watt, inzwischen haben Spitzenexemplare einen Leistungsbedarf von bis zu 325 Watt. Deshalb sehen die Netzteil-Spezifikationen seit dem Formfaktor ATX 2.2 einen oder zwei zusätzliche Stromanschlüsse für die Grafikkarte vor. Die neuen Anschlüsse nach Standard ATX 3.1 können 600 Watt an die Grafikkarte liefern. Im Jahr 2004 begann die Ablösung von AGP und PCI durch PCI Express (abgekürzt: PCIe). AGP-Karten werden schon lange nicht mehr hergestellt. Alle modernen Grafikkarten benutzen den PCIe-Bus. Auch PCI-Steckplätze sind nur noch auf sehr alten Mainboards zu finden.

Bild 1.11: Stecker einer PCIe-x16-Grafikkarte

1.8 PCI Express: Peripheral Component Interconnect Express

Die 32 parallelen Leitungen des PCI-Busses führten vom Chipsatz zu allen Steckplätzen und weiter zu allen Onboard-Controllern (Festplatten, USB, Sound, ...). Jedes angeschlossene Gerät konnte bei Bedarf den Bus beanspruchen, andere Geräte mussten warten. Etwa um das Jahr 2000 gerieten die Mainboard-Hersteller in Bedrängnis. S-ATA, Gigabit-LAN und immer mehr und schnellere Schnittstellen (z. B. USB) lieferten Datenmengen, die der PCI-Bus kaum bewältigen konnte. Die Zahl der parallelen PCI-Leitungen von 32 auf 64 zu erhöhen wäre zu aufwendig und zu teuer gewesen, zumal alle Leitungen etwa gleich lang sein mussten, um auf allen Leitungen ungefähr gleiche Signallaufzeiten zu erreichen. Die Elektronik war zu ständigen Wartezeiten gezwungen, um sicher zu sein, dass auch das letzte der zusammengehörenden Bits eingetroffen war. Man bedenke dabei: In einem PC mit 3,3 GHz CPU-Takt legt ein Signal während eines CPU-Taktes nur 10 cm zurück (elektrische Signale sind fast so schnell wie das Licht: 300 000 km/s)! Auch die Erhöhung der Taktfrequenz von den üblichen 33 MHz auf 66 MHz wäre problematisch gewesen, auf den langen verzweigten Leitungen waren die Störungen kaum zu beherrschen.

Darum stellte Intel Ende 2004 gleichzeitig mit dem neuen Sockel 775 ein neues Bussystem vor: PCI Express.

1.8.1 PCIe-Grundlagen

Alle guten Eigenschaften von PCI wurden beibehalten (um die Kompatibilität zu sichern). PCIe verwendet die gleichen Steuerbefehle wie PCI. Weder Betriebssysteme noch Treiber oder Anwendungsprogramme brauchen angepasst werden. Ein älteres Betriebssystem merkt nicht, ob es auf einem PCI- oder PCIe-Board läuft. Lediglich die parallelen Leitungen wurden durch serielle Leitungen ersetzt.

PCIe nutzt eine variable Anzahl von unabhängigen Datenkanälen („Lane" oder „Links"), die in Gruppen von 2, 4, 8, oder 16 gebündelt werden können, extrem selten (in Servern) auch zu 12 oder 32. Mit einem Zusatz, z. B. „x16" wird die „Busbreite" angegeben.

Für kompakte Hauptplatinen gibt es kurze PCIe **x1** Slots bis PCIe **x4** Slots. Die kurzen PCIe-x1-Steckplätze benutzen nur einen Kanal und können damit in Ein- und Ausgaberichtung gleichzeitig je 250 MByte/s (V1.0) transportieren. Das ist für Gigabit-Netzwerkkarten, USB 2.0-Karten und Soundkarten völlig ausreichend, eine solche Steckkarte sehen Sie im Bild 18.1 auf Seite 179.

PCIe x16 bündelt 16 Kanäle und wird vor allem für Grafikkarten verwendet. PCIe x16 hat mit „**P**CI-**E**xpress for **G**raphics" (PEG) sogar einen eigenen Namen. Ein oder zwei PCIe-x16-Slots sind üblich für Standard-Mainboards (wobei am zweiten Slot meist nicht alle Pins angeschlossen sind).

Die Steckplätze werden länger: Sie wachsen mit 132 Pins (67 mm) bei AGP auf 184 Pins (89 mm) bei PCIe x16. Hot-Plugging (das Auswechseln im laufenden Betrieb) ist möglich, wenn es von den Komponenten und deren Treiber unterstützt wird.

Die Lanes laufen auch nicht mehr vom Chipsatz zu einem Gerät und weiter zum nächsten und übernächsten. Die PCIe-Komponenten werden „Punkt zu Punkt" verbunden. Dadurch können mehrere Verbindungspaare gleichzeitig existieren, die unabhängig voneinander Daten übertragen können und sich nicht gegenseitig bremsen. (Streng genommen ist PCIe kein Bussystem: Solange in einem Bussystem eine Übertragung läuft, ist der Bus besetzt, und es kann keine zweite Übertragung gleichzeitig stattfinden.)

Während ein PCI-Bus mit 16 parallelen Leitungen gerade einmal 267 MB/s übertragen konnte, erreichte eine **einzelne** PCIe-Lane in der ersten Version 250 MB/s. Wie kann eine serielle Verbindung so schnell sein?

Jede Lane verfügt über zwei Leitungen, die als „differentielles Adernpaar" funktionieren. Jeder Spannungsimpuls auf der einen Ader wird durch einen gleich großen, aber entgegengesetzt gepolten Impuls auf der spiegelbildlichen Ader ergänzt. Irgendwelche Störungen auf dem Weg beeinflussen beide Adern etwa gleich. Der Empfänger wertet nicht die Höhe, sondern nur die Differenz der beiden Spannungen aus. Ein Datenpaket wird komplett über eine Lane übertragen und nicht auf mehrere Lanes aufgeteilt, so können die Bits nicht durcheinander geraten.

Betrachten wir ein Beispiel. Eine 64-Bit-CPU sendet 64-Bit-Daten an die Grafikkarte. Das erste Datenpaket wird an die erste Lane geschickt, als Datenpaket mit einer fortlaufenden Nummer versehen und Bit für Bit an die Gegenstelle geschickt. Während die Übertragung läuft, wird das nächste Datenpaket an die zweite Lane geschickt usw. Gibt es keine weitere Lane, kommt wieder die erste Lane an die Reihe. Ist diese noch nicht mit der Übertragung fertig, muss die CPU einen Moment warten.

Von einem Parallel-zu-Seriell-Wandler werden jeweils 8 Datenbit zu 10 Übertragungsbit umcodiert, seriell übertragen und von einem Seriell-zu-Parallel-Wandler in 8 Datenbits zurückverwandelt. Welchen Zweck hat diese „8B/10B" Kodierung? Erstens dienen die Extra-Bits als Paritätsbit, zweitens wird damit sichergestellt, dass pro Byte eine gleiche Zahl von „Nullen" und „Einsen" übertragen wird. Drittens wird verhindert, dass zu viele Einsen oder Nullen aufeinanderfolgen. Weil es keine Extra-Leitung für ein Taktsignal gibt, muss das Taktsignal aus den übertragenen Bits gewonnen werden. Bei zu vielen aufeinanderfolgenden Nullen würde die Elektronik „aus dem Takt kommen". Weil pro Nutzbyte zehn Bits übertragen werden (Verhältnis 1:10), verhält sich auch die Übertragungsrate zum Takt wie 1:10, z. B. 250 MByte/s bei einem Takt von 2500 MHz.

Ab der Version 3.0 kommt eine 128B/130B Kodierung zum Einsatz. Während bei der 8B/10B Kodierung immerhin 20% der Übertragungskapazität verloren gehen, sinkt der Verlust bei 128B/130B auf 2%.

Für die Standardisierung und die Weiterentwicklung ist die PCI SIG (**P**eripheral **C**omponent **I**nterconnect **S**pecial **I**nterest **G**roup) verantwortlich.

Jahr		2003	2006	2010	2017	2019	2022
Version		1.0/1.1	2.0/2.1	3.0	4.0	5.0	6.0
Takt		2,5 GHz	5 GHz	8 GHz	16 GHz		
PCIe x1	25 mm	250	500	985	1969	3900	8000
PCIe x4	39 mm	1000	2000	3938	7877	15500	32000
PCIe x8	56 mm	2000	4000	7877	15754	31500	64000
PCIe x16	89 mm	4000	8000	15754	31508	63000	128000

Tab. 1.7: PCIe-Steckplätze, deren Länge und (teils gerundete) Transferraten (MByte/s)

Mit den hohen Taktfrequenzen können Signale nur über kurze Strecken übertragen werden. V5.0 wird deshalb fast nur für die Direktverbindung von der CPU zum Chipsatz (DMI) und zur Grafikkarte verwendet. Für die Version 6.0 wurde nicht der Takt verdoppelt, sondern es wurde die Kodierung 128b/130b durch PAM-4 ersetzt. PAM-4 überträgt vier verschiedene Signalpegel, also zwei Bit pro Takt.

Das Grundkonzept von PCIe ist so gut, dass es in abgewandelter Form für SATA, SATA-Express, SAS und DisplayPort verwendet wird.

Hier ein Vergleich verschiedener Bussysteme.

	Bus-Breite	Takt	Transfer
ISA	16 Bit	8,33 MHz	7 MByte/s
MCA	32 Bit	10 MHz	40 MByte/s
EISA	32 Bit	8,33 MHz	16 MByte/s
VLB	32 Bit	33 MHz	133 MByte/s
PCI 3.0	64 Bit	66 MHz	533 MByte/s
AGP x8	32 Bit	533 MHz	2133 MByte/s
PCIe 3.0 x1	1 Bit	8 GHz	985 MByte/s
PCIe 3.0 x16	16 Bit	8 GHz	15754 MByte/s
PCIe 5.0 x16	16 Bit		63000 MByte/s

Tab. 1.8: Vergleich der Eigenschaften von Bus-Systemen

1.8.2 Verwendung von PCI Express

Nach den theoretischen Betrachtungen nun die praktischen Aspekte. Was muss man bei der Auswahl von CPU und Hauptplatine wissen? Wie viele PCIe Lanes führen zu welchem Steckplatz?

Einige PCIe-Lanes sind direkt mit der CPU verbunden. Das sind vor allem die Verbindungen zur Grafikkarte, über die ein ständiger, relativ hoher Datenstrom fließt.

Eine größere Anzahl Lanes sind an den Chipsatz angeschlossen, der sie mit der CPU verbindet. Der „Umweg" über den Chipsatz ist für Datenquellen mit einem geringeren und/oder nur gelegentlichen Datenfluss vorgesehen: Festplatten, optisches Laufwerk, Netzwerk, Audio, Kamera, USB, Tastatur und Maus.

Wobei Intel und AMD verschiedene Konzepte verfolgen. Intel ist für Arbeitsteilung zwischen CPU und Chipsatz und bindet nur einige Lanes mit dem höchsten Datenaufkommen (z. B. Grafikkarte) direkt an die CPU an. Die große Zahl der vergleichsweise langsamen Komponenten wird über den Chipsatz angeschlossen.

AMD betreibt eine größere Anzahl Lanes an der CPU und nur wenige über den Chipsatz.

1.8.3 PCIe-Lanes der CPU

Nur ein Teil der PCIe-Lanes ist direkt an die CPU angeschlossen.

Von den einfacheren Intel-CPUs (z. B. Celeron G6900 für 60 Euro) bis zu den i3- und i5-CPUs (Preis bis etwa 500 Euro) haben die CPUs 20 PCI-Express-Lanes, von denen vier den Chipsatz mit der CPU verbinden und 16 an den Steckplatz der Grafikkarte führen.

Falls die Hauptplatine mit einem der besseren Chipsätze Z, W oder Q bestückt ist, gibt es auf der Hauptplatine mehrere x16-Steckplätze für Grafikkarten. Die 16 PCIe-Lanes von der CPU lassen sich variabel verteilen: Sind zwei Steckplätze belegt, bekommt jeder acht Lanes. Das bedeutet allerdings auch: Wenn Sie Ihre einzige Grafikkarte in den zweiten Slot stecken, läuft diese mit nur acht Lanes und acht Lanes bleiben ungenutzt! Es gibt auch Boards mit drei x16-Steckplätzen. Sind drei Slots belegt, kann die erste Grafikkarte über 8 Lanes mit der CPU kommunizieren, während der zweite und der dritte Slot mit je vier Lanes auskommen muss. Wenn Sie Ihre einzige Grafikkarte auf den dritten Slot stecken, läuft diese mit nur vier Lanes und zwölf Lanes bleiben ungenutzt! Vier Lanes sind zu wenig, wenn ein Bildschirm mit UHD-Auflösung (3840 × 2160 Pixel) angeschlossen ist! Lesen Sie das Mainboard-Handbuch. Wenn Ihnen das zu viel Aufwand ist, sollten Sie die (erste) Grafikkarte in den Slot stecken, welcher der CPU am nächsten ist.

Wenn Sie mehr Informationen über eine CPU bezüglich der PCIe-Lanes suchen: Fragen Sie Google nach „Datasheet" gefolgt vom Namen der CPU, dann finden Sie unter `https://ark.intel.com/...` die Kurzfassung des Datenblattes von Intel (die volle Dokumentation hat pro CPU einen Umfang von etwa tausend Seiten). Im Abschnitt „Expansion Options" bzw. „Erweiterungsoptionen" finden Sie z. B.

Direct Media Interface (DMI) Revision	4.0
Maximale Anzahl von DMI-Lanes	8
PCI-Express-Version	3.0, 4.0
PCI-Express-Konfigurationen	x1, x2, x4
Maximale Anzahl der PCI-Express-Lanes	28
Unterstützte Prozessor-PCI-Express-Port-Konfigurationen	1x16+1x4 or 2x8+1x4

Die einfacheren Chipsätze H und W können die 16 Lanes der CPU nicht aufteilen, darum gibt es auf Boards mit diesen Chipsätzen nur einen langen PCIe-x16 Steckplatz.

Falls Sie mehr als eine Grafikkarte mit ausreichend Lanes versorgen wollen, müssen Sie einen höheren Aufwand treiben. Die CPU i3-12100 (130 Euro) zum Beispiel hat 16 PCIe-Lanes, die auf 1x16 oder 2x8 oder 1x8 + 2x4 aufgeteilt werden können. Die CPU i9-13900 (620 Euro) bietet 20 PCIe-Lanes, die auf 1x16 + 4 oder 2x8 + 4 aufgeteilt werden können. Je nach Hauptplatine werden die vier zusätzlichen Lanes der CPU meist an einen M.2 Steckplatz geführt.

Auch AMD stellt bei den CPUs bis zur Mittelklasse 20 PCIe-Lanes bereit, von denen vier Lanes für die Verbindung zum Mainboard-Chipsatz reserviert sind. Somit bleiben wie bei Intel 16 Lanes für Grafikkarten übrig, die im x16- oder x8+x8-Mode arbeiten. Je 60 Lanes (plus vier zum Chipsatz) sind bei einigen CPUs wie AMD Ryzen zu finden.

1.8.4 PCIe-Lanes des Chipsatzes

Sowohl Intel als auch AMD verbinden die CPU und den Chipsatz mit vier PCIe-Lanes. Bei Intel wird das Bündel der vier PCIe-Lanes als „Direct Media Interface" (DMI) bezeichnet (früher wurde die Verbindung zwischen CPU und Northbridge als „Front Side Bus" bezeichnet). Bei einigen neuen Chipsätzen (Z690, Z790, alle 800er) stehen acht PCIe-Lanes für die DMI-Verbindung zur Verfügung.

Der Chipsatz verteilt diese DMI-Lanes auf eine größere Anzahl PCIe-Lanes (siehe Tabellen 1.9 bis 1.11), außerdem sind eine größere Anzahl „relativ langsamer" Geräte über den Chipsatz mit der CPU verbunden.

„Relativ langsam" meint: Während eine PCIe (V3.0) Lane bis zu 985 MByte/s transportieren kann, liefern Magnetfestplatten bis zu 200 MByte/s und SSD am SATA-Anschluss bis zu 550 MByte/s. Gigabit-LAN liefert maximal 117 MB/s und alle anderen Komponenten noch weniger. Wenn alle diese Geräte gleichzeitig Daten liefern, würde in der Summe gerade einmal eine von vier Lanes des DMI ausgelastet.

Es gibt eine Ausnahme: Die meisten SSD-Laufwerke am M.2 Anschluss erreichen gegenwärtig 3300 MByte/s beim Lesen und 2500 MByte/s beim Schreiben. Damit werden die vier Lanes einer DMI 3.0 Verbindung vom Chipsatz zur CPU fast ausgelastet.

Die neueste Generation der SSD überträgt Daten über 4 x PCIe 4.0 und erreicht beim Lesen Übertragungsraten von 7000 MByte/s. Andererseits benutzen aktuelle 600er und 700er Chipsätze PCIe V4.0, was die DMI Verbindung doppelt so schnell macht. Zudem haben die Z-, W-, Q- und einige H-Chipsätze von Intel eine acht Bit breite DMI-Verbindung, was die mögliche Datenrate noch einmal verdoppelt.

1.8.5 Intel-Chipsätze

„Z"-Chipsätze sind für „Enthusiasten" gedacht und bieten die beste Leistung. „Z"- und „B"-Chipsätze bieten die Möglichkeit, CPU und RAM zu übertakten. Die „W"-Chipsätze sind laut Intel für Workstations vorgesehen, „Q" ist für Computer von Großfirmen mit speziellen Möglichkeiten der Fernverwaltung vorgesehen. „B"- und die beiden „H"-Chipsätze sind für den „Desktop".

	PCIe 5.0 CPU	PCIe 4.0 CPU	DMI Lanes	PCIe 4.0 Chipsatz	PCIe 3.0 Chipsatz	USB 20 Gb/s	USB 10 Gb/s	USB 5 Gb/s	USB 2.0	SATA	RAID
Z690	16/8+8	4	8	12	16	4	10	10	14	8	0,1,5,10
W680	16/8+8	4	8	12	16	4	10	10	14	8	0,1,5,10
Q670	16/8+8	4	8	12	12	4	8	10	14	8	0,1,5,10
H670	16/8+8	4	8	12	12	2	4	8	14	6	0,1,5,10
B660	16	4	4	6	8	2	4	6	12	4	0,1,5,10
H610	16	0	4	0	12	0	2	4	10	4	nein

Tab. 1.9: Intel-Chipsätze der 600er Serie mit Socket LGA 1700 werden seit Ende 2021 produziert

	PCIe 5.0 CPU	PCIe 4.0 CPU	DMI Lanes	PCIe 4.0 Chipsatz	PCIe 3.0 Chipsatz	USB 20 Gb/s	USB 10 Gb/s	USB 5 Gb/s	USB 2.0	SATA	RAID
Z790	16/8+8	4	8	20	8	5	10	10	14	8	0,1,5,10
H770	16/8+8	4	8	16	8	2	4	8	14	8	0,1,5,10
B760	16	4	4	10	4	2	4	6	12	4	0,1,5,10

Tab. 1.10: Intel-Chipsätze der 700er Serie mit Socket LGA 1700, seit Frühjahr 2023 verfügbar

	PCIe 5.0 CPU	PCIe 4.0 CPU	DMI Lanes	PCIe 4.0 Chipsatz	Thunder bolt CPU	USB 20 Gb/s	USB 10 Gb/s	USB 5 Gb/s	USB 2.0	SATA	RAID
Z890	*1	4	8	24	2	5	10	10	14	8	0,1,5,10
W880	*1	4	8	24	2	5	10	10	14	8	0,1,5,10
Q870	*1	4	8	20	1	4	8	10	14	8	0,1,5,10
B860	16+4	0	4	14	1	2	4	6	12	4	*2
H810	16	0	4	8	1	0	2	4	10	4	nein

Tab. 1.11: Intel-Chipsätze der 800er Serie mit Socket LGA 1851, seit Herbst 2024 verfügbar
*1: 1x16+1x4 oder 2x8+1x4 oder 1x8+3x4 *2: RAID 0,1,5,10 nur an SATA-Anschlüssen, nicht an M.2

Die 600er, 700er und 800er Chipsätzes sind mit PCIe 5.0 an die CPU angebunden. Die an den Chipsatz angeschlossenen Geräte können PCI Express aber nur in der Version 4.0 nutzen.

Bei den Chipsätzen Z890, W880 und Q870 wird eine CPU mit 20 PCIe-Lanes erwartet. Davon gehen 16 oder 8 + 8 an die PCIe-Grafiksteckplätze. Die restlichen vier Lanes können von einem M.2-Massenspeicher genutzt werden, der ohne den Umweg über den Chipsatz direkt mit der CPU kommuniziert. Allerdings sind nicht alle CPU-Mainboard-Kombinationen sinnvoll. Für die Chipsätze B860 und H810 wäre eine CPU mir 20 PCIe Lanes Verschwendung: Vier davon werden nicht nutzbar sein.

Im Chipsatz sind LAN (2,5 Gigabit/sec) und WLAN 6E oder WLAN 7 integriert. Die Grafikeinheit der CPU kann maximal vier Displays (über DisplayPort mit 7680 × 4320 Pixeln) versorgen, bei den H-Chipsätzen sind maximal drei Displays möglich.

Bei den 600er und 700er Chipsätzen kann der Mainboardhersteller wahlweise DDR4- **oder** DDR5-Steckplätze für den Arbeitsspeicher vorsehen. Beides gleichzeitig geht wohl nicht (hauptsächlich deshalb, weil DDR5-Speicher eine andere Stromversorgung haben, mit eigenen Spannungsreglern auf dem Speicherriegel). Die 800er Chipsätze arbeiten nur mit DDR5.

Bis zu acht SATA-Speicher können angeschlossen werden. Interessant ist die Möglichkeit, RAID 0, 1, 5 oder 10 nutzen zu können, ohne einen teuren RAID-Controller kaufen zu müssen. Bei den 800er Chipsätzen können auch die M.2 Speicher als RAID-Verband konfiguriert werden.

Die Mainboardhersteller können mit Zusatzbaugruppen noch mehr aus den Chipsätzen herausholen.

Mainboards mit Chipsätzen der 600er Serie können wahlweise mit CPUs der 11. oder 12. Generation bestückt werden. Chipsätze der 700er Serie arbeiten mit CPUs der 12. Generation „Alder Lake" oder der 13. Generation „Raptor Lake" zusammen. Man kann einen älteres Mainboard austauschen und dessen CPU weiter nutzen. Oder man bestückt ein Board mit 700er Chipsatz mit einer älteren CPU, weil diese erheblich günstiger ist als die neueste CPU-Generation.

1.8.6 PCIe-Steckplätze

Von den x1 bis x16 Slots sind die Steckplätze an einem Ende identisch und nur unterschiedlich lang. Dadurch kann man jederzeit kürzere Karten in längere Slots stecken. Manche Steckplätze haben keinen abschließenden Steg („offene Bauform"), was das Einstecken von längeren Karten in kürzere Steckplätze erlaubt. Eine x16-Grafikkarte funktioniert auch in einem kürzeren Slot, sogar in einem x1-Slot (wobei anspruchsvolle Spiele wohl ruckeln werden).

Auch für Slots, die nur mit vier oder acht Lanes angeschlossen sind, verwenden die Mainboardhersteller gern 16-Bit-Slots. Das ist praktisch, wenn man (beispielsweise zu Testzwecken) die Grafikkarte in einen anderen Slot stecken möchte. Das führt leider dazu, dass manche Boards mit „Drei Slots x16" beworben werden, obwohl nur in einem davon die Grafikkarte mit voller Geschwindigkeit arbeiten kann.

Mit Splittern, die oft auch als „Switch" (von engl. „Schalter") bezeichnet werden, kann eine Lane bei Bedarf zwischen zwei verschiedene Slots umgeschaltet werden. Bei vielen Chipsätzen können 16 PCIe-Lanes der CPU variabel aufgeteilt werden: Alle 16 an eine einzige Grafikkarte, oder 8 + 8, wenn zwei Grafikkarten gesteckt sind, oder 8 + 4 + 4 Lanes an drei PCIe-Karten. Dabei werden die ersten acht Lanes der CPU mit den Bits 0 bis 7 des ersten Grafik-Slots verbunden. Weitere vier Lanes der CPU werden über Splitter entweder mit dem ersten oder mit dem zweiten Grafikslots verbunden. Für die letzten vier Lanes der CPU gibt es je nach Bestückung drei Varianten: Bit 12 bis 15 des ersten Slots, Bit 4 bis 7 des zweiten Slots oder Bit 0 bis 3 des dritten Steckplatzes. Nicht alle Chipsätze können die 16 CPU-Lanes derart flexibel auf drei Grafikslots aufteilen.

Auch die Lanes vom Chipsatz werden oft geteilt. Chipsätze von modernen Boards haben bis zu zehn Lanes, die mit je einem USB 3.x Anschluss verbunden sind. Beim Intel-Chipsatz Z270 können vier davon zugunsten eines M.2 x4-Steckplatzes abgeschaltet werden, siehe Bild 1.12.

Lane	Belegung 1	Belegung 2	Belegung 3
0	USB 3.2 Gen 1x1/2x1 #1		
1	USB 3.2 Gen 1x1/2x1 #2		
2	USB 3.2 Gen 1x1/2x1 #3		
3	USB 3.2 Gen 1x1/2x1 #4		
4	USB 3.2 Gen 1x1/2x1 #5		
5	USB 3.2 Gen 1x1/2x1 #6		
6	USB 3.2 Gen 1x1/2x1 #7	PCIe* #1	
7	USB 3.2 Gen 1x1/2x1 #8	PCIe* #2	
8	USB 3.2 Gen 1x1 #9	PCIe* #3	
9	USB 3.2 Gen 1x1 #10	PCIe* #4	
10	PCIe* #5	GbE	
11	PCIe* #6		
12	PCIe* #7		
13	PCIe* #8		
14	PCIe* #9	GbE	
15	PCIe* #10		
16	PCIe* #11	SATA 0a	
17	PCIe* #12	SATA 1a	GbE
18	PCIe* #13	SATA 0b	GbE
19	PCIe* #14	SATA 1b	
20	PCIe* #15	SATA 2	
21	PCIe* #16	SATA 3	
22	PCIe* #17	SATA 4	
23	PCIe* #18	SATA 5	
24	PCIe* #19	SATA 6	
25	PCIe* #20	SATA 7	
26	PCIe* #21		
27	PCIe* #22		
28	PCIe* #23		
29	PCIe* #24		

Bild 1.12: Mehrfachbelegung der PCIe Lanes bei der Intel 400 Series Chipset Family.
Siehe Seite 25 im Dokument 620854_002.pdf auf https://ark.intel.com/content/www/us/en/ark/products/201841/intel-b460-chipset.html
Anmerkungen: GbE (Gigabit Ethernet) sucht sich eine unbenutzte von vier möglichen Lanes aus.
SATA 0 funktioniert mit Lane 16 oder 18, SATA 1 mit Lane 17 oder 19, je nachdem, was noch frei ist.

Wenn es eine oder zwei M.2 Karten mit B-Key (welche die SATA-Ports benutzen) auf dem Mainboard gibt, können zwei oder vier der SATA-Anschlüssen den M.2-SSD zugeordnet werden. Richten Sie sich darauf ein, dass vielleicht nicht alle Ressourcen des Mainboards gleichzeitig zur Verfügung stehen!

Wenn Sie eine Hochleistungsplatine mit einer eher preiswerten CPU mit nur wenigen PCIe-Lanes bestücken, sind einige PCIe-Komponenten des Mainboards vielleicht nicht angeschlossen und funktionieren nicht.

Neben den Splittern gibt es spezielle „PLX"-Switches, die eine Lane mit mehreren Datenquellen gleichzeitig verbinden können, ähnlich wie Netzwerk-Switches. Diese 1-auf-4-Switche können Daten aus bis zu vier Quellen annehmen und ohne Leistungsverlust weiterleiten. Viele Geräte benötigen nur einen Bruchteil der Übertragungskapazität eines PCIe-Kanals oder sie sind nur selten aktiv. So können sich beispielsweise mehrere LAN-Controller, USB 2.0-Anschlüsse, SATA-Anschlüsse und x1-Steckplätze eine Lane teilen, ohne dass es zu merklichen Leistungsverlusten kommt. Allerdings werden diese PLX-Switche wohl nur auf hochpreisigen Mainboards verbaut.

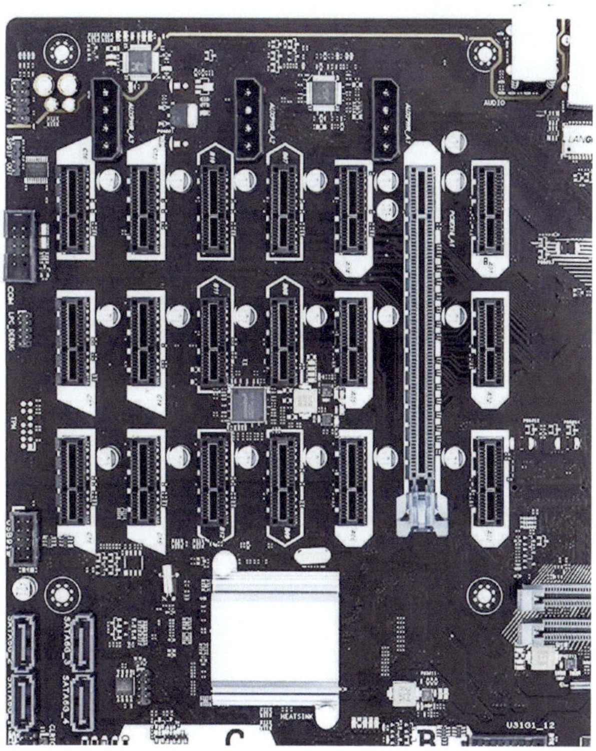

Bild 1.13: Board ASUS B250 Mining Expert

1.8.7 Spezielle Mainboards

Das nebenstehende Bild zeigt einen Ausschnitt vom Mainboard ASUS B250 Mining Expert. Dieses Board hat einen PCIe x16 Steckplatz für eine Grafikkarte und weitere achtzehn PCIe x1 Steckplätze für weitere 18 Grafikkarten, die über PCIe-Verlängerungen mit dem Board verbunden werden können.

Bis zu 19 Grafikkarten wären möglich! So etwas braucht man für das „Mining" von Kryptowährungen wie dem Bitcoin, Ethereum oder Ripple. Für das „Erzeugen" des Geldes ist ein enormer Rechenaufwand notwendig, der von mehreren Hochleistungs-Grafikkarten erbracht wird. Wer sich an den Berechnungen beteiligt, wird dafür mit einem Anteil der Kryptowährung bezahlt.

Das Problem dabei: Die Kosten für den dabei verbrauchten Strom waren in Deutschland bereits 2021 höher als die Einnahmen. Nur wenn man mehrere Hochleistungs-Grafikkarten (ab 300 Euro pro Stück) zusammenschaltet, konnte man eventuell Gewinn machen.

Mein Ratschlag: Wenn Sie das „Mining" trotzdem probieren wollen, dann im Winter in einem Raum, den Sie nur mit einem elektrischen Heizkörper beheizen können. Benutzen Sie den Mining-PC anstelle des Heizkörpers. Pro Grafikkarte haben Sie eine Heizleistung von etwa 250 Watt. Ich drücke Ihnen die Daumen, dass Sie die Anschaffungskosten der Grafikkarten mit dem Mining hereinholen.

Dieses B250 Board habe ich Ihnen als Beispiel gezeigt, was für besondere „Spezialitäten" die Mainboard-Hersteller aus einem Standard-Chipsatz machen können. Wobei mir nicht klar ist: Der B250 Chipsatz hat nur 12 PCIe-Lanes – wie wurden daraus 18 PCIe-Slots gezaubert? Mit Doppelbelegungen?

1.8.8 Wie wichtig ist es, viele PCIe-Lanes zu haben?

Wenn Sie maximal eine Grafikkarte und maximal eine M.2-SSD planen, brauchen Sie sich um die Anzahl der Lanes und deren Verteilung keinen Kopf zu machen. 20 Lanes reichen aus.

Sie wollen mehrere M.2-SSDs anschließen, die gleichzeitig arbeiten sollen? Ist die M.2 mit vier PCIe-Lanes V3.0 mit dem Chipsatz verbunden, kann sie Daten mit 3,3 GByte/s lesen und mit 2,5 GB/s schreiben. Der Chipsatz hat „nur" 4 GB/s Verbindung mit der CPU. Auf den ersten Blick scheint das ein Engpass zu sein.

Angenommen, Sie rippen ein Video. Der Datenstrom läuft von der einen SSD zur CPU und zurück auf eine andere SSD. Selbst wenn die CPU-Leistung ausreicht, dass der Datenstrom mit voller Geschwindigkeit fließt: Kein Problem! PCIe ist bidirektional! Während die eine SSD 4 GB/s zur CPU sendet, kann der Chipsatz gleichzeitig 4 GB/s in der Gegenrichtung von der CPU zur zweiten SSD schicken!

Falls Sie sich trotzdem ein Szenario vorstellen können, bei dem die Verbindung zwischen Chipsatz und CPU überlastet sein könnte, sehe ich zwei Möglichkeiten:

- Sie suchen nach einer CPU mit mehr als 16 Lanes und einer dazu passenden Hauptplatine, welche den M.2 Anschluss direkt an der CPU anbindet.
- Die meisten neuen Chipsätze haben einen M.2 Slot, der direkt an die CPU angebunden ist.
- Sie stecken die M.2-SSD auf eine PCIe-Adapterkarte, die Sie auf den zweiten Grafikslot stecken. Das reduziert allerdings die für die Grafikkarte verwendbaren Lanes von 16 auf 8, falls die CPU nur 16 Lanes hat.

1.9 ENERGIESPARFUNKTIONEN

In den 1990er Jahren wurde das „**A**dvanced **P**ower **M**anagement" als neuer Standard für Energiesparmethoden eingeführt. Das BIOS entscheidet je nach Art und Dauer der Inaktivität darüber, welche Komponenten abgeschaltet oder in den Energiesparmodus versetzt werden können. Es gibt fünf Aktivitätsstufen, die mit S1 bis S5 bezeichnet werden.

S1	full-on	Normaler Betriebsmodus, alles ist eingeschaltet
S2	stand-by	Einige Geräte sind abgeschaltet (vorwiegend die mit schneller Aufwachzeit)
S3	suspend	Noch mehr Geräte werden abgeschaltet
S4	sleep	Arbeitsspeicher wird auf Festplatte gesichert und dann abgeschaltet (Ruhezustand)
S5	full-off	Alles wird abgeschaltet, nur die für das Wiedereinschalten nötigen Komponenten bekommen $+5V_{SB}$

Tab. 1.12: Aktivitätsstufen des Advanced Power Management

S0	Normaler Betriebsmodus, alles ist eingeschaltet
S1	Einfacher **Schlafmodus**, einige Funktionen abgeschaltet, CPU angehalten
S2	Erweiterter Schlafmodus, weitere Funktionen abgeschaltet, CPU-Cache ist geleert und abgeschaltet
S3	**Standby-Modus**, Mainboard weitgehend stillgelegt, Zustand im RAM gesichert (**Suspend To RAM**)
S4	**Ruhezustand** (engl. „hibernation" mit **Suspend To Dis**k (Zustand auf Festplatte gesichert)
S5	**Soft-Off-Modus**, Neustart über Einschalttaster oder Wake On LAN möglich

Tab. 1.13: Ruhezustände des ACPI

ACPI (**A**dvanced Configuration and **P**ower **I**nterface) ist seit 1996 die Weiterentwicklung von APM mit verbesserten Sparfunktionen. Weil das Betriebssystem die beste Übersicht über die Sparmöglichkeiten hat, hat im Unterschied zum Vorgänger (APM) das Betriebssystem die Kontrolle. Das macht eine feinere Abstufung der Sparmaßnahmen möglich. Beispielsweise kann das Betriebssystem die Festplatte und das DVD-Laufwerk in den Schlafmodus versetzen, auch wenn gleichzeitig die CPU voll beschäftigt ist.

Viele Komponenten verfügen über mehr Zustände als nur ein- und ausgeschaltet. Eine ACPI-fähige CPU beispielsweise hat die „Unterzustände" C0 (Arbeitszustand), C1 (Leerlauf: CPU hält an), C2 (Takt gestoppt), C3 (Cache wird geleert und abgeschaltet), C4 bis C6 (noch tiefere Schlafzustände, vorwiegend bei Mobilgeräten) und C7 (Kernspannungen sind abgeschaltet). Wobei die stromsparendsten Zustände nur selten ausgewählt werden, weil das Aufwachen möglicherweise zu lange dauert. Je nach Hersteller werden unterschiedlich viele Zwischenstufen realisiert. Bei Mobil-CPUs ist es üblich, dass sich alle Kerne einzeln abschalten lassen.

ACPI setzt einwandfreie Zusammenarbeit zwischen Hauptplatine, Chipsatz, Timer, BIOS, CPU, Netzteil und Betriebssystem voraus, was nicht immer gegeben ist.

Ob Sie ein ACPI-BIOS haben, erfahren Sie im Geräte-Manager. Wenn Sie unter den „Systemkomponenten" Einträge mit „ACPI" finden, wie z.B. „ACPI-Bus", dann steckt in Ihrem PC ein ACPI-BIOS.

1.10 USB

Am PC können Sie zahlreiche Geräte direkt anstöpseln. Wenn keine USB-Anschlüsse mehr frei sind, können Sie einen USB-Verteiler (Hub genannt) verwenden, an den bis zu acht Geräte oder weitere Hubs angeschlossen werden können. Theoretisch können Sie bis zu 127 Geräte gleichzeitig an Ihren PC anschließen; praktisch sollten höchstens vier Geräte gleichzeitig auf den USB zugreifen, um den Datentransfer nicht zu sehr auszubremsen. Das Verbinden von Hubs nennt man wie bei Netzwerken „kaskadieren".

1.10.1 Stromversorgung

Viele USB Geräte beziehen den notwendigem Strom zum Betrieb über den USB-Bus. Die einzelnen Geräte melden sich mit ihrem nominellen Strombedarf am USB-Bus an. Dieser Strombedarf ist im Gerät hinterlegt, und er wird vom Rechner ausgelesen.

Ein USB-2.0 Anschluss am Rechner stellt 500 mA zur Verfügung, USB 3.0 kann 900 mA liefern. Bei Hubs unterscheidet man self-powered (mit Netzteil) sowie semi-self-powered und bus-powered (ohne Netzteil).

- Ein aktiver Hub (Self-Powered) ist ein Hub mit einer eigenen Stromversorgung. Jeder Port kann einen Verbraucher mit einem Strombedarf von bis zu 500 mA (USB 2.0) bzw. 900 mA (USB 3.0) versorgen.
- Ein passiver (Bus-Powered) Hub bezieht den Strom für angeschlossene Geräte vom USB-Port des PCs. Jedes angesteckte USB-Gerät bekommt zunächst nur 100 bzw. 150 mA zugewiesen und kann anschließend mehr Strom beim Power-Management des PCs anfordern.

Üblicherweise blockiert ein USB-Hub ohne separates Netzteil alle Geräte mit einem Strombedarf von mehr als 100 mA. Zu diesen „stromhungrigen" Geräten gehören USB-DVD-Laufwerke, USB-DVB-T-Fernsehempfänger, USB-LTE-Adapter, USB-Drucker und USB-Scanner. Falls in Ihre Tastatur ein Hub eingebaut ist, ist er vermutlich Bus-Powered. Steckt man ein Gerät an, das mehr als 100 mA benötigt, schickt der Hub eine Fehlermeldung an den PC und schaltet sich ab. Zwei Geräte mit einem Bedarf von z. B. 50 + 200 mA funktionieren nicht, obwohl der Gesamtbedarf unter 500 mA/900 mA liegt.

USB-Spaßgeräte (Kaffeewärmer, Leuchten, Raketenwerfer) sowie Ladegeräte halten sich oft nicht an die Spezifikation und können das Power-Management durcheinanderbringen.

Bei einem „Semi-Self-Powered" Hub handelt es sich um eine clevere Methode, den PC zu betrügen. So ein Hub meldet sich als self-powered Hub am Rechner an, obwohl er kein Netzteil hat. Dadurch werden auch Verbraucher mit nominell 500 mA vom System akzeptiert. Da die nominellen Werte nur selten erreicht werden, ist es meist kein Problem, neben dem 500 mA Gerät zusätzlich Geräte mit geringerem Strombedarf zu betreiben (Maus, Tastatur o.ä.). Wird die Möglichkeit der Stromversorgung durch den USB-Port des PC überbeansprucht, schaltet sich der Semi-Self-Powered Hub ab, und der PC bringt eine Fehlermeldung. Es besteht also die Möglichkeit, neben zwei „normalen" USB-Geräten auch ein Gerät mit höherem Strombedarf anzuschließen, obwohl der Hub über kein eigenes Netzteil verfügt.

1.10.2 Regeln der Kaskadierung

1. Sie sollten nicht mehr als vier Hubs hintereinanderschalten. Sie dürfen nur aktive Hubs kaskadieren. Passive Hubs können nur als letzte in einem Verzweigungsbaum eingesetzt werden.
2. USB-Kabel dürfen maximal 5 m lang sein. Echte USB-Kabel haben eine A-Buchse, mit ihrem flachen und rechteckigen Querschnitt zeigt sie zum PC bzw. Bus-aufwärts, und eine sechseckige B-Buchse (quadratisch mit zwei abgeschrägten Ecken), die an das USB-Gerät gesteckt werden.
3. High-Power-Geräte ohne eigene Stromversorgung dürfen nur an aktive Hubs angeschlossen werden.
4. An passive Hubs dürfen Low-Power-Geräte wie Tastatur, Joystick, Maus oder Drucker angeschlossen werden. Schließen Sie versehentlich ein Gerät mit hohem Stromverbrauch an wie Modem, Kamera oder Netzadapter, so führt das zur Zwangsabschaltung des Hubs und der angeschlossenen Geräte.
5. Fehlerhafte USB-Kabel können Ihre Geräte zerstören!

1.10.3 Der neue USB Typ-C-Stecker

Der Universalstecker USB Typ C wurde gleichzeitig mit dem Übertragungsstandard USB 3.1 eingeführt. Der Typ C Stecker hat drei große Vorteile:

- Er ist verdrehsicher.
- Er ist so klein, dass die Typ-C-Buchse in Mobilgeräte wie Tablets und Smartphones eingebaut werden kann.

- Es können wesentlich höhere Spannungen und Ströme als bei USB 2 übertragen werden.
- Es sind höhere Übertragungsraten möglich (bis 10 GBit/s, im Thunderbolt-Modus bis 40 GBit/s). Dadurch können sogar Bildschirme mit 4k-Auflösung (3840 x 2160) über USB angeschlossen werden.

Weil der Typ-C-Anschluss so vielseitig ist, verringern die Gerätehersteller die Zahl anderer Schnittstellen am Gerät. Wer eine externe Festplatte, Drucker oder Display an das Mobilteil anschließen will, braucht einen Adapter oder eine Dockingstation. Leider hat das für Standards zuständige „USB Implementers Forum“ eine kaum überschaubare Zahl von Varianten erlaubt, so dass man genau prüfen muss, welche Eigenschaften jedes Gerät und jedes Kabel hat. Das Vorhandensein eines Typ-C-Steckers bedeutet nicht, dass die im Standard möglichen Übertragungsraten und Ströme tatsächlich genutzt werden können. Hinter dem Typ-C-Anschluss des Computers kann (theoretisch) auch ein USB 2.0 Controller verborgen sein!

`https://www.asus.com/de/support/FAQ/1042843 zeigt Kennzeichnungen von Typ-C-Buchsen.`

1.10.4 USB 3

USB 3.0 mit 5 GBit/s (SuperSpeed) wurde 2008 vom „USB Implementers Forum“ vorgestellt. Im Jahr 2013 wurde der USB 3.1 Standard mit einer Datenrate von 10 GBit/s (SuperSpeed plus) fertiggestellt, gleichzeitig mit einem neuen Stecker „Typ C“. Bei dieser Gelegenheit wurden neue Namen festgelegt: USB 3.0 mit 5 GBit/s heißt jetzt USB 3.1 Gen. 1, und die neue Generation mit 10 GBit/s heißt USB 3.1 Gen 2.

Im September 2017 wurde ein neuer Standard USB 3.2 veröffentlicht, der Daten mit 20 Gbit/s überträgt. Premium-Hauptplatinen haben derartige Steckplätze. Es gibt bereits viele Geräte, welche diese Geschwindigkeit nutzen. Von USB 3.2 gibt es sogar vier Varianten, siehe Tabelle.

Bezeichnung	Alte Bezeichnung	Speed	Schnittstellen
USB 2.0		0,48 Gb/s	USB-A, microUSB
USB 3.1 Gen 1	USB 3.0 Super Speed	5 Gb/s	USB-A, USB-C, microUSB
USB 3.1 Gen 2	USB 3.0 Super Speed plus	10 Gb/s	USB-A, USB-C, microUSB
USB 3.2 Gen 1×1	USB 3.1 Gen 1 oder USB 3.0	5 Gb/s	USB-A, USB-C, microUSB
USB 3.2 Gen 1×2	–	10 Gb/s/	Nur USB-C
USB 3.2 Gen 2×1	USB 3.1 Gen 2	10 Gb/	USB-A, USB-C, microUSB
USB 3.2 Gen 2×2	USB 3.2 Super Speed 20 Gb/s	20 Gb/s	Nur USB-C
USB 4.0		40 Gb/s	Nur USB-C

Tab. 1.14: USB Varianten

In „2×1“ kennzeichnet die erste Ziffer die Geschwindigkeit (1=5 Gb/s, 2=10 Gb/s, 3=30 Gb/s) und die zweite Ziffer die Anzahl der Hochgeschwindigkeitsleitungen.

Wollen Sie testen, wie schnell ein USB-Stick ist? Nach einem Rechtsklick auf den Windows-Button wählen Sie „Windows PowerShell (Administrator)“. Die Befehle

```
winsat disk -seq -read -drive e
winsat disk -seq -write -drive e
```

ermitteln die Lese- bzw. Schreibleistung (in MByte/s). Anstelle des Buchstabens e setzen Sie den Laufwerksbuchstaben des zu prüfenden Sticks ein.

Bild 1.14: Verschiedene USB-Buchsen

USB 2.0 Anschlüsse sind schwarz. USB 3-Anschlüsse mit 5 Gbit/s sind blau oder mit „SS“ gekennzeichnet. Ein roter Anschluss eines modernen Boards signalisiert 10 Gbit/s (beachten Sie die kleine „10“), aber es gibt auch ältere Mainboards mit roten USB 2.0 Anschlüssen. Gelbe Anschlüsse oder Anschlüsse mit Blitz-Symbol werden auch bei ausgeschaltetem PC mit Strom versorgt und können zum Laden von Smartphones genutzt werden. Allerdings wird ein Blitz-Symbol auch für die Kennzeichnung eines Thunderbolt-3-Anschlusses genutzt.

Für USB C Anschlüsse legt der Standard keine Farbkodierung fest. Nur mit einem Blick in die Dokumentation kann man erfahren, ob der Anschluss Thunderbolt 3, Power Delivery (PD) oder DisplayPort (DP) unterstützt. Um beispielsweise einen Monitor an USB-C anzuschließen, müssen PD und DP unterstützt werden.

1.10.5 Geräte über USB mit Energie versorgen

USB Battery Charging

Die EU hatte die Hersteller aufgefordert, sich auf einheitliche Ladegeräte für Mobilgeräte zu einigen. Das Ergebnis ist die „USB Battery Charging Spezifikation". Im Netzteil werden die USB-Datenleitungen D+ und D- (die für das Aufladen nicht benötigt werden) mit einem Widerstand kleiner als 200 Ohm kurzgeschlossen. Das Mobilgerät erkennt das und schaltet die USB-Schnittstelle auf „Laden". Übrigens – ein Netzteil muss direkt an das zu ladende Gerät angeschlossen sein, über einen zwischengesteckten USB-Hub geht es nur mit speziellen Hubs über Typ-C-Stecker.

USB kann nur 500 mA (USB 2.0) bzw. 900 mA (USB 3.0) liefern. Für die Schnellladung energiehungriger Geräte gibt es zwei nicht kompatible, proprietäre Verfahren:

- VOOC von Oppo Electronics schaltet Daten- und Stromleitung parallel und überträgt je 2 Ampere, wenn ein kompatibles Gerät angesteckt ist.
- Quick Charge von Qualcomm erhöht die Ladespannung stufenweise von 5 auf maximal 20 Volt, bei einem Strom von 2 bis 4,6 Ampere, wenn ein kompatibles Gerät dies anfordert.

Steckt man ein „gewöhnliches" Mobilgerät an, gerät dieses nicht in Gefahr: Es wird entsprechend der Battery Charging Spezifikation mit maximal 0,5 oder 0,9 Ampere geladen.

USB Power Delivery

Power Delivery ist ein Standard, mit dem geeignete Geräte viel Energie über eine Typ-C-Verbindung übertragen können. Beide Geräte müssen „USB PD" zertifiziert sein, und es wird ein „aktives Kabel" (mit integrierter Elektronik) benötigt. Beim Anstecken beträgt die Spannung auf dem USB-Kabel stets 5 Volt, anschließend können die USB-Controller im Stromlieferanten und im Stromempfänger sich in Verhandlungen auf 12 oder 20 Volt einigen. Bei Strömen bis 5 Ampere können Geräte bis 100 Watt versorgt werden, z. B. große Notebooks und Monitore. Der Stromfluss ist bidirektional: Der Monitor kann das Notebook versorgen oder umgekehrt.

Ein 2021 veröffentlichter Standard „USB Type-C Cable and Connector Specification Revision 2.1" enthält eine Neuerung „**E**xtended **P**ower **R**ange". Bei 48 Volt und 5 Ampere können maximal 240 Watt Leistung über ein geeignetes USB-C-Kabel an Notebooks, Monitore oder Drucker geliefert werden.

1.10.6 Der Alternate Modus

In diesem Modus können über den Typ-C-Anschluss Daten nach den Video-Standards DisplayPort 1.3, Thunderbolt 3 und HDMI 1.4b übertragen werden. Auch PCIe, Ethernet, Audio oder MHL (Mobile High-Definition Link) sind möglich. Ob und welche dieser Möglichkeiten vom USB-Controller unterstützt werden, müssen Sie aus dem Handbuch oder Datenblatt ermitteln. Notfalls können Sie über den Gerätemanager die Hardware-ID des Controllers ermitteln und im Internet in der „PCI Device List" dessen Typ bestimmen.

Docking Station

Es gibt Monitore mit USB-C Power Delivery, an die ein Mobilgerät angeschlossen werden kann. Der Philips B273B9 (27", 1920x1080, etwa 220 Euro) oder B276B9 (27", 2560x1440, etwa 240 Euro) kann dem Mobilgerät als Zweitmonitor dienen und versorgen es gleichzeitig mit Strom. Der portable ASUS Zenscreen MB16AC (15,6", 800 Gramm, 8 mm dünn, etwa 240 Euro) ist so klein, dass er in die Notebook-Tasche passt. In die Monitore sind USB-3.0-Hubs integriert, so dass man den Monitor als Dockingstation nutzen und weitere Geräte anschließen kann, z. B. eine Festplatte oder einen Drucker.

2 Kühlung

2.1 Warum ist Kühlung so wichtig?

Ein einfacher PC kommt mit durchschnittlich 100 W aus, ein leistungsfähiger PC braucht 300 bis 500 Watt. Ein Hochleistungs-PC kann mehr als 1000 Watt benötigen. Ein Notebook-Netzteil liefert 80 bis 90 Watt, wovon etwa 25 Watt für den Betrieb gebraucht werden, die restliche Leistung wird für das schnelle Aufladen des Akkus verwendet. Diese elektrische Leistung wird fast vollständig in Wärme verwandelt.

Hochwertige Kühlung ist wichtig für die Lebensdauer.

Wie wichtig die Kühlung ist, sieht man an den Methoden, die Lebensdauer von Komponenten vorherzusagen.

Wie wird die Lebensdauer einer Computerkomponente ermittelt? Bei nichtmetallischen Stoffen rechnet man mit der Faustformel, dass eine Temperaturerhöhung pro 10 °C die Lebensdauer halbiert. Eine Erhöhung um weitere 10 °C halbiert die Lebensdauer noch einmal. Eine um 50 °C erhöhte Temperatur verringert die Lebensdauer um einen Faktor von $2^5 = 32$. Wenn die Industrie für ein Erzeugnis die Lebensdauer vorhersagen will, werden die Testobjekte bei einer drastisch erhöhten Temperatur getestet. Innerhalb einiger Wochen altern die Testobjekte so stark wie bei normalen Temperaturen in Jahrzehnten. Aus der Anzahl der ausgefallenen Testobjekte wird eine durchschnittliche Lebensdauer errechnet. Auch wenn sich die Praxis nicht immer genau an die Theorie hält, sollte Ihnen doch klar werden, wie wichtig eine gute Kühlung ist.

Bedenken Sie außerdem, dass Computerkomponenten nicht immer schlagartig ausfallen. Manchmal verschlechtern sich die Parameter allmählich, was zu einer allmählich steigenden Anzahl von Abstürzen führen kann. Beispielsweise verändern sich durch „Elektromigration" die Leiterbahnen in der CPU, im RAM und in anderen Chips. In den Festplatten lässt das Magnetfeld der gespeicherten Bits nach. Selbst das Lötzinn altert, besonders das bleifreie. Eine allmählich steigende Zahl von Lese- und Übertragungsfehlern kann lange Zeit durch Wiederholungen oder durch die automatischen Fehlerkorrekturmechanismen erfolgreich ausgeglichen werden, was den PC möglicherweise langsamer macht.

2.2 CPU-Kühler

Auf der Unterseite einer Intel-CPU müssen 1150 bis 2066 Kontakte untergebracht werden, bei einer AMD-CPU sind es bis zu 1718. Die große Anzahl der Kontakte und deren Mindestabstand erzwingen eine große Grundfläche der CPU, z. B. bei den Sockeln 1150 bis 1156 sind es 36 mm × 36 mm = 1296 mm^2. Der Halbleiter im Inneren des Prozessorgehäuses hat eine viel kleinere Fläche, bei der riesigen 10-Kern-CPU i7-6950X sind es 17,6 mm × 20,2 mm = 356 mm^2. Um die Hitze möglichst gleichmäßig auf die gesamte Oberfläche zu verteilen, setzt der CPU-Hersteller einen **Heatspreader** als Deckel auf den Chip. Dieser „Hitzeverteiler" ist eine kleine Metallplatte, oft aus nickelbeschichtetem Kupfer, mit dem die Hitze des Chips auf die gesamte Fläche des CPU-Deckels verteilt wird, um sie von dort zum Kühlkörper ableiten zu können.

Wenn Sie das Datenblatt des CPU-Herstellers betrachten, finden Sie einige Werte aufgeführt, die für die Planung der Kühlung wichtig sind:

- TDP = **T**hermal **D**esign **P**ower: Vom Hersteller angegebene maximale Leistungsaufnahme einer CPU oder anderer elektronischer Bauteile. Bei Intel-CPUs ist TDP maximal 140, die Achtkern-CPUs von AMD setzen bis zu 220 W um. Mit der TDP werden Kühlung und Strombedarf geplant.
- $T_{junction} = T_{core}$: die Temperatur der einzelnen Kerne in der CPU. Diese wird von den CPU-internen Temperatursensoren gemessen und kann von der Elektronik der Hauptplatine sowie von Programmen für jeden Kern einzeln abgefragt werden.
- $T_{junction\,Max}$: die vom CPU-Hersteller festgelegte Maximaltemperatur. Bei Intel-CPUs liegt diese bei etwa 100 °C. Wenn sich die Temperatur diesem Wert nähert, beginnt die CPU sicherheitshalber zu „throtteln". Als „Throttling" wird das Auslassen von Takten bezeichnet, um die Temperatur zu senken und die CPU zu schützen. Ein Throttling von 75 % bedeutet, dass die CPU drei von vier Takten auslässt. Wird die Temperatur trotzdem noch überschritten, schaltet sich die CPU vollständig ab.

- T_{case} = Zulässige Oberflächentemperatur der CPU in der Mitte des Heatspreaders. Diese liegt bei Intel-CPUs meist zwischen 65 und 75 °C.
- T_{die} = interne CPU-Temperatur. $T_{junktion}$ misst nur die Core-Temperatur(en), während in T_{die} auch die Wärmeentwicklung anderer CPU-Bereiche (z. B. vom Cache) mit eingeht.

Wenn der Hersteller eines CPU-Kühlers „200 W TDP" im Datenblatt angibt, kann dieser Kühler bis zu 200 Watt CPU-Leistung abführen (und läuft dabei mit voller Drehzahl). Wenn die CPU „nur" TDP = 140 W hat, kann der Kühler mit reduzierter Leistung laufen und ist dadurch leiser. Übrigens sind die TDP-Werte von CPUs meist reichlich bemessen. Das sieht man daran, dass für mehrere CPUs der gleichen Familie der gleiche TDP-Wert angegeben wird, obwohl sie mit verschiedenen Frequenzen getaktet werden (und deshalb unterschiedlich heiß werden).

Die CPU-Hersteller haben mehrere Vorsichtsmaßnahmen getroffen, um den Hitzetod der CPU zu vermeiden. Bei Intel lässt ein „Thermal Monitor" einzelne CPU-Takte ausfallen, wenn die CPU kurzzeitig zu heiß wird. Bei mangelhafter Kühlung könnte eine „übermäßige Ansteuerung des Thermal Control Circuit zu einem merklichen Leistungsabfall führen" (Core 2 Duo processor datasheet). Sinkt die Temperatur nicht genug, senkt der „Thermal Monitor 2" den Takt auf die niedrigste mögliche Einstellung. Ein Signal „Prozessor Heiss" (PROC HOT) meldet den Zustand an die Software. Auch bei einer Überhitzung anderer Systemkomponenten kann die CPU gebremst werden, damit der PC abkühlen kann. Mehr dazu können Sie lesen unter `http://www.tomshardware.de/CPU-Kuhler-uberhitzung,testberichte-239862-3.html`

2.3 Materialien für Kühler

Einfache Kühler bestehen aus einem Aluminiumblock. Kühlrippen werden hineingefräst oder entstehen durch Strangpressen. Die Luft erwärmt sich an den Rippen und steigt auf, kühlere Luft strömt nach. Ein solcher „passiver Kühler" wird oft für die Kühlung des Chipsatzes und für einfache Grafikkarten verwendet.

Für die CPU und für leistungsfähige Grafikkarten reicht ein passiver Kühler nicht aus. Wenn ein Ventilator die Luft bewegt, nennt man das eine „aktive Kühlung". Durch die Luftströmung verbessert sich die Kühlwirkung um ein Vielfaches. Allerdings erkauft man den Vorteil mit Lüftergeräusch und mit schneller Verschmutzung der Kühlrippen.

Material	Leitfähigkeit λ	Dichte	Preis/kg	Preis
Blei	35 W/(m·K)	11,3 g/cm³	1 €	0,55 €
Aluminium	221 W/(m·K)	2,7 g/cm³	2 €	0,25 €
Kupfer	370 W/(m·K)	8,9 g/cm³	5 €	2,25 €
Silber	429 W/(m·K)	10,5 g/cm³	300 €	160 €
Nanoröhrchen aus Kohlenstoff	6000 W/(m·K)	1,4 g/cm³	6000 €	420 €

Tab. 2.1: Vergleich Wärmeleitfähigkeit und Dichte diverser Materialien

Um die Kühlwirkung zu verbessern, kann man Kupfer verwenden, das eine 67 % bessere Wärmeleitfähigkeit hat als Aluminium. Silber, Diamant und Gold haben eine noch bessere Wärmeleitung, sind aber wegen des Preises ungebräuchlich.

Bei den Preisen in der letzten Spalte wurde davon ausgegangen, dass 50 cm³ Metall für den Kühlkörper benötigt werden.

Kupfer hat eine höhere Dichte und wiegt reichlich dreimal soviel wie Aluminium. Wenn der Kühler aus purem Kupfer besteht, muss er sehr gut befestigt werden, damit er beim Transport nicht abreißt. Die aufwendigsten Kühler wiegen mehr als ein Kilogramm. Manche Hersteller verlangen, den Kühler vor jedem Transport auszubauen oder ihn mit Spannbändern im Gehäuse zu verzurren.

Ein Ausweg aus der Gewichtsmisere ist es, nicht den gesamten Kühlerblock aus Kupfer zu machen, sondern nur ein wenig Kupfer an der CPU anliegend zu verwenden. Das verbessert die Kühlung gegenüber reinem Aluminium deutlich und erhöht das Gewicht nur wenig.

2.4 Wärmeleitpaste

Die scheinbar glatten Oberflächen von Kühlkörper und Prozessor enthalten durch die mechanische Bearbeitung mikroskopische Rillen, „Hügel" und „Täler". Wo sich die metallischen „Hügel" von CPU und Kühler direkt berühren, wird die beste Wärmeableitung erreicht. Wo Luft dazwischen ist, findet fast keine Wärmeübertragung statt. Deshalb werden die verbleibenden Lufträume mit Wärmeleitpaste gefüllt, die eine viel bessere Wärmeleitfähigkeit hat als Luft, allerdings nicht so gut leitet wie Metall. Sie sollten sehr, sehr sparsam mit der Paste umgehen: Sie soll nur winzige Luftspalten füllen, aber keinesfalls den direkten Metallkontakt zwischen CPU und Kühlkörper verhindern.

Wenn Sie eine neue CPU kaufen wollen, fragen Sie nach einer „Boxed" Version, die zusätzlich zur CPU einen mit Wärmeleitpaste beschichteten Kühler enthält. Der Preisunterschied ist viel geringer als es der Kauf eines separaten Kühlers wäre. Solange Sie auf Übertaktungsexperimente verzichten und den PC bei mitteleuropäischen Temperaturen betreiben, reicht ein solcher Boxed-Kühler aus.

Einen besseren Kühler als den Boxed-Kühler sollten Sie verwenden,

- wenn Sie Ihren High-End-Computer intensiv nutzen, beispielsweise für mehrstündige Spiele,
- wenn Sie einen besonders leisen Lüfter wünschen.

Aber selbst mit dem besten Kühler kann es nach ein bis zwei Jahren passieren, dass die CPU zu heiß wird. Vermutlich müssen Sie nur die Wärmeleitpaste erneuern, um die frühere Kühlleistung zurückzuerhalten. Manche Wärmeleitpasten beginnen schon nach einem halben Jahr allmählich hart zu werden, wodurch sich die Kühlung verschlechtert. Häufige Erschütterungen bei Transporten können zwischen erhärteter Wärmeleitpaste und CPU einen Luftspalt verursachen, was die Kühlung drastisch verschlechtert. Eine Tube Wärmeleitpaste kostet nur etwa fünf Euro.

Kaufempfehlung Wärmeleitpaste

Der Preis sagt wenig über die Qualität aus. Die teuerste Paste kann unter den Schlusslichtern sein und umgekehrt. Die mit „silberhaltig" angepriesenen Pasten (tatsächlich ist nicht Silber, sondern eine winzige Menge Silberoxid enthalten) sind kaum besser als silberlose. Im Test betragen die Unterschiede zwischen den besten und schlechtesten Pasten etwa 2 °C im Leerlauf, 4 °C bei mittlerer Last und 5 °C bei hoher CPU-Last – kaum der Rede wert. Wichtiger für die Effektivität der Kühlung ist es, die Paste **dünn** und **gleichmäßig** aufzutragen.

Als Lösungsmittel werden meist Glycerin oder Silikon verwendet. Die thermischen Eigenschaften sind ähnlich, aber Silicon verdunstet langsamer und ergibt eine etwas längere Lebensdauer. Manche Hersteller geben als Lebensdauer ihrer Paste fünf oder sogar acht Jahre an.

2.5 Alternativen zur Wärmeleitpaste

2.5.1 Blei

Gelegentlich werden Kühler verkauft, deren Kontaktfläche mit weichem Blei beschichtet ist. Durch den Anpressdruck und die Wärme füllt das Blei die Rillen und Unebenheiten aus, allerdings nicht bis in die Tiefe der Rillen. Vorteil: Blei altert nicht wie Wärmeleitpaste, allerdings bleibt die Wärmeleitung hinter einer Wärmeleitpaste zurück.

2.5.2 Wärmeleitpad

Das ist eine Alternative zur Wärmeleitpaste. Meist ist es selbstklebend, man muss nur auf einer oder beiden Seiten eine Schutzfolie abziehen. Wärmeleitpads werden vorzugsweise für die Kühlkörper von Spannungswandlern und RAM-Chips genutzt.

2.5.3 Wärmeleitpad aus Liquid Metal

Hier wird sogenanntes „flüssiges Metall" verwendet. Bei Zimmertemperatur ist das Metall fest, bei der Arbeitstemperatur der CPU wird das Metall weich. Je nach Zusammensetzung wird es bei einer Temperatur zwischen 70 und 85 °C (halb-)flüssig. Damit es die volle Wirkung erreicht, muss es einmalig so hoch erhitzt werden, dass es oberflächlich flüssig wird und die Unebenheiten der CPU- und Kühleroberfläche ausfüllt. Das nennt man den „Burn-In" Prozess.

Wie macht man das? Man installiert ein Hilfsprogramm, welches die CPU-Temperatur überwacht, während Windows läuft. Dann wird der CPU-Lüfter stillgelegt (Stecker ziehen oder den Lüfter mit einem Pappstreifen bis zum Stillstand bremsen). Eine Anwendung wird gestartet, welche die CPU voll auslastet, und man lässt sie laufen, bis das Hilfsprogramm meldet, die vorgeschriebene Burn-In-Temperatur sei erreicht.

Wenn Windows noch nicht installiert ist, wie ermittelt man dann den richtigen Moment? Überwachen Sie bei stillgelegtem CPU-Lüfter die Temperatur im BIOS. In dem Moment, wenn das Metall flüssig wird und beginnt die Unebenheiten auszufüllen, verbessert sich die Kühlung schlagartig und die Kurve der CPU-Temperatur macht einen Knick nach unten.

Das Erreichen einer höheren Burn-In-Temperatur kann ein Problem sein. Wenn die CPU bei T_{case} = 65 °C zum Selbstschutz beginnt zu throtteln (die Taktfrequenz heruntersetzt), kann die notwendige Temperatur nur mit einem Fön erreicht werden. Dabei sollte man gut aufpassen, die CPU nicht zu überhitzen. Also vor dem Kauf eines Liquid-Metall-Pads dessen Burn-In-Temperatur mit dem Datenblatt der CPU vergleichen!

Ein weiteres Problem: Die Fachzeitschrift c't meint, der Burn-In-Prozess müsse von Zeit zu Zeit wiederholt werden. Ich kann mir das so nicht vorstellen.

Das Flüssigmetall darf nicht mit Alu-Kühlern in Berührung kommen, weil sonst das Aluminium korrodiert. Flüssigmetall-Wärmeleitpads sind besser und langlebiger als Paste, aber mit 10 Euro etwas teurer.

2.5.4 Peltier-Element

Ein Kühlkörper kann nicht kühler werden als die Raumtemperatur, und die kann im Sommer recht hoch sein. Ein Peltier-Element kann das ändern. Ein Peltier-Element besteht aus zwei Metallplatten, zwischen denen sich Halbleiter befinden. Wenn ein Gleichstrom hindurchfließt, kommt es zum Wärmetransport von einer Metallplatte zur anderen. Der Platte, die an der CPU anliegt, wird die Wärme entzogen und diese an die andere Platte abgegeben, die am Kühlkörper anliegt. Wenn zu viel Leistung in das Peltier-Element hineingepumpt wird, kann die kalte Seite Minustemperaturen erreichen. Eis und Kondenswasser müssen natürlich vermieden werden, deshalb wird der Strom durch das Peltier-Element temperaturabhängig geregelt.

Die heiße Seite wird sehr heiß, denn dort muss die Leistung der CPU plus die Leistung des Peltier-Elements abgeführt werden. Da wird ein extra großer Kühlkörper gebraucht.

Peltier-Kühler sind extrem leistungsfähig, allerdings ist der Strombedarf recht hoch. Mehrere Erfahrungsberichte weisen darauf hin, dass ein 50 Watt Element nicht ausreicht, um eine 100 Watt CPU zu kühlen. Ein Element vom Typ „TEC1 12714" (max. 14 A bei 15 Volt, Kühlleistung 118 Watt, 60 Euro) würde für eine 140 Watt CPU ausreichen, sogar wenn sie übertaktet wird. Doch beachten Sie:

- Die höchste Spannung, die ein PC-Netzteil liefern kann, beträgt 12 Volt. Für die 15 Volt braucht man ein Extra-Netzteil.
- Die Gehäuselüfter müssen außer der CPU-Abwärme (die bis 140 Watt betragen kann) auch noch die vom Peltier-Element erzeugten zusätzlichen 14 A × 15 V = 210 Watt Wärmeleistung abführen.

2.6 Der leise PC

2.6.1 Lärmmessung

In der Technik wird das Dezibel, abgekürzt dB, als Maßeinheit für die Lautstärke verwendet. Gemessen wird der „Schalldruck“: Das ist die Kraft, welche die Luftdruckänderungen einer sinusförmigen Schallwelle auf eine Membran (z. B. die des Ohres) ausübt. 0 dB ist die Lautstärke, die ein Mensch gerade noch hören kann (die Hörschwelle). Die Skala ist logarithmisch, das heißt: Bei einer Verdopplung der Lautstärke wird ein um 10 dB höherer Wert gemessen; 20 dB lauter entspricht einer vierfachen Lautstärke.

Lautstärke	Erklärung
0 dB	Hörschwelle bei 2 kHz Frequenz
10 dB	Blätterrauschen, leises Atmen
20 - 30 dB	Sehr ruhiges Zimmer
40 - 60 dB	Normale Unterhaltung
60 dB	Fernseher auf Zimmerlautstärke
60 - 90 dB	Hauptverkehrsstraße in 10 m Entfernung
100 dB	Diskothek, Drucklufthammer in 1 m
120 dB	am Ohr: Gehörschäden bei kurzer Wirkung
150 dB	Düsenflugzeug in 30 m

Tab. 2.2: Lautstärke in Dezibel

Die Lautstärkeangaben in Dezibel berücksichtigen nicht, wie der Mensch den Schall empfindet. Höhere Frequenzen beispielsweise werden als unangenehmer, lauter empfunden. Daher gibt es mehrere andere Messverfahren, z. B. Messungen in „Sone“ und dB(A). Eine Angabe in dB(A) berücksichtigt bei der Messung die Frequenzabhängigkeit des Ohres.

In Computerzeitschriften und Datenblättern wird häufig eine Maßeinheit „Sone“ verwendet. Diese Maßeinheit misst den physiologischen Schalleindruck am Ohr.

Subjektiver Eindruck	Lautheit	Erklärung
unhörbar	< 0,1 Sone	In stiller Umgebung nicht wahrnehmbar
fast unhörbar	0,1 Sone	In stiller Umgebung noch wahrnehmbar
leise	0,2 - 0,5 Sone	In stiller Umgebung klar wahrnehmbar
noch leise	0,6 - 1,0 Sone	In ruhiger Umgebung noch wahrnehmbar
deutlich hörbar	1,1 - 1,5 Sone	In ruhiger Umgebung klar wahrnehmbar
sehr deutlich hörbar	1,6 - 2,0 Sone	In ruhiger Umgebung störend
laut	2,1 - 3,0 Sone	In lauter Umgebung klar wahrnehmbar
sehr laut	3,1 - 4,0 Sone	In lauter Umgebung störend
inakzeptabel laut	≥ 4,1 Sone	Auf Dauer unerträglich

Tab. 2.3: Physiologische Lautstärke in Sone

2.6.2 Lärm macht krank

Schwerhörigkeit durch Lärm macht 31 % aller anerkannten Berufskrankheiten aus. Das ist mit Abstand die häufigste Ursache für Berufskrankheiten, siehe Bericht der Bundesanstalt für Arbeitsschutz und Arbeitsmedizin „Sicherheit und Gesundheit bei der Arbeit - Berichtsjahr 2024“. Rauschende Lüfter und klackernde, sirrende Festplatten verringern die Produktivität. Das wurde sogar gemessen: Eine Verringerung des Geräuschpegels in einem Schreibbüro um 10 dB(A) (also eine Halbierung) erhöhte die Schreibleistung um 12 %. Noch deutlicher war die Auswirkung auf die Qualität der Arbeit: Bereits eine Verringerung um 6 dB(A) im Schreibbüro verringerte die Fehlerrate um 29 %. Bei komplexeren Tätigkeiten stört der Lärm noch mehr: Eine Verringerung um diese 6 dB(A) bei Computerarbeit verringerte die Fehlerrate um 52 %!

Auch physiologische Veränderungen durch Lärm wurden nachgewiesen: Stress, Anstieg von Blutdruck und Adrenalin, erhöhtes Risiko für Herz-Kreislauf-Erkrankungen, erhöhtes Frühgeburtsrisiko, Schwächung des Immunsystems ... Das alles betrifft nicht nur betriebliche Computer. Beim häuslichen PC sieht es oft nicht besser aus. Leider gilt für viele PCs aus dem Kampfpreis-Segment: schnell = laut. Die Augen kann man schließen, die Ohren leider nicht.

Bei längerer Lärmeinwirkung erfolgt eine gewisse Anpassung des Körpers. Doch auch wenn der Lärm weniger störend erscheint, bleibt die negative Einwirkung auf Leistung, Qualität und Gesundheit erhalten.

Der Gesamtgeräuschpegel eines PCs setzt sich aus vielen einzelnen Quellen zusammen. Einzelne Geräuschquellen zu verringern, reicht nicht. Sie müssen alle Geräuschquellen im Auge behalten und dann entscheiden, bei welchen Komponenten Maßnahmen zu ergreifen sind, um die Lautstärke zu verringern. Wenn der Lüfter Ihrer Hochleistungs-Grafikkarte wie eine Turbine klingt, brauchen Sie über den Lärm der anderen Komponenten nicht viel nachzudenken. Werden Sie sich klar darüber, was Ihre Priorität ist: höchste Leistung oder niedrige Geräuschemissionen. Beides zusammen geht nur eingeschränkt. Hohe Rechen- und Grafikleistung ist mit viel Energieverbrauch verbunden. Jedes Watt, welches das Netzteil in den PC hinein pumpt, wird in Wärme umgewandelt und muss mit den Lüftern heraus befördert werden.

2.6.3 Leise Lüfter verwenden

Die Gehäuselüfter

Bei größerer Wärmeentwicklung im Gehäuse können Zusatzlüfter sinnvoll sein: einer an der Rückwand unterhalb vom Netzteil oder an der Vorderwand auf Höhe der Festplatte. Manche Gehäuse haben Lüftungsöffnungen an der Oberseite, dort ist ein hervorragender Platz für Lüfter – aber nur, wenn Sie diesen Platz nicht als Ablage benutzen.

Wenn man die Wahl hat zwischen Lüftern mit großem oder mit kleinem Durchmesser, sollte man den Lüfter mit dem größeren Durchmesser wählen. Wenn Sie einen Lüfter mit 8 cm Durchmesser durch einen mit 12 cm Durchmesser ersetzen, vergrößert sich die Fläche auf das $12^2/8^2 = 9/4 = 2{,}25$ fache. Ein Lüfter mit einem Durchmesser von 12 statt 6 cm hat die vierfache Fläche und kann daher die gleiche Luftmenge mit einer wesentlich geringeren Drehzahl befördern. Das reduziert das Motorengeräusch, das Geräusch der Luftströmung verringert sich ebenfalls und die Lebensdauer des Lüfters steigt. Wenn die Nabe, die den Motor enthält, möglichst klein ist, wird der Luftdurchsatz noch größer.

Wie leise kann ein Lüfter sein? Es gibt 12-cm-Lüfter zu kaufen, die bei einer Drehzahl von 500 pro Minute mit 10 dB laufen. Auch 15 dB sind noch ein guter Wert. In Bild 2.1 ist ein Lüfter gezeigt, dessen Drehzahl von 800 bis 1500 pro Minute mit einem Potentiometer geregelt werden kann.

Wenn Sie einen 8-cm-Lüfter auf dem CPU-Kühler ersetzen wollen, können Sie einen Montageadapter verwenden, um einen 12-cm-Ventilator zu befestigen.

Wenn Sie einen vorhandenen 8-cm-Gehäuselüfter durch einen leisen 12-cm-Lüfter ersetzen wollen, nutzt das nur dann etwas, wenn das Gehäuseblech auf der gesamten Lüfterfläche eine ausreichende Anzahl genügend großer Löcher hat. Vielleicht müssen Sie zusätzliche Löcher in die Rückwand bohren oder vorhandene zu kleine Bohrungen vergrößern. Dabei dürfen keine Metallspäne ins Netzteil geraten, und die Vibrationen beim Bohren sind potentiell schädlich für eine Magnetfestplatte. Um Vibrationen und Kurzschlüsse durch Späne zu vermeiden, sollten Sie vorher möglichst alle Bauteile ausbauen. Zumindest sollten Sie die Festplatte ausbauen und den PC beim Bohren und Entgraten so auf die Seite legen, dass die Hauptplatine oben liegt.

2.6.4 Drehzahl der Lüfter reduzieren

Bild 2.1: Lüfter Enermax, 12 cm, regelbar

In Datenblättern und auf Verpackungen wird die Drehzahl oft in rpm (**r**evolutions **p**er **m**inute, deutsch: Umdrehungen pro Minute) angegeben.

Das Lüftergeräusch setzt sich aus dem Motorgeräusch und dem Strömungsgeräusch der Luft zusammen. Das Strömungsgeräusch der Luft hängt stark von der Drehzahl ab. Es gibt Lüfter mit 12 cm Durchmesser, die mit nur 800 oder 500 Umdrehungen pro Minute laufen. Sie bewegen etwa so viel Luft wie ein 8-cm-Lüfter bei 1500 U/min. Im Windkanal durchgestylte Lüfter und aerodynamisch optimierte Lüfterblätter (siehe Bild 2.1 und 2.2) machen das Geräusch der durchströmenden Luft praktisch unhörbar. Bei einer Drehzahl unterhalb 400 Umdrehungen pro Minute ist aus einem

geschlossenen Gehäuse nichts hörbar. Derartige langsam laufende Lüfter gibt es unter vielen Marken wie z. B. „Silentwing" und „be quiet!".

Es kann sein, dass ein langsam drehender Lüfter eine BIOS-Meldung „CPU Fan Fail Warning" auslöst. Im BIOS ist ein Standardwert hinterlegt, wie hoch die Drehzahl des Lüfters mindestens sein muss. Versuchen Sie im BIOS eine geringere Mindestdrehzahl einzustellen.

Bild 2.2: Strömungsoptimierte Lüfterschaufeln

Lüfterregelung per Software

Was kann man tun, wenn man keine neuen Lüfter kaufen will? Bei vielen Mainboards kann man für alle die Lüfter, die an der Hauptplatine angesteckt sind, im BIOS die Wunschdrehzahl einstellen.

Das Tool „Speedfan" kennt hunderte Hauptplatinen und kann nicht nur die angeschlossenen Lüfter regeln, sondern auch deren aktuelle Drehzahl und die CPU-Temperatur anzeigen.

Lüfterregelung mit Potentiometer

Mit einem Bausatz „Temperaturgesteuerte Lüfterregelung" (etwa 12 €) kann man mit einem Trimmregler die Mindestdrehzahl einstellen. Der Regler misst mit einem Sensor die Temperatur eines Bauteils und regelt die Drehzahl hoch, wenn die Temperatur steigt.

Für etwa 20 € gibt es Einschübe für die 5,25" Frontblende mit Potentiometern darin, mit denen man mehrere Lüfter regeln kann. Weil man dabei keine Kontrolle hat, ob das Bauteil überhitzt, ist davon abzuraten. Besser sind Einschübe mit Potentiometer und Temperaturanzeige, die man etwa ab 30 € kaufen kann. Hier kann man mehrere Lüfter steuern und kontrollieren, ob die gewählte Drehzahl ausreicht. Es gibt auch fertige Lüfter mit Potentiometer zu kaufen. Die kosten kaum mehr als das Nachrüsten einer Regelung.

Ein Problem sind Lastschwankungen. Die Leistungsaufnahme (und damit auch die Wärmeentwicklung) der Grafikkarte kann im 3D-Modus fünf- bis zehnmal höher sein als im 2D-Modus. Geringere lastabhängige Schwankungen kommen auch bei der CPU und anderen Komponenten vor. Wenn Sie beim Surfen zwischendurch ein leistungsforderndes Spielchen einschieben, werden Sie dann immer daran denken, die Drehzahl der Lüfter hochzuregeln?

Verringerung der Spannung von 12 auf 7 Volt

Mit einem Adapter oder dem Lötkolben kann man einen Lüfter zwischen der 5 Volt und 12 Volt Leitung betreiben. Bei 7 Volt sind Lüfter in der Regel nicht hörbar, allenfalls ist in einer ruhigen Nacht der Luftstrom hörbar. Die Kühlleistung verschlechtert sich allerdings stark. Prüfen Sie unbedingt, ob die Lüftung ausreicht, ob die Drehrichtung unverändert ist und ob der Lüfter mit der verringerten Spannung zuverlässig anläuft! Im Datenblatt mancher Lüfter ist die „Anlaufspannung" angegeben – die minimale Spannung, bei welcher der Lüfter garantiert anläuft. Besser und sicherer wäre es, einen neuen Lüfter zu kaufen: Es gibt langsamlaufende, leise 12-Volt-Lüfter. Zwei Lüfter mit 500 U/min sind meist leiser als einer mit 1200 U/min.

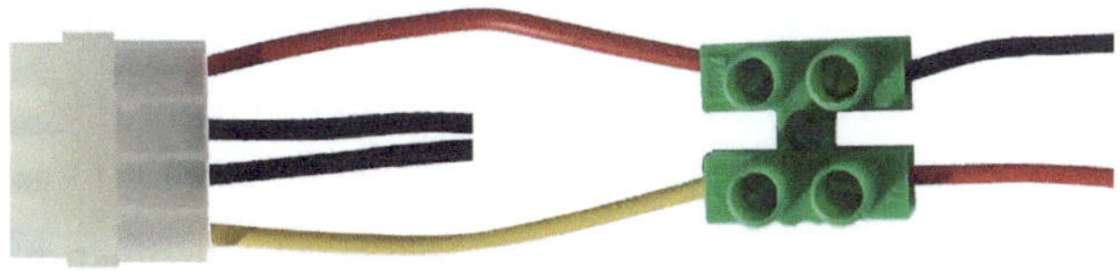

Bild 2.3: Gehäuselüfter mit 7 Volt betreiben. Links: vom Netzteil, rechts: zum Lüfter

Die Belegung der Molex-Buchse: Rot = 5 Volt, Gelb = 12 Volt, Masse = Schwarz. Normalerweise wird ein Lüfter zwischen Gelb und Schwarz angeschlossen. Trennen Sie die vom Lüfter kommende schwarze Masseleitung von der schwarzen Ader des Steckers ab und verbinden Sie diese mit der roten Ader, siehe Bild 2.3. Rot vom Lüfter verbinden Sie mit Gelb der Molex-Buchse. Wenn Sie nicht löten wollen, nehmen Sie kleine Lüsterklemmen. Die Molex-Buchse schneiden Sie von einem Y-Kabel ab.

Reihenschaltung

Eine weitere Möglichkeit ist eine Reihenschaltung mit einem Vorschalt(regel)widerstand. Wie berechnet man die Größe des Vorwiderstandes? Auf dem Lüfter ist meist die elektrische Leistung in Watt angegeben. Die Betriebsspannung beträgt 12 Volt. Die Division ergibt den durchfließenden Strom, also I = P/U.

Ein Lüfter mit 3 Watt benötigt einen Strom von 3 W/12 V = 0,25 A. Um den Widerstand des Lüftermotors zu berechnen, teilt man Spannung durch Strom: R = U/I = 12 V/0,25 A = 48 Ω. Die Spannung bei zwei Widerständen in Reihenschaltung teilt sich proportional zu den Widerstandswerten. Damit der Lüfter mit 8 Volt läuft, müssen 4 Volt auf den Vorwiderstand entfallen. Man benötigt einen Vorwiderstand von 24 Ω.

Wieviel Hitze muss der Vorwiderstand aushalten? Durch die Reihenschaltung fließen 12 V/(48+24)Ω = 0,167 A. Der Spannungsabfall am Vorwiderstand beträgt 4 Volt. Die Wärmeentwicklung am Widerstand beträgt P = U × I = 4 V × 0,167 A = 0,668 Watt.

Um den Lüfter mit der halben Spannung von 6 Volt laufen zu lassen, muss der Vorwiderstand ebenso groß wie der Widerstand des Lüftermotors sein, also 48 Ω. Durch die Reihenschaltung fließen 0,125 A. Auch am Vorwiderstand liegt eine Spannung von 6 Volt an. Dieser wird mit 6 V × 0,125 A = 0,75 W aufgeheizt. In beiden Fällen brauchen Sie Widerstände mit einer Nennleistung von 1 Watt oder mehr. Beachten Sie, daß diese Widerstände richtig heiß werden.

Viel eleganter ist es, wenn man zwei Lüfter gleichen Typs in **Reihenschaltung** an 12 Volt anschließt, dann bekommt jeder eine Betriebsspannung von 6 Volt. Weil in dieser Schaltung nur der halbe Strom fließt, läuft jeder Lüfter mit einem Viertel der vollen Leistung, zwei Lüfter in der Summe mit der halben Leistung eines Lüfters. Das Luftgeräusch sinkt auf einen fast unhörbaren Wert. Prüfen Sie aber sorgfältig, ob die Lüfter mit der verringerten Leistung zuverlässig anlaufen. Wenn einer der Lüfter stehenbleibt, kann er seinen eigenen Motor nicht mehr kühlen. Der Motor wird heiß und sein Innenwiderstand wächst, wodurch der Stromdurchfluss sinkt. Dadurch bekommt der zweite Lüfter noch weniger Leistung und bleibt voraussichtlich auch stehen. Nun wetteifern die ungekühlten Lüfter, welcher zuerst durchbrennt.

2.6.5 Leise Komponenten verwenden

Wenn Sie den Lüfterlärm erfolgreich gedrosselt haben, werden Sie vielleicht feststellen, dass auch Grafikkarte, Festplatte, DVD-Laufwerk und Netzteil Geräusche machen.

Grafikkarte

Grafikkarten gibt es im Leistungsbereich von 10 bis 600 Watt, wobei ein PC auch mit zwei Grafikkarten bestückt werden kann. Bei so viel abzuführender Leistung ist es nicht verwunderlich, dass viele Grafikkarten zu den großen Krachmachern gehören. Doch auch unter den leistungsstarken Grafikkarten gibt es einige wenige Modelle, die passiv oder mit einem leisen Lüfter gekühlt werden.

Bild 2.4: PCIe-Grafikkarte mit passiver Kühlung

Der Strombedarf hängt von der Betriebsart ab: Im wesentlichen sind es Actionspiele und vergleichbare Anwendungen, welche die hohe Leistung abfordern können. Officeanwendungen, Surfen, E-Mail und viele andere Anwendungen lassen die Grafikkarte kalt, so gering ist deren Strombedarf.

Mit einer Software kann man die Lüfterdrehzahl herunterregeln, während die Grafikkarte im 2D-Betrieb läuft: mit dem „AtiTool" für ATI-Grafikkarten ab Radeon 9000 und mit „Coolbits 2" für NVIDIA-Grafikkarten.

Die Kühlung muss ausreichend für die Höchstleistung sein. Informieren Sie sich vor dem Kauf, wie laut die Grafikkarte ist. Manchmal kann man den Lüfter der Grafikkarte gegen einen leiseren austauschen, dabei verliert man allerdings die Garantie. Wenn Sie am PC bestimmt keine 3D-Spiele spielen werden, sollten Sie nach einer einfacheren Grafikkarte mit passiver Kühlung (ohne Lüfter) suchen. Wenn Sie die Kühlrippen vorsichtshalber mit einem leisen, sehr langsam laufenden Lüfter anblasen, hält die Grafikkarte auch mal ein längeres Spiel aus, ohne zu überhitzen.

Es gibt auch Grafikkarten mit „semipassiver" Kühlung: Der Lüfter wird nur dann eingeschaltet, wenn die Temperatur zu hoch wird. Man sollte darauf achten, dass die Drehzahl des Lüfters, während er eingeschaltet ist, temperaturabhängig geregelt ist. Sonst schaltet der Lüfter vielleicht im Abstand von einigen Dutzend Sekunden ständig ein und aus – so ein schnell wechselndes Geräusch kann auf die Nerven gehen.

Der Prozessor und der Prozessorkühler

Neuere Prozessorgenerationen brauchen durchschnittlich weniger Energie als ältere, um die gleiche Rechenleistung zu erzielen. Doch auch innerhalb einer Serie gibt es Unterschiede. Die sparsamsten CPUs von Intel bekommen ein „S" an die Typbezeichnung angehängt und werden etwas teurer verkauft. AMD bezeichnet die Sparmodelle mit „EE" (**E**nergie-**E**ffizient) und verkauft sie freundlicherweise zum gleichen Preis wie die „normalen" CPUs.

Wenn Sie eine CPU mit einer Verlustleistung unter 80 Watt haben, sollten Sie einen Hochleistungskühler mit Heatpipe kaufen, der für CPUs mit 140 Watt Verlustleistung oder mehr konzipiert ist. Ersetzen Sie nun den kräftigen, lauten Lüfter des CPU-Kühlers durch einen großen, langsameren Lüfter. Vermutlich reicht die Kühlwirkung aus. Sie sollten aber sicherheitshalber die Temperatur der CPU kontrollieren.

Die Magnetfestplatte

Festplatten mit 5400 U/min haben gegenüber solchen mit 7200 U/min zwei Vorteile: Sie sind deutlich leiser und sie erzeugen weniger Wärme. Allerdings sind sie meist auch langsamer.

Eine „grüne" Festplatte braucht weniger Energie. Die Platte wird weniger warm, was für die Lebensdauer gut ist. Das Netzteil muss weniger Energie liefern und wird ebenfalls weniger warm. Die Gehäuselüfter, falls sie temperaturgeregelt sind, können die Drehzahl verringern und werden leiser.

Die radikale Lösung: Kaufen Sie eine SSD-Festplatte. Bei den günstigen SSD gab es Ende 2025 240 GB schon für 15 € zu kaufen, 480 GB für 30 € und 1000 GB ab 50 €. Klonen Sie die alte Festplatte auf die neue SSD. Wenn die Daten nicht auf die SSD passen, kaufen Sie eine externe „grüne" Magnetfestplatte. Diese sollten Sie nur bei Bedarf einschalten, um sie nicht zu überhitzen. Vorsicht! Irgendwann werden Sie unaufmerksam sein und die externe Festplatte ausschalten, ohne sie vorher abzumelden. Das kann zu Datenverlust führen. Deshalb sollten Sie großes Augenmerk auf eine zuverlässige Datensicherung legen, die vielleicht auf eine zweite externe Festplatte erfolgen kann.

Noch besser unter Lärm-Gesichtspunkten ist die Anschaffung einer ständig eingeschalteten Home-Server-Festplatte (ein NAS-System), die über das Netzwerk angeschlossen wird und an einem Ort abgestellt werden kann, wo das geringe Betriebsgeräusch nicht stört. Dort können Sie die Daten unterbringen, die nicht auf die SSD passen. Nun können Sie von jedem Computer im Heimnetz auf diese Daten zugreifen, was ein Vorteil sein kann. Wenn Sie das nicht wollen: Bei vielen NAS-Systemen können Sie Zugriffsrechte vergeben. Übrigens können Sie jede Fritz!Box mit einer angesteckten SSD oder USB-Stick als NAS-System verwenden.

Das optische Laufwerk

So lange keine Scheibe eingelegt ist, macht das Laufwerk kein Geräusch. Wenn Sie ständig eine Scheibe eingelegt haben, z. B. eine Telefonauskunft-CD, müssen Sie auf die Geräuschentwicklung achten. Wenn Sie einen Film von DVD ansehen wollen, übertrifft dessen Lautstärke vermutlich die Geräuschentwicklung der meisten Laufwerke deutlich.

Das Netzteil

Gute Netzteile haben einen Wirkungsgrad von 85 % oder besser. Das bedeutet umgekehrt, dass bis zu 15 % der Nennleistung verpuffen. Ein 800-Watt-Netzteil mit 85 % Wirkungsgrad wandelt 120 Watt Energie für den Eigenbedarf in Wärme um. Ein 400-Watt-Netzteil, welches für die meisten Computer ausreicht, verschwendet nur 60 Watt bei voller Auslastung. Stellen Sie sich eine 60 Watt Glühlampe vor – deren Hitze plus die warme Luft aus dem Gehäuse muss vom Netzteillüfter aus dem Gehäuse herausbefördert werden.

Für einen Allround-PC wäre ein Netzteil mit 300 W völlig ausreichend. Sowohl mein eigener PC als auch mein Mac kommen mit weniger als 100 W im Durchschnitt aus. Also das Netzteil nicht zu reichlich dimensionieren und vor allem auf den Wirkungsgrad im geplanten Lastbereich achten!

Glauben Sie keiner Reklame, in der ein Netzteil als leise angepriesen wird. Es scheint Mode geworden zu sein, fast jedes Netzteil als leise zu bezeichnen. „Leise" ist kein präziser Begriff. Wenn es wirklich leise wäre, würde der Hersteller den Schallpegel in Dezibel angeben. Werte unter 25 dB sind gut. Spitzennetzteile erreichen Werte zwischen 15 und 20 dB. Zum Vergleich: Die Geräusche in einem sehr leisen Zimmer entsprechen 20 bis 30 dB. In letzter Zeit werden Angaben zur Lautstärke zunehmend in Sone gemacht. Sie werden nicht umhinkommen, Testberichte in Computerzeitschriften zu lesen.

Wenn es um das letzte Quäntchen Lautstärke geht: Prüfen Sie, ob der Lüfter des Netzteils durch einen leiseren ersetzt werden kann. Ich habe einen sehr leisen Lüfter eingebaut und habe ihn über Potentiometer so weit heruntergeregelt, dass bei Maximallast im Sommer die Kühlung noch ausreichend ist. Es gibt auch Netzteillüfter, die an die Hauptplatine angesteckt werden und deren Drehzahl vom BIOS geregelt wird.

Bild 2.5: Drehpotentiometer für Netzteillüfter

Lüfterlose, „passive" Netzteile konnten sich bisher nicht durchsetzen. Sie sind vergleichsweise teuer, und die Ausfallrate ist höher als bei einem „normalen" Netzteil. Außerdem verschlechtert sich die Kühlung des Computers, denn ein „normales" Netzteil saugt die Innenluft des PCs an und bläst sie nach außen. Wenn dieser Luftstrom wegfällt, müssen Sie unbedingt einen Gehäuselüfter einbauen, damit sich die Wärme im PC nicht aufstaut. Der Lüfter im Netzteil ist weggefallen, dafür hören Sie nun das Lüftergeräusch des Zusatzlüfters. Wo ist hier ein Vorteil des lüfterlosen Netzteils?

Neuerdings gibt es Netzteile mit „semi-passiver" Kühlung. Diese haben einen großen Kühlkörper, der für mittlere Last ausreicht. Bei hoher Belastung schaltet sich ein temperaturgeregelter Lüfter zu. Ihr moderater Preis könnte in Zukunft für ihre weite Verbreitung sorgen.

Entkoppeln Sie das Netzteil vom PC-Gehäuse, indem Sie die Blechschrauben über Gummi- oder Korkringe und Unterlegscheiben beidseitig des PC-Gehäuses montieren. Bekleben Sie die Außenwände des Netzteils mit schalldämmendem, schwer entflammbarem Material wie beispielsweise Teerpappe oder Kork.

Gehäuse

In einem großen Gehäuse kann die Luft ungehindert aufsteigen. Ein eventueller Wärmestau im oberen Bereich ist von der Elektronik weit genug entfernt. In Miniaturgehäusen staut sich stellenweise die Wärme, deshalb müssen die Lüfter schneller und damit lauter arbeiten.

Auch das Material des Gehäuses ist von Bedeutung. Dickes Blech neigt weniger zu Vibrationen als dünnes, und schwerer Stahl vibriert weniger als Aluminium.

Wenn Sie das Gehäuse von innen mit schallschluckenden Materialien bekleben, fällt das Gehäuseblech als „Wärmeabstrahler" weg. Die Verschlechterung der Kühlung müssen Sie möglicherweise mit einem zusätzlichen Lüfter ausgleichen, was den Geräuschpegel erhöht. Ein Teufelskreis! Es ist ein brauchbarer Kompromiss, nur das eine Seitenblech zu bekleben, das sich direkt unter der Hauptplatine befindet. Dieses Blech hat von der Hauptplatine einen Abstand von etwa einem Zentimeter. In diesem Zwischenraum entsteht kein Schall. Dieses Blech wird im Betrieb am wenigsten erwärmt, die Kühlung verschlechtert sich durch das Bekleben kaum. Lediglich die Fläche unter der CPU sollte frei bleiben, weil die Hauptplatine dort relativ heiß ist und Wärme abstrahlen kann. Auch den Boden des Gehäuses kann man bekleben. Der Schall wird dadurch nicht mehrmals im Gehäuse hin und her reflektiert.

Schalldämpfendes Material

Im Fachhandel wird „Teerpappe" angeboten. Ein Set mit mehreren Platten kostet 30 € und mehr. Dünne Korkplatten aus dem Baumarkt sind deutlich preiswerter. Achten Sie darauf, rund um Lüftungsschlitze und Luftöffnungen ausreichend Platz frei zu lassen. Und überlegen bzw. testen Sie, einen wie großen Teil der Fläche von Netzteil und Gehäuse Sie bekleben können. Reichen die Luftströmungen im Gehäuse aus, um auf die Wärmeableitung über das Gehäuseblech verzichten zu können?

Festplatten elastisch lagern

Eine Magnet-Festplatte erzeugt zwei Arten von Geräuschen: das gleichmäßige Geräusch der Rotation und das unregelmäßige Geräusch der Kopfbewegungen. Die Geschwindigkeit der Positionierung kann durch das „**A**utomatic **A**coustic **M**anagement" verändert werden. Wenn die Magnetköpfe sanfter beschleunigen und sanfter bremsen, vermindern sich Lärm und Stromverbrauch, die Lesegeschwindigkeit aber auch.

Der durch die Drehbewegung verursachte Lärm lässt sich mit AAM allerdings nicht beeinflussen. Eine Verringerung der Drehzahl zwecks Geräuschminderung ist nicht möglich, denn das würde die Signalstärke im Lesekopf verringern. Außerdem würden die Köpfe niedriger schweben und schließlich aufsetzen.

Es gibt zahlreiche Vibrationsdämmer für Festplatten. Die Platte wird meist an Gummiblöcken befestigt, damit der Schall nicht auf das Gehäuse übertragen wird. Weil dabei die Wärmeableitung auf das Gehäuse unterbleibt, sollte die Festplatte eine „grüne" sein oder anderweitig gekühlt werden. Im Bild 15.3 ist eine hervorragende Lösung zu sehen mit Schalldämmung und Kühlung gleichzeitig.

Kommen Sie nicht auf die Idee, die Festplatte freischwingend an ein paar Gummibändern aufzuhängen! Die Eigenschwingungsfrequenz der Aufhängung muss sich von der Bewegungsfrequenz der Magnetköpfe unterscheiden, sonst gerät die Festplatte durch die Bewegungen der Magnetköpfe ins Schwingen. Das könnte die Lebensdauer und die Zugriffszeiten dramatisch reduzieren. Wenn der Magnetkopf die Spur nicht auf Anhieb trifft, weil die Platte wegschwingt, muss die Kopfsteuerung nachregeln, was zu längeren Zugriffszeiten führt.

Aufstellort ändern

Je weiter der PC von Ihren Ohren entfernt ist, desto weniger ist er zu hören. Für alle Arten von Computerkabeln gibt es Verlängerungen. Vielleicht können Sie einen Platz finden, wo der PC nicht mehr zu sehen ist, dann kommt der Schall nur noch als Reflexion zu Ihnen. Den PC in einen Schrank oder in ein anderes geschlossenes Behältnis zu stellen, will wohl bedacht sein: es könnte zu einem Wärmestau kommen. Stellen Sie doch den PC in den Nebenraum, bohren Sie für die Kabel ein Loch in die Wand und schließen Sie die gesamte Peripherie über Verlängerungskabel an! Einschalten können Sie den PC über die Tastatur, wenn Sie das im BIOS entsprechend einstellen. Ein USB-Kabel darf 5 m lang sein, daran schließen Sie einen aktiven Hub an und sie können weitere 5 m bis zu Tastatur und Maus überwinden. Bei Full HD Auflösung können Sie mit einem normalen HDMI-Kabel 10 m überwinden, mit einem Premium-Kabel bis zu 20 m. Und wenn das nicht reicht, nimmt man zwei KVM-Extender (**K**eyboard **V**ideo **M**aus), mit denen die Anschlüsse über ein Netzwerkkabel übertragen werden, das mehr als 100 Meter lang sein kann. Allerdings kosten solche KVM-Extender hundert oder mehrere hundert Euro.

Dämpfen Sie die Geräuschübertragung auf den Fußboden. Verpassen Sie dem PC-Gehäuse Gummifüße. Ein Teppichstreifen dämpft sowohl die Vibration als auch den Schall. Kaufen Sie eine Geräuschdämmungsmatte für Waschmaschinen im Baumarkt. Schneiden Sie die Matte in Streifen und stapeln Sie die Streifen unter dem PC. Nebeneffekt: Wenn der PC höher steht, saugt er weniger Staub vom Fußboden an.

2.6.6 Wasserkühlung

Wenn Sie einen Power-PC mit High-End-Grafikkarte haben, müssen Sie nicht auf einen leisen PC verzichten. Wasser hat eine wesentlich größere Wärmekapazität als Luft und kann viel mehr Wärme abtransportieren. Ein Wasserkühlungs-Komplettkit gibt es ab 150 € zu kaufen.

Die Wasserkühler von CPU und Grafikkarte haben keine Kühlrippen, sondern Schlauchanschlüsse. Es gibt aber nur wenige Grafikkarten, die für Wasserkühlung geeignet sind. Bei den CPU-Kühlern ist die Auswahl größer. An der Seite oder über dem PC muss ein Wärmeaustauscher angebaut werden, ähnlich wie der hinter dem Kühlschrank. Es gibt spezielle Gehäuse, die für Wasserkühlung vorbereitet sind.

Dort wird der Wärmeaustauscher beispielsweise unauffällig hinter der Frontblende angebracht.

Am höchsten Punkt des Kreislaufs wird ein Ausgleichsbehälter benötigt, weil sich Wasser bei Erwärmung ausdehnt. Eine Umwälzpumpe wird am besten auf dem Boden des Computers befestigt, möglichst auf einer vibrationsdämmenden Unterlage. Die Schläuche sollten mit extremer Sorgfalt befestigt werden. Am besten sind Schlauchanschlüsse, welche den Schlauch mit einer Überwurfmutter fixieren. Bei einfacheren Ausführungen werden die Schläuche mit Kabelbindern befestigt. Arbeiten Sie sehr sorgfältig! Bedenken Sie: Wasser im PC verwandelt ihn in Schrott! Lassen Sie die Wasserkühlung einige Stunden Probe laufen, bevor Sie den PC einschalten. Verwenden Sie destilliertes Wasser.

Bild 2.6: Wasserkühlung für Grafikkarte, Chipsatz und CPU

Deutlich einfacher sind „All-in-One"-Systeme zu handhaben. Sie werden komplett montiert und mit Kühlmittel befüllt geliefert. Sie sind garantiert dicht und es braucht kein Kühlmittel nachgefüllt werden.

2.6.7 Der geräuschlose PC

Ein PC mit SSD-Festplatte und ausnahmslos passiv gekühlten Komponenten ist völlig lautlos. Solche PCs werden inzwischen produziert. Allerdings ist das nur bei relativ leistungsschwachen PCs möglich.

Sie brauchen einen leistungsfähigen PC, und „beinahe unhörbar" reicht aus?

- Die Festplatte sollte eine SSD sein.
- Kühlen Sie die CPU mit einem lüfterlosen Kühler wie in Bild 2.7.
- Bauen Sie ein bis zwei leise, langsamlaufende, temperaturgeregelte Lüfter wie in Bild 2.1 in die Rückwand des PC. Möglicherweise ist es sinnvoll, die Luftlöcher an Rückwand und Vorderwand aufzubohren, damit der Luftstrom möglichst wenig behindert wird.
- Kaufen Sie ein leises, nicht überdimensioniertes Netzteil. Der Lüfter im Netzteil sollte temperaturgeregelt sein. Möglicherweise können Sie den Geräuschpegel noch weiter verringern, wenn ein Fachmann den Lüfter im Netzteil durch einen leisen, temperaturgeregelten Lüfter austauscht.

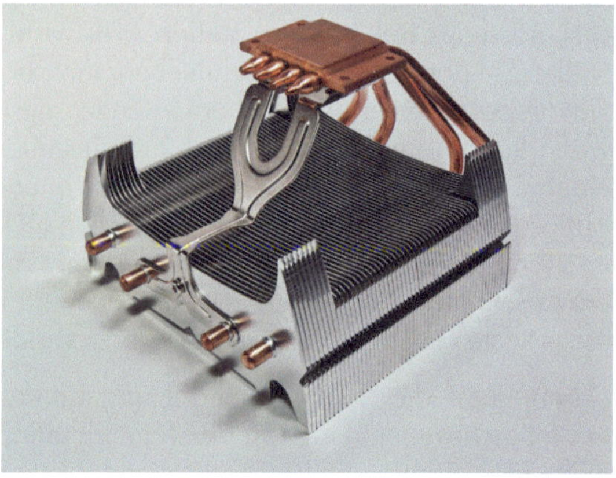

Bild 2.7: Passiver CPU-Kühler, Ansicht der Unterseite

2.6.8 Die richtige Balance finden

Behalten Sie bei Ihren Geräuschdämmungsmaßnahmen stets im Hinterkopf, dass eine Temperaturerhöhung um zehn Grad die Lebensdauer vieler Computerkomponenten halbiert.

3 RAM

3.1 Grundwissen

3.1.1 Einige Fachbegriffe

Die Stangen aus hochreinem Silizium werden in der Chipfabrik in etwa einen Millimeter dünne Scheiben geschnitten, die man „Wafer“ nennt. Sie dienen als „Substrat“ (Grundplatte) für integrierte Schaltkreise. Wafer haben einen Durchmesser bis 300 mm, einige Fabriken sind auf 450 mm Wafer umgestellt. Je größer der Wafer, desto geringer ist der Verschnitt am Rand.

In die Wafer werden die mikroelektronischen Strukturen hineingeätzt, aufgedampft usw. Auf einem Wafer entstehen gleichzeitig Dutzende bis hunderte CPUs, RAMs oder andere Strukturen. Dann wird der Wafer mit Diamantsägen in rechteckige Plättchen zerschnitten. Diese Plättchen mit einer integrierten Schaltung nennt man „Die“, gesprochen „Dai“. Beispiele: Die Intel-CPU Core i7-980X mit 1170 Millionen Transistoren ist 248 mm^2 groß, die Nvidia GPU Pascal GP100 mit 15300 Millionen Transistoren ist 610 mm^2 groß.

Das Die hat am Rand kleine Kontaktflächen für den Anschluss nach außen. Diese werden genutzt, um mit Nadeln einen zeitweiligen Kontakt herzustellen und jeden Schaltkreis zu testen. Anschließend wird jedes intakte Die auf die Grundplatte eines Chip-Gehäuses geklebt, manchmal stecken mehrere Dies in einem Chip. Die Kontaktflächen der Dies und die Pins (die „Beinchen“ des Chipgehäuses) werden mit hauchdünnen Gold- oder Aluminiumdrähten verbunden. Die Herstellung dieser Verbindung nennt man das „Bonden“. Zuletzt wird der Chip luftdicht verschlossen und zum Abschluss noch einmal getestet.

Mehr können Sie lesen in: `https://de.wikibooks.org/wiki/Siliciumverarbeitung` und noch ausführlicher `https://www.halbleiter.org`

3.1.2 Funktionsprinzip

Das Funktionsprinzip des **D**ynamischen **RAM** (DRAM) wurde 1966 erfunden. Die Informationsspeicherung erfolgt durch die Aufladung von winzigen Kondensatoren. Weil die Kondensatoren allmählich ihre Ladung verlieren (wenn sie nicht „aufgefrischt“ werden), wird der Speichertyp „dynamisch“ genannt. Zu jedem Kondensator gehört ein Steuerungstransistor. Transistor plus Kondensator bilden eine Speicherzelle.

Die Speicherzellen sind wie eine Matrix in Zeilen und Spalten angeordnet. Sie werden über Zeilen- und Spaltenleitungen verbunden. Um ein Bit zu lesen oder zu schreiben, muss gleichzeitig Spannung an eine der Zeilenleitungen und an eine der Spaltenleitungen angelegt werden. Nur da, wo sich diese Leitungen kreuzen, „öffnet“ der Steuertransistor und gibt die Ladung frei. Der Kondensator entlädt sich, und die Leseverstärker melden der CPU, ob eine „1“ oder „0“ gespeichert gewesen ist. Weil die gespeicherte Information durch das Entladen verloren geht, muss der Speichercontroller umgehend die Speicherzelle wieder aufladen.

3.1.3 Dual-Side, Dual-Die und Stacking

Etwa 2^{34} = 16 G**Bit** passten im Jahr 2015 in einen Speicherchip. Lötet man acht davon auf eine Platine, erhält man einen 16 G**Byte**-Speicherriegel. 2025 sind bis 256 GByte möglich. Höhere Kapazitäten sind auf zwei Arten erreichbar:

Man nutzt die Rückseite des Speichermoduls für weitere acht Chips. Man erhält einen „Dual-Sided“ (zweiseitigen) RAM. Doch das kann zu Problemen führen:

- Auf manchen Mainboards funktionieren Dual-Side-Module gar nicht oder es wird möglicherweise nur die Hälfte der Kapazität erkannt.
- Wenn Sie in die zusammengehörigen (gleichfarbigen) Steckplätze einen Single-Sided und einen Double-Sided Modul stecken, wird vom Double-Sided-Modul möglicherweise nur die halbe Kapazität genutzt. Außerdem funktioniert der Dual-Channel-Modus nicht.

Empfehlung: Greifen Sie zu Dual-Sided RAM nur nach sorgfältigem Studium des Handbuchs zur Hauptplatine (Abschnitt **Q**ualified **V**endor **L**ist) und/oder Gespräch mit dem Fachverkäufer!

Was die Sache völlig verrückt macht: Es gibt auch Module mit Chips auf beiden Seiten, die schaltungstechnisch als Single-Sided erkannt werden. Umgekehrt gibt es einseitig bestückte Module, die als doppelseitige geschaltet sind.

Die zweite Möglichkeit für höhere Kapazitäten ist das „Stacking". Dabei werden zwei Dies in einem Chipgehäuse übereinander gestapelt. Bei DDR3-RAM ist dies schaltungsmäßig schwierig, weil der Standard das nicht vorsieht. Doch ab dem DDR4-Standard ist das Chip-Stacking eingeplant: Hersteller dürfen die RAM-Dies in bis zu acht Ebenen übereinanderstapeln. Wenn die Hersteller diese Technologie beherrschen, werden Speicherriegel bis zu einer Kapazität von 512 GByte möglich.

3.2 Timing

3.2.1 Vorbemerkungen

Wenn die CPU auf den RAM zugreifen will, benutzt sie eine Baugruppe „Speichercontroller". Dieser RAM-Controller war einmal Teil der CPU und wurde später in den Chipsatz (Northbridge) ausgelagert, um in der CPU mehr Platz für den Cache zu schaffen. Durch fortschreitende Verkleinerung der Strukturen ist wieder Platz in der CPU, und der Speichercontroller ist bei den neuesten CPUs wieder eine Baugruppe der CPU. Das macht den Speicherzugriff schneller. Der Einfachheit wegen werde ich schreiben „Die CPU sendet Signale...", auch wenn diese vielleicht vom Chipsatz kommen.

Wenn die CPU ein Signal wie z. B. eine Adresse aussendet, dauert es eine Weile, bis das Signal am RAM-Chip ankommt. Die Leitungen zu jedem Bit sind unterschiedlich lang, haben geringe Unterschiede in der Leitfähigkeit (die auch von der Temperatur der Leiter abhängt) und werden kapazitiv und induktiv von den benachbarten Leitungen beeinflusst. Deshalb wartet die CPU nach dem Absenden der Adresse einen Moment ab, bis alle Bits der Adresse angekommen sein müssten und sendet das Signal „Ab jetzt ist die Adresse gültig". In der Gegenrichtung läuft der Datentransfer analog.

Bei 2^{34} = 16 GBit pro Speicherchip würde man 34 Leitungen für die Adressierung brauchen. Dazu kommen noch 32 Datenleitungen sowie Steuer- und Stromversorgungsleitungen. Doch so viele „Beinchen" würden den Chip unnötig groß machen. Deshalb wird die Zahl der Adressleitungen halbiert und die Adresse in zwei Teilen übertragen: Erst der obere Adressteil (die Zeilenadresse) und danach die unteren Adressbits (die Spaltenadresse).

3.2.2 Ablauf des Zugriffs

Stark vereinfacht funktioniert der Speicherzugriff so:

Die CPU fordert den Inhalt einer bestimmten Speicherzelle an. Dazu sendet der Speichercontroller die (obere) Hälfte der Adresse an den Speicherchip. Mit einer kleinen Verzögerung (wenn das Signal gültig ist) wird das RAS-Signal gesendet: RAS steht für **R**ow **A**ddress **S**trobe, was so viel wie „Zeilen-Adressierungs-Signal" bedeutet. Das RAS-Signal signalisiert dem Chip, dass die Adresse nun gültig ist und dass es sich bei der soeben übermittelten Adresse um die Zeilenadresse gehandelt hat. Der Chip speichert die Zeilenadresse im „Row Address Buffer" und beginnt, die adressierte Zeilenleitung „aufzuladen". Das dauert etwas, weil die Zeilenleitung an einigen zehntausend Speicherbits vorbeiführt und eine gewisse elektrische Kapazität hat.

Nach Ablauf der Zeit t_{RCD} (RAS-to-CAS-Delay) nimmt der Speichercontroller an, dass der Chip die Zeilenadresse empfangen und ausgewertet hat, und schickt den zweiten Teil der Adresse zum Chip: die Spaltenadresse. Kurz darauf wird dem Chip mit dem Spaltensignal CAS (**C**olumn **A**ddress **S**trobe) signalisiert, dass die Spaltenadresse gültig ist und in den „Column Address Buffer" übernommen werden soll.

Mit RAS und CAS ist die Speicheradresse vollständig. Während der Adressenübergabe hat die Steuerung bereits begonnen, die Zeilenleitung (die gleichzeitig die Leseleitung ist) auf die halbe Versorgungsspannung aufzuladen. Diese Zeit wird „RAS Precharge Time" genannt. Danach gibt der Transistor die Speicherzelle frei (er verbindet sie mit der Leseleitung). Es passiert eine von zwei Möglichkeiten:

- Wenn die Speicherzelle geladen ist (eine „1" gespeichert hat), fließt die Ladung heraus auf die Leseleitung und bewirkt einen kurzen Spannungsanstieg, der von den Leseverstärkern entdeckt wird. Danach ist die Speicherzelle nur noch halb geladen.
- Wenn die Speicherzelle leer ist (eine „0" gespeichert hat), fließt ein Strom von der Leseleitung (die vorher auf halbe Spannung aufgeladen worden ist) in die leere Zelle und lädt sie zur Hälfte auf. Dieser winzige Stromfluss verringert kurzzeitig die Spannung auf der Bitleitung und wird von den Leseverstärkern als „0" erkannt.

Die Leseverstärker („Sense Amplifier") geben das empfangene Bitsignal an die CPU weiter. Gleichzeitig speichern und verstärken sie das Signal und schicken es an die Speicherzellen zurück: Die nach dem Lesen nur noch halb geladenen Speicherzellen werden entweder voll aufgeladen (wenn eine „1" gespeichert war) oder restlos entladen.

Das eigentlichen Auslesen der Daten dauert zwei oder mehr Takte. Alles in allem vergehen mindestens sechs Taktschritte, ehe eine Information aus dem RAM ausgelesen ist.

Zur RAS- und CAS-Adressierung vergehen je nach Modul und Arbeitstakt jeweils zwei Taktschritte (CL2) oder drei Taktschritte (CL3). CL2 wird auch als CAS-2 oder 222-Speicher bezeichnet.

3.2.3 Burst-Modus

Nach dem Lesen einer Speicherzelle können weitere Daten aus derselben Zeile vergleichsweise schnell übertragen werden. Wenn der Speichercontroller bei der nächsten Speicheranforderung nicht mit dem RAS-Signal beginnt, sondern das CAS-Signal aussendet, „weiß" der RAM: Die im vorhergehenden Zyklus übermittelte Zeilenadresse bleibt weiterhin gültig. Nur die Spaltenadresse ändert sich. Das nennt man einen „Burst-Zugriff".

3.2.4 Höhere Kapazitäten

Einfach nur die Strukturen immer weiter zu verkleinern reicht nicht aus, es entstehen neue Probleme. Mit kleiner werdenden Zellen rücken die Leseleitungen näher zusammen. Die Gefahr des „Übersprechens" steigt – wie lässt sich das verhindern?

Die Leseleitung führt zu allen Zellen einer Speichermatrix und ist dadurch sehr lang. Je mehr Speicherzellen pro Matrix, desto länger ist die Leitung. Die Leitung hat eine große Eigenkapazität, etwa fünf mal mehr als die Kapazität einer einzelnen Speicherzelle. Stellen Sie sich vor, ein kleiner Kondensator (die einzelne Speicherzelle) entlädt sich in einen fünfmal größeren Kondensator (die Leseleitung). Das Entladen einer Speicherzelle beim Lesen erzeugt keinen deutlichen „Stromstoß", sondern eher ein kaum wahrnehmbares Plätschern der Spannung. Dieser kleine Stromstoß muss dann noch an tausenden Speicherzellen „vorbeiplätschern", bis er die Leseverstärker erreicht.

Um große Speicherkapazitäten zu erreichen, müssen deshalb die Speicherzellen im Chip in mehrere Gruppen aufgeteilt werden, wobei jede Gruppe eigene Spalten-, Zeilen- und Leseverstärker bekommt.

3.2.5 Geschwindigkeitsangaben

Entscheidend ist das Timing, welches sich aus drei Werten zusammensetzt: CAS-Latency, RAS Precharge Time und RAS to CAS Delay.

- CAS-Latency (Latency = Wartezeit), wird mit „CL" abgekürzt. CL ist die Zeit vom Aussenden des Lesebefehls durch die CPU bis zum Eintreffen der angeforderten Daten. CL gibt an, wie schnell auf den Hauptspeicher zugegriffen werden kann.

- Die Precharge Time und das CAS Delay bestimmen dagegen, nach welcher Wartezeit erneut auf das Modul zugegriffen werden kann.

Angegeben werden alle drei Werte hintereinander, zum Beispiel als 333 oder 322 oder 222. Sind die drei Werte gleich, wird nur einer angegeben.

Bei gleichem Speichertakt steht ein kleinerer Wert für ein schnelleres Modul, da die Wartezyklen kürzer ausfallen. Wenn jedoch zwei Speichermodule unterschiedlich getaktet werden, ist ein direkter Vergleich der Latenzzeit nicht möglich. Man muss dann ausrechnen, wie lange ein Takt dauert, und ihn mit der Taktzahl multiplizieren. Einige Beispiele:

DDR1

Was bedeutet „DDR400 CL2-2-2-5"?

Die 400 in der Typbezeichnung ist die Frequenz, mit der die Daten gelesen werden können. Weil bei DDR(1)-Speicher mit jedem Takt zweimal Daten übertragen werden, wird die 400 durch 2 geteilt, um den Speichertakt zu bestimmen: 200 MHz. Der Speichertakt ist halb so groß wie der „Output". Der Kehrwert von 200 MHz ergibt eine Dauer von 5 ns für den Speichertakt.

Die Zahlen hinter CL stehen für t_{RCD}, t_{RP}, t_{RC} und t_{RAS}. Es sind also $t_{RCD} = t_{RP} = t_{RC} = 10$ ns, $t_{RAS} = 25$ ns. Das ergibt eine Summe von 55 ns.

DDR3

Was bedeutet „DDR3-**1333 CL7**"?

Bei DDR3-Speicher wird die Speichergeschwindigkeit (1333 MHz) durch 8 geteilt, um den Speichertakt zu bestimmen: 166 MHz. Der Kehrwert davon, also 1 geteilt durch 166 000 000 = 0,000 000 006 02 ergibt einen Speichertakt von 6 ns. Sieben Takte werden für das Lesen benötigt:
CL = 7 × 6 ns = **42 ns**.

Was bedeutet „DDR3-**1333 CL9**"?

Der Speichertakt ist ebenfalls 166 MHz. Ein Speichertakt dauert 6 ns.
CL = 9 × 6 ns = **54 ns**. Vergleich: 54 ns/42 ns=1,29, also ist CL7 28 % schneller als CL9.

Übliche Werte für DDR3-1333 sind CL7 bis CL9.

Was bedeutet „DDR3-**1600 CL9**"?

Speichertakt 1600 MHz durch 8 geteilt ergibt einen Speichertakt von 200 MHz, der 5 ns dauert.
CL = 9 × 5 ns = **45 ns**.

Übliche Werte für DDR3-1600 sind CL9 bis CL11.

Beim DDR3-1333 CL7 dauert der Speicherzugriff also 42 ns, beim höher getakteten DDR3-1600 CL9 dauert er 45 ns. Der höher getaktete RAM braucht länger für den Speicherzugriff. Hätten Sie das erwartet?

3.2.6 DDR5: UDIMM und CUDIMM

Neben den herkömmlichen DDR5-Modulen, die mit UDIMM (Unbuffered Dual Inline Memory Module) bestückt sind, sind jetzt CUDIMM (Clocked Unbuffered Dual In-line Memory Modules) auf dem Markt. Ein Taktgeber auf dem Speicherriegel verbessert die Qualität des Taktsignals und ermöglicht einen höheren Speichertakt. Auf geeigneten Boards (z. B. Intel Z890 Boards, demnächst auch auf einigen AMD-Boards) gestatten sie einen 5% bis 10% höheren Speichertakt. Das funktioniert (gegenwärtig) nur auf Boards, die nur zwei RAM-Slots haben. Auf allen anderen Motherboards funktionieren sie wie normale DDR5-Module.

3.2.7 Der Refresh-Vorgang

Die Isolation der Speicherzellen ist nicht perfekt, und die in der Zelle gespeicherte Ladung ist gering. Es kommt zu „Leckströmen". Deshalb muss in kurzen Abständen der Speicherinhalt aufgefrischt werden. Diese Wiederauffrischung wird als „Refresh" bezeichnet (refresh = „auffrischen"). Dabei werden die Speicherinhalte Zeile für Zeile ausgelesen und sofort zurückgeschrieben. Während des Refreshs kann die CPU nicht auf den RAM zugreifen. Der Hersteller speichert im SPD-ROM, wie oft ein Refresh nötig ist. Typische DRAM müssen alle 32 oder 64 ms aufgefrischt werden.

Die Zeit, bis der Ladungsverlust so groß wird, dass eine Speicherzelle nicht mehr korrekt gelesen werden kann, ist die „retention time". Weil die Leckströme stark temperaturabhängig sind, hängt auch diese Zeit von der Temperatur ab. Bei einer Temperaturerhöhung um jeweils 15 bis 20 °C halbiert sich die Zeit. Nehmen wir an, dass die Temperatur beim Einschalten 25 °C beträgt und bei voller Belastung 70 °C erreicht. Bei dieser Differenz von 45 °C = 3 × 15 °C muss also der Refresh bei 70 °C zwei hoch drei = acht mal häufiger erfolgen als bei kaltem Computer. Die für Speicher zuständige Standardisierungsorganisation JEDEC schreibt vor, dass bei einer RAM-Temperatur über 85 °C die Refresh-Häufigkeit verdoppelt werden muss. Andererseits darf bei DDR4-RAM bei einer Temperatur unter 45 °C die Refresh-Häufigkeit angepasst (verringert) werden. Ein weiterer Grund, den PC gut zu kühlen.

Ein Teil der DDR-3-RAM kann die Periode für den Refresh temperaturabhängig regeln, um den Betriebsstrom bei niedrigen Temperaturen zu reduzieren. Bei DDR-4-RAM ist der Refresh immer temperaturgeregelt. Das wird „**T**emperature **C**ontrolled **S**elf-**R**efresh" (TCSR) genannt.

Bei einigen Hauptplatinen kann man die Refresh-Häufigkeit im CMOS verändern. Ein seltenerer Refresh macht den PC schneller, erhöht aber das Risiko von Bitfehlern. Zu empfehlen ist das kaum: Ein Effekt von weniger als einem Prozent ist viel zu gering, gemessen am Risiko.

Übrigens: Ein Teil des Grafik-RAM benötigt keinen Refresh. Der Bildwiederholspeicher wird 60 mal pro Sekunde, also alle 17 ms, gelesen (und zurückgeschrieben), um das Bild an den Monitor zu senden. Für den Rest vom Grafik-RAM, der als Arbeitsspeicher für die GPU dient, bleibt der Refresh notwendig.

3.3 Speicherfehler

3.3.1 Fehlerkorrektur beim Chiphersteller

Bei der hohen Speicherdichte kommen vereinzelte defekte Speicherzellen vor. Deshalb sehen die Chiphersteller etwa ein Prozent zusätzliche, „redundante" Speicherzeilen vor. Vor der Auslieferung an die Kunden werden die Chips getestet. Werden dabei defekte Speicherzellen gefunden, werden diese abgeschaltet (die Zeilenleitung wird durchtrennt) und eine der Reserve-Speicherzeilen tritt an deren Stelle. Das wird „Remapping" genannt.

Um die defekten Zellen stillzulegen und den Reservezellen eine Adresse zuzuweisen, gibt es zwei Verfahren:

- Mit einem Laser werden vorbereitete Kontakte in der Adressdekodierungschaltung verdampft.
- Mit einem Überspannungsimpuls werden elektrische Kontakte entweder geöffnet oder (z. B. durch Zerstören einer dünnen isolierenden Schicht) geschlossen.

Verwechseln Sie diese (einmalige) Reparatur von Herstellungsfehlern vor der Auslieferung nicht mit der ständigen automatischen Korrektur von Bitfehlern während des Betriebs.

3.3.2 Leiterplatte und Montage

Bild 3.1: Unterseite eines RAM-Speichermoduls
Die Signallaufzeiten sind derart kritisch, dass einige Signale mit „Serpentinen" verzögert werden.

Schauen Sie auf Ihr Mainboard und schätzen Sie: wie viele Zentimeter muss eine Speicheranforderung der CPU zurücklegen, bis sie die Kontakte des RAM-Moduls erreicht? Und wieviel innerhalb des RAM-Moduls bis zum Speicherchip? Und dann müssen die angeforderten Daten zurück zur CPU den gleichen Weg noch einmal durchlaufen. Was meinen Sie, wie lange das dauert?

Die elektrischen Signale sind nur unwesentlich langsamer als das Licht. Die Lichtgeschwindigkeit von 300 000 km pro Sekunde entspricht 30 cm pro Nanosekunde. Bei einem CPU-Takt von 3 GHz dauert jeder Takt ein Drittel einer Nanosekunde, in dieser Zeit kann das Licht gerade einmal 10 cm zurücklegen. Das setzt die Konstrukteure des Mainboards und der RAM-Platinen unter enormen Druck: Hätten Sie gedacht, dass bei einer Speicheranforderung der CPU allein die „Wegezeit" der Signale hin und zurück deutlich länger als ein CPU-Takt ist? In Gedanken höre ich die Ingenieure über die ach so „schneckenlangsame" Lichtgeschwindigkeit fluchen ...

Beim Leiterplattenentwurf muss sichergestellt sein, dass alle 64 Datenbits einen gleich kurzen Weg zu den Steckkontakten haben. Außer den Laufzeitproblemen sind noch „Übersprechen" und kapazitive Effekte zu reduzieren. Das Übersprechen kann man verhindern, wenn man zwischen je zwei Datenleitungen eine Masseleitung legt und zwischen zwei Leiterplattenebenen eine Abschirmebene. Doch beides erhöht die kapazitive Belastung der Datenleitung, die Signale werden gedämpft und die Signalflanken verschlechtern sich. Das könnte man zwar mit „kräftigeren" Signalpegeln ausgleichen – doch das bedeutet höheren Energieverbrauch, und das will keiner. Es gilt, einen Mittelweg zu finden. Sie ahnen sicher: Leiterplattenentwurf ist eine verzwickte Sache.

Als die SDRAM-Module noch mit 66 MHz getaktet wurden, waren die Platinen der Speicherriegel vierlagig. Für einen Speichertakt von 100 und 133 MHz fordert die JEDEC-Spezifikation sechslagige Leiterplatten. DDR-3 Module werden mit bis zu 300 MHz getaktet. Ein Blick auf die Kante einer DDR-3-RAM-Leiterplatte mit dem Mikroskop zeigte mir acht Ebenen. Bei DDR-4 geht der Takt bis 1600 MHz, vermutlich sind noch mehr Ebenen erforderlich.

Bei der Serienproduktion von Halbleitern lassen sich größere Schwankungen der Kenndaten nicht vermeiden. Die Kenndaten ändern sich leider auch durch Erwärmung und Alterung. Bei 70 °C ist der RAM um etwa 20 % langsamer als bei 25 °C. Deshalb ist eine Sicherheitsreserve notwendig. Der Hersteller sortiert die fertigen RAM-Chips in Güteklassen. Ein Teil der Produktion ist für PCs ungeeignet, ist aber noch für die Unterhaltungs- oder Kommunikationselektronik sinnvoll verwendbar. Beispiel: Wird der RAM im Handy verwendet, ist die Zugriffszeit weniger kritisch. In portablen CD-Playern wird RAM gebraucht, um einige Sekunden Musik im Voraus einzulesen. Wenn der Laser durch einen Stoß die Positionierung verliert, wird die Musik aus dem RAM-Puffer wiedergegeben, bis der Laser die richtige Spur wiedergefunden hat. Weil bei der Musikwiedergabe einige defekte Bits nicht hörbar sind, genügt RAM einer geringen Güteklasse.

Es gibt weltweit nur wenige Hersteller von Speicherchips. Doch die Schar der Anbieter von Speicherriegeln ist viel größer. Um Hersteller zu werden, lässt man eine Platine entwerfen und beauftragt einen Leiterplattenhersteller mit der Produktion. Dann kauft man Speicherchips irgend einer Güteklasse, bestückt die Platinen und klebt ein Etikett darauf. Doch nicht jeder Anbieter hat genug Erfahrung im Platinenentwurf und genug Kapital, um sich aufwendige Prüfanlagen und aufwendige Tests zu leisten. Und es gibt Geschäftemacher, welche die minderwertigen Bausteine als PC-Speicher verkaufen – mit großem Gewinn.

3.3.3 Speicherfehler durch kosmische Strahlung

„Das National Laboratory in Los Alamos (New Mexico, USA) hat sich bei IBM einmal beschwert, dass bei ihren Kollegen in Livermore (Kalifornien, USA) bei den gleichen Rechnern viel weniger Fehler auftreten. Dazu muss man wissen, dass Los Alamos auf ca. 2200 m Höhe liegt, während Livermore in der Nähe von San Francisco etwa auf Meereshöhe liegt. In Los Alamos ist die kosmische Neutronenstrahlung fünfmal stärker als auf Meereshöhe." (gefunden auf `http://www.elektronik-kompendium.de/sites/com/1504141.htm`).

Sie sehen: Die „kosmische Strahlung" in der Überschrift ist kein Witz. Die Erde wird ständig vom Sonnenwind und anderer kosmischer Strahlung bombardiert. Der größte Teil wird von der Atmosphäre abgefangen und erzeugt dabei Ozon, Polarlichter und anderes. Ein geringer Teil der energiereichen Partikel erreicht die Erdoberfläche, zertrümmert Atome, verursacht Mutationen und ermöglicht die Altersbestimmung von Funden mit der Radiokarbonmethode. Die zerfallenden Atome erzeugen Sekundärstrahlung, z. B. Neutronen- und Alpha-Teilchenschauer. Alpha-Teilchen sind Heliumkerne (bestehend aus zwei Protonen und zwei Neutronen) mit einer Energie von 5 MeV (**M**ega**e**lektronen-**V**olt). RAM-Speicherzellen sind so klein (sie enthalten nur etwa 10^5 Elektronen), dass ein derart wuchtiges Alpha-Geschoss die gesamte Ladung aus einer Zelle herausschlagen kann. Solche RAM-Fehler, die durch Strahlung verursacht werden, nennt man „Soft-Error".

Wie schlimm ist das? Sehr grobe Schätzung: Bei einem Speicher von 4 GB RAM geht im Flachland Deutschlands einmal wöchentlich ein Bit verloren, im Gebirge geringfügig öfter. Und meist merken Sie nichts davon, denn ein einzelnes falsches Bit in einem Bild oder Video fällt nicht auf. Nur wenn es ein aktives Programm trifft, ist mit einem Absturz (BlueScreen) zu rechnen. Nach einem Neustart ist alles wieder OK. Fast immer. Übrigens: Die Bordelektronik in Flugzeugen ist redundant und deshalb durch Höhenstrahlung kaum gefährdet, jedoch hat das Bordpersonal ein erhöhtes Krebsrisiko.

Was kann man dagegen tun? Server und hochverfügbare PC benutzen RAM mit „**e**rror **c**orrection **c**ode" (mehr dazu unter 4.3.3), bei dem Einzelbitfehler automatisch korrigiert werden. Das ist teuer und erfordert spezielle Chipsätze. Im DDR4-RAM gibt es eine interne Fehlerkorrektur.

Sie könnten mit dem PC in den Keller umziehen, das Haus dämpft weitgehend die kosmische Strahlung. Doch auch das ist keine Lösung: Es gibt ja noch die natürliche Radioaktivität. Radioaktive Elemente sind in winzigsten Spuren in allen Stoffen enthalten, auch in Blei, Stahl, Plaste und Keramik. Blei steckt im Lötzinn, das für das Bonden verwendet wird. Stahl wird für federnde Kontakte gebraucht. Aus Plaste und Keramik bestehen die Gehäuse der Chips. Keramik enthält winzigste Mengen Uran 238 und Thorium 235.

Mit höherer Reinheit der Ausgangsstoffe konnten die Hersteller die Störungen verringern. Doch die Reinigung hat Grenzen. Blei enthält eine geringe Menge des Bleiisotops ^{210}Pb, das eine Halbwertszeit von 22 Jahren hat. Auch Stahl enthält instabile Atome, im Eisen und in den Legierungsmetallen. Beim Zerfall einzelner Atome entsteht Gammastrahlung und andere Strahlung. Leider können die Isotope nicht mit chemisch-physikalischen Methoden entfernt werden. Daher wird auf strahlungsarmes Blei oder Stahl zurückgegriffen, die aus besonders strahlungsarmen Erzen hergestellt werden. Besonders begehrt sind Stahl oder Bleiballast von vor langer Zeit gesunkenen Schiffen, deren Metall vor vielen Halbwertzeiten hergestellt wurde und das in der Tiefe des Ozeans vor kosmischer Strahlung geschützt war.

Zusätzlich hüllen die Hersteller den Chip in eine Strahlenschutzschicht ein. Sie braucht nicht dick zu sein: Ein Alphateilchen kann nicht tiefer als 35 µm in Silizium eindringen.

3.3.4 Speicherfehler durch Alterung

In einer Studie `http://www.cs.toronto.edu/~bianca/papers/sigmetrics09.pdf` wurden die RAM-Fehler untersucht, die zweieinhalb Jahre lang bei den Servern von Google aufgetreten sind.

Die Google-Server arbeiten mit verschiedenen Fehlerkorrekturverfahren. ECC-RAM vermag Einzelbitfehler korrigieren (mehr zu ECC siehe 4.3.3). Die aufwendigere „Chipkill"-Technik von IBM kann bis zu acht defekte Bits in einem 64-Bit-Speicherwort korrigieren: Da führt nicht einmal der Ausfall eines ganzen Chips auf dem Speicherriegel zu einem RAM-Fehler. Bei beiden Technologien werden die Fehler von der Firmware der Hauptplatine protokolliert. Diese Protokolle wurden in der Studie ausgewertet. Die wichtigsten Erkenntnisse waren:

- Pro Jahr stürzten 1,3 % der Server wegen eines nicht korrigierbaren (mehrfachen) RAM-Fehlers ab. Absturz bedeutet: es sind Bits im Programmcode verloren gegangen. Ich schätze, die Bits in den Daten waren viel häufiger betroffen, denn fehlerhafte Daten führen kaum jemals zu Abstürzen und werden nicht erkannt.
- Mindestens 8 % aller RAM-Module hatten einmal pro Jahr einen Einzelbitfehler (bei „24/7 Betrieb", das bedeutet: 24 Stunden täglich an allen 7 Tagen der Woche).
- Module, die schon einmal einen Fehler hatten, werden mit hoher Wahrscheinlichkeit noch öfter versagen.
- Die Fehlerhäufigkeit nimmt mit dem Alter der Module zu.

Man unterscheidet Hard-Errors (permanente Fehler, die nur durch Austausch der Hardware behoben werden können) und Soft-Errors (zufällige Fehler). Frühere Experimente mit einzelnen Chips unter kontrollierten Laborbedingungen führten zu der Meinung, „Hard-Errors" wären viel seltener als „Soft-Errors". Doch der Großtest unter realen Bedingungen, bei dem der größte Teil der Google-Server untersucht wurde, zeigt: die Hardware-Fehler sind „deutlich häufiger" als Soft-Errors.

Was mich daran beunruhigt: Wenn 8 % aller Module innerhalb **eines** Jahres mindestens einmal versagt haben (wenn auch sehr selten), wie hoch ist der Anteil der Module, die in **drei** Jahren mindestens einmal versagen? 12 %? 15 %? Wenn Sie zwei oder vier Module im PC haben, wie wahrscheinlich ist es dann, dass einer von ihnen nicht ganz sicher ist?

Google hat für seine Hauptproduktionsmittel, die Server, bestimmt keinen „verwertbaren Schrott" gekauft, und sichert ihnen eine komfortable Umwelt: Die Server stehen in klimatisierten Räumen und werden mit einer stabilen Netzspannung versorgt. Und trotz allem treten Fehler auf ... Ihre Computer haben vermutlich weniger komfortable Umweltbedingungen zu ertragen.

Offenbar ist der Grenzbereich zwischen „einwandfrei funktionierend" und „unzuverlässig" nicht so breit wie allgemein angenommen und die Zuverlässigkeit ist wohl weitaus abhängiger von Spannungsstabilität und Temperatur als früher vermutet.

3.3.5 Der Nutzen von Speichertests

Ihr PC läuft unzuverlässig und Sie wollen den RAM testen?

- Wenn Windows noch läuft, können Sie `mdsched.exe` an der Eingabeaufforderung oder in das Suchfeld eingeben. Windows bietet Ihnen an, die „Windows-Speicherdiagnose" sofort oder beim nächsten Windows-Start auszuführen.
- Wenn Sie beim Start von Windows die Funktionstaste F8 drücken oder auf andere Weise das Auswahlfenster zwischen abgesichertem und normalem Start erreichen, bekommen Sie einen Speichertest angeboten. Wenn nicht, gehen Sie auf „Computerreparaturoptionen" und dann zu den „Systemwiederherstellungsoptionen", dort finden Sie die „Windows-Speicherdiagnose".
- Wenn Windows nicht mehr startet, können Sie von der Windows-DVD booten. Im Fenster mit den Spracheinstellungen klicken Sie auf „Weiter", dann auf „Computerreparaturoptionen" und Sie kommen ebenfalls zu den „Systemwiederherstellungsoptionen" mit der „Windows-Speicherdiagnose".

Das Testergebnis finden Sie in der Ereignisanzeige (`eventvwr.msc`), siehe „Windows-Protokolle" → „System".

Sie haben keine Windows-DVD? Laden Sie ein ISO-Abbild herunter. Oder laden Sie einen Speichertest von `http://memtest86.com` als ISO-Abbild herunter und brennen Sie damit eine bootfähige CD.

Der Standard-Speichertest dauert 15 bis 60 Minuten. Warum dauert es so lange?

Die Milliarden von Speicherzellen unterscheiden sich in Größe, Form und Qualität ihrer Isolierung. Dadurch speichert eine aufgeladene Zelle unterschiedlich viele Elektronen. Wenn die Zelle beim Lesen ihre Ladung freigibt, hängt die Entladung stark davon ab, wieviel Zeit seit der letzten Auffrischung vergangen ist. Und wenn der Entladeimpuls auf der Leseleitung auf dem Weg zum Leseverstärker ist, läuft er an tausenden inaktiven Speicherzellen vorbei.

Leider erzeugt auch eine inaktive Speicherzelle ein elektrisches Feld in ihrer Umgebung. Die in der Zelle gespeicherten Elektronen und die Elektronen in der Leseleitung stoßen sich ab. Das bedeutet: Wie stark das Signal ist, das den Leseverstärker erreicht, hängt auch davon ab, welches Bitmuster in den benachbarten Speicherzellen gespeichert sind. Wobei mit „benachbart" nicht nur die unmittelbar benachbarten Zellen gemeint sind, denn die Leseleitung läuft an vielen Zellen vorbei. Deshalb genügt es nicht, den Speicher einmal mit „Einsen" und einmal mit „Nullen" zu testen, um dann sagen zu können, „der RAM ist OK". Es kommen nacheinander sehr viele verschiedene Testmuster, auch zufällige, zum Einsatz.

Auch wenn der Test nach zehn Stunden keinen Fehler gefunden hat, ist das kein endgültiger Beweis für die Fehlerfreiheit der Speichermodule. Wenn Sie noch Zweifel haben, tauschen Sie den RAM auf Verdacht aus. Wenn Sie zwei Speicherriegel haben, bestücken Sie das Board im Wechsel mit einem von beiden.

Wenn der PC nicht mehr stabil läuft, ist nach meiner Erfahrung oft eine alte Festplatte mit schwächelnden Sektoren schuld. Testen Sie Ihre Festplatte, indem Sie probeweise ein Image des Betriebssystems erstellen, z. B. mit „Acronis True Image". Beobachten Sie dabei die Restzeitprognose. Wenn eine vorausgesagte Restzeit von 30 Minuten plötzlich auf 5 Stunden hochschnellt, ist True Image auf einen problematischen Bereich gestoßen, wo sehr viele Lesewiederholungen nötig sind und True Image von Leseproblemen bis zum Ende der Festplatte ausgeht. Ist der Problembereich überwunden, geht die Restzeit-Prognose allmählich nach unten – bis zum nächsten Problembereich.

3.4 DDR4 und DDR5

3.4.1 Veränderungen im Vergleich zu DDR-3

DDR (Doppelte Daten-Rate) liefern Daten zweimal pro Speichertakt, DDR-2 viermal pro Speichertakt und DDR-3 achtmal. Doch bei DDR-4 wurde die Datenübertragungsrate nicht erneut verdoppelt. Die höhere Geschwindigkeit wird einerseits durch eine höhere interne „Parallelisierung" erreicht, andererseits durch den höheren Speichertakt.

Typ	Modul	Chip	Spechertakt	Übertragungsrate
DDR-3	PC3 - 6400	DDR3 - 800	100 MHz	6400 MByte/s
DDR-3	PC3-19200	DDR3-2400	300 MHz	19 200 MByte/s
DDR-4	PC4-12800	DDR4-1600	800 MHz	12 800 MByte/s
DDR-4	PC4-25600	DDR4-3200	1600 MHz	25 600 MByte/s
DDR-5	PC5-32000	DDR5-4800		32 000 MByte/s
DDR-5			geplant	84 000 MByte/s

Tab. 3.1: Vergleich der Speichermodule DDR-3, DDR-4 und DDR-5. Für DDR-3 und -4 sind der langsamste und der schnellste Typ aufgeführt.

Vergleichen Sie Speichertakt und Übertragungsraten der ersten DDR3-Chips mit dem Takt der ersten DDR4-Chips!

Die Betriebsspannung von DDR-4 wurde von 1,5 Volt (DDR-3) auf 1,2 Volt verringert. Das spart mindestens 15 % Energie. Die dynamische Anpassung der Refresh-Häufigkeit bringt eine weitere Energieersparnis von etwa 20 %. Die interne Fehlererkennung und -korrektur wurde verbessert, sie ist schneller als bei DDR-3.

DDR3-Module haben 240 Kontakte. Bei DDR4-Speichern ist die Zahl der Pins auf 288 gestiegen, um die Übertragung zur CPU schneller zu machen.

Der Standard ermöglicht „Stacked-DDR-4-RAM". Beim „3D-Stacking" werden bis zu acht Schichten von RAM-Zellen übereinander gestapelt. Damit werden RAM-Riegel mit bis zu 512 GB möglich.

DDR-5 arbeitet mit 1,1 Volt. Die Spannungsregelung wurde von der Hauptplatine auf die Speicherriegel verlagert. Die Energieeinsparung zu DDR-4 kann 20 bis 30 % betragen. Auf jedem Speicherriegel sind zwei Temperatursensoren vorhanden, um Überhitzungen rechtzeitig zu erkennen. Die Pin-Zahl beträgt 288 wie bei DDR-4, allerdings sind diese anders belegt. Die „Kerbe" befindet sich an einer anderen Position, damit DDR-5-Module nicht in DDR-4-Slots gesteckt werden können oder umgekehrt. RAM-Riegel können eine Kapazität bis zu 2 TB haben. Der 64 Bit Speicherkanal kann in zwei Kanäle zu 32 Bit aufgeteilt werden.

3.4.2 Dual-, Triple- und Quad-Channel sowie Point-to-Point

Während die angeforderten Daten an die CPU übergeben werden, stellt die Speicherelektronik den Zustand der Zellen wieder her, aus denen Daten gelesen wurden. Lesen der Daten und Wiederherstellen dauern etwa gleich lange. Falls die CPU erneut Daten anfordert, während noch die Wiederherstellung läuft, muss sie warten.

Um diese Zwangspause zu verkürzen, ermöglichen Hauptplatinen mit Mehrkernprozessoren den Dual-Channel-Betrieb. Die CPU benutzt zwei unabhängige Speicherkanäle, um die RAM-Module zeitversetzt ansteuern zu können. Während das eine Modul mit der Regeneration beschäftigt ist, kann bereits auf das andere Modul zugegriffen werden. Die Adressen sind so verteilt, dass aufeinanderfolgende Adressen auf unterschiedliche Module entfallen: Byte 0-7, 16-23, 32-39 usw. auf einem Modul, Byte 8-15, 24-31, 40-47 usw. auf dem anderen Modul.

Diese Technologie wurde bei den Intel-i7-CPUs zur Triple-Channel-Technologie weiterentwickelt. Die Steckplätze sollten mit Dreiergruppen von RAM-Modulen bestückt werden, die vom Hersteller vermessen sind: Entweder ein oder zwei Trios. Seit 2010 wird der Quad Channel mit vier Speicherkanälen sowohl von Intel als auch von AMD angeboten.

Die wohl wichtigste Neuheit von DDR4: Jeder RAM-Steckplatz darf eigene Leitungen zum Speichercontroller der CPU haben und muss nicht mehr darauf warten, bis ein parallel gestecktes Speichermodul mit der Wiederherstellung fertig wird. Das nennt man „Point-to-Point"-Verbindungen (Punkt zu Punkt). Der Sockel 1151 hat nicht genug Kontakte, um vier Speicherriegel mit je 288 Pin mit der CPU zu verbinden, und muss mit zwei Speicherbussen auskommen, die mit je zwei Modulen bestückt werden können. CPUs und Sockel mit 2011 oder 2066 Kontakten können jedes von vier Speichermodulen einzeln adressieren. Hier sollte man alle vorhandenen RAM-Steckplätze bestücken, um nicht deutlich an Leistung zu verlieren. „Speicher aufrüsten" im Sinne von „ein zusätzliches Modul auf einen ungenutzte Steckplatz zu stecken" ist nicht allzu sinnvoll. Will man aufrüsten, ist es sinnvoll, alle Module gleichzeitig durch größere zu ersetzen.

3.5 Neue Speichertechnologien

Seit Jahrzehnten wird für den Arbeitsspeicher eine Technologie verwendet, die auf Ladungsspeicherung in kleinen Kondensatoren beruht und weitgehend ausgereizt ist. Endlich gibt es etwas Neues: Intel und Micron haben im August 2015 eine neue Speichertechnologie „3D-Xpoint" vorgestellt (Xpoint wird gesprochen: Crosspoint). Die Chips basieren nicht mehr auf Silizium-Schaltungen, sondern es werden Atome in einem Leitungsgitter durch angelegte Spannungen anders angeordnet. Es handelt sich um nicht-flüchtige Speicher (der Speicher verliert die Daten nicht bei Stromausfall). Die Adressierung erfolgt in Byte statt in Blöcken. 3D Xpoint soll perspektivisch bis 1000 mal schneller arbeiten als der heute in SSD-Platten verwendete NAND-Flash-Speicher und vor allem viel langlebiger sein.

3D Xpoint soll eine bis zu zehnmal so hohe Speicherdichte wie RAM haben, aber langsamer sein. Damit kann 3D Xpoint zwischen RAM und Festplatte als Cache-Speicher zum Einsatz kommen. Perspektivisch sollen DDR4-RAM-Module mit dieser Technologie gefertigt werden können.

Intel hat die Technologie unter dem Namen „Optane" herausgebracht. Seit Mitte 2017 sind 16 oder 32 GB Speicher in M.2 Ausführung für 35 bzw. 70 Euro erhältlich. Für ein Systemlaufwerk sind sie zu klein. Doch als Beschleuniger für eine Magnetfestplatte eingesetzt beschleunigen sie diese Platte fast auf SSD-Niveau. Prozessoren auf Basis der „Kaby Lake"-Architektur mit Socket 1151 und Hauptplatinen mit Kaby-Lake-Chipsatz mit dem Vermerk „Optane ready" sowie Windows 10 oder 11 in 64-Bit-Ausführung sind erforderlich.

Intel produziert bereits die zweite Generation „Optane-Memory H10". Ein M.2 Speicher mit 1 TB Kapazität und darin 32 GB Optane-Beschleuniger kostet 260 Euro und bringt den größten Vorteil beim Lesen vieler kleiner Dateien, zum Beispiel beim Systemstart. Vergleich: 1 TB M.2 ohne Optane kostet 55 Euro.

Allerdings scheint sich Optane nicht durchzusetzen. Durch den Siegeszug der SSD ist die Hauptverwendung als Beschleuniger für Magnetfestplatten weggefallen. Die 700er und 800er Chipsätze von Intel sind nicht mehr „Optane-ready".

4 Massenspeicher

4.1 Magnetische Festplatten

Festplatten sind in meinen Augen Wunderwerke der Ingenieurskunst. Sie halten fünf Jahre Dauerbetrieb aus ohne Nachfüllen von Schmiermittel. Der Abstand zwischen Magnetkopf und Plattenoberfläche ist unfassbar gering. Wie macht das die Industrie?

Die Scheiben der Festplatte (Platter) bestehen meist aus einer Aluminiumlegierung oder immer häufiger aus einer Glaslegierung. Glas ist steifer und verbiegt sich weniger, dadurch können die Scheiben dünner werden. Die Oberfläche von Glas lässt sich glatter polieren als Aluminium. Glas dehnt sich bei Erwärmung weniger aus. Bei fünftausenden Spuren pro Millimeter müssen die Köpfe weniger nachpositioniert werden. Außerdem ist von Vorteil, dass Glas nicht leitfähig ist und deshalb keine Wirbelströme induziert werden können, welche die Rotation bremsen. Mehr: `http://www.pcguide.com/ref/hdd/op/mediaMaterials-c.html`

Die Scheiben sind mit einer etwa 30 nm (Nanometer) dünnen Magnetschicht beschichtet. Damit Sie sich das besser vorstellen können: 1000 nm sind ein Mikrometer (µm), und 1000 µm sind ein Millimeter. Ein paar Vergleiche: Ein Kopfhaar ist durchschnittlich 50 000 nm dick, ein (biologisches) Virus misst etwa 50 nm und der Durchmesser eines Silicium-Atoms beträgt 0,22 nm. Es ist schwer, sich das vorzustellen.

Eine etwa 2 nm dünne diamantartige Deckschicht (DLC), die zu 90% aus Kohlenstoff besteht, und darauf ein Gleitmittel (etwa 1 nm) schützen die Magnetschicht vor Beschädigungen bei leichten Kopfaufsetzern.

Über der Scheibe fliegt eine Art von Tragfläche, der sogenannte „Schieber", mit dem Schreib/Lesekopf. Diese Tragfläche wird einerseits von einer geringen Federkraft gegen die Scheibe gedrückt und andererseits vom Auftrieb angehoben. Weil der Auftrieb bei sinkender Flughöhe durch den „Bodeneffekt" stark steigt, stellt sich ein relativ gleichmäßiger mittlerer Abstand von wenigen Nanometern zwischen Scheibe und Tragfläche ein. Die der Scheibe zugewandte Seite der Tragfläche ist mit speziellen Mustern geätzt, um das Gleitverhalten zu verbessern und um die Gefahr des Festklebens der Tragfläche an der Scheibe zu verringern. Würde der Kopf jemals die stillstehende Scheibe berühren, würde er unverrückbar festkleben. Deshalb werden die Magnetköpfe während des Abschaltens der Festplatte geparkt. Nach dem Einschalten der Festplatte werden die Köpfe erst nach Erreichen der voller Umdrehungszahl aus der Parkposition herausgeschwenkt, da die Köpfe sonst auf den Magnetscheiben aufliegen und durch Adhäsion festkleben würden.

Das hintere Ende der Tragfläche ist der Magnetscheibe am nächsten, und dort ist der Schreib-Lese-Magnetkopf angebracht. Die Tragfläche darf einen Mindestabstand zur Scheibe von etwa 5 nm nicht unterschreiten, sonst wird der Flug durch nichtlineare Strömungseffekte zunehmend instabil. Doch die Ingenieure haben eine Lösung gefunden, den Magnetkopf noch näher an die Magnetschicht heranzubringen. Die aktuelle Technologie lässt die Tragfläche sicherheitshalber etwas höher als den Mindestabstand fliegen, etwa 10 nm über der Scheibe. Nur der Magnetkopf, der klein ist im Vergleich zur Tragfläche, wird „tiefergehängt", dadurch wirken die nichtlinearen Effekte kaum. Der Magnetkopf nähert sich der Scheibe bis auf einen Nanometer. Durch ein elektrisches Heizelement wird der Bereich um den Kopf verformt und dadurch dessen Abstand feinjustiert. Das Verfahren wird „**T**hermal **F**ly **H**eight **C**ontrol" genannt.

Der wichtige „magnetische Abstand" zwischen Magnetkopf und Magnetschicht ist etwas größer: Zu dem einen Nanometer Luftspalt addieren sich 2 nm Schutzschicht und 1 nm Gleitschicht auf der Scheibe und auf der anderen Seite des Luftspalts gibt es eine 1 nm Schutzschicht auf dem Magnetkopf. Das ergibt einen magnetischen Abstand von mindestens 5 nm. Näher heran geht es nicht, was einer der Effekte ist, welcher die mögliche Speicherkapazität pro Scheibe begrenzt.

Unter der Adresse **`eifert.net/hwnmt`** erfahren Sie, an welchen neuen Technologien die Hersteller arbeiten, um die Kapazität von Magnetfestplatten zu vergrößern.

4.2 FIRMWARE

Firmware – was ist das? So nennt man das Startprogramm auf Hauptplatinen, Grafikkarten, Brennern und anderen Baugruppen. Es ist in einem Festwertspeicher (ROM oder EEPROM) gespeichert und geht beim Abschalten des Stroms nicht verloren. Die Firmware der Hauptplatine hat einen speziellen Namen: sie wird BIOS genannt. Die Firmware nimmt eine Zwischenstellung zwischen Hard- und Software ein: Es ist eine Software, die untrennbar mit der Hardware verbunden ist. In der Regel kann man die Firmware mit Updates auf einen neueren Stand bringen.

Bei heutigen Magnetfestplatten besteht die Firmware aus zwei Komponenten:

- Der erste Teil befindet sich im Flash-ROM oder EEPROM der Elektronikplatine. Diese Komponente führt die Initialisierung durch mit Diagnoseroutinen, Drehzahlregelung und Positionierung der Köpfe.
- Für den zweiten Teil der Firmware ist eine spezielle Zone auf den Magnetscheiben der Festplatte reserviert. Dort sind die Software-Module für SMART, für die Cache-Verwaltung, Fehlerbehandlung und weitere Module gespeichert. Sobald der erste Teil der Firmware einen Lesezugriff ermöglicht hat, wird der zweite Teil der Firmware in den RAM der Festplatte geladen.

Die Hersteller geben keine Informationen heraus, welcher Teil der Firmware im ROM gespeichert ist und welcher auf der Festplatte. Worin besteht der Vorteil der Unterteilung? Der kompliziertere Teil der Firmware, der für Geschwindigkeit, Qualität und Lebensdauer der Festplatte entscheidend ist, befindet sich auf den Magnetscheiben und kann bereits auf dem Fließband an die individuellen Parameter der Festplatte angepasst werden. Außerdem ist es möglich, Updates selbst dann durchzuführen, wenn die Festplatte bereits beim Kunden in Betrieb ist. Der Kunde muss dazu nur die Treiber updaten. Die neuen Treiber tauschen dann Teile der auf der Magnetscheibe gespeicherten Firmware gegen neue.

Hier ein Beispiel, wie die Anpassung auf dem Fließband geschieht. In der Baureihe „Seagate Barracuda 7200.12" gibt es Festplatten mit 1000, 750, 500 und 250 GB. Im Gehäuse stecken zwei Scheiben mit vier Oberflächen. Wenn einer der vier Köpfe nicht oder schlecht funktioniert, wird dieser abgeschaltet und die Platte mit 750 GB verkauft. Je nach Nachfrage werden auch „abgespeckte" Platten mit nur einer Scheibe hergestellt. Und wenn nur ein Kopf eingeschaltet ist, bleiben noch 250 GB übrig. Wenn diese eine Magnetfläche kleine Schäden hat, reicht die Kapazität noch für eine 160 GB Festplatte. Welche Köpfe benutzt werden dürfen sowie die Liste der defekten Sektoren speichert der Hersteller im EEPROM der Elektronikplatine.

4.3 FEHLERKORREKTUR

4.3.1 Wo treten Fehler auf?

Ob magnetischer, optischer oder elektronischer Speicher – bei jeder Art von Speicher treten gelegentlich Fehler auf. In jeder Sekunde wird der Inhalt des Arbeitsspeichers mehrmals aufgefrischt, damit kein Bit verlorengeht. In jeder Sekunde bewegt die CPU einige Milliarden Byte durch den PC – was kann passieren, wenn dabei ein Bit verfälscht wird?

Ein Fehler in einem ungenutzten Speicherbereich verursacht keine Probleme. Ein Bitfehler unter Millionen Pixeln, aus denen die Bildschirmdarstellung besteht, ist fast unsichtbar. Ein Fehler in einem Video oder einer Audiodatei fällt noch weniger auf, weil er in Sekundenbruchteilen vorbei ist. Für den weiteren Programmablauf haben solche Fehler keine Konsequenzen.

Ein Speicherfehler in einem vom Betriebssystem oder den Anwendungen benutzten Teil des Speichers führt zu einem Fehlverhalten des Programms, das fast immer mit Fehlermeldung oder einem BlueScreen endet. Nicht gespeicherte Zwischenergebnisse gehen dabei verloren.

Ein Fehler in den Daten kann bei einem professionell genutzten PC verheerend sein. Ein grober Fehler in Konstruktionsunterlagen, einer wissenschaftlichen oder Finanzanalyse könnte einem Menschen auffallen, doch beim Steuercomputer einer Industrieanlage, einer Rakete oder eines selbstfahrenden Autos kann jeder Fehler katastrophal sein.

Statistisch am häufigsten sind Einzelbitfehler, aber auch zwei oder viele Bits können gleichzeitig falsch sein. Bei der heute erreichten Datendichte auf magnetischen Festplatten wird etwa ein Bit von tausend (die Roh-Fehlerrate) fehlerhaft gelesen. Das heißt, dass bei der (neuen) Sektorgröße von 4k Byte = 32768 Bit kein einziger Sektor fehlerfrei gelesen wird! Doch für die internen Fehlerkorrekturverfahren der Festplatte ist das kein Problem. Fast alle Fehler werden automatisch repariert. Wie wird das erreicht?

Die Daten werden um zusätzliche (sogenannte „redundante") Bits ergänzt, die der Fehlererkennung dienen. Aus den Daten wird eine „Prüfsumme", engl. „checksum", berechnet und in den Zusatzbits gespeichert. Von den vielen Verfahren der Prüfsummenberechnung werden beispielhaft die Quer- und Längsparität, ECC und CRC vorgestellt. Jedes dieser Verfahren kann nur einen Teil der Fehler automatisch reparieren und einen weiteren Teil der Fehler lediglich erkennen, ohne ihn reparieren zu können. Und es bleiben einige extrem seltene Bitkombinationen übrig, die fehlerhaft sind, aber nicht als fehlerhaft erkannt werden.

Was geschieht, wenn der Korrekturalgorithmus einen Fehler zwar erkennt, aber nicht beheben kann? Dann wird das Betriebssystem aufgefordert, weitere Leseversuche zu unternehmen. Oft gelingt es, bei einer von zahlreichen Wiederholungen die Daten doch noch zu lesen. Und wenn der Fehler nicht behebbar ist, sollte der Benutzer gefragt werden, ob er abbrechen oder mit fehlerhaften Daten weiterarbeiten will.

4.3.2 Querparität

Es gibt mehrere Verfahren, einzelne Fehler automatisch zu entdecken und sogar automatisch zu korrigieren. Eines der einfachsten und bekanntesten ist das Hinzufügen eines Paritätsbits. Dabei wird zu jeweils acht Datenbits ein neuntes Bit, das Paritätsbit, hinzugefügt. Dieses Bit enthält keine Nutzinformation, sondern dient nur der Fehlerkontrolle. Ob das Paritätsbit eine „Null" oder „Eins" enthält, wird abhängig von den Datenbits berechnet. Es gibt zwei Möglichkeiten, wie das Paritätsbit berechnet werden kann. Hier wird als Beispiel die ungerade Parität gezeigt. Für die ungerade Parität gelten folgende Regeln:

- Das Paritätsbit ist Null, wenn im Datenbyte die Anzahl der Einsen ungerade ist.
- Das Paritätsbit ist Eins, wenn im Datenbyte die Anzahl der Einsen gerade ist.

Anders und einfacher ausgedrückt: Zählt man die Anzahl der Einsen in den Datenbits und im Paritätsbit zusammen, muss stets eine ungerade Zahl herauskommen. Das nennt man „ungerade Parität".

Als Beispiel betrachten wir Tabelle 4.1 mit vier aufeinanderfolgenden Bytes, nummeriert von 1 bis 4. Die Bits auf gelbem Grund sind die Paritätsbits. Es wird die ungerade Parität verwendet: Die Anzahl der Bits pro Byte, das Paritätsbit eingeschlossen, ist ungerade. Diese Paritätsbits werden zusammen mit den Daten übermittelt und dabei möglicherweise verfälscht. In den Tabellen 4.2 und 4.3 sehen Sie als Beispiel, was beim Empfänger ankommen könnte.

Byte 1	0	1	1	1	0	0	0	0	0
Byte 2	0	0	0	1	0	0	1	0	1
Byte 3	1	0	0	1	1	0	0	0	0
Byte 4	0	0	0	0	0	0	0	0	1

Tab. 4.1: Vier Byte mit korrekten Paritätsbits

Wie funktioniert die Fehlererkennung? Der Empfänger berechnet die Paritätsbits aus den übermittelten Daten und vergleicht die berechneten mit den übermittelten Paritätsbits, ob sie übereinstimmen.

Tabelle 4.2 zeigt die Daten, die beim Empfänger ankommen. Angenommen, im ersten und im zweiten Byte wurde je ein Bit falsch übertragen. Die falschen Bits sind rot und kursiv hervorgehoben. Die Elektronik des Empfängers entdeckt, dass im ersten Byte die Gesamtanzahl der Einsen gerade ist, die daraus errechnete Parität (=1) stimmt nicht mit der vom Absender errechneten und übermittelten Parität (=0) überein! Auch beim zweiten Byte stimmt die gesendete (=1) und die empfangene (=0) Parität nicht überein. Die Nichtübereinstimmung wird durch die Fragezeichen in der Spalte der Paritätsbits angezeigt. Die Überwachungsschaltung würde Alarm schlagen, z. B. eine Meldung wie „Parity Error at Byte 1" ausgeben.

Byte 1	0	*0*	1	1	0	0	0	0	?
Byte 2	0	0	*1*	1	0	0	1	0	?
Byte 3	1	0	0	1	1	0	0	0	0
Byte 4	0	0	0	0	0	0	0	0	1

Tab. 4.2: Zwei Bits sind falsch, die Parität ist fehlerhaft

Doch was passiert, wenn zwei Fehler in einem Byte gleichzeitig auftreten, wie in Tab. 4.3 im Byte 1? Obwohl die Daten während der Übertragung verfälscht worden sind, ist die Querparität trotzdem richtig! Wenn das Auftreten von Doppel- und Mehrfachfehlern wahrscheinlich ist, muss ein höherer Aufwand betrieben werden. Beispielsweise könnte pro Byte ein zweites Paritätsbit hinzugefügt werden oder es werden zusätzliche Bits in senkrechter Richtung hinzugefügt – wie bei der Längsparität.

Byte 1	0	0	0	1	0	0	0	0	0
Byte 2	0	0	0	1	0	0	1	0	1
Byte 3	1	0	0	1	1	0	0	0	0
Byte 4	0	0	0	0	0	0	0	0	1

Tab. 4.3: Zwei Fehler in 1 Byte werden nicht erkannt

4.3.3 Längsparität

Wie kann man doppelte Bitfehler zuverlässig erkennen? Eine der Möglichkeiten ist es, in senkrechter Richtung eine Parität hinzuzufügen. Das Verfahren wurde vermutlich zuerst bei 9-Spur-Magnetbändern eingesetzt. Die waagerechte Parität wird als Querparität bezeichnet, in senkrechter Richtung ist es die Längsparität. In der Tabelle 4.4 sehen Sie das Beispiel von Tabelle 4.1, das um eine Längsparität ergänzt wurde. In den Tabellen 4.5 bis 4.8 sehen Sie Varianten der Verstümmelung, welche die Daten auf dem Weg zum Empfänger erleiden könnten.

Byte 1	0	1	1	1	0	0	0	0	0
Byte 2	0	0	0	1	0	0	1	0	1
Byte 3	1	0	0	1	1	0	0	0	0
Byte 4	0	0	0	0	0	0	0	0	1
Längsparität	0	0	0	0	0	1	0	1	1

Tab. 4.4: Vier Byte mit korrekter Quer- und Längsparität

Was leistet die Kombination von Längs- und Querparität? Wenn nur ein einziges Bit falsch ist wie in Tab. 4.5, ist sogar eine automatische Fehlerkorrektur möglich. Die Position des fehlerhaften Bits kann leicht bestimmt werden: Das fehlerhafte Bit befindet sich am Schnittpunkt der Zeile und Spalte mit der fehlerhaften Parität.

Byte 1	0	0	1	1	0	0	0	0	?
Byte 2	0	0	0	1	0	0	1	0	1
Byte 3	1	0	0	1	1	0	0	0	0
Byte 4	0	0	0	0	0	0	0	0	1
Längsparität	0	?	0	0	0	1	0	1	1

Tab. 4.5: Vier Byte mit Einzelbitfehler

Wie sieht es aus, wenn wie im Beispiel 4.3 zwei Bits falsch sind, was von der Querparität nicht entdeckt wurde? Im Beispiel 4.6 meldet zwar die Querparität keinen Fehler, doch die Längsparität zeigt einen Fehler in der zweiten und dritten Spalte an. Es wird also zuverlässig erkannt, dass Fehler vorliegen. Doch ob die fehlerhaften Bits im ersten, zweiten, dritten oder vierten Byte stecken, lässt sich auch mit der Längsparität nicht ermitteln.

Byte 1	0	0	0	1	0	0	0	0	0
Byte 2	0	0	0	1	0	0	1	0	1
Byte 3	1	0	0	1	1	0	0	0	0
Byte 4	0	0	0	0	0	0	0	0	1
Längsparität	0	?	?	0	0	1	0	1	1

Tab. 4.6: Querparität ist korrekt, Längsparität zeigt den Fehler an

In der Tabelle 4.7 sind gleichzeitig drei Bitpaare fehlerhaft. Wenn man die Fehlermuster der Tabellen 4.6 und 4.7 vergleicht, sieht man: Es sind unterschiedliche Bits fehlerhaft, doch in beiden Fällen werden die gleichen Paritätsfehler angezeigt. Die Existenz von Fehlern wird zwar erkannt, doch es ist nicht möglich festzustellen, welche konkreten Bits fehlerhaft sind.

Byte 1	0	0	0	1	0	0	0	0	0
Byte 2	0	1	1	1	0	0	1	0	1
Byte 3	1	1	1	1	1	0	0	0	0
Byte 4	0	0	0	0	0	0	0	0	1
Längsparität	0	?	?	0	0	1	0	1	1

Tab. 4.7: Ein oder drei Fehlerpaare – kein Unterschied zu sehen

Wächst die Fehlerzahl, werden Fehler nicht mehr mit Sicherheit erkannt. Nebenstehend ein Beispiel. Zwei falsche Bits in einer Zeile werden von der Querparität nicht erkannt, und zwei defekte Bits in einer Spalte werden von der Längsparität nicht entdeckt. Die vier übermittelten Byte gelten als fehlerfrei übermittelt.

Byte 1	0	*0*	*0*	1	0	0	0	0	0
Byte 2	0	*1*	*1*	1	0	0	1	0	0
Byte 3	1	0	0	1	1	0	0	0	0
Byte 4	0	0	0	0	0	0	0	0	1
Längsparität	0	0	0	0	0	1	0	1	1

Tab. 4.8: Vier Fehler in zwei Byte werden nicht erkannt

4.3.4 ECC und CRC

Forward Error Correction

Wie wir gerade festgestellt haben, können einzelne Bitfehler mit einem zusätzlichen Bit pro Byte oder allgemeiner: pro Datenblock erkannt, aber nicht korrigiert werden. Wenn mehr als ein redundantes Byte pro Datenblock hinzugefügt wird, spricht man von Vorwärtsfehlerkorrektur; sie wird bei manchen Datenträgern und bei vielen Datenübertragungsverfahren eingesetzt und erlaubt es, fehlerhaft gelesene bzw. empfangene Bits zu korrigieren, solange die Fehlerdichte unterhalb einer kritischen Schwelle bleibt. Der Preis für die Vorwärtsfehlerkorrektur ist der Speicherplatz (oder die Übertragungsbandbreite) für die redundanten Bits. Der Speicherplatz von CDs wäre ohne solche Fehlerkorrekturmaßnahmen ca. 17 % größer, Netzwerke 40 % schneller, Mobiltelefone 200 % leistungsstärker.

ECC

ECC ist eine der Methoden der Vorwärtsfehlerkorrektur, die vor allem bei RAM-Modulen für Server verwendet wird. ECC bedeutet „**E**rror **C**orrection **C**ode". In „gewöhnlichen" PCs werden bei einem Speicherzugriff 64 Bits gleichzeitig geschrieben oder gelesen, in Servern kommen 8 redundante Fehlerkorrektur-Bits dazu. Derartiger RAM mit wird als „ECC-RAM" bezeichnet. Vor dem Schreiben werden aus den 64 Datenbits mit einem Verfahren „Hamming-Code" acht Korrekturbits errechnet und zusammen mit den Datenbits geschrieben. Werden die Daten später gelesen, errechnet die Elektronik den Hamming-Code aus den gelesenen Datenbits. Nur wenn der gespeicherte und der nach dem Lesen neu errechnete Code übereinstimmen, sind die Daten korrekt, andernfalls kann aus dem Unterschied die Position des fehlerhaften Bits bestimmt werden. Mehr dazu: `https://de.wikipedia.org/wiki/Fehlerkorrekturverfahren#Beispiele`

ECC erkennt und korrigiert zuverlässig Einzelbitfehler in einem Speicherwort und meldet Doppelbitfehler. Der Prüfungsaufwand macht ECC-Speichermodule etwa zwei bis drei Prozent langsamer. ECC-RAM-Bausteine sind etwa 40 Prozent teurer als „normale" RAMs und haben mehr Kontakte. Der Chipsatz muss ECC unterstützen. Serverplatinen nutzen ECC-RAM fast immer. Die „W"-Chipsätze von Intel unterstützen ECC, die Consumer-Boards nicht. Auch AMD hat einige Hauptplatinen mit optionaler ECC-Unterstützung.

CRC

Eine häufige Prüfmethode ist die „Zyklische Redundanzprüfung" (engl. **C**yclic **R**edundancy **C**heck, abgekürzt CRC). Der Datenblock wird durch ein „Generatorpolynom" dividiert und der Rest der Division wird an die Daten angehängt. Das Verfahren lässt sich leicht mit einer Schaltung „Schieberegister" realisieren. Für verschiedene Übertragungsverfahren werden unterschiedliche Generatorpolynome verwendet. Mehr dazu: `https://de.wikipedia.org/wiki/Zyklische_Redundanzprüfung#Polynome_und_Typen`

Die PCs der achtziger Jahre benutzten RAM mit Querparität. Damals war das dringend nötig, Paritätsfehler waren nicht selten. Bei einem Fehler bekam man eine Meldung „Paritätsfehler an Adresse soundso". Der PC blieb stehen und man musste neu starten. Aber mit ausgiebigem Studium der Dokumentation konnte man herausbekommen, welcher von den 36 oder 72 einzelnen Speicherchips auszutauschen war.

In den neunziger Jahren stieg die Qualität der Speichermodule, und das neunte Paritätsbit wurde eingespart. Das machte den Speicher um etwa 10 % billiger – nicht wenig bei einem damaligen RAM-Preis von 200 DM pro PC.

In den folgenden Jahrzehnten erfolgten weitere Verkleinerungen der Speicherstrukturen. Dies hatte zwei Auswirkungen: Einerseits fielen die Preise, andererseits wurden die winzigen Speicherzellen wieder anfälliger für Störungen. Einige DDR3-Module und alle DDR4-Module bekamen deshalb interne Fehlerkorrekturmechanismen. Wenn aber doch zu viele Bits falsch sind, kann das zu vielfältigen Auswirkungen führen. Vielleicht stürzt der PC mit einem „Blue Screen" ab, doch aus der Fehlermeldung kann man leider nur in Ausnahmefällen ermitteln, ob der Speicher den Fehler verursacht hat und wenn ja, welches Speichermodul.

4.3.5 Massenfehler

Was tun, wenn in einem Datenblock sehr viele Bits gleichzeitig falsch sein können? Wenn in einer Festplatte die Schwebehöhe des Kopfes nicht stimmt oder die Magnetstärke der Bits durch Alterung nachgelassen hat, können dutzende aufeinanderfolgende Bits eines Sektors fehlerhaft gelesen werden.

Wie viele fehlerhafte Bits sind das realistische Fehlermaximum? Es ist die Aufgabe eines Teilgebiets der theoretischen Informatik, für jede **realistisch vorstellbare** Fehlerhäufigkeit und Fehlerverteilung Verfahren zu entwickeln, um Fehler automatisch zu korrigieren. Das kann sehr komplexe Verfahren erfordern. Wobei auch das Anwendungsgebiet zu berücksichtigen ist. In der Raumfahrt und im Bankgeschäft kann ein falsches Bit sehr teuer sein, während einige Dutzend falsche Byte in einem Musikstück unhörbar sind.

Was passiert, wenn ein Fehler noch mehr Bits beschädigt, als beim Entwurf des Fehlerkorrekturalgorithmus als schlimmstmöglicher Fall angenommen wurde? Es kommen zwei Möglichkeiten vor: Meistens wird die Elektronik melden, es wäre ein nicht behebbarer Fehler aufgetreten. Dann unternimmt das Laufwerk weitere Leseversuche, bis die Korrekturelektronik einen Datensatz für fehlerfrei hält. Doch manchmal passiert es, dass die Elektronik den Fehler für korrigierbar hält, die Korrektur vornimmt und „Alles OK" meldet – doch die Daten sind trotzdem fehlerhaft. Es scheint, dass die Korrekturalgorithmen besonders große Schwierigkeiten haben, wenn die Festplatte oder die DVD hochkomprimierte Daten enthält.

Obwohl die Magnetköpfe einer Festplatte ungefähr eins von tausend Bits (die „Rohfehlerrate") falsch lesen, ist es erstaunlich, wie viel die interne Fehlerkorrektur retten kann. Seagate gibt für Standardfestplatten (z. B. für die Barracuda-Serie) eine verbleibende Fehlerhäufigkeit von 1 Bit pro 10^{14} an. Das entspricht einem Fehler in 24 Stunden, wenn die Festplatte ununterbrochen Daten liest (und unter dieser Belastung nicht durchbrennt). Bei Profifestplatten (z. B. aus der Constellation-Serie von Seagate) wird eine Fehlerhäufigkeit von 1 Bit pro 10^{15} angegeben, das ist ein falsches Bit in 10 Tagen Dauerbetrieb. Zum Glück bleiben die meisten Bitfehler folgenlos – ein falsches Bit in einem Foto, Video oder Musiktitel fällt niemandem auf.

Lässt sich die Fehlerwahrscheinlichkeit noch weiter verringern? Ja, natürlich. Man müsste nur einen noch höheren Anteil der Speicherkapazität für „Paritätsbits" opfern. Das verringert die nutzbare Kapazität und macht die Elektronik teurer und möglicherweise auch langsamer. Weil der Anteil der „nützlichen" Datenbits in der gesamten übertragenen Datenmenge abnimmt, sinkt auch noch die Netto-Datenübertragungsrate.

4.3.6 Schwankungen der Qualität

Im Herbst 2011 wurden in Thailand einige Festplattenfabriken überschwemmt, darunter ein Werk, das 40 % des Weltbedarfs von Festplattenmotoren fertigte. Eine Reinstraumfabrik voller Schlamm – die wird nie mehr sauber, die kann man nur sprengen und in einer Gegend mit sauberer Luft eine neue bauen. Die Hersteller brauchten ein ganzes Jahr, um die frühere Produktionsmenge wieder zu erreichen – und viele weitere Monate, um die Lagerbestände ihrer Kunden auf den früheren „Füllstand" zu bringen.

Etwa die Hälfte der weltweiten Festplattenproduktion ist langfristig vertraglich gebunden. Ein Hersteller, der IBM, Intel, HP, Dell und die anderen Großen der Branche nicht pünktlich beliefert, muss nicht nur horrende Vertragsstrafen zahlen, sondern verliert diese als Kunden.

Für die Masse der Kunden ohne langfristige Verträge, die früher die restlichen 50 % der Weltproduktion unter sich aufteilten, blieben nur noch 10 % der Festplattenmotoren übrig. Innerhalb weniger Tage stiegen die Festplattenpreise zunächst auf das Zwei- bis Dreifache. Hersteller und Großhändler waren froh, die Bestände an Ladenhütern abbauen zu können. Es dauerte zwei Jahre, bis die Preise begannen zu fallen, doch nicht bis auf das frühere niedrige Niveau. Die Festplattenhersteller und -zulieferer hatten große Kredite für den Bau neuer Fabriken abzuzahlen.

Gleichzeitig war die Nachfrage nach Festplatten gewachsen, weil immer mehr Unternehmen immer mehr Daten über ihre potentiellen Kunden sammeln ...

Seagate, der größte Festplattenhersteller, hatte in den Jahren davor die Qualität kontinuierlich gesteigert, auf viele Festplatten gab es drei oder fünf Jahre Garantie. Doch Ende 2011 wurde für die Festplatten der Produktlinien Barracuda, Barracuda Green, Momentus und Momentus Thin die Herstellergarantie wegen der Engpässe auf ein Jahr verkürzt. Bei Festplatten anderer Hersteller war es nicht besser. Das bedeutet knallhart: Teilweise wurden auch solche Festplatten zu gepfefferten Preisen verkauft, die früher wegen voraussichtlich zu geringer Lebensdauer vorsorglich verschrottet worden wären.

Inzwischen geben die Hersteller auf die meisten Festplatten wieder eine Garantie von drei oder fünf Jahren.

4.4 Datenrettung bei Hardware-Defekten

Festplattenprobleme sind nicht selten, zum Glück gehen meist nur einige Dateien verloren. Wenn Sie ein Kreischen oder Klappern hören, schnellstens ausschalten, damit es nicht noch schlimmer wird! Profi-Datenretter können in sehr vielen Fällen helfen – meist zu drei- oder vierstelligen Preisen.

Im Internet kann man zahlreiche Reparaturvorschläge finden. Manche davon waren einmal recht nützlich, sind aber heute sinnlos oder möglicherweise gefährlich. Auf jeden Fall sollte Ihnen klar sein: Eigene Rettungsversuche können den Zustand der Festplatte so weit verschlechtern, dass auch professionelle Datenretter nicht mehr helfen können.

Wenn die Festplatte nicht mehr anläuft oder im BIOS nicht mehr erkannt wird, könnten Ihnen die folgenden Gedanken vielleicht helfen.

4.4.1 Festplattenelektronik ist defekt

Wenn die Festplatte vom BIOS der Hauptplatine nicht mehr erkannt wird, ist ein Elektronikfehler wahrscheinlich. Manchmal sind sogar Hitzespuren oder verbrannte Chips auf der Elektronikplatine der Festplatte zu sehen. Die Festplattenelektronik zu wechseln, wäre kein mechanisches Problem: Es sind nur vier Schrauben auf der Unterseite der Festplatte zu lösen. Diese Elektronikplatinen gibt es aber nicht als Ersatzteil zu kaufen. Man könnte versuchen, eine typgleiche Ersatz-Festplatte zu kaufen und deren Elektronikplatine als Ersatzteil zu verwenden. Ist das sinnvoll?

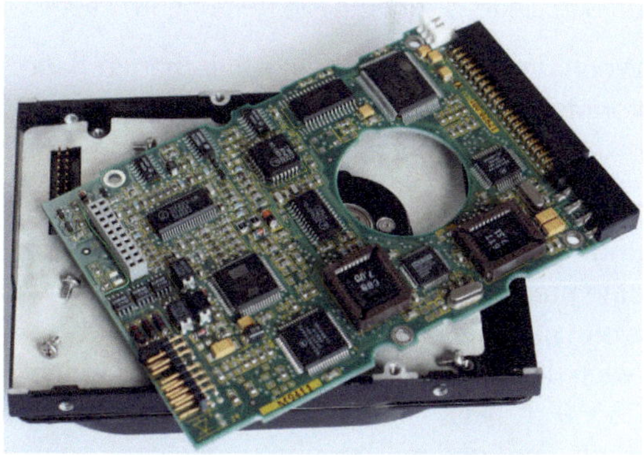

Bild 4.1: Elektronikplatine einer Festplatte

Bei IDE-Festplatten aus dem vergangenen Jahrhundert, etwa bis 80 GB Kapazität, klappte der Austausch häufig. Doch heute ist ein Erfolg recht unwahrscheinlich. Auch wenn beide Platinen gleich aussehen, können im EEPROM-Chip Parameter gespeichert sein, die nur zu dieser einen Festplatte passen, z. B. die Liste der defekten Sektoren und der defekten Köpfe.

Festplatten der Barracuda-Reihe von Seagate gibt es mit Kapazitäten von 250, 500, 750 und 1000 GB. Angenommen, Sie haben eine Barracuda-Festplatte mit 250 GB, bei der nur einer von vier Köpfen aktiviert ist. Wenn Sie eine weitere 250 GB Platte kaufen, beträgt die Wahrscheinlichkeit 25 %, dass bei dieser der gleiche Kopf benutzt wird. Mehr dazu siehe z. B. `http://www.compuclinic.de/s_faq.php`

Manche ROM-Firmware funktioniert mit Platten einer ganzen Festplattenfamilie, manche nur mit Platten einer Baureihe, und in manchen Fällen wird die ROM-Firmware für einzelne Festplattenexemplare „maßgeschneidert". Bei solchen Platten kann bei einem Firmwareschaden eine Datenrettung unmöglich sein, obwohl die Festplatte elektronisch, mechanisch und logisch in Ordnung ist. Die Datenretter sagen dazu: `http://www.dataclinic.co.uk/data-recovery-western-digital-caviar/`

„Under no circumstances should you attempt to swap the controller board on one of these faulty drives with one from a working drive. This is because the information held on the failed drive is unique to each drive. Changing the controller board may very well cause a mechanical failure and render your recoverable data unrecoverable." Deutsch, gekürzt: „Lassen Sie es bleiben. ... Die auf der Controllerplatine gespeicherte Information ist bei jedem Laufwerk anders. Ein Wechsel der Controllerplatine kann zu mechanischen Schäden führen und Ihre rettbaren Daten in unrettbare verwandeln."

Wie auch immer: Wenn dieser Versuch einer Datenrettung fehlschlägt, montieren Sie das (hoffentlich immer noch intakte) Elektronikteil zurück auf die Ersatzplatte und Sie können wenigstens diese Festplatte weiter nutzen.

4.4.2 Hitze und Kälte

Mitunter wird empfohlen, die Festplatte in den Kühlschrank, ins Gefrierfach oder in die Backröhre zu legen, um wieder Zugriff auf die Daten zu bekommen.

Dahinter stecken zwei verschiedene physikalische Überlegungen. Einerseits sind die Eigenschaften von Halbleitern sehr stark temperaturabhängig. Wenn die Elektronikplatine wegen Alterungserscheinungen nicht funktioniert, könnte eine Temperaturveränderung helfen. Die meisten Festplatten sind für Betriebstemperaturen von 0 bis 60 °C zugelassen. Ein sanfte Erwärmung mit dem Fön oder ein Aufenthalt im Kühlschrank sollten also ungefährlich sein. Doch erfahrungsgemäß bringt ein Temperaturwechsel keinen Erfolg, weil Alterungserscheinungen als Ursache recht unwahrscheinlich sind.

Die zweite Überlegung betrifft den mechanischen Verschleiß. Wenn sich die Spindel nicht dreht, ist vielleicht die Reibung im Lager zu groß und der Spindelantriebsmotor bringt nicht genug Kraft auf? Vor allem nach längerem Stillstand der Festplatte kann das Schmiermittel zäh werden, dieser Effekt heißt „sticky disk". Wenn man die Festplatte maßvoll erwärmt, wird (theoretisch) das Schmiermittel im Lager dünnflüssiger. Weil sich das Gehäuse schneller erwärmt als die Spindel, dehnt sich das Lager mehr aus als die Achse der Spindel. Beide Effekte verringern die Reibung im Lager.

Wenn die Festplatte keinen Totalschaden hatte, sondern hin und wieder noch einige Daten gelesen werden konnten, war ich mit Hitze oder Kälte in einigen wenigen Fällen erfolgreich. Aber nur bei IDE-Festplatten bis 80 GB. Im vergangenen Jahrhundert.

Von der letzten verzweifelten Maßnahme rate ich ab: Erstens wegen der geringen Erfolgswahrscheinlichkeit und wegen der hohen Gefahr, die Festplatte endgültig zu ruinieren. Doch wenn Sie ohnehin kein Geld für eine professionelle Datenrettung ausgeben wollen ... Eine noch größere Temperaturdifferenz erreicht man, wenn man die Festplatte gut durchfriert (über Nacht im Tiefkühlschrank in feuchtigkeitsdichter Verpackung). Nach dem Herausnehmen aus dem Tiefkühlfach warten Sie ein paar Stunden, bis die Oberflächentemperatur über 0 °C liegt. Die Spindel im Inneren hat sich noch kaum erwärmt. Durch die hohe Temperaturdifferenz dürfte das Spiel im Lager besonders groß sein. Jetzt kann man versuchen, ob die Festplatte anspringt. In der ganzen Zeit muss die Festplatte feuchtigkeitsdicht eingepackt sein!

Was sagen die Datenrettungs-Profis dazu?

„Spielen Sie gerne Russisch Roulette mit fünf Kugeln im Lauf? Durch die Kondensation der Luftfeuchtigkeit auf den kalten Oberflächen kann es nach dem Einschalten zu einem Head-Crash kommen, wenn nicht dadurch ohnehin die Elektronik zerstört wird. In einigen wenigen Fällen kann die Temperaturveränderung bewirken, dass für wenige Minuten ein Zugriff auf die Daten möglich wird. Wenn Ihnen Ihre Daten nichts wert sind, können Sie das gerne testen – eine professionelle Datenrettung wird danach aber kaum mehr möglich sein."

Natürlich haben Profi-Datenretter ein wirtschaftliches Interesse daran, Ihnen alle eigenen Rettungsversuche auszureden. Aber ganz sicher haben sie kein Interesse daran, sich mit fragwürdigen Behauptungen vor dem Rest der Branche lächerlich zu machen.

4.5 RAID

4.5.1 Wofür wird die RAID-Technologie genutzt?

Der Begriff RAID steht für eine Technologie, bei der die Daten auf mehrere Festplatten verteilt werden. Die Festplatten werden zu einer logischen Einheit zusammengeschaltet. Das bedeutet: Für das Betriebssystem erscheint der RAID-Verbund wie eine einzige Festplatte.

Je nachdem wie die Festplatten zusammengeschaltet sind, kann dreierlei passieren:

- Weil sich die Zugriffe auf mehrere Festplatten verteilen, wird RAID schneller als eine einzelne Platte.
- Wenn die Daten auf geeignete Weise dupliziert werden, kann bei Ausfall einer der Festplatten deren Inhalt aus den Inhalten der anderen Platten automatisch rekonstruiert werden. So tritt kein Datenverlust ein, mehr noch: Die Arbeit geht unterbrechungsfrei weiter. Bei Gelegenheit wird die defekte Platte ausgewechselt.
- Eine Kombination beider Effekte ist möglich.

Die verschiedenen Verfahren werden mit Ziffern bezeichnet. RAID-0, 1, 5 sowie RAID-10 kommen am häufigsten zum Einsatz. RAID-2 und RAID-3 sind veraltet und werden nicht mehr verwendet. RAID mit Nummern oberhalb der 10 sind außerordentlich sicher, aber auch exzessiv teuer.

Als Normalanwender findet man RAID-Systeme vor allem in NAS-Systemen. Auf Mainboards mit aktuellen Chipsätzen kann man die SATA-Anschlüsse zu einem RAID-Verbund Typ 1, 10 oder 15 zusammenschalten.

4.5.2 Arten von RAID-Lösungen

RAID-0

Bei diesem auch „Data Striping" genannten Verfahren werden zwei oder mehr Festplatten so zusammengeschaltet, dass aufeinanderfolgende Datenblöcke reihum auf alle Festplatten verteilt werden. Die resultierende Geschwindigkeit steigt, vor allem bei sequenziellen Zugriffen. Je mehr Festplatten zusammengeschaltet werden, desto höher ist die Geschwindigkeit. Besonders bei Videoschnittsystemen ist der Geschwindigkeitsgewinn beträchtlich.

Allerdings hat RAID-0 einen gefährlichen Nachteil: Je mehr Festplatten benutzt werden, desto höher ist die Ausfallwahrscheinlichkeit. Wenn nur eine der Festplatten ausfällt, sind alle Daten verloren, auch die auf den restlichen Festplatten. Die Ausfallwahrscheinlichkeit steigt proportional zur Anzahl der Festplatten.

RAID-1

Die einfachste RAID-Sicherheitslösung ist „RAID-1", die auch „Spiegelung", „Drive Mirroring" oder „Drive Duplexing" genannt wird. Es werden Paare von identischen Festplatten benutzt. Wenn Sie vier Festplatten mit Daten haben, würden Sie vier zusätzliche Festplatten für deren Spiegelung brauchen. Das ist teuer.

Viele moderne Hauptplatinen haben einen integrierten RAID-Controller, der das Duplizieren der Daten übernimmt. Das Schreiben auf zwei Platten gleichzeitig dauert nicht länger als das Schreiben auf eine einzelne Platte. Beim Lesen kann RAID-1 einen leichten Geschwindigkeitsvorteil haben, weil der Controller sich aussuchen kann bzw. könnte, auf welcher der beiden Festplatten sich die Daten näher an der aktuellen Position des Lese-/Schreibkopfes befinden.

RAID-5

Bei RAID-5 wird zu zwei oder einer beliebig größeren Anzahl von Festplatten eine einzige zusätzliche Paritäts-Festplatte hinzugefügt. Das Verfahren ist so ähnlich wie das Hinzufügen eines Paritätsbits zu jedem Byte. Der Controller bildet die Paritätsinformation. Bei Ausfall einer beliebigen Festplatte rekonstruiert der Controller die Daten aus dem Inhalt der verbliebenen Festplatten. Dadurch gehen keine Daten verloren, mehr noch: Der PC kann ohne Unterbrechung und ohne Datenverlust weiterarbeiten.

RAID-5 ist ein hervorragender Kompromiss zwischen Kosten, Leistung und Sicherheit. Die Geschwindigkeit wächst wie bei RAID-0 mit der Anzahl der Festplatten. Das hohe Risiko eines Festplattenausfalls von RAID-0 wird durch eine einzige zusätzliche Festplatte kompensiert.

RAID-15

Es wird eine gerade Zahl von Festplatten gebraucht, mindestens sechs. Die Festplatten werden paarweise gespiegelt. Diese Paare werden zu einem RAID-5-Verband zusammengefasst. Selbst bei einem Ausfall von beliebigen drei Festplatten gehen keine Daten verloren. Der Aufwand ist aber hoch: Werden acht HDD mit je 10 GB verwendet, beträgt die nutzbare Kapazität nur 30 GB.

Sonstige RAID-Lösungen

Es gibt einige weitere RAID-Lösungen, die sich in Ausfallsicherheit, Kosten und Geschwindigkeit unterscheiden.

RAID-10 funktioniert auch dann unterbrechungsfrei, wenn zwei Festplatten ausfallen.

4.5.3 Vor- und Nachteile aller RAID-Lösungen

Nachteile

- In der Regel braucht man einen speziellen Festplattencontroller, der sehr teuer sein kann. Deshalb sind RAID-5-Lösungen (und höher) vor allen in Servern zu finden. Es gibt aber auf vielen hochwertigen Hauptplatinen integrierte RAID-Lösungen.

Vorteile

- Da sich die Leseanforderungen auf mehrere Festplatten verteilen, steigt der Datendurchsatz des Systems deutlich an. Je mehr Festplatten, desto schneller.
- An einfachere Controller können bis zu 15 Festplatten angeschlossen werden, teure Modelle können 45 Platten ansteuern. Da man mehrere dieser Controllerplatinen in einen Server stecken kann, ist die Zahl der anschließbaren Festplatten sehr hoch.
- Wenn der Speicherplatz knapp wird, ergänzt man den RAID-Verband um eine oder mehrere zusätzliche Festplatten. Viele Controller können die vorhandenen Daten bei laufendem Betrieb umverteilen. Einige (dutzend) Stunden später steht die größere Kapazität zur Verfügung. Vorsicht! Die Menüs der Controller sind oft derart unübersichtlich, dass dieses „einfache“ Hinzufügen hochgradig riskant sein kann. Vorher eine vollständige Datensicherung durchführen oder – besser noch – ein Image (eine komprimierte Kopie der Partition oder der ganzen Festplatte) erstellen!
- Weil RAID-5 (und höher) bei der gleichen nutzbaren Kapazität mit weniger Festplatten auskommt als RAID-1 (Spiegelung), wird Energie gespart.

4.5.4 Probleme

Ein RAID-System schützt nur vor dem Ausfall einer Festplatte und der damit zusammenhängenden Betriebsunterbrechung. Die meisten Daten gehen durch andere Ursachen verloren, weniger als 10 % aller Datenverluste geschehen durch einen Festplattenausfall. Insoweit ist ein RAID-System kein Ersatz für eine Datensicherung. Eine regelmäßige Sicherung auf Band oder ein anderes Medium ist unbedingt notwendig!

Der erste von mir verkaufte RAID-Controller hatte 4500 DM gekostet. Er war um ein Vielfaches komplizierter als die Hauptplatine. Zehn Festplatten waren angeschlossen, das System war **unglaublich** schnell. Doch nie werde ich den Tag vergessen, an dem der Lüfter des RAID-Controllers ohne jedes Warnsignal ausfiel. Der Controller hatte sogar einen eigenen Lautsprecher für Fehlermeldungen, aber die Funktion seines eigenen Lüfters überwachte der RAID-Controller merkwürdigerweise nicht.

Jedenfalls fiel der Lüfter aus, die CPU des RAID-Controllers wurde zu heiß und stürzte ab. Die Verwaltungstabellen der Festplatten wurden beschädigt, und damit waren alle Daten rettungslos verloren!

Ich bin ziemlich sicher, das die Firma daduch pleitegegangen wäre. Doch zum Glück hatte ich den Kunden überzeugen können, in jeder Nacht eine Datensicherung auf Band durchzuführen. Ohne diese Bandsicherung der letzten Nacht hätte ich mich wohl beeilen müssen, mein Testament zu schreiben, bevor der Inhaber der betroffenen Firma erschienen wäre, um erst mich und dann sich selbst zu erschießen.

Wenn eine der Festplatten eines RAID-Verbandes ausfällt, muss sie schnellstens durch eine neue ersetzt werden. Hochwertige Systeme haben eine oder mehrere Reservefestplatten, die als Hot Spare oder Hot Fix bezeichnet werden. Die Reservefestplatte wird automatisch eingeschaltet und an Stelle der defekten Festplatte integriert. Dadurch wird die Redundanz auch ohne Eingreifen eines Administrators automatisch wiederhergestellt.

Bei einfachen Controllern muss man den PC herunterfahren, um die Festplatte zu wechseln. Manchmal ist diese Betriebsunterbrechung nicht akzeptabel, z. B. bei Servern. Wenn die Festplatten in speziellen Einschüben stecken und der Controller „Hot-Plugging" (das „heiße Einstecken") unterstützt, können die Festplatten im laufenden Betrieb ausgetauscht werden. „Hot Swapping" (der „heiße Austausch") heißt es, wenn der Controller die neue Festplatte ohne Eingreifen des Admins automatisch integriert.

Beim Integrieren einer neuen Festplatte gibt es eine wenig bekannte Gefahr. Die Festplatten eines RAID-Systems sind im Normalbetrieb relativ wenig beansprucht, denn die Leseanforderungen werden nahezu gleichmäßig auf alle Platten verteilt. Doch nach dem Einsetzen der Ersatzfestplatte ändert sich das: Der RAID-Controller wird mit Höchstlast laufen müssen, um die Daten umzustrukturieren und die neue Platte zu integrieren. Das kann fünf oder auch zwanzig Stunden dauern. Noch nie zuvor sind Ihre Festplatten derart beansprucht, derart heiß geworden! Bedenken Sie: Die noch intakten Platten des Verbundes sind möglicherweise im Abstand weniger Minuten vom Fließband gelaufen. Sie sind deshalb mechanisch ähnlich und haben etwa die gleiche Lebenserwartung. Sie wurden im PC unter den gleichen Betriebsbedingungen betrieben und hatten immer die gleiche Belastung auszuhalten. Nach dem Ausfall der ersten Festplatte könnten die nächsten bald nachfolgen!

Besonders oft passieren solche Pannen bei Plattenspiegelungen von SATA-Festplatten in Heimcomputern. Die hier üblicherweise verwendeten Festplatten sind nicht für derartige lang andauernde Belastungen konzipiert. Deshalb sollten Sie zuerst eine komplette Sicherung durchführen und erst danach die Festplatte auswechseln.

Die Platten eines RAID-Verbandes müssen in der Regel identische Größe haben. Andernfalls wird von jeder Festplatte nur so viel an Kapazität benutzt, wie die kleinste der Festplatten hat. Will man eine ausgefallene Festplatte ersetzen, darf die Ersatzfestplatte auch nicht um ein einziges Byte kleiner als die anderen sein. Bedenkt man aber die vermutliche Lebenserwartung der restlichen Festplatten, ist es eine vernünftige Strategie, eine größere Ersatzfestplatte einzubauen, auch wenn sie zunächst nur teilweise genutzt werden kann. Nachdem Sie im Laufe der Zeit alle restlichen ausgefallenen Platten durch größere ersetzt haben, können Sie die größere Kapazität nutzen.

Ein Ausfall des Controllers kann ein sehr ernstes Problem sein. Wenn man kein identisches Ersatzexemplar besorgen kann (Hardware und Firmware müssen übereinstimmen), können die ansonsten intakten Festplatten möglicherweise nicht mehr gelesen werden. Das kann bei No-Name-Fabrikaten ein Problem sein, auch bei Controllern, die auf der Hauptplatine integriert sind.

Sicherheitsbewussten Anwendern muss man raten, den Controller bzw. die Hauptplatine zweimal zu kaufen. Solange das Duplikat nicht als Ersatzteil im Server benötigt wird, kann es in einem Arbeitsplatz-PC gute Dienste leisten.

4.5.5 Für welche Anwendungsfälle lohnt sich ein RAID-System?

SSD-Festplatten in der M.2-Ausführung sind bereits so schnell, dass eine weitere Geschwindigkeitssteigerung mit einem RAID-System kaum möglich ist. Zudem kann man SSD auf PCIe-Steckkarten montieren und über 4, 8 oder 16 PCIe-Lanes enorme Datendurchsätze erreichen.

Ausfallsicherheit ist eine entscheidende Forderung für Serversysteme. Bei einem Arbeitsgruppenserver für fünf Büro-PCs mag ein Festplatten-Ausfall alle zwei Jahre vielleicht noch hinnehmbar scheinen, wenn man auf eine tägliche Datensicherung zurückgreifen kann. Doch wer einmal so einen Verlust hinnehmen musste, denkt wahrscheinlich anders darüber. Chaos bricht aus und es geht mindestens ein Arbeitstag verloren. Gleichgültig ob man SSD- oder Magnetplatten einsetzt, ist eine RAID-Lösung im Server sinnvoll wegen der Ausfallsicherheit. Wobei das Mehr an Sicherheit relativ preisgünstig ist. Hochwertige Hauptplatinen haben bereits einen integrierten RAID-Controller. Wenn man beispielsweise fünf Festplatten anschließt, kann man die Kapazität von vier Festplatten nutzen und für die Sicherheit werden nur 20 % des gesamten Festplattenpreises aufgewendet. Ein Beispiel: Die „Iron Wolf" Festplatten sind für Dauerbetrieb ausgelegt. Eine „Iron Wolf" mit 16 TB kostet 340 Euro. Vier Iron-Wolf-Festplatten zu 4 TB (je 105 Euro) ergeben die gleiche Kapazität von 16 TB für 420 Euro, also nicht viel teurer. Fügt man eine fünfte Festplatte zum RAID-System hinzu, erhält man die Ausfallsicherheit für Kosten von 525 Euro, das sind etwa 50 % mehr als für eine einzelne Festplatte (alle Preise auf dieser Seite von 02/2025).

Außerdem kann man mit einem RAID-System große zusammenhängende Kapazitäten schaffen. Die gegenwärtig (Februar 2025) größten lieferbaren Magnetfestplatten haben eine Kapazität von 24 TB und sind unverhältnismäßig teuer.

Man sollte Festplatten der Serie „Iron Wolf" von Seagate oder „Red" von Western Digital verwenden, die für den Dauerbetrieb konzipiert sind und auf die es fünf Jahre Garantie gibt.

Bleibt noch die Frage: Ist es überhaupt sinnvoll, Magnetfestplatten zu verwenden?

- SSD kosten noch immer mindestens das Doppelte pro Terabyte wie Magnetfestplatten. Eine M.2-SSD mit 4 TB Kapazität und einer Lesetransferrate von 7450 MB/s kostet etwa 320 Euro. Für das gleiche Geld können Sie eine Magnetfestplatte von 16 TB kaufen, z. B. die Iron Wolf.
- Eine Lesetransferrate von 560 MB/s reicht Ihnen aus? Für 180 Euro (Febr. 2025) können Sie eine SSD mit 4 GB Kapazität bekommen. Magnetfestplatten mit 4 TB gibt es ab 85 Euro zu kaufen, freilich nur mit einer Transferrate von 180 MB/s.
- Manche Arten von archivierten Daten dürfen nachträglich nicht mehr verändert werden, es finden also keine Schreibvorgänge mehr statt. SSDs brauchen aber eine Mindestmenge an Schreibvorgängen, sonst verlieren sie Daten. Eine ungenutzte (oder eine nur zum Lesen genutzte) SSD beginnt – je nach Technologie – bereits nach sechs Monaten Daten zu verlieren.
- Deshalb kommen nur Magnetfestplatten für länger aufzubewahrende Datensicherungen in Frage.

Deshalb werden Magnetfestplatten noch lange Zeit die beste Lösung für Rechenzentren, Archive und für die Datensicherung bleiben.

IBM hat im Jahr 2011 einen Großspeicher gebaut, der aus 200000 Magnetfestplatten besteht. Wie viele Festplatten mögen in heutigen Großspeichern verbaut sein?

4.5.6 Neue Entwicklungen bei RAID-Systemen

Seagate hat im Juni 2023 ein selbstheilendes RAID-Speichersystem „Exos Corvault" vorgestellt, das mit 106 Festplatten von 20 TB eine Gesamtkapazität von 2,1 Petabyte hat. In den verwendeten Festplatten drehen sich 10 Scheiben mit 20 Köpfen. Bei einem Festplattenausfall ist oft nur ein einzelner Kopf defekt, sagt Seagate. Deshalb brauchen ausgefallene Festplatten nicht ausgetauscht werden, sondern es werden nur die defekten Köpfe gesperrt und die restliche Kapazität der Festplatte wird weitergenutzt. Seagate nennt das eine „**A**utonomous **D**rive **R**egeneration".

4.6 FLASH-SPEICHER

4.6.1 Wie funktioniert eine Flash-Speicherzelle?

In USB-Speichersticks und SSD-Festplatten kommt „Flash-Speicher" zum Einsatz. Um beim Kauf und bei der Nutzung keinen Fehler zu machen, ist es ratsam, mehr über diesen Speichertyp zu wissen.

EEPROM ist ein „**e**lectrically **e**rasable **p**rogrammable **R**ead **O**nly **M**emory" (elektrisch löschbarer PROM).

Stellen Sie sich ein Stück Halbleiter vor, das von Silizium-Oxid umgeben ist, einem hervorragenden Isolator. Mit einem „Floating-Gate-Transistor" entsteht ein Käfig, der Elektronen permanent gefangen hält. Wenn sich in der Zelle eine elektrische Ladung befindet, wird sie vom Floating Gate „eingesperrt". Die Ladung bleibt auch ohne Betriebsspannung monatelang erhalten, fast ohne Ladungsverlust, ganz im Unterschied zum DRAM, der mehrmals pro Sekunde aufgefrischt werden muss. Zweiter Unterschied: Anders als beim DRAM muss die Speicherzelle nicht entladen werden, um festzustellen, ob eine Ladung darin gespeichert war. Es wird ausgenutzt, dass die gefangenen Elektronen umliegende Ladungen beeinflussen. Ein „Control-Gate-Transistor", der sich über dem Floating-Gate befindet, „fühlt" die Ladung. Die Leitfähigkeit des Control Gate hängt davon ab, ob sich in der Speicherzelle eine Ladung befindet oder nicht. Dadurch kann der Speicherinhalt beliebig oft gelesen werden, ohne dass sich die Ladung der Speicherzelle dabei verändert.

Die Ladung in die Zelle hinein- oder herauszubefördern, ist ein Problem. Die Isolierschicht wird mit einer hohen Spannung „durchschlagen", wie von einem „Flash" (Blitz). Die Physiker nennen das einen quantenphysikalischen „Tunneleffekt". Es gibt dabei zwei Probleme: Das Schreiben dauert deutlich länger als das Lesen. Schlimmer ist, dass die Isolierschicht dabei Schaden nimmt. Nach einigen zehn- bis hunderttausend Schreib- oder Löschvorgängen wird die Isolierschicht der Speicherzelle durchlässig und die Speicherzelle wird „vergesslich". Bei einem USB-Stick oder Kameraspeicher wird diese Zahl zum Glück nie erreicht. Doch wenn man aus Flash-Speicher eine SSD-Festplatte baut, muss man Vorkehrungen treffen, dass die Festplatte nicht frühzeitig ausfällt.

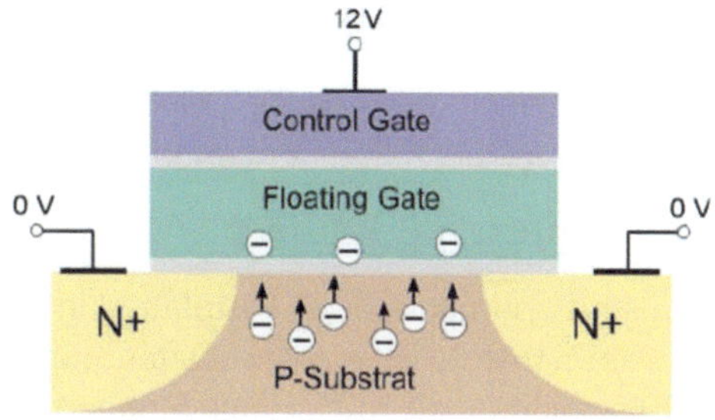

4.6.2 Zwei Arten der Ansteuerung: NAND und NOR

Die Zusammenschaltung der Flash-Zellen kann auf zwei Wegen erfolgen, die NAND und NOR genannt werden.

Die einfachste Schaltung, um Speicherzellen zu verbinden, ist die Anordnung in Zeilen und Spalten wie beim RAM. Bei diesem NOR-Speicher lässt sich jedes Bit einzeln lesen oder schreiben. NOR-Speicher ist vorteilhaft, wenn das Lesen und Schreiben typischerweise nur einige Byte betrifft. Doch wenn es um möglichst hohe Speicherkapazitäten geht, hat die NOR-Schaltung einen Nachteil: Word- und Bit-Leitungen brauchen viel Platz und machen den Chip komplex und teuer in der Herstellung.

Bei der NAND-Schaltung teilt sich eine Gruppe von Speicherzellen eine gemeinsame Datenleitung. Lesen und Schreiben kann dadurch nur in ganzen Blöcken erfolgen, wie z. B. bei einer Festplatte. Die geringere Zahl von Datenleitungen spart Platz auf dem Chip. Die NAND-Architektur ist optimal, wenn viel Speicher auf wenig Platz untergebracht werden soll, wie in USB-Sticks und SSD-Festplatten. Für Massenspeicher ist es kein Nachteil, dass der NAND-Speicher zwischen 512 und 4096 Byte in einem Block zusammenfasst: Das Betriebssystem ist ohnehin darauf eingestellt, Daten für Massenspeicher blockweise zu lesen und zu schreiben, eine Einzelbyteadressierung würde keinen Sinn ergeben.

Die Gruppe von Zellen, die zu einer Speichereinheit zusammengeschaltet werden, wird „Page" oder Speicherseite genannt.

4.6.3 Drei Technologien: SLC, MLC und TLC

Die ersten Flash-Speicher bestanden aus Single-Level-Cell-Speicherzellen, kurz SLC. Das sind Speicherzellen, von denen jede nur ein Bit speichert, also „0" oder „1".

Multi-**L**evel-**C**ell-Speicherzellen, kurz MLC, sind Speicherzellen, in denen zwei Bit pro Zelle gespeichert werden. MLC-Speicherzellen arbeiten mit vier verschiedenen Zuständen („keine Ladung", „wenig Ladung", „zweidrittel geladen", „voll geladen"), denen die Ziffern „0", „1", „2" und „3" zugeordnet sind. Damit passt die doppelte Speicherkapazität auf einen Chip. Zellen, in denen drei Bit (8 Zustände) gespeichert sind, werden als Triple-Level-Cell-Speicherzellen bezeichnet. Es wird sogar mit vier Bit (16 Zustände) pro Speicherzelle experimentiert. Erinnern Sie sich an die Erklärung in „Computerhardware für Anfänger", dass das Dezimalsystem für Computer ungeeignet ist, weil es schwer ist, zehn verschiedene Spannungen präzise zu unterscheiden? In MLC- und TLC-Speichern ist das Risiko für Bitfehler erhöht, deshalb müssen extrem aufwendigere Fehlerkorrekturschaltungen in den Speicherchip eingebaut werden.

Vor- und Nachteile

Das Schreibverfahren beansprucht eine MLC-Speicherzelle stark, die Zellen altern etwa zehn mal schneller als SLC-Zellen. Auch sind MLC-Zellen deutlich langsamer beim Lesen und Schreiben. Andererseits kann pro Flächeneinheit die doppelte, vierfache oder sogar achtfache Kapazität gespeichert werden. Die Hersteller ergreifen mehrere Gegenmaßnahmen, um die Nachteile von MLC zu mildern.

- Mit modernen ECC-Verfahren (siehe „Fehlerkorrektur") werden Bitfehler zuverlässig vermieden.
- Die Chips erhalten reichlich Reservezellen, um ausgefallene Zellen zu ersetzen (Over-Provisioning).
- Die kleinere Fläche pro Speicherzelle lässt Platz auf dem Chip frei. Der kann z. B. für Parallelschaltung von Speicherzellen verwendet werden, was den Geschwindigkeitsnachteil von MLC mildert.

Was sollten Sie kaufen?

SLCs sind optimal für SSD-Festplatten in Servern, die rund um die Uhr intensiv genutzt werden. MLCs und TLCs sind ausreichend, wenn Daten nur selten geschrieben werden, z. B. für USB-Memory-Sticks und für SSD-Festplatten, die nur wenige Stunden täglich benutzt werden. Die Eigenschaften eines Speichers hängen stark vom eingebauten Speichercontroller ab. Deshalb sollte man nicht nur nach formalen Kriterien (SLC oder MLC) urteilen, sondern Testberichte lesen. Zumal – wegen obiger „Gegenmaßnahmen" – die Geschwindigkeit nicht nur von der Technologie abhängt.

Das „Füllen" eines USB-Sticks mit Daten kann lange dauern. In einem Versuch dauerte es 40 Minuten, 8000 Dateien mit einer Gesamtkapazität von 16 GB über USB 3.0 auf einen Stick zu schreiben. Falls Sie oft große Datenmengen auf einen Stick schreiben wollen, sollten Sie in Testberichten nach schnelleren USB-Sticks suchen. Durchschnittliche USB-Sticks lesen mit 100 MByte/s, schnelle mit 600 MByte/s. Einen 64 GB USB 2.0 Stick mit 20 MB/s Leseleistung komplett auszulesen würde eine Stunde dauern

4.7 SSD

4.7.1 Was ist ein „Solid State Drive"?

Packt man viele NAND-Flash-Speicher (ebensolche wie in den USB-Sticks) zusammen mit einem Controller und Cache-Speicher in ein Festplattengehäuse, trägt es den Namen „**S**olid **S**tate **D**rive" (SSD). Diese Massenspeicher sind im Unterschied zu Festplatten sehr schnell und absolut geräuschlos (es steckt ja kein Motor drin). Spitzenmodelle können Daten schneller lesen, als sie ein SATA-2-Anschluss mit 6 Gbit/s (600 GByte/s) weiterleiten kann. SSD brauchen nur wenig Strom, was sie besonders für Notebooks attraktiv macht.

Ein Preisvergleich: Eine 500-GB-SSD gibt es schon ab 30 € (Februar 2025), 1000 GB kosten das doppelte, beides ergibt 6 Cent pro Gigabyte. Magnetfestplatten mit 1 TB kosten ebenfalls 60 Euro. Doch wenn es um große Kapazitäten geht, sind Magnetfestplatten deutlich im Vorteil: eine 20 TB Festplatte kostet 320 Euro, das sind 1,6 Cent pro GB.

4.7.2 Innere Organisation einer SSD

Die Flash-Speicherzellen sind als Speicherseiten (Pages) organisiert, die typisch 4 KByte groß sind – ebenso groß wie die Sektoren auf modernen Festplatten. Schreiben kann man nur komplette Pages. Das ist nicht anders als wie bei der Festplatte: Daten werden stets in Blöcken von 4096 Bytes (früher: 512 Byte) geschrieben, und alle datenerzeugenden Programme sind darauf eingestellt.

Auf Magnetfestplatten werden mehrere Sektoren zu Clustern zusammengefasst, um die Verwaltung großer Kapazitäten zu vereinfachen. Ähnlich ist es bei SSD. Mehrere Pages sind zu Blöcken zusammengeschaltet, die meist eine Größe von 128, 256 oder 512 kByte haben. Bei einer Blockgröße von 256 kByte würden also 64 Speicherseiten in einen Block passen.

Leider haben NAND-Speicher ein Problem: Man kann alte Daten nicht einfach mit neuen Daten überschreiben, wie bei einer (Magnet-)Festplatte. Man muss erst die alten Daten löschen, bevor neue Daten geschrieben werden können. Schlimmer noch: Die SSD kann zwar einzelne Speicherseiten beschreiben, doch löschen kann sie nur ganze Blöcke.

Angenommen, der Anwender hat ein Word-Dokument auf der SSD gespeichert. Nach Änderungen speichert er das überarbeitete Dokument unter unverändertem Namen ab. Bei einer Festplatte würde das Betriebssystem einfach die alte Datei überschreiben. Bei einer SSD wird die Datei in irgend eine freie Speicherseite gespeichert und die von der früheren Dateiversion belegten Speicherseiten werden als „ungültig", als „zum Löschen freigegeben" markiert. Auf diese Weise sammeln sich in den Blöcken immer mehr ungültige Speicherseiten, während die Anzahl der gültigen Seiten pro Block abnimmt.

Solange es noch freie Seiten auf der SSD gibt, geht das Schreiben zügig voran und die Performance der SSD ist großartig. Spätestens wenn es keine freien Blöcke mehr gibt, um die nächste Datei zu speichern, muss der SSD-Controller zügig einen Block zum Löschen auswählen. Es wäre optimal, wenn es Blöcke gibt, in denen bereits alle (64) Speicherseiten als ungültig markiert sind. Doch diese Blöcke sind selten. Es werden also Blöcke ausgewählt, in denen der Anteil der als ungültig markierten Seiten hoch ist. Der Controller kopiert die verbliebenen gültigen Speicherseiten eines Blocks in einen Puffer, löscht den Block und kopiert die zwischengespeicherten Seiten zurück in den soeben gelöschten Block. Die restlichen Seiten des Speicherblocks stehen nun zum Schreiben von neuen Dateien zur Verfügung.

Wenn der Controller immer erst dann mit dem Freimachen von Speicherplatz beginnt, wenn die Schreibaufträge eintreffen, wird selbst bei guten SSDs die Schreibgeschwindigkeit um rund 40 Prozent reduziert. Es ist also wichtig, den Speicher vorsorglich aufzuräumen, damit immer eine größere Anzahl freier Blöcke für die nächsten Schreibaufträge bereitsteht. Für diese Aufräumarbeit gibt es die „Garbage Collection".

4.7.3 Garbage Collection

Wörtlich übersetzt handelt es sich um eine „Müllsammlung". Der SSD-Controller sortiert vollautomatisch seine Ressourcen: Er sucht Blöcke mit einem großen Anteil von ungültigen Speicherseiten (den „Müll"). Die restlichen gültigen Seiten aus mehreren Blöcken werden in einen neuen Block kopiert, wodurch mehrere Blöcke frei werden und gelöscht werden können.

Ein Beispiel: Wenn es mehrere Blöcke gibt, von denen jeder drei Viertel gültige und ein Viertel ungültige Seiten hat, kann der SSD-Controller die gültigen Seiten von je vier Blöcken auf drei leere Blöcke verteilen und dann vier Blöcke löschen. Wenig effektiv? Stimmt. Doch wenn der Controller mehrere Blöcke mit je drei Viertel ungültigen Seiten hat, passen die verbliebenen gültigen Speicherseiten von vier Blöcken auf einen einzigen leeren Block und anschließend können vier Blöcke gelöscht werden!

Wie häufig sollte der Controller mit der Garbage Collection beginnen?

- Möglichst zu einem Zeitpunkt, an dem die SSD im Leerlauf oder gering ausgelastet ist.
- Einerseits möglichst oft, damit möglichst viele freie Blöcke verfügbar sind.
- Andererseits möglichst selten, um die Lebensdauer der SSD zu maximieren.

Wenn „sehr viele" freie Blöcke vorhanden sind, braucht gar nicht aufgeräumt zu werden. Wenn es eine ausreichend große Reserve von freien Blöcke gibt, sollte der Controller die „Müllsammlung" verzögern. Denn im Lauf der Zeit steigt die Zahl der Blöcke, in denen nur noch ein kleiner Teil der Speicherseiten mit gültigen Daten belegt ist. Je später das Aufräumen stattfinden kann, desto effektiver wird es und desto weniger Blöcke müssen gelöscht werden. Ein großer Speichervorrat erhöht also die Lebensdauer.

SSD-Controller mit einem großzügigen Cache sind im Vorteil, weil sie die Daten vor dem Schreiben in sinnvolle Strukturen ordnen können.

4.7.4 Trim

Bei einer Magnetfestplatte weiß Windows genau, welche Cluster belegt sind und welche überschrieben werden können, um Platz für neue Daten zu schaffen. Ein vorsorgliches Löschen, um Platz zu schaffen, ist bei Magnetfestplatten nicht nötig. Ganz anders bei SSD. Die Blöcke werden vom SSD-Controller verwaltet, Windows hat keinen Einblick. Die TRIM-Funktion ermöglicht Windows, dem SSD-Controller mitzuteilen, welche Dateien bereits als gelöscht markiert wurden und somit bei den ständig stattfindenden Löschzyklen nicht mehr kopiert werden müssen. In Leerlaufzeiten löscht dann die Garbage Collection die nicht mehr benötigten Sektoren. Dadurch kann der Controller die belegten Speicherseiten und Blöcke vorsorglich löschen, bevor durch den nächsten Schreibbefehl möglicherweise ein Mangel an freien Blöcken entsteht.

4.7.5 Wear-Leveling

SSDs sind nur begrenzt haltbar. Das Löschen eines Blocks lässt diesen altern, deshalb ist nur eine begrenzte Anzahl von Schreibvorgängen pro Block möglich. Deshalb sorgt der SSD-Controller dafür, dass alle Zellen möglichst gleich oft beschrieben werden. Dafür benutzt er eine Methode „Wear Leveling". Dieses Wear Leveling erhöht die durchschnittliche Lebensdauer von SSDs auf mehrere Jahre.

Für das Wear Leveling benutzt der SSD-Controller zwei Tabellen: Die Dateitabelle enthält die Zuordnung der logischen zu den physischen Speicherplätzen, ähnlich wie beim FAT-Dateisystem die FAT. Zusätzlich gibt es eine Tabelle, die für jeden einzelnen Block angibt, wie oft er bisher gelöscht wurde.

Bekommt der SSD-Controller von Windows Daten zum Schreiben, wird er einen Block zum Beschreiben aussuchen, der bisher am seltensten gelöscht worden ist. Das nennt man das **dynamische** Wear Leveling.

Doch das reicht nicht. Es gibt Dateien, die faktisch nie geändert werden, z. B. Programmdateien. Einmal installiert, bleiben die Programmdateien in den Blöcken gespeichert, wo sie sind, bis das Programm möglicherweise deinstalliert wird. Die belegten Blöcke bleiben „frisch", während andere Blöcke durch das häufige Löschen altern. Deshalb gibt es das **statische** Wear Leveling: Der Controller verschiebt von Zeit zu Zeit die „statischen" Inhalte in häufig benutzte Blöcke. Danach können die bisher selten gelöschten, frischen Blöcke in das Wear Leveling einbezogen werden.

Allgemein wird angenommen, dass eine Flash-Speicherzelle ihre Ladung nicht verliert. Das ist nicht korrekt. Es gibt einen winzigen Leckstrom. Doch das statische Wear Leveling wirkt dem entgegen: Noch bevor die gespeicherten Daten zu schwach werden, kommt jeder Speicherblock an die Reihe, umkopiert zu werden.

4.7.6 Over-Provisioning

„Übermäßige Bevorratung" heißt es, wenn die Hersteller große Speicherreserven bereitstellen, von denen das Betriebssystem nichts weiß. Selbst wenn die SSD ziemlich voll ist, hat der Controller dadurch stets einen Vorrat an leeren Blöcken, und auch bei Schreib-„Großaufträgen" sinkt die Schreibgeschwindigkeit nicht ab.

Wie hoch ist der Anteil der Speicherreserve? Ebenso wie beim RAM ist die Kapazität pro Chip stets eine Potenz von Zwei: 128, 256, 512, 1024, 2048, 4092, ... GB. Bei den „Consumer-SSD" werden von 256 GB üblicherweise 240 oder 250 GB für das Betriebssystem bereitgestellt, was einem Overprovisioning von 7 % oder nur 2,4 % entspricht. 500 von 512 oder 1000 GB von 1024 GB enthalten ebenfalls 2,4 % Reserve. Bei den „Enterprise-SSD" werden meist 200 von 256 GB bereitgestellt. 56 GB = 28 % der Kapazität bleiben in Reserve, um die höheren Anforderungen an Geschwindigkeit und Lebensdauer zu erfüllen.

Daraus folgt: Sie haben eine einfache Möglichkeit, die Geschwindigkeit und Lebensdauer Ihrer SSD zu erhöhen: Nutzen Sie die Speicherkapazität nicht zu weit aus! Bei Magnetfestplatten verlieren Sie stark an Geschwindigkeit, wenn die Platte zu mehr als 90 % belegt ist. Doch bei SSD fängt der Verlust früher an und wirkt weitaus stärker. Auch bei der Lebensdauer gibt es einen Unterschied: Die Lebensdauer einer Magnetplatte hängt in keiner Weise davon ab, ob sie voll oder leer ist, doch bei der SSD steigt der Verschleiß einer fast vollen Platte dramatisch, weil der Controller nicht mehr effektiv aufräumen kann.

Am sichersten vermeiden Sie es durch Partitionierung, die SSD versehentlich zu voll zu schreiben. Nutzen Sie nur 90 % für Partitionen und lassen Sie 10 % der Platte ungenutzt! Dem SSD-Controller ist es egal, auf welchem Weg er zusätzliche Blöcke bekommt, um effektiver zu arbeiten.

4.7.7 Bad Block Management

Unvermeidliche Toleranzen bei der Fertigung bewirken, dass die Speicherzellen eine unterschiedliche Anzahl von Schreibvorgängen aushalten. Erste Zellen fallen schon nach der Hälfte der durchschnittlichen Lebensdauer aus, und allmählich steigt die Zahl der defekten Zellen immer schneller an. Die Verteilung der Lebensdauer folgt ungefähr der „Normalverteilung".

Wegen der ECC-Fehlerkorrektur gehen beim Ausfall einzelner Zellen keine Daten verloren, jedoch wird jeder Fehler vom Fehlermanagement registriert. Wenn sich in einem Speicherblock die Fehler häufen, wird er deaktiviert. Es gibt ja eine Menge Reserveblöcke.

Was geschieht, wenn die „Stille Reserve" aufgebraucht ist? Windows bekommt eine abnehmende Kapazität der SSD gemeldet, und wenn Sie den „Füllstand" des Speichers nicht rechtzeitig durch Auslagerung von Dateien verringern, gibt es irgendwann die Meldung „kein freier Speicherplatz".

4.7.8 Verzichten Sie auf Leistungstests und Tuning-Tools

SSDs sind schnell. Doch lassen Sie sich nicht verleiten, sich das mit Leistungstests bestätigen zu lassen. Die vielen Schreibzugriffe reduzieren die Lebensdauer Ihrer SSD. Ähnliches gilt für Tuning-Tools. Denn in vielen Fällen wird dabei die Festplatte mit unnötigen Schreib- und Lesezugriffen belastet.

Empfehlung: Gehen Sie mit der Tastenkombination Windows-Taste und „Pause" zu „System". Klicken Sie am linken Rand auf „Computerschutz". Markieren Sie das SSD-Laufwerk und klicken Sie auf „Konfigurieren". Markieren Sie „Computerschutz deaktivieren", dann „Übernehmen" → „OK". Zwar werden nun keine Wiederherstellungspunkte mehr angelegt, doch die helfen bei Problemen ohnehin fast nie. Sorgen Sie lieber für eine Datensicherung.

4.7.9 Aktueller Zustand Ihrer Festplatten

Das kostenlose Tool `Crystaldiskinfo Portable` kann Sie über die Smart-Werte, Firmware-Version, Seriennummer, Einschaltzyklen, Arbeitsstunden und Temperatur informieren. Wenn einer der Parameter einen kritischen Wert erreicht, kann das Tool eine Warnung auf Bildschirm ausgeben oder per Mail senden. Crystaldiskinfo untersucht interne HDD-und SSD-Festplatten ebenso wie externe USB-Festplatten. Sie finden das Programm auf `http://www.pcwelt.de/downloads/CrystalDiskInfo-570015.html`.

4.7.10 Temperatur

Eine Studie „A Large-Scale Study of Flash Memory Failures in the Field" von der Carnegie Mellon Universität in Zusammenarbeit mit Facebook zeigt, dass eine erhöhte Betriebstemperatur von SSDs kritisch ist, siehe: https://users.ece.cmu.edu/%7Eomutlu/pub/flash-memory-failures-in-the-field-at-facebook_sigmetrics15.pdf

Grundsätzlich hängt die Alterung von Speicherzellen von der Temperatur ab. Eine Verdopplung bis Vervierfachung der Alterung tritt bei einer Temperaturerhöhung um 10 °C ein, aufgrund der Arrhenius-Gleichung. Im Temperaturbereich von 30 bis 40 °C ist die Erhöhung der Ausfallrate noch gering, oberhalb von 40 °C steigt diese. Temperaturen bis 60 °C sind akzeptabel, wenn sie nur während Spitzenbelastungen auftreten. Bei Temperaturen über 80 °C droht älteren SSD der Hitzetod.

Neuere SSD versuchen dem Hitzetod zu entgehen, indem sie ihre Leistung drastisch herunterfahren (ähnlich wie eine überhitzte CPU). Achten Sie beim Einbau einer SSD darauf, dass sie von genug Luft umströmt wird.

4.7.11 Wie langlebig ist die gespeicherte Information?

Auf die Frage, wie lange Informationen auf einer stromlosen SSD erhalten bleiben, antwortete Samsung im Jahr 2014: *„SSDs sind ... für die* ***tägliche*** *Nutzung ... konzipiert. Konkrete Aussagen, wie lange Daten auf einer stromlosen, nicht genutzten SSD gehalten werden können, sind daher nicht möglich. Einflussfaktoren sind hier die Kapazität, Nutzungsintensität .. sowie die Lagerungsbedingungen, insbesondere die Raumtemperatur.“* Siehe: http://www.channelpartner.de/a/haendler-fragen-die-ssd-experten-von-samsung-antworten-teil-1,3041954?tap=0708e9ccc96632278b21010225f2980d&r=463652022246228&lid=320228&pm_ln=101

Im Jahr 2018 fand ich in einer Dokumentation zur Samsung SSD 960 EVO folgendes:

Die Speicherdichte von Triple Level Cells (TLC) liegt bei 32 Gigabits bis 512 Gigabits pro Chip. Sie arbeiten mit acht diskreten Ladungsniveaus des Floating-Gate. Das bedeutet, dass der Ladezustand und dessen Auslesung äußerst kritisch sind und entsprechend aufwendig gestaltet werden müssen. So liegen die Anforderungen für die Fehlerkorrektur mit 24 Bit bis 72 Bit um ein Vielfaches höher als die von Single-Level- und Multi-Level-Zellen.

Der Erhalt der gespeicherten Daten ist ebenfalls begrenzt und liegt in der TLC-Technologie bei ca. 6 Monaten, wohingegen Daten in der SLC-Technologie bis zu 10 Jahre und in der MLC-Technologie bis zu einem Jahr gespeichert werden können. Die Löschzyklen sind mit 500 ebenfalls wesentlich niedriger als die der anderen Technologien.

Möglicherweise ist nicht jede SSD geeignet für Anwender, die den PC nur eine Stunde pro Woche einschalten und dabei keine nennenswerten Schreibvorgänge verursachen. Wenn der SSD-Controller nicht genug Schreibaufträge erhält, kann er nicht genug Zellen auffrischen. Anwender, die ihr Notebook nur im Sommer im Gartenhaus benutzen und danach für ein halbes Jahr in die Schublade legen, sollten vor dem Einlagern ein Backup oder besser noch ein Image erstellen, und zwar auf Magnetfestplatte.

4.7.12 Zukünftige SSD-Festplatten

Werden magnetische Festplatten bald überflüssig? Wenn es um große Speicherkapazitäten geht, voraussichtlich nicht, und für Archivierung über längere Zeit schon gar nicht. Die Kosten pro Gigabyte sind bei magnetische Festplatten deutlich geringer als bei SSD-Speichern.

Um größere Kapazitäten von SSD zu erreichen, müssen die Zellen kleiner werden. Je kleiner die Zelle, umso schneller ist sie verschlissen. Speicher in 20-nm-Strukturen werden bereits produziert. Ob noch kleinere Zellen möglich sind, ist ungewiss.

Mit der 3D-NAND-Technologie werden bis zu 128 Speicherebenen im Chip übereinander gestapelt, die Firma Crucial baut seit 2021 SSD mit 176 statt 128 Schichten. Das ermöglicht größere Speicherkapazitäten bei sinkenden Preisen. Die M.2-2230-SSD ist 22 mm breit, die Länge beträgt nur 30 mm, es gibt sie auch in den Längen 80 und 42 mm.

Die SSD mit der gegenwärtig größten Kapazität ist die „Exadrive DC100“ von Nimbus mit 100 TB. Sie kostet etwa 40 000 US-Dollar. Für Rechenzentren-Betreiber ist sie trotz des hohen Preises interessant, da sie 85% weniger Energie verbraucht als Konkurrenzmodelle. Der Energiebedarf für die Kühlung von Rechenzentren ist um ein Vielfaches höher ist als der Energiebedarf der Elektronik selbst. Deshalb wird die Exadrive trotz des hohen Anschaffungspreises gekauft, weil sie jahrelang den Energiebedarf des Rechenzentrums senkt.

5 Optische Massenspeicher

In den „Rainbow Books“ (Regenbogenbücher) sind die Standards festgelegt, nach denen CDs funktionieren. Die Bücher sind Rot, Gelb, Blau, Grün, Orange, Weiss, Beige, Scharlachrot und Violett. Die Bücher beschreiben:

- Red Book: Audio-CD
- Yellow Book: Daten-CD (CD-ROM Mode 1 und CD-ROM Mode 2)
- Blue Book: Erweiterte Musik-CD und CD-Extra, die Musik und Daten gleichzeitig enthalten.
- Green Book: CD-Interactive: Die CD enthält ein Betriebssystem mit Auswahlmenü sowie Daten.
- Orange Book: beschreibbare Multisession-CDs (CD-R und CD-RW) und Qualitätskriterien.
- White Book: Video-CD
- Beige Book: Photo-CD
- Scarlet Book: Super Audio CD
- Purple Book: Double Density CD

Die ersten beiden Bücher werden im Folgenden näher betrachtet.

5.1 Red Book: Audio-CD

5.1.1 Aufbau einer CD

Im Red Book wurden 1980 von Philips und Sony grundlegende Parameter festgelegt: Die Aufteilung der Daten in Gruppen zu 24 Byte, die als „Rahmen“ bezeichnet werden, und die Zusammenfassung von Gruppen zu Blöcken. Die Fehlerkorrekturmechanismen und das Kodierungsverfahren sind im Red Book ebenfalls beschrieben. Stereo-Audio-Daten werden mit einer Auflösung von 16 Bit und einer Samplingrate von 44,1 kHz gespeichert. 44,1 kHz x 16 Bit x 2 Kanäle (weil Stereo) = 1411 kBit/s = 176,4 kByte/s.

Maximal 99 Titel (Tracks) sind möglich, jeder muss mindestens vier Sekunden lang sein. Zwischen den Tracks befinden sich „Pre-Gaps“ (Gap = Lücke), die mindestens 2 Sekunden lang sind.

Auf einer CD sind die Daten spiralförmig gespeichert. Innen, am Beginn dieser Spirale, befindet sich das Lead-In (das Inhaltsverzeichnis der CD). Der größte Teil der CD steht für die Nutzdaten zur Verfügung und am Schluss markiert das Lead-Out das Ende der CD.

Das Red Book erlaubt zwei Geschwindigkeiten: 1,4 m/s und 1,2 m/s. Das ergibt Spielzeiten von 64:01 bzw. 74:41 Minuten, unter maximaler Ausnutzung aller Toleranzen sind 80:29 Minuten möglich.

Bei kopiergeschützten CDs werden die Standards absichtlich auf eine solche Weise verletzt, dass Computer die CD nicht lesen können, aber reine CD-Player damit noch zurecht kommen.

5.1.2 Drehzahl bei Musik-CDs

Musik-CD-Laufwerke arbeiteten mit einer variablen Drehzahl: Weil die Außenspuren länger als die Innenspuren sind, muss die Drehzahl während des Lesens der inneren Spuren höher sein, um eine konstante Datenrate zu sichern. Das Lesen beginnt innen mit 500 rpm. Die Umdrehungsgeschwindigkeit verringert sich bis 200 rpm, wenn der Außenrand der CD erreicht wird.

Die Drehzahl wird abhängig vom Füllstand eines FIFO-Puffers (einer Warteschlange) geregelt. Wenn sich der Füllstand des Puffers dem Maximum nähert, wird die Drehzahl verringert. Durch den Puffer wirken sich kleine Drehzahlschwankungen nicht auf die Wiedergabegeschwindigkeit aus. Beim CD-Player im Auto ist der Puffer besonders groß. Wenn der Lesekopf in einem Schlagloch die Spur verliert, kann die Musik aus dem Puffer abgespielt werden, bis der Lesekopf die Spur wiedergefunden hat.

5.1.3 Justierung des Laser-Abtastsystems

	CD	DVD	BD
Spurlänge	6 km	12,6 km	
Spurabstand	1,6 µm	0,74 µm	0,32 µm
Licht-Wellenlänge	780 nm	650 nm	405 nm
Laserfarbe	Infrarot	Rot	Violett

Tab. 5.1: Unterschiede der optischen Datenträger

Das Laser-Abtastsystem wird mit einer Art „Schlitten" auf zwei Führungsstangen über die Scheibe bewegt. Die Grobpositionierung auf die gewünschte Spur erfolgt mit einer Zahnstange oder einem Spindelantrieb, ähnlich wie früher beim Magnetkopf eines Diskettenlaufwerks. Dabei sollte man sich vor Augen halten, dass die Bezeichnung „**Grob**positionierung" sich auf einen Spurabstand von etwa einem Tausendstel Millimeter bezieht (siehe Tab. 5.1). Diese Grobpositionierung ist weder genau genug noch schnell genug. Eine CD rotiert bei einer Geschwindigkeit von 52x mit einer Drehzahl von 10 000 Umdrehungen pro Minute, eine Umdrehung dauert 1,7 Tausendstel einer Sekunde. Die Bits der äußersten Spur sausen mit einer Geschwindigkeit von 225 km/h unter dem Laser vorbei! Keine mechanische Regelung kann schnell genug auf kleine Unwuchten der CD reagieren. Deshalb sind Teile des Abtastsystems (Linse und Laser) innerhalb des Schlittens an Federn schwingend aufgehängt. Die Feinjustierung erfolgt mit kleinen Elektromagneten, welche die Linse nach rechts, links, höher oder tiefer in die nötige Position ziehen und dort festhalten.

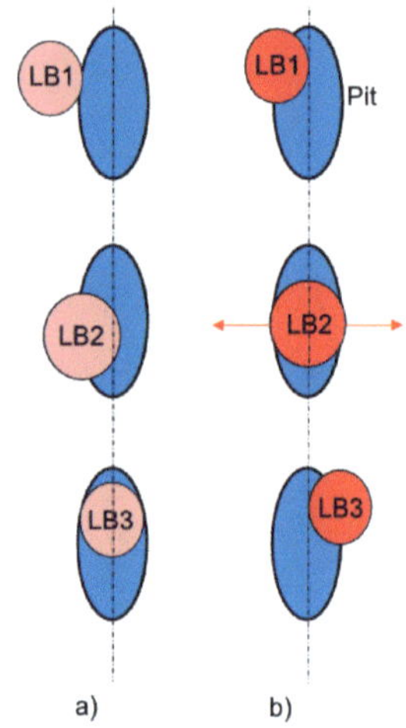

Bild 5.1: Spurjustierung
a) abweichend, b) korrekt

Der Laserstrahl wird von einer Halbleiter-Laserdiode erzeugt und trifft von unten auf die Scheibe. Aus dem reflektierten Licht werden mit einem teildurchlässigen Spiegel zwei Hilfsstrahlen (LB1 und LB3) abgespalten und auf zwei Fotodioden gelenkt. Solange beide Fotodioden gleich stark beleuchtet werden, hat der Laser die Spur genau getroffen. Wenn die Lichtstärke unterschiedlich ist, weicht der Laser von der Mittellinie der Spur ab und muss nachjustiert werden.

Der mittlere, stärkere Hauptstrahl (LB2) trifft auf vier Fotodioden A, B, C und D (im Bild 5.2 sind LB1 und LB3 für die Spurjustierung). Je nach Form des Lichtflecks muss der Abstand zur CD korrigiert werden. Aus dem Summensignal von A bis D wird ermittelt, ob der Strahl an einem „Pit" zerstreut oder von „Land" reflektiert worden ist.

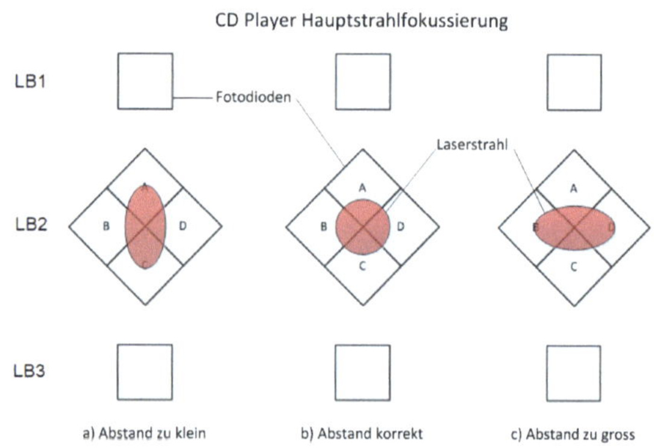

Bild 5.2: Abstandsregelung mit dem Hauptstrahl

5.1.4 Codierung

Würde man ein Bitmuster wie beispielsweise 10101010 auf die CD pressen oder schreiben, würden die Signalwechsel für den Laser zu schnell erfolgen. Nach jeder „1" müssen mindestens zwei „Nullen" folgen. Es dürfen aber niemals mehr als 10 Nullen aufeinander folgen, sonst geht die Synchronisation verloren. Um diese Bedingungen einzuhalten, werden je acht Datenbits mit einer Umcodierungstabelle „Acht zu vierzehn Modulation" in eine 14-Bit-Gruppe umgeschlüsselt. Erinnern Sie sich an die 8B/10B Umcodierung von PCIe? Auf jede 14-Bit-Gruppe folgen drei „Merge Bits" (Trennbits). 24 solche Gruppen bilden einen „Frame". Aus 24 Datenbyte = 192 Bits werden 24 × (14+3) = 408 Bits auf der CD. Als nächste Sicherheitsstufe werden jedem Frame zwei Gruppen Fehlerkorrekturbits hinzugefügt: Mit weiteren acht Byte (8 × (14+3) = 136) können Einzelbytefehler korrigiert werden, noch einmal acht Byte dienen zur Korrektur von Doppelbytefehlern. Nach dem Hinzufügen einiger Synchronisationsbits wächst das Frame auf 588 Bits. Lediglich ein Drittel davon (24 Datenbyte = 192 Bit) sind Daten! Mit dieser Fehlerkorrektur ist eine Fehlerrate von 10^{-8} erreichbar. Zum Vergleich: Standard-Magnetfestplatten erreichen 10^{-14}, sind also eine Million mal besser.

Doch immerhin können auf einer Musik-CD Kratzer von 2,4 mm Spurlänge (3500 Bit) korrigiert werden. Längere Kratzer von 8,5 mm (12 000 Bit, etwa eine hundertstel Sekunde) können nicht mehr korrigiert, aber wenigstens „verdeckt" werden: Über Interpolation wird der Fehler unhörbar gemacht.

5.2 Yellow Book: Daten-CD

5.2.1 Fehlerkorrektur mit Reed-Solomon-Code

Im Yellow-Book ist festgelegt, worin sich Audio-CD und Daten-CD unterscheiden. Vor allem ist die Fehlerkorrektur von Daten-CDs verbessert worden. Einzelne defekte Bits auf einer Audio-CD stören nicht – man kann sie nicht hören, doch auf einer Daten-CD sind auch Einzelbitfehler schwerwiegend.

Die Hauptgefahr für CDs sind Kratzer. Ein einziger Kratzer kann einige hundert aufeinanderfolgende Bits zerstören. Ein spezielles Korrekturverfahren „Cross Interleaved Reed-Solomon-Code" ist für diese Art von Schäden maßgeschneidert. Die Daten werden beim Schreiben in mehreren Etappen um immer mehr Zusatzbits ergänzt und – besonders wichtig – dabei „auseinandergerissen" und auf einen großen Teil des Umfangs verteilt. Jedes Byte wird über eine Strecke von 2 cm verteilt, so dass beliebige radiale 1 mm-Streifen einer CD fehlen können und dennoch die ganze Information vorhanden ist. Sogar 25 mm lange „Bündelfehler" können korrigiert werden. Ein Bündelfehler wird in viele Bytefehler zerlegt. Vereinfacht gesagt: Ein Kratzer zerstört von sehr vielen Bytes nur je ein Bit, und ein Bit pro Byte kann korrigiert werden.

Die verbesserte Fehlerkorrektur hat einen Preis: weil vom gelesenen Datenstrom noch mehr Bits für die Fehlerkorrektur „abgezweigt" werden, sinkt die Datenrate von 176,4 kByte/s (Musik-CD) auf 150 kByte/s (Daten-CD). Eine Daten-CD hat 17 % weniger Kapazität als eine Musik-CD.

Für alle Korrekturverfahren zusammengezählt wird fast die Hälfte der Kapazität für Korrekturbits verwendet (wobei der Kapazitätsverlust durch die unvermeidbare acht zu vierzehn Umschlüsselung noch dazu kommt). Ohne jede Fehlerkorrektur hätte eine CD eine Kapazität von etwa 1,2 statt 0,7 GB – und wäre praktisch unbrauchbar.

Nutzern, die eine höhere Datensicherheit wollen, kann ein Programm „SecurDisk" oder „DVDISASTER" empfohlen werden. Diese Programme richten eine zusätzliche Fehlerkorrekturebene ein und verringern dafür die nutzbare Kapazität der DVD noch mehr, um mindestens 15 %. Sicherheit hat ihren Preis ...

Die Korrekturverfahren können auch sehr großräumige Fehler beherrschen. Doch wenn eine ungünstig zerkratzte CD oder DVD auf ein altersschwaches Laufwerk trifft, lassen sich manche Fehler nicht mehr korrigieren. Noch schlimmer: es kann vorkommen, dass die Elektronik „glaubt", alle Fehler korrigiert zu haben, doch die Daten sind immer noch falsch – das Laufwerk sendet jedoch keinerlei Fehlermeldung.

5.2.2 Hohe Drehzahlen

Mit den ersten CD-Laufwerken (ab 1985) wurden die Daten mit einer Geschwindigkeit von 150 kByte/s gelesen. Das wird als „einfache Geschwindigkeit" (1x) bezeichnet. Für das Lesen von Daten ist eine sehr viel höhere Geschwindigkeit wünschenswert. Deshalb wurden immer höhere Drehzahlen getestet. Eine CD dreht mit 200 rpm beim Lesen der Außenspur mit einfacher Geschwindigkeit. Bei 50x dreht sie mit 10 000 rpm, was 167 Umdrehungen pro Sekunde entspricht. Bei diesen Drehzahlen führen selbst kleinste Unwuchten der CD zu starken Vibrationen, die einerseits deutlich hörbar sind und zum anderen auf Dauer sowohl Laufwerk als auch Medium beschädigen können. Wenn Sie eine CD in der Bibliothek oder über das Internet ausleihen, sind oft mehrere Aufkleber darauf, die für beträchtliche Unwucht sorgen. Die „Mythbusters" haben getestet, dass (einwandfreie) CDs bei 25 000 rpm durch Fliehkräfte zerrissen werden. Bei mangelhaften (oder beklebten) CDs kann das bei deutlich niedrigeren Drehzahlen passieren. Die Industrie hat sich deshalb auf eine Höchstgeschwindigkeit von „52-fach" geeinigt.

Um trotzdem eine Lesegeschwindigkeit von mehr als 52× erreichen zu können, wurden Laufwerke entwickelt, bei denen mehrere Laser mehrere Spuren gleichzeitig auslesen (Multibeam). Bei der von Kenwood verwendeten TrueX-Technik liest das Laufwerk sieben Spuren mit sieben Lasern gleichzeitig ein. In solch einem Modell mit 72-facher Lesegeschwindigkeit rotiert die CD mit nur 2700 U/min und arbeitet somit wesentlich leiser als ein 52-fach-Laufwerk ohne Multibeam. Allerdings ist der Preis dieser Laufwerke so hoch, dass sie Nischenprodukte geblieben sind.

Während das Laufwerk beim Abspielen einer Musik-CD die Drehzahl verringert, je weiter sich der Lesekopf nach außen bewegt, wird bei Daten-CDs auf diese Drehzahlregelung verzichtet. Die Daten werden bei konstanter Drehzahl gelesen. Das zeitraubende Beschleunigen und Abbremsen der CD beim Hin- und Herpositionieren des Lesekopfes wird vermieden. Dadurch hängt bei Daten-CDs die Datenrate von der Position des Lesekopfes ab: Bei Daten im äußeren Bereich wird die größte Datenrate erreicht, und die wird auf der Verpackung angegeben. Allerdings werden optische Speicher innen beginnend beschrieben und nur die wenigsten CDs sind „bis an den Rand" gefüllt, so dass die angepriesene Geschwindigkeit fast nie erreicht wird. Die Datenrate am Beginn der CD erreicht wegen des kleineren Durchmessers nur 40 % der Datenrate wie sie am Außenrand wäre, was die Durchschnittsgeschwindigkeit deutlich verringert.

Auf eine „normale" 12-cm-CD passen 640 bis 700 MB, die kleinere 8-cm-CD fasst 210 MB.

5.3 Brennen

Zum Beschreiben (umgangssprachlich „Brennen") von CD-R und CD-RW wurden Laufwerke mit stärkeren Lasern entwickelt. Da diese Geräte zum Speichern der Daten den Rohling punktweise stark erhitzen, nennt man sie Brenner.

Beschreibbare CDs gibt es in einer einmal beschreibbaren Variante (CD-R: CD recordable) und in einer mehrfach wiederbeschreibbaren Variante (CD-RW: CD rewritable).

Bei einmal beschreibbaren Rohlingen besteht die Datenschicht aus einem polykristallinen reflektierenden Material. Die Datenschicht wechselt unter Hitze-Einwirkung vom kristallinem Zustand (gut reflektierend) zum amorphem (schlecht reflektierend). Zum Schreiben wird der Laser auf höchste Leistung geschaltet und erhitzt die Schicht punktweise auf 500 bis 700 °C. Dadurch verflüssigt sich das Material für einige Mikrosekunden. Während der Abkühlphase geht der geschmolzene Bereich in den amorphen, schlecht reflektierenden Zustand über und verliert das Reflexionsvermögen. So entsteht auf dem hellen Untergrund ein Bitmuster aus dunklen „Brandflecken".

Indem mehrfach beschreibbare Datenträger mit einem schwachen Laserstrahl auf eine mäßige Temperatur von nur 200 °C erhitzt werden, gerät die Datenschicht wieder in den kristallinen, gut reflektierenden Zustand. Anschließend kann die Scheibe ein weiteres Mal beschrieben werden.

Die Reflexionseigenschaften einer CD-R gleichen nahezu denen einer normalen CD, und sie kann auch in älteren CD-Laufwerken gelesen werden. Beim Lesen einer CD-RW ist der Kontrastunterschied zwischen Pit und Land geringer, deshalb können CD-RW von einigen sehr alten Playern nicht gelesen werden.

Wieviel mal können mehrfach beschreibbare CD beschrieben werden? Theoretisch sehr oft, doch realistisch sollten Sie zufrieden sein, wenn sich eine CD-RW 30mal beschreiben und löschen lässt.

Auch bei den DVDs gibt es einmal (DVD-R) und mehrmals beschreibbare (DVD-RW). Zusätzlich gibt es einen alternativen, weniger gebräuchlichen Standard, der mit einen Pluszeichen gekennzeichnet wird: DVD+R und DVD+RW. Und es gibt die DVD-RAM, die man blockweise beschreiben kann (das heißt, man kann beliebige Bereiche der DVD-RAM überschreiben, ohne vorher die gesamte DVD-RAM zu löschen).

Weitere Informationen:

- Sehr gute technische Beschreibung:
  `http://www.tu-chemnitz.de/informatik/RA/news/stack/kompendium/vortraege_97/dvd/dvdtext.html`
- Gute Erläuterung, z. B. zu Kopierfehlern, Kopierschutz, virtuellem Laufwerk
  `https://de.wikipedia.org/wiki/ISO-Abbild`
- AudioHQ – Compact Disc – Aufbau und Grundlagen
  `http://www.audiohq.de/viewtopic.php?id=840`

6 Stromversorgung

Auf der Webseite `www.formfactors.org` sind detaillierte Spezifikationen für Hauptplatinen, Netzteile, Gehäuse und andere PC-Komponenten veröffentlicht. Allerdings sind diese Informationen nur über `http://web.archive.org/web/20180513053152/http://www.formfactors.org/developer/specs/atx2_2.pdf` (das ist **ein** Link! Beim WayBack-Archiv folgt auf den Zeitstempel der ursprüngliche Weblink) zugänglich. Dort finden Sie die Anforderungen der Version ATX 2.2 (englisch). ATX Version 2.3 und neuere Standards sind nicht öffentlich verfügbar.

ATX 2.3 fordert einen Wirkungsgrad des Netzteils von mindestens 80 % (ATX 2.2: 75 %). Außerdem wird für die 12 Volt Zusatzleitung zu der Grafikkarte (siehe 13.4 „Zusatzstrom für Grafikkarten") die bisherige Begrenzung auf 20 A aufgehoben, was den Weg für noch stromhungrigere Grafikkarten frei macht.

Die Neuerung bei ATX 2.4 betrifft die Zusatzstromversorgung der CPU (siehe 13.2 „ATX12V und EPS12V"). Ältere Netzteile starteten nicht, wenn die CPU keinen Strom anforderte (z. B. wenn man vergessen hatte, den Stecker einzustecken). Inzwischen gibt es extrem sparsame CPUs. Deshalb muss ein ATX 2.4 Netzteil bei einem Strom von weniger als 0,05 A auf der ATX12V Leitung anlaufen können, empfohlen sind 0,00 A.

Eine radikale Neuerung folgte im Jahr 2020: Intel stellte einen Standard ATX 3.0 vor. Grafikkarten werden nicht mehr mit mehreren 6- oder 8-poligen Steckern, sondern über einen 12-poligen Stecker mit bis zu 600 Watt Zusatzstrom versorgt. Das Netzteil kommuniziert über den ATX 12V Anschluss mit dem Motherboard, um im Leerlauf Strom zu sparen.

Mehr über ATX 3.0 können Sie auf `eifert.net/hwnt1` finden. ATX 3.0 wurde erst 2024 praktisch relevant, denn ATX 3.0 Netzteile und Mainboards mussten erst noch entwickelt, getestet und produziert werden.

6.1 Wirkungsgrad

Wenn das Netzteil 250 W aus der Steckdose braucht, um die angeschlossene Elektronik mit 200 Watt zu versorgen, hat das Netzteil einen Wirkungsgrad von 80 %. Die Differenz von 50 W wird im Netzteil in Wärme verwandelt. Die restlichen 200 W werden im PC in Wärme verwandelt. Dass ein kleiner Teil der Energie in Schall und Elektrosmog verwandelt wird, vernachlässigen wir in den weiteren Betrachtungen.

Der Wirkungsgrad ändert sich nicht proportional mit der Auslastung. Das Netzteil hat auch bei geringer Auslastung einen Eigenbedarf (z. B. läuft der Lüfter in den meisten Netzteilen ständig). Außerdem gerät die Netzteil-Elektronik bei maximaler Last in ein nicht-optimales Arbeitsregime (nicht anders als beim Auto: Ständiges Fahren mit Vollgas erhöht den Treibstoffbedarf überproportional und erhöht auch den Verschleiß).

Der „Power Supply Design Guide" (siehe Link am Anfang des Kapitels) definiert ein Minimum für den Wirkungsgrad. Beachten Sie die Verschärfung im Laufe der Jahre!

„Energy Star" ist ein Gütesiegel des US-Umweltministeriums, ähnlich dem „Blauen Engel" in Deutschland. Hierzulande brauchen die Behörden keine Umweltkriterien beachten, meist gewinnt wohl der billigste Anbieter. Nicht so in den USA: Dort dürfen Behörden nur solche EDV-Geräte kaufen, die den Energy Star tragen. Das hat die Hersteller kräftig motiviert, und es zeigte sich: 90 % zu erreichen ist kein Problem. Doch es werden noch immer veraltete Modelle mit einem Wirkungsgrad unter 70 % „preiswert" verkauft.

Dokument	Minimum	20 % Last	50 % Last	100 % Last
V2.2 2005	Gefordert Empfohlen	50 % 75 %	60 % 80 %	70 % 77 %
V2.2 Rev. 1.2 2008	Gefordert Empfohlen	65 % 80 %	72 % 80 %	70 % 80 %
Energy Star 2011	Gefordert	87 %	90 %	87 %

Tab. 6.1: Mindestanforderungen an den Wirkungsgrad eines Netzteils

Last	10 %	20 %	50 %	100 %
80 Plus		82 %	85 %	82 %
80 Plus Bronze		85 %	88 %	85 %
80 Plus Silver		87 %	90 %	87 %
80 Plus Gold		90 %	92 %	89 %
80 Plus Platinum		92 %	94 %	90 %
80 Plus Titanium	90 %	94 %	96 %	94 %

Tab. 6.2: Kriterien für die „80 Plus" Zertifizierung

Im Jahr 2004 wurde die Initiative „80 PLUS" gestartet, um Netzteile mit einem Wirkungsgrad über 80 % auszuzeichnen. In den folgenden Jahren wurden die Bronze- und höhere Zertifizierungen hinzugefügt. Etwa ein Drittel der in Europa erhältlichen Netzteile ist mit Silber, Gold oder Platin zertifiziert.

Im Zusammenhang mit der Einführung von ATX 3.0 wurde eine neue Zertifizierung „Cybenetics" für Netzteile eingeführt. Es wird nicht nur der Wirkungsgrad, sondern zusätzlich der Geräuschpegel gemessen.

Die Berechnung des Wirkungsgrades wird bei 80 Plus und Cybenetics mit unterschiedlichen Testbedingungen und Berechnungsmethoden ermittelt. Cybenetics ermittelt die Werte bei höherer Temperatur, was praxisnäher ist. Insofern sind die Werte nicht vergleichbar. Wenn das Netzteil beide Zertifizierungen hat, sind beide hilfreich, um die Qualität des Netzteils zu bewerten.

	Bronze	Silber%	Gold	Platin	Titan	Diamant
Gesamteffizienz	≥82 - <85 %	≥85 - <87 %	≥87 - <89 %	≥89 - <91 %	≥91 - <93 %	≥93 %
Gesamt PFC	≥0,950	≥0,960	≥0,970	≥0,975	≥0,980	≥0,985
$5V_{SB}$ Wirkungsgrad	>71 %	>73 %	>75 %	>76 %	>77 %	>79 %<
SB-Stromverbrauch	<0,25 W	< 0,22 W	<0,19 W	<0,16 W	<0,13 W	<0,10 W

Tab. 6.3: Kriterien für die Cybenetics-Zertifizierung des Wirkungsgrades („PFC" siehe nächste Seiten)

	Standard	Standard+	Standard++	A-	A	A+	A++
Lärmpegel max	45 Db(A)	40 Db(A)	35 Db(A)	30 Db(A)	25 Db(A)	20 Db(A)	<15 Db(A)
Lärmpegel min	40 Db(A)	35 Db(A)	30 Db(A)	25 Db(A)	20 Db(A)	15 Db(A)	

Tab. 6.4: Kriterien für die Cybenetics-Zertifizierung des Geräuschpegels

Lohnt es sich, ein effizienteres, aber teureres Netzteil zu kaufen, um Energiekosten zu sparen? Betrachten wir beispielhaft die jährlichen Energiekosten zweier Computer, die 40 Stunden wöchentlich genutzt werden.

Wenn der PC 200 W Energie benötigt, kostet das 40 Stunden × 50 Wochen × 0,25 €/kWh × 0,2 kW = 100 € pro Jahr. Ein um 10 % verbesserter Wirkungsgrad spart 10 € pro Jahr. Wenn ein High-End-PC durchschnittlich 500 W Energie benötigt, verursacht er 250 € Energiekosten pro Jahr. Ein um 10 % verbesserter Wirkungsgrad bringt 50 Watt Einsparung, was 25 € pro Jahr ausmacht. Im ersten Fall ist die Energieeinsparung wahrscheinlich viel geringer als der Mehrpreis für ein besseres Netzteil. In einem High-End-PC mit einem Leistungsbedarf über 500 W kann dieser Finanzvergleich anders aussehen, hier lohnt sich der Aufpreis bestimmt. Doch wenn Sie Wert auf einen leisen PC legen, sollten Sie in beiden Fällen bedenken: eine höhere Wärmeentwicklung im Netzteil führt zu (durchschnittlich) höherem Lüftergeräusch. Wobei es natürlich auch auf die Qualität des Lüfters ankommt.

Der Wirkungsgrad eines Netzteils steht im Datenblatt, das jeder Hersteller im Internet bereitstellen sollte.

6.2 Wieviel Leistung braucht ein PC?

Die Tabelle 6.5 zeigt den Leistungsbedarf eines typischen PCs für Office- und Standardanwendungen. Er ist mit einer Doppelkern-CPU mit 4 GHz, 8 GB RAM und Onboard-Grafik sowie DVD-Brenner und SSD-Festplatte ausgestattet. Beim Netzteil ist der Eigenbedarf angegeben. Tastatur, Maus und SSD haben zusammen etwa 10 Watt. Wird mit dem PC gearbeitet, liegt die durchschnittliche Leistungsaufnahme bei etwa 140 Watt, im Leerlauf bei 50 bis 75 Watt. Etwa 80 % aller PCs, die ich in den letzten Jahren repariert habe, fallen in diese Kategorie.

	High-End	Einfach	Leerlauf
CPU	150 - 250 W	60 - 95 W	25 W
Mainboard	25 - 50 W	20 - 40 W	8 - 15 W
RAM	10 - 20 W	10 - 20 W	10 - 18 W
SSD 1 TB	1 - 3 W	1 - 3 W	1 - 2 W
DVD	5 - 10 W	5 - 10 W	1 W
Netzteil	15 - 25 W	10 - 20 W	5 - 10 W
Grafikkarte	100 450 W		30 W
Summe	306 - 808 W	106 - 188 W	54 - 101 W

Tab. 6.5: Leistungsbedarf eines PC

Die „etwas besseren" PCs haben eine separate Grafikkarte, die den Strombedarf um 50 Watt (oder viel mehr) erhöht. Die leistungsstärksten Intel-CPUs brauchen maximal 140 Watt, die von AMD bis zu 220 Watt (und deutlich mehr Kühlleistung als ein einfacher PC).

Allgemein wird empfohlen, ein Netzteil zu kaufen, das etwa die doppelte Leistung hat, wie der geplante PC benötigen wird. Dann arbeitet das Netzteil bei 50 % Auslastung im Bereich des höchsten Wirkungsgrades und Sie haben noch Reserven für zukünftige Erweiterungen. Auch wenn Sie (heute) keine Aufrüstung planen, hat eine Reserve mehrere Vorteile:

- Im Einschaltmoment ist der Leistungsbedarf kurzzeitig viel höher (z. B. für das Anlaufen der Festplatten).
- Der Energiebedarf der CPU schwankt im Nanosekundentakt, die Energieaufnahme der Festplatte schwankt im Millisekundentakt. Die meisten modernen Grafikkarten übersteigen regelmäßig für Sekundenbruchteile ihre nominellen Powerlimits. Die Schwankungen dieser und weiterer Komponenten summieren sich auf unvorhersehbare Weise. Unzureichende Reserven können zu Fehlern führen, die sehr schwer zu diagnostizieren sind.
- Wenn das Netzteil ständig in der Nähe von Volllast läuft (und dabei überdurchschnittlich warm wird), altert es schneller.
- Durch Alterung lässt die Spitzenleistung des Netzteils allmählich nach.
- Sie haben eine Reserve für den Fall, dass der Hersteller die Leistungsangaben „geschönt" hat.

Für einen „einfachen" Computer ist die Empfehlung mit der doppelten Leistung kaum zu realisieren: Netzteile mit weniger als 350 Watt sind nur schwer zu finden. Wenn Sie kein gutes 350 Watt Netzteil finden, dann nehmen Sie ein modernes Netzteil mit 400 oder 450 Watt, das bringt Ihnen reichlich Reserve für ein späteres Aufrüsten. Allerdings wird ein 400 Watt Netzteil nur zu 10 bis 15 % ausgelastet, wenn der PC im Leerlauf ist, und bei dieser Auslastung ist der Wirkungsgrad etwas schlechter. Doch das ist nicht schlimm:

Ein schlechter Wirkungsgrad fällt bei niedrigem Verbrauch weniger ins Gewicht. Bei 80 % Wirkungsgrad gehen bei einem PC mit 100 Watt Verbrauch nur 20 Watt verloren.

Wenn Sie einen „Boliden" bauen wollen, sollten Sie den Bedarf genauer kalkulieren, und zwar für jede Spannung einzeln. Ein ATX 2.x Netzteil sollte die doppelte Leistung hat wie der errechnete Bedarf haben. Ein ATX 3.x Netzteil verkraftet Lastschwankungen besser, es genügt die eineinhalbfache Leistung.

Leider sind die Leistungsangaben manchmal unzuverlässig. Die Belastbarkeit von Transistoren, Gleichrichterdioden und anderen Halbleitern sinkt bei steigender Temperatur. Renommierte Hersteller geben im Datenblatt an, bei welcher Temperatur die Leistungswerte gemessen worden sind. Einige Hersteller messen die maximale Leistung des Netzteils bei Zimmertemperatur, wohl wissend, dass bei 65 °C nur noch 80 % der Leistung verfügbar sind. Und ganz windige Hersteller lügen einfach bei der Leistungsangabe, denn die meisten Nutzer kaufen ohnehin überdimensionierte Netzteile.

6.3 Technische Details

6.3.1 Power Factor Correction (PFC)

In den Kraftwerken wird der elektrische Wechselstrom als Sinuswelle erzeugt. Doch auf dem Transport und bei den Verbrauchern wird diese Sinuswelle verzerrt, vor allem durch die Magnetfelder von Spulen (z. B. in Transformatoren und Motoren). Es entstehen phasenverschobene Spannungen („Blindleistung"), die den Aufwand für die Energiekonzerne erhöhen, qualitativ hochwertigen Strom bereitzustellen. Außerdem entstehen höherfrequente Spannungen (Oberwellen). Diese können zu Störungen bei anderen Geräten (Rundfunk und Fernsehen) führen. Deshalb gibt es seit 2001 eine Norm für die **E**lektro**m**agnetische **V**erträglichkeit (EMV). Alle elektronischen Verbraucher über 75 Watt müssen einen „Leistungsfaktorkorrekturfilter" (engl.: PFC = **P**ower **F**actor **C**orrection) haben. Die Qualität der Entstörung wird mit einem „Power Factor" beschrieben: Das Verhältnis von aktiver (nützlicher) Energie zu der insgesamt aus dem Stromnetz entnommenen Energie soll mindestens 0,9 sein.

Es gibt zwei verschiedene Schaltungen, mit denen die Hersteller ihre Netzteile ausrüsten können: Aktive und passive Korrekturschaltungen. Die „passive PFC“ funktioniert mit Drosseln (Spulen). Die Schaltung ist einfach und billig. Sie ist vor allem bei Netzteilen bis 200 Watt üblich. Bei steigender Leistung des Netzteils werden die Drosseln so groß und so schwer, dass eine „aktive PFC“ mit elektronischen Schaltungen bevorzugt wird. Mit einer aktiven PFC sind hohe Wirkungsgrade leichter zu erreichen. Diese Bauart ist teurer, hat aber einen Vorteil beim Export: Netzteile mit aktivem PFC vertragen einen weiten Bereich von Eingangsspannungen. Wenn auf Ihrem Netzteil steht „Eingangsspannung von 100 bis 240 Volt“, hat es aktive PFC.

Bei Netzteilen im Leistungsbereich von etwa 200 bis etwa 500 Watt findet man sowohl aktive als auch passive PFC. Die aktiven sind die teureren. Welche sollten Sie nehmen?

Die Qualität der PFC hat überhaupt keinen Einfluss auf die Qualität der Stromversorgung im Inneren Ihres PCs. Da ich meinen PC weder ins 110-Volt-Ausland mitnehme noch auf LAN-Partys schleppe, stört mich das Gewicht nicht. Im übrigen ziehe ich einfache, robuste Lösungen vor (Einstein: *Mache die Dinge so einfach wie möglich – aber nicht einfacher*): Was kann an einer Spule jemals kaputt gehen? Für die meisten PCs genügt die passive Korrektur. Warum sollten Sie mehr Geld ausgeben, um den Energieversorgern eine Freude zu machen? Störungen des Rundfunk- und Fernsehempfangs durch das Netzteil brauchen Sie nicht zu befürchten, die gesetzlichen Vorgaben sind streng genug.

Bei Netzteilen nach dem ATX 3.1 Standard ist eine aktive PFC und ein Mindestwirkungsgrad vorgeschrieben.

6.3.2 Einzel- und Gesamtleistung

Der Transformator im Netzteil hat meist eine Wicklung für die Erzeugung von 12 Volt und eine weitere gemeinsame Wicklung für 5 und 3,3 Volt. Zwischen 3,3 und 5 Volt wird die Leistung je nach Bedarf aufgeteilt.

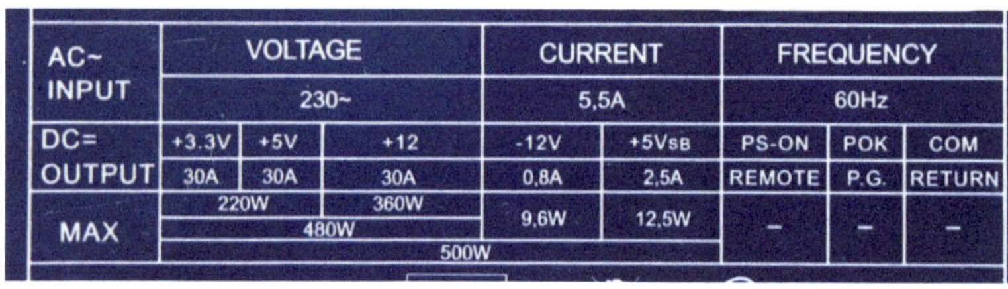

Bild 6.1: Etikett 500 Watt Netzteil (Ausschnitt)

Im Beispiel (Bild 6.1) kann das Netzteil 3,3 V × 30 A = 99 W oder 5 V × 30 A = 150 W liefern, aber nicht gleichzeitig. Der Max-Wert ist mit 220 W angegeben und 99 + 150 = 249 W sind deutlich mehr als 220 Watt.

Auch die +12 V Leitung konkurriert mit 3,3 und 5 Volt: 220 + 360 = 580 W sind mehr als die zulässigen 480 W. Die -12 Volt sind ein Relikt aus früheren Zeiten und werden normalerweise nicht gebraucht. Der Leistungsbedarf der Spannung +5 V $_{\text{Stand By}}$ ist ebenfalls gering.

Was bedeutet das für uns? Dieses Netzteil ist flexibel genug, den Strom dort hin zu schicken, wo am meisten davon gebraucht wird. Wenn wir genug Reserven bei der Gesamtleistung haben, müssen wir nicht unbedingt den Leistungsbedarf für jede einzelne Spannung ganz genau ermitteln. Wichtig ist, dass der Löwenanteil der Leistung als +12 Volt bereitgestellt wird. Besonders wenn Sie mehrere Grafikkarten in den PC stecken, sollten Sie die Leistung der +12 Volt Leitungen höchstens zu 80 % ausnutzen.

6.3.3 Die StandBy-Spannung +5 V SB

Früher einmal wurde der PC mit einem 230-Volt-Schalter ein- und ausgeschaltet. Der PC konnte daher nicht per Software ein- und ausgeschaltet werden. Mit der Einführung des ATX-Formfaktors durch Intel im Jahr 1996 schrumpfte der wuchtige Einschalter zu einem kleinen Taster. Das Netzteil erhält das Einschalt- und Ausschaltsignal von einer kleinen Schaltung, die sich auf der Hauptplatine befindet.

Den Befehl zum Ausschalten sendet Windows am Ende des Herunterfahrens. Der Vorteil: Sie müssen nicht am PC warten, bis das Herunterfahren abgeschlossen ist, um ihn auszuschalten. Der Einschaltbefehl kann aus verschiedenen Quellen stammen:

- vom Einschalt-Taster an der Frontseite,
- von der Uhr. Im BIOS kann man einen sogenannten Alarm-Zeitpunkt eingeben (Jahr, Monat, Tag, Stunde, Minute), wann der PC das nächste Mal aufwachen soll.
- Eine Betätigung von Tastatur oder Maus kann den PC wecken.
- „Wake on Ring“ oder „Wake on Modem“: Das Modem empfängt einen Anruf und startet den PC.
- „Wake on LAN“: Die Netzwerkkarte empfängt ein spezielles Datenpaket, das „Magic Packet“.

Ob Netzwerk, Modem, Tastatur oder Maus den PC aufwecken dürfen, müssen Sie im BIOS einstellen. Suchen Sie nach den Befehlen „Wake on LAN“, „Wake on Ring“ (damit ist ein Modem gemeint), „USB Mouse Power On“, „Keyboard Remote Power ON“ usw. und setzen sie diese auf „Enabled“. Falls Ihr PC zu „Geisterstarts“ neigt, ist vielleicht einer dieser Werte gesetzt und Sie müssen ihn nur auf „Disabled“ setzen.

Die Elektronik auf der Hauptplatine, der Empfangsteil der Netzwerkkarte, das Modem, Tastatur und Maus müssen natürlich mit Spannung versorgt werden, um den Einschaltbefehl auslösen zu können. Dazu liefert das Netzteil ständig eine mit „+5 V $_{\mathrm{StandBy}}$“ bezeichnete Bereitschaftsspannung.

Ob und welche USB-Buchsen mit +5 V $_{\mathrm{SB}}$ versorgt werden, muss im BIOS oder mit einem Jumper auf der Hauptplatine eingestellt werden (siehe in Bild 14.9 die gelben Jumper über USB 9-10). Wenn Sie den PC über Maus oder Keyboard einschalten wollen, müssen Sie dafür eine ständig versorgte USB-Buchse finden. Übrigens kann man an so einer Buchse das Handy o. a. aufladen, auch bei ausgeschaltetem PC.

Ein ständig teil-eingeschaltetes Netzteil hat natürlich Nachteile. Der StandBy-Stromverbrauch liegt bei guten Netzteilen bei geringfügigen 1-2 Watt (0,8 bis 1,5 Cent pro Tag), selbst bei schlechten Netzteilen unter 10 Watt. Wenn Sie Tastatur und Maus mit $+5V_{SB}$ versorgen, steigt der Bedarf etwas an. Es ist ratsam, den PC (und Bildschirm sowie weitere Standby-Geräte) zumindest über Nacht mit einer abschaltbaren Steckdosenleiste vom Stromnetz zu trennen. Damit schützen Sie Ihren PC auch vor Überspannungen aus dem Stromnetz, die durch Blitzschläge oder Schaltvorgänge auf Hochspannungsleitungen entstehen können.

Allerdings ist der Schutz nicht vollständig: Bei einem Blitzeinschlag in unmittelbarer Nähe kann der Schutzleiter unter hoher Spannung stehen. Vollen Schutz haben Sie nur durch Ziehen des Steckers.

6.3.4 Schutzschaltungen

Ein defektes Netzteil kann einen Brand verursachen oder sämtliche Elektronik im PC zerstören. Damit das nicht geschieht, schreibt der ATX12V Standard drei Schutzschaltungen vor: OVP, SCP und OCP.

- **O**ver **V**oltage **P**rotection (Überspannungsschutz) schaltet das Netzteil ab, wenn eine der Ausgangsspannungen zu hoch wird, z. B. durch das Versagen eines Reglers. Dadurch wird die Hauptplatine und andere Elektronik geschützt.
- **S**hort **C**ircuit **P**rotection (Kurzschlussschutz) schaltet das Netzteil ab, wenn eine der Ausgangsspannungen kurzgeschlossen wird. Das schützt das Netzteil vor Überlastung und meist überleben auch die Bauteile, die am Kurzschluss beteiligt waren. Eine häufige Ursache für Kurzschlüsse ist der Versuch, Stromversorgungsstecker unter Spannung verkantet oder verkehrt herum einzustecken.
- **O**ver **C**urrent **P**rotection (Überstromschutz) schaltet das Netzteil ab, wenn an einem der Anschlüsse ein unzulässig hoher Strom entnommen wird. Damit wird verhindert, dass Komponenten des Netzteils überhitzen, was schlimmstenfalls zu einem Brand führen kann.

Manche Netzteile haben weitere Schutzschaltungen. Sie sind optional und sind vor allem dann nützlich, wenn eine der Pflicht-Schutzschaltungen versagt.

- **U**nder **V**oltage **P**rotection (Unterspannungsschutz) schaltet das Netzteil bei Unterschreitung der Nennspannung ab, nach dem Motto „lieber abschalten als dass eine unterversorgte CPU falsch rechnet“.
- **O**ver **P**ower **P**rotection (Überlastschutz): Der vorstehend genannte Überstromschutz OCP reagiert, wenn einer der Ausgangsströme zu hoch ist. Wenn aber von mehreren Ausgangsströmen keiner das Limit überschreitet, aber deren Summe zu hoch ist, reagiert der OPP-Überlastschutz.

- **O**ver **T**emperature **P**rotection (Übertemperaturschutz): Schaltet das Netzteil ab, wenn z. B. der Lüfter ausgefallen ist oder die Luftaustrittsöffnung verdeckt ist.

Das Vorhandensein einer Schutzschaltung bedeutet allerdings noch nicht, dass sie auch funktioniert. Es ist nicht genormt, bei welcher Überschreitung der Grenzwerte die Abschaltung erfolgt. Je empfindlicher die Schutzschaltung eingestellt ist, mit desto mehr Reklamationen muss der Hersteller rechnen. Ich habe schon etliche Netzteile – oft erfolgreich – reklamiert, die bei 80 bis 90 % Belastung durchgebrannt sind.

Es gibt nicht viele „echte" Netzteilfabriken: Seasonic, FSP Fortron Source, Delta Electronics, Enhance. Die Liste ist nicht vollständig, hin und wieder eröffnen neue Fabriken. Jeder Geschäftsmann kann bei einer Fabrik Netzteile bestellen, die mit seinem Logo beklebt werden und die nach seinen Vorgaben gefertigt und eingestellt werden. Zu den Marken, die keine eigene Fabrik haben, gehören z. B. Enermax, Corsair, BeQuiet!, Coolermaster, Silverstone und Cougar. Einige Label lassen ihre sehr guten Netzteile in der einen Fabrik fertigen und Netzteile für den Massenmarkt in anderen Fabriken. Deshalb kann ich Ihnen leider keine klare Kaufempfehlung für eine bestimmte Marke geben. Meine Tipps:

- Fragen Sie den Verkäufer im Fachgeschäft (wobei ich Elektronik-Supermärkte nicht unbedingt zu den Fachgeschäften rechne).
- Der Kumpel lobt das Netzteil, das er selbst gekauft hat? Um seinen Sachverstand bei der Auswahl eines Netzteils zu betonen, würde er jedes Netzteil loben, das seine Wohnung noch nicht in Brand gesteckt hat. Aber wenn ein Servicetechniker, der schon dutzende defekte Netzteile ausgewechselt hat, von einer Marke abrät, sollten Sie das nicht ignorieren.
- Ein Netzteil für einen Büro-PC hat eine so geringe Last zu „ertragen", dass auch ein relativ preiswertes Modell länger lebt als der PC – vorausgesetzt, Sie haben nicht das allerbilligste gekauft!
- Wenn Sie ein Netzteil für höhere Anforderungen brauchen, kann ich Ihnen das Studium von Testberichten nicht ersparen. Suchen Sie gezielt, welche Beschwerden unzufriedener Kunden es gibt.

Zu den renommierten Marken (in alphabetischer Folge) zähle ich Asus ROG Thor, BeQuiet Dark Power, Corsair HX, Seasonic Prime und SuperFlower.

6.3.5 Multiple +12 V Rails

Die ATX 2.2-Spezifikation begrenzt den Strom pro Kabelstrang auf maximal 20 Ampere. Das ist eine ganze Menge: 12 V × 20 A = 240 W – das reicht für ein kleines Bügeleisen! Diese 20 A verteilen sich auf zwei Adern bei der CPU-Stromversorgung ATX12V. Beim Zusatzstrom für die Grafikkarte liefern zwei Adern je 75 Watt über 6-polige PEG-Stecker oder 150 Watt über 8-polige PEG-Stecker. Zwei 8-polige PEG-Stecker an einem Kabelstrang wäre mit 300 Watt also zu viel. Erst ATX 2.4 erlaubt, die 20 Ampere zu überschreiten.

In den einfacheren Netzteilen gibt es für jede Spannung nur eine Sicherung. Beim relativ „schwachen" Netzteil von Bild 6.1 werden fünf OCP-Sicherungen benötigt: für +3,3 V, +5 V, +12V, -12 V und +5 V SB. Die Hersteller gehen (völlig zu recht) davon aus, dass zu allen Großverbrauchern (Mainboard, Grafikkarte, CPU) mehrere Adern parallel verlaufen und sich der Strom gleichmäßig aufteilt. Die +5 V beispielsweise werden über 5 Adern zur Hauptplatine geleitet (Pin 4, 6, 21 bis 23 im Bild 14.19). Ein stärkeres Netzteil (z. B. mit 1000 Watt Leistung) kann an den +12 V Anschlüssen bis zu 90 A liefern. Ein OMA-Amateur (**o**hne die **m**indeste **A**hnung von Physik) könnte auf die Idee kommen, zwei Grafikkarten über einen einzigen Kabelstrang zu versorgen, damit nicht so viele Kabel im PC herumhängen. Einmal abgesehen von dem hohen Spannungsabfall auf dem Strang könnte diese Art der Verkabelung (90 A statt der zulässigen 20 A pro Ader) zu einem Schwelbrand führen.

Deshalb unterteilen einige Hersteller die 12 V Leitung auf mehrere Stränge (engl. „Rail", ein Elektriker würde „Stromschiene" sagen) und sie sichern jeden Strang mit einer eigenen Sicherung ab. Bei diesen „Multiple +12 V Rail"-Netzteilen sind die Spannungen oft mit „+12 V(1)", „+12 V(2)" usw. bezeichnet. Schließen Sie jeden Großverbraucher an eine andere Stromschiene an, dann wird auch keine der Sicherungen rausfliegen.

Bild 6.2 zeigt die Rückseite eines Netzteils mit 800 Watt. Dieses hat sechs Anschlüsse für die Peripherie. Der einzige PCI-E Anschluss (gelb) erlaubt den Anschluss von nur einer Grafikkarte.

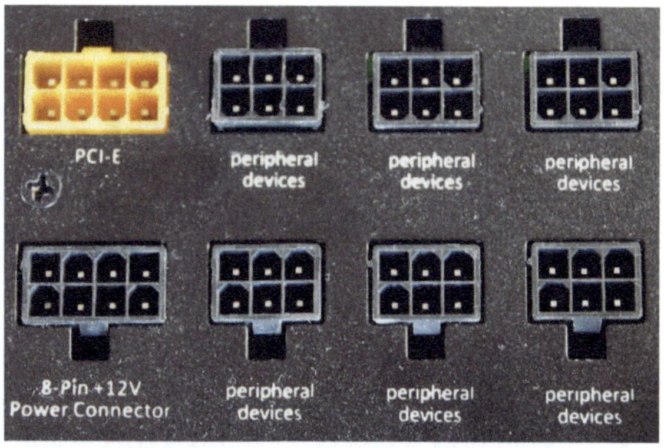

Bild 6.2: Kabelmanagement: Anschlüsse am Netzteil „PCI-E"
zur Grafikkarte, „8-Pin +12V": EPS12V

6.3.6 Modulares Kabelmanagement

Aus einem Netzteil hängen ungefähr fünf bis acht Kabelbündel heraus. Die meisten davon haben drei bis vier Stecker. Es wäre möglich, mehrere Kleinverbraucher wie Festplatten, DVD und Lüfter mit den Steckern eines einzigen Kabelbündels zu versorgen, die restlichen Bündel würden ungenutzt herumhängen.

Seit 2005 gibt es Netzteile, bei denen man nur diejenigen Kabel ansteckt, die tatsächlich gebraucht werden, siehe Bild 6.2 bis 6.4. Es hängen keine überflüssigen Kabel herum. Das Innere des Gehäuses sieht übersichtlicher aus und außerdem wird die Luft etwas weniger dabei behindert, durch den PC zu strömen.

Die Idee ist natürlich gut, verteuert aber das Netzteil. Wenn man alle Stromkabel mit Kabelbindern sinnvoll im Gehäuse fixiert, sieht das fast ebenso gut aus. Es ist IMHO (**I**n **M**y **H**umble **O**pinion – nach meiner bescheidenen Meinung) kaum sinnvoll, diesen Aufpreis zu zahlen.

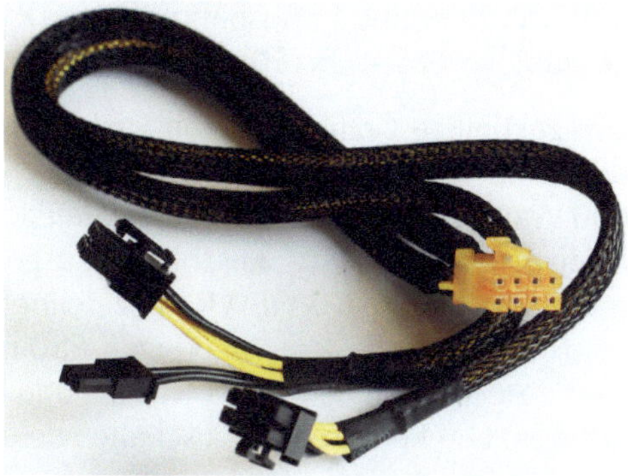

Bild 6.3: Kabelstrang PCI-E mit einem 6-poligen und einem (6+2)-poligen PEG-Connector

Bild 6.4: Kabelstrang „peripheral devices" zur Versorgung von vier SATA-Laufwerken

6.4 ATX 3.0 UND 3.1

Eine radikale Neuerung folgte im Jahr 2020: Intel stellte einen Standard ATX 3.0 für Netzteile vor. Warum war der neue Standard notwendig?

6.4.1 Leistungsbedarf der Grafikkarten

Schon seit Jahren steigt der Leistungsbedarf von Grafikkarten. Eine durchschnittliche Grafikkarte braucht 30 bis 60 Watt, leistungsstarke Grafikkarten 200 Watt und mehr. Der alte Standard ATX 2.x hat drei Arten der Stromversorgung vorgesehen:

- 75 Watt über einen PCI-Express-x16 Steckplatz,
- 75 Watt über einen 6-poliger Zusatzstecker,
- 150 Watt über einen 8-poliger Zusatzstecker.

Von den Zusatzsteckern gibt es üblicherweise ein oder zwei, was eine Leistung von maximal 75 + (2x150) = 375 Watt ergibt. In Ausnahmefällen (RTX 3090TI) werden drei 8-polige Anschlüsse benötigt, was eine Leistung von 75 + (3x150) = 525 Watt ermöglicht.

Um zukünftige Grafikkarten mit Strom versorgen zu können, sieht der Standard ATX 3.0 einen 12-poligen Stromanschluss vor, der 600 Watt liefern kann. Zukünftige Grafikkarten könnten sogar mit zwei dieser 600-Watt- Anschlüsse ausgerüstet sein. Dieser Anschluss wird als „12VHPWR" bezeichnet: **12 V**olt **H**igh **P**ower. Und er hat außer dem 12-poligen Stromanschluss vier weitere, kleine Stecker, mit denen das Netzteil und die Grafikkarte kommunizieren. Direkt nach dem Einschalten des PCs darf die Grafikkarte zunächst nur 150 Watt abrufen.

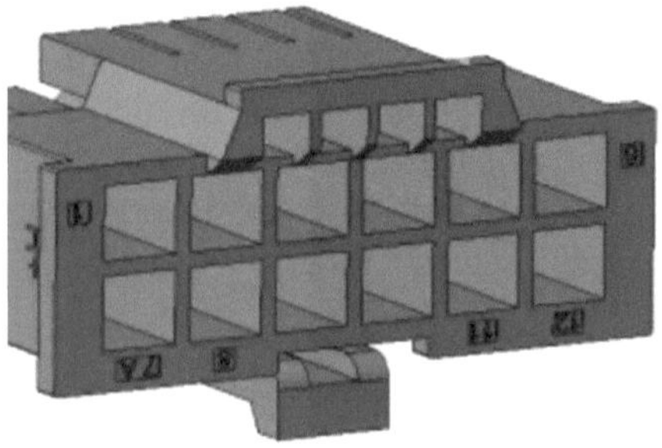

Bild 6.5: Stecker 12VHPWR

Erst wenn das Betriebssystem und der Grafiktreiber geladen sind, darf die Grafikkarte mit dem Netzteil über zusätzliche Stromlieferungen verhandeln, in Stufen von je 150 Watt.

6.4.2 Lastschwankungen

Grafikkarten haben schon immer beträchtliche Schwankungen im Strombedarf. Die Lastspitzen werden als „Power Exkursionen" bezeichnet. Schwankungen werden mit der in Elektrolyt-Kondensatoren des Netzteils gespeicherten Energie ausgeglichen.

Der ATX Standard 3.0 erlaubt der Grafikkarte, für maximal 100 Mikrosekunden die zweifache Leistung abzurufen. Eine 600-Watt Grafikkarte darf also 1200 Watt für 0,1 Millisekunden anfordern! Wobei die Lastspitzen nicht zu häufig auftreten dürfen: Der Mittelwert des Verbrauchs darf in jeder einzelnen Sekunde die Nominalleistung nicht überschreiten. Netzteile müssen deshalb zusätzliche Kondensatoren enthalten, damit während einer solchen Lastspitze die Spannung nicht einbricht, was den PC abstürzen lassen würde.

Das Netzteil muss 180% Belastung für eine Millisekunde und 160% für 10 Millisekunden aushalten.

Außerdem hat Intel die Toleranzen für die 12 Volt Spannung gelockert: Die Normalspannung darf 12,2 Volt betragen, bei einer Toleranz von +5% und -8%.

6.4.3 Das Mainboard wird nur mit 12 Volt versorgt

Bisher wurde die Hauptatine über einen 24-poligen Stecker mit 5, 12, 3,3, -5 und -12 Volt versorgt. Der neue Standard wird das Mainboard über einen Stecker „ATX12VO" (ATX 12 Volt Only) versorgen. Dieser 10-polige Stecker liefert nur noch 12 Volt, alle anderen Spannungen muss das Mainboard bei Bedarf intern erzeugen. ATX12VO ermöglicht eine mit „I_PSU%" bezeichnete Kommunikation zwischen Netzteil und Hauptplatine. Das System kann erfahren, wie hoch der Gesamtstrombedarf des Computers ist. Wenn sich der Stromverbrauch dem Limit des Netzteils nähert, kann der PC den Verbrauch reduzieren, um das Netzteil nicht zu überlasten. Dazu kann die Leistung der CPU oder der GPU gedrosselt werden.

Die Stromversorgung für SATA-Geräte erfolgt nicht mehr durch das Netzteil, sondern durch das Mainboard.

Allerdings scheint es Netzteile und Mainboards mit ATX12VO im Jahr 2025 wohl noch nicht zu geben.

6.4.4 Änderungen durch ATX 3.1

ATX 3.0 wurde 2023 durch Version 3.1 ersetzt. Der 12VHPWR Stecker wurde geändert und heißt nun „12V-2x6" und ist äußerlich unverändert. Die vier Sensor-Pins wurden um 0,25 mm gekürzt und die zwölf Stromanschlüsse um 1,5 mm verlängert. Der Grund für die Änderung: Bei nicht bis zum Anschlag eingesteckten 12VHPWR Steckern kam es zur Überhitzung und zu Kabelbränden.

Die 12VHPWR und 12V-2x6 Kabel sind kompatibel. Es wird empfohlen, die Kabel in der Nähe des Steckers nicht zu knicken, um die Lötstellen im Stecker nicht mechanisch zu belasten.

Es gibt jetzt Leistungsstufen von 0 bis 600 Watt in Stufen von 150 Watt. Mit dem Null-Watt-Modus können Zusatzkarten „schlafen gelegt" werden.

6.4.5 Kompatibilität zu ATX 2.x

Wahrscheinlich alle gegenwärtig erhältlichen ATX 3.1 Netzteile können auch ältere ATX 2.x Mainboards versorgen. Sie haben einen 24-poligen Stecker (20/24 Pin) und sie stellen über diesen Stecker 3,3 Volt, 5 Volt, -12 Volt und 5 $Volt_{SB}$ bereit.

Wenn die Grafikkarte einen der neuen Anschlüsse hat, legen die Hersteller einen Adapter von zwei alten 8-poligen Steckern auf den 12-poligen Anschluss bei.

6.5 Reparaturen

Ein Netzteil selbst reparieren zu wollen ist aus drei Gründen Unfug: Ohne Schaltplan wird der Erfolg der Reparatur zum Lotteriespiel. Doch einen Schaltplan werden Sie nicht finden. Zweitens steht der Aufwand in keinem Verhältnis zum Neupreis. Drittens ist das Risiko groß, dass ein unsachgemäß repariertes Netzteil den PC in rauchenden Schrott verwandelt oder Ihnen einen Stromschlag versetzt.

Das Netzteil ist vermutlich kaputt und Sie wollen prüfen, ob vielleicht nur die Sicherung durchgebrannt ist? Das ist sinnlos. Alle Sicherungen sind elektronisch. Es gibt keine austauschbare Schmelzsicherung. Garantiert.

Ich sehe nur zwei einigermaßen vernünftige Gründe, das Netzteil aufzuschrauben:

- Sie wollen dessen Lüfter auswechseln. Sei es, weil er defekt ist, weil das Lüftergeräusch einen baldigen Ausfall erwarten lässt, oder weil Sie den Standardlüfter durch einen leiseren ersetzen wollen.
- Sie wollen das Netzteil gründlich reinigen. Das finde ich etwas übertrieben. Normalerweise reicht es völlig, wenn Sie ein- bis zweimal im Jahr mit der Düse einer Pressluftflasche hineinblasen.

Beachten Sie, dass sich im Netzteil zwei große Elkos befinden, die auf 400 Volt aufgeladen sind. Falls der Hersteller ein paar Entladewiderstände vorgesehen hat (welche den Wirkungsgrad geringfügig verringern), sind die Elkos etwa nach einer Stunde entladen. Ohne diese Widerstände können die Elkos auch nach acht Stunden noch gefährlich sein. Außerdem verlieren Sie die Garantie, wenn Sie das Netzteil öffnen.

6.6 Unterbrechungsfreie Stromversorgungen

Die 230 Volt Stromversorgung fällt in Deutschland etwa 150 000 mal im Jahr aus, pro Haushalt sind das etwa 15 Minuten in der Summe. Die Ursachen sind vielfältig: Fahrzeuge prallen gegen Verteilerkästen, Masten und Bäume, Bagger und umfallende Bäume zerreißen Leitungen, Sicherungen reagieren auf Blitze und Überlast. Am häufigsten sind kurze Unterbrechungen von 15 bis 50 Millisekunden, die z. B. durch Umschaltvorgänge der Energieversorger entstehen. Kurze Unterbrechungen kann das Netzteil mit der in Kondensatoren und Spulen gespeicherten Energie überbrücken. Laut Standard muss ein ATX-Netzteil mindestens 17 ms bei Volllast durchhalten, aber die meisten Netzteile sind im Normalbetrieb nur zur Hälfte ausgelastet und halten etwas länger durch. Längere Unterbrechungen lassen den PC „abstürzen". Weil Windows einen Teil der Daten, Inhaltsverzeichnisse und Verwaltungstabellen im RAM-Cache bereithält und diese möglicherweise nicht rechtzeitig auf die Festplatte zurückschreiben kann, kommt es zu teils gravierenden Verlusten, die sich nur zum Teil reparieren lassen. Nur wenn der PC schon einige Minuten im Leerlauf war und genug Zeit hatte, den Cache zu leeren, bleiben die Schäden aus. Bei intensiv genutzten Servern ist bei Stromausfall ein großer oder gar totaler Datenverlust derart wahrscheinlich, dass auf eine Notstromversorgung niemals verzichtet werden darf.

6.6.1 Arten von USVs

Unterbrechungsfreie **S**trom-**V**ersorgungen (englisch: **U**ninterruptible **P**ower **S**upply) gibt es in verschiedenen Ausführungen und Preislagen. Allen gemeinsam ist

- ein Akku als Energiespeicher (meist Blei-Akku, zunehmend auch Akkus auf Lithium-Basis),
- ein Wechselrichter, der aus gespeicherter Akkuenergie 230 Volt Wechselstrom erzeugt,
- ein Ladegerät, das den Akku auflädt.

Die Steuerelektronik überwacht ständig die Versorgungsspannung, erzeugt bei Bedarf eine Ersatzspannung und sorgt dafür, dass der Akku stets ausreichend geladen ist. Bei Stromausfall meldet sich die USV mit LEDs und akustischem Alarm, bei besseren Geräten mit SMS und E-Mail an die Verantwortlichen. Fast jede USV kann den angeschlossenen Computern melden, wann die Akkuladung dem Ende zugeht, damit diese geordnet heruntergefahren werden.

Je nach Qualität der Schutzmaßnahmen unterscheidet man Offline-USV, Online-USV und Dauerwandler.

Offline-USV

Offline-USV sind am einfachsten aufgebaut. Sie beobachten das Stromnetz und bleiben passiv („offline") und haben im Ruhezustand fast keinen eigenen Energiebedarf. Erst wenn der 230 Volt Strom (ganz) ausfällt, wird die USV aktiv. Sie beginnt Notstrom aus Akkustrom zu erzeugen und übernimmt innerhalb von vier bis zehn Millisekunden die Stromversorgung des angeschlossenen Geräts.

Line-Interactive USV

Sie werden auch als „Netz-Interaktiv", „Line-Interactive", „Single-Conversion", „Delta-Conversion" oder „aktiver Mitlaufbetrieb" bezeichnet. Die USV reagiert nicht nur bei Stromausfall, sondern auch bei einer Verschlechterung der Stromqualität. Wenn die Spannung zu weit von 230 Volt abweicht, übernimmt die USV innerhalb von zwei bis vier Millisekunden die Versorgung der geschützten Geräte aus dem Akku. Das Nachladen des Akkus ist auch mit „schlechtem" Strom möglich. Schwankungen der Frequenz lassen sich allerdings nicht ausgleichen.

Online-USV

Bei einer Online-USVs (auch als „Double-Conversion" oder „Doppelwandler" bezeichnet) sind Ausgangs- und Eingangsspannung völlig entkoppelt. Die Eingangs-Wechselspannung wird in Gleichspannung umgewandelt und lädt den Akku. Aus der Akkuspannung wird Wechselstrom für die angeschlossenen Geräte erzeugt. Die Ausgangsspannung hat eine fast perfekte Sinusform mit 50 Hertz. Empfindliche Geräte erhalten dadurch immer Strom bester Qualität, gleichgültig was im Stromnetz los ist.

Bei der doppelten Umwandlung entsteht Abwärme in nennenswerter Menge. Bei einem Wirkungsgrad von etwa 90 % werden 10 % der Energie in Wärme verwandelt. Die Lüfter sorgen für störenden Dauerlärm. Achten Sie beim Kauf auf einen hohen Wirkungsgrad!

In Rechenzentren, Krankenhäusern, Atomkraftwerken und anderen kritischen Einrichtungen gibt es Diesel-Notstromaggregate als zweite Reserve, die bei längeren Stromausfällen die Akkus der USVs aufladen. Es gibt auch Notstromanlagen, die zur Energiespeicherung die Masse eines großen Schwungrades nutzen. Das Schwungrad wird von einem Elektromotor oder – bei Stromausfall – von einem Dieselmotor in Schwung gehalten und treibt einen Dynamo an, der Strom für die Verbraucher erzeugt.

6.6.2 Welcher USV-Typ ist der richtige?

Ein plötzlicher Stromausfall ist nicht die einzige Gefahr. Im Netz gibt es Spannungsschwankungen und Spannungsspitzen. Die angeschlossenen PCs und deren Komponenten – CPU, Arbeitsspeicher und Festplatte oder SSD – tasten sich immer weiter an die Grenzen der Physik heran, um letzte Leistungsreserven herauszuholen. Sie reagieren dadurch auf kleine Unregelmäßigkeiten der Stromversorgung immer empfindlicher. Durch die Energiewende werden Unregelmäßigkeiten im Netz zunehmen. Bessere USV-Anlagen können auch diese Einflüsse abschirmen. Wobei die Störungen nicht nur aus dem öffentlichen Netz kommen. Geräte im eigenen Gebäude und der eigenen Wohnung können stören: Start und Betrieb von Elektromaschinen, Lichtbogenöfen, Elektroschweißgeräten, Waschmaschinen, Kühlschränken und auch Kopierern verursachen größere Störungen, aber auch Leuchtstofflampen (besonders wenn sie nicht auf Anhieb zünden) und die wachsende Zahl von Kleingerätenetzteilen, Ladegeräten und Stromsparlampen verzerren die Netzspannung. Das liegt beispielsweise daran, dass Schaltnetzteile und Gleichrichter nur einen Teil der Sinuskurve verwerten und dadurch Oberschwingungen erzeugen. Es wird geschätzt, dass mehr als die Hälfte unerklärlicher und nicht reproduzierbarer Software-Fehler auf Störungen der Stromversorgung zurückzuführen ist.

Wenn Sie ein Gerät in Verdacht haben, Störungen zu verursachen, hilft es vielleicht, zu einer Steckdose zu wechseln, die an einer anderen Phase hängt.

In drei Fällen habe ich erlebt, dass ohne Doppelwandler-USV ein stabiler Betrieb nicht möglich war:

1. Ein Drucker „verschluckte“ mehrmals täglich ein zufälliges Textstück. Ursache: Eine große Zahl alter Leuchtstofflampen in der Sporthalle nebenan, deren Zünder unablässig versuchten, die Lampen zu zünden.
2. Ein Meisterbüro in einer Werkhalle voller Metallbearbeitungsmaschinen mit teils hohem Strombedarf.
3. Ein Copyshop im Erdgeschoss, wo morgens mit Hauptschalter alle Kopierer gleichzeitig eingeschaltet wurden, sorgte bei mehreren Mietern im Haus für Abstürze. Der Unternehmer bezweifelte seine „Schuld“ und lehnte es als zu aufwendig ab, ein Dutzend Kopierer einzeln aus- und einzuschalten. Nur Langschläfer blieben von diesen PC-Problemen verschont.

Zur Orientierung: Eine Offline-USV mit 500 VA kostet etwa 60 Euro, mit 1500 VA etwa 160 Euro. 1500 VA als Doppelwandler-USV kosten ab 400 Euro. Achten Sie auf eine Management-Software, welche den oder die PCs rechtzeitig herunterfährt, bevor die Akkuladung sich dem Ende nähert.

Preiswerte USV erzeugen keine Sinusspannung, den PC-Netzteilen ist das eigentlich egal. Wenn Sie andere Geräte als PCs vor Stromausfällen schützen wollen, müssen Sie möglicherweise nach einer USV suchen, die Strom in Sinus-Qualität erzeugt.

Eine USV sollte die angeschlossenen Geräte selbst dann schützen, wenn die Versorgungsleitung von einem Blitz getroffen wird. Ein Blitz kann auch in die Telefonleitung einschlagen. Moderne USVs haben deshalb einen zusätzlichen Überspannungsschutz für das LAN und die Telefonleitungen.

6.6.3 Dimensionierung einer USV

Die Ausgangsleistung einer USV wird meist in „VoltAmpere" angegeben. Dies ist die Maßeinheit für die „Blind-"- oder „Scheinleistung" und gilt nur für rein ohm'sche Lasten wie Glühlampen, Bügeleisen und Heizkörper. Enthält ein Gerät Kondensatoren, Transformatoren oder Spulen, sind die Sinuskurven von Spannung und Strom gegeneinander verschoben. Dadurch wird dem Stromnetz Energie entnommen, die nicht nutzbringend verwendet werden kann. Der Energieanteil, der im Gerät genutzt werden kann, heißt „Wirkleistung" und wird in Watt gemessen. Das Verhältnis zwischen Wirkleistung zu Scheinleistung wird als „Leistungsfaktor" bezeichnet, englisch „power factor". Der Gesetzgeber verlangt, dass Geräte mit einer Leistung über 75 Watt einen Leistungsfaktor von mindestens 0,9 einhalten müssen. Deshalb werden in Computernetzteile „PFC-Schaltungen" eingebaut (**P**ower **F**actor **C**orrection).

Bei kleinen USV-Anlagen geht man von einem Leistungsfaktor von 0,6 aus. Das bedeutet: Will man einen PC schützen, der samt Zubehör 300 Watt benötigt, muss die USV mindestens 500 VA liefern können. Addieren Sie eine Sicherheitsreserve, um den allmählichen Kapazitätsverlust des Akkus auszugleichen und damit Sie bei Stromausfall ein paar Minuten mehr Zeit haben, Ihre Arbeit zu speichern und den PC herunterzufahren. Wenn die USV unterdimensioniert ist, schaltet sie möglicherweise genau dann ab, wenn man sie braucht, oder in krassen Fällen brennt sie durch.

Zweierlei sollte man berücksichtigen:

- Viele Geräte benötigen im Anlaufmoment erheblich mehr Energie als im Ruhezustand. Das könnte die USV überlasten. Experten empfehlen deshalb, Laserdrucker und Kopierer niemals an eine USV anzuschließen, denn USV-Hersteller könnten in diesem Fall Garantieleistungen verweigern.
- Manche USV haben eine anders gefärbte Ausgangsbuchse. Schließen Sie dort keinen PC an! Dieser Ausgang ist nicht batteriegepuffert! Er schützt dort angeschlossene Laserdrucker vor Überspannungen.
- Die Überbrückungszeit hängt nicht linear von der Last ab. Beträgt die Überbrückungszeit einer USV unter voller Last beispielsweise 5 Minuten, verlängert sie sich bei halber Last auf etwa 12 Minuten.

Mehr über USV und ihre Wartung, auch einige Bilder, können Sie auf **eifert.net/hwups** finden.

6.6.4 Die USV-Batterie und ihre Wartung

Bei einer Online-USV und einer Line-Interactive-USV sind die Akkus ständig im Einsatz, bei einer Offline-USV müssen sie bereit stehen, wenn sie gebraucht werden. Wenn ein Blei-Akku ständig voll geladen ist und nicht beansprucht wird, verringert sich durch chemische Prozesse dessen nutzbare Kapazität. Bei einem ungepflegten Akku halbiert sich die mögliche Überbrückungszeit schon nach einem Jahr Dauerbetrieb. Um den Alterungsprozess zu verlangsamen, sollte die Steuerelektronik den Akku der UPS periodisch vollständig entladen und wieder aufladen. Das sollte in jeder Nacht oder zumindest wöchentlich geschehen. Das reduziert den Kapazitätsverlust des Akkus auf nur noch 10 % im ersten Jahr.

Laut `de.statista.com` ist der Preis pro gespeicherte Kilowattstunde für Lithium-Ionen-Akkus von 600 Euro im Jahr 2010 auf 400 Euro im Jahr 2013 und weiter auf 90 Euro im Sommer 2022 gefallen, 2025 wird ein Preis von 83 Euro erwartet. Früher war das zu teuer, doch trotz des noch immer hohen Preises haben die Lithium-Akkus einige Vorteile: Sie haben eine Lebensdauer von zehn bis fünfzehn Jahren und einen hohen Wirkungsgrad, bis zu 97 %. Sie vertragen höhere Temperaturen, dadurch sinken die Kosten der Klimatisierung erheblich. Weil Lithium-Akkus eine eingebaute Überwachungselektronik haben, können einzelne defekte Akkus erkannt und bei laufendem Betrieb ausgetauscht werden.

Lithium-Akkus wiegen nur ein Drittel wie Bleibatterien und speichern mehr Energie pro Volumen. Dadurch kann beim Wechsel von Blei- zu Lithium-Akkus bei gleichem Platzbedarf die dreifache Energiemenge gespeichert werden. Die am Tag mit Solarzellen und Windrädern erzeugte Energie reicht so durch die Nacht und ermöglicht einen klimaneutralen Betrieb von Rechenzentren.

6.7 STROMVERSORGUNG MIT SOLARSTROM

Sie haben ein Gartenhaus ohne Stromanschluss? Auf dem Campingplatz gibt es keinen Strom? Setzen Sie ein Solarpanel auf das Dach und speichern Sie die Energie in einem 12-Volt-Akku (wenn Sie den Akku Ihres Autos vor Winterbeginn vorsorglich ausgetauscht haben, ist der alte Akku als Solarspeicher vermutlich noch geeignet). Oder legen Sie das Solarpanel hinter die Frontscheibe des Autos, das in Südrichtung geparkt ist, um den Autoakku nachzuladen.

Aus den 12 Volt des Akkus können Sie mit einem Konverter 230 Volt erzeugen. Das Notebook-Netzteil macht daraus 19 Volt zum Laden des Notebook-Akkus. Dabei entstehen zweimal Umwandlungsverluste. Notebook-Netzteile haben oft einen schlechten Wirkungsgrad – sie werden heiß. Besser Sie erzeugen mit einem DC-DC-Wandler die 19 Volt direkt aus 12 Volt ohne den Umweg über 230 Volt.

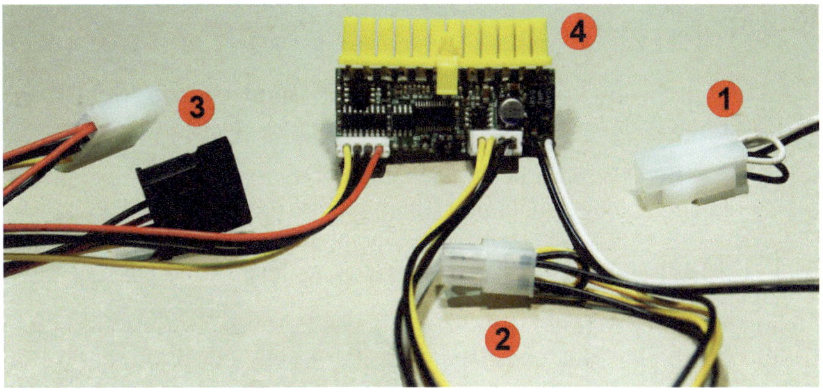

Bild 6.6: PicoPSU mit Anschlusskabeln: (4) wird auf Mainboard aufgesteckt. (1) vom 12-Volt-Akku, (2) ATX12V für CPU-Zusatzstrom, (3) zu den Laufwerken

Eine andere Möglichkeit ist der Bau eines kleinen Desktop-PCs, der allerdings mindestens viermal so viel Strom benötigt wie ein Notebook. Unter der Bezeichnung „PicoPSU" finden Sie Mini-Netzteile, die aus 12 Volt alle benötigten Spannungen erzeugen. Diese Netzteile werden ohne Gehäuse direkt auf den ATX-Anschluss einer Hauptplatine aufgesteckt. Das „PicoPSU-150-XT 150W" im Bild kostet nur 50 Euro.

Dann brauchen Sie noch einen Bildschirm. Suchen Sie nach einem Bildschirm mit einem externen Netzteil, das 12 Volt liefert. Leider steht so etwas nicht im Datenblatt, da werden Sie einen Rundgang im Elektronik-Supermarkt machen müssen. Falls der Bildschirm eine andere Spannung als 12 Volt benötigt, kann Ihnen ein DC-DC-Wandler die 12 Volt Akkuspannung in die benötigte Spannung umwandeln. Rechts sehen Sie einen „Step-Up-Converter", der die Gleichspannung eines Akkus von z. B. 12 Volt auf eine einstellbare höhere Spannung transformiert.

Bild 6.7: Step-Up-Converter 600 Watt

7 Wunsch-PC zusammenstellen

Sie wollen einen PC selbst zusammenstellen oder die Komponenten für eine Aufrüstung selbst aussuchen? In diesem Kapitel versuche ich zu erklären, welche Teile ich dafür aussuchen würde und wie ich dabei vorgehen würde, um einen PC der „gehobenen Mittelklasse" zu bauen, der bei einem moderaten Preis sowohl als „Office-PC" als auch für den „normalen" PC-Nutzer genügend Leistung bietet. Falls Sie Ihren PC reparieren oder aufrüsten wollen, können Sie ebenfalls den Kauf der im folgenden vorgeschlagenen Teile erwägen.

7.1 Kriterien

- Der Anschaffungspreis ist Nebensache, **besonders dann**, wenn man nicht viel Geld hat. Nachbessern und Aufrüsten kostet mehr, als von Anfang an etwas Ordentliches zu kaufen.
- Mit langlebigen Komponenten vermeidet man nicht nur Reparaturen und Datenverluste, sondern man senkt auch die Anschaffungskosten, langfristig gesehen.

7.1.1 Darf es auch etwas teurer sein?

Nehmen wir an, dass ein durchschnittliches PC-System (ohne Bildschirm und Drucker) 500 Euro kostet. Geteilt durch eine Nutzungsdauer von drei Jahren entspricht das 14 Euro pro Monat oder 50 Cent pro Kalendertag – so viel wie zwei Zigaretten. Im Vergleich zu manch anderem Hobby ist ein PC gar nicht so teuer. Wenn Sie bereit sind, beim Kauf eines PCs 100 Euro mehr zu investieren (auf drei Jahre verteilt sind das 3 Euro pro Monat), können Sie sich einen wesentlich besseren PC zusammenstellen: schneller, zuverlässiger, leiser ... Ist Ihnen das nicht 10 Cent pro Tag wert?

Wenn Sie Firmenchef sind, vergleichen Sie diese Mehrkosten mit den Tausenden Euro Lohn- und Nebenkosten, die pro Monat und Mitarbeiter anfallen! Zudem sagen zahlreiche Statistiken übereinstimmend, dass die laufenden Betreuungskosten von Firmen-PCs (Service, Updates, Reparaturen usw.), ergänzt um die Ausfallkosten bei Störungen, drei- bis zehnmal höher sind als die Anschaffungskosten. Mit anderen Worten: Langfristig betrachtet fällt der Anschaffungspreis nicht ins Gewicht. Statistisch erwiesen ist andererseits, dass qualitativ höherwertigere, gut ausgestattete PCs geringere Betreuungskosten verursachen. Eine SSD beschleunigt nicht nur die normale Arbeit, sondern auch Updates, Installationen und Reparaturen.

Sie sind kein Firmenchef? Denken Sie trotzdem darüber nach. Wenn Ihnen das Basteln am PC Spaß macht, werden Sie die Arbeitsstunden nicht zählen. Wenn Sie aber bei Problemen häufig einen Fachmann aufsuchen und bezahlen müssen, sollten Sie vielleicht anfangen, wie ein Firmenchef zu denken und zu rechnen.

Die Engländer sagen „You get what you pay" (Du bekommst das, wofür du bezahlst), sehr frei übersetzt „Ich bin zu geizig, um mir billige Produkte leisten zu können".

Sie sind sehr knapp mit dem Geld? Dann sollten Sie erst recht nicht „Schrott ab Werk" kaufen. Ich werde Ihnen Hinweise geben, wie man mit einem preiswerten PC beginnt und diesen Schritt für Schritt mit Hardware-Updates aufrüstet.

7.1.2 Umwelt

Die Herstellung eines PC kostet etwa 3000 kWh Energie, hat das Wuppertaler Institut für Klima, Umwelt und Energie ausgerechnet. Daran „schuld" ist unter anderem der Energiebedarf für Klima- und Filtertechnik in der Reinstraumfertigung und die energieaufwendige Herstellung hochreiner Materialien. Dazu ein paar Zahlen:

- Die 2001 in Dresden gebaute Infineon-Halbleiterfabrik kostete drei Milliarden Euro, die Betriebskosten betragen drei Millionen Euro pro Tag. Heutzutage sind die Investitionen noch höher: Intel hat zwei Chipfabriken in Arizona für zusammen 17 Milliarden Euro für den „18A"-Fertigungsprozess gebaut.
- Die Infineon-Fabrik hat fünf Stockwerke: eins für die Produktion und darüber weitere vier für die Luftaufbereitung. Die Luft in der Produktionshalle wird sechs mal pro Minute ausgetauscht und gefiltert, damit sich der Staub (Hautschuppen, Abrieb der Schuhsohlen u.a.) nicht absetzen kann.
- Es sind 1000 Prozessschritte nötig, um einen hochintegrierten Chip zu fertigen.

Ein durchschnittlicher Büro- oder Heim-PC kommt mit weniger als 100 Watt aus. Wenn Sie einen PC, der 100 Watt Leistung benötigt, pro Kalendertag fünf Stunden einschalten, braucht er in drei Jahren 0,1 kW × 5 Stunden × 365 Tage × 3 Jahre = 550 kWh – das ist wenig im Vergleich zu einem Herstellungsaufwand von typisch 3000 kWh. Wobei der Herstellungsaufwand kaum davon abhängt, ob ein billiger oder ein hochwertiger PC hergestellt wird.

Die Belastung der Umwelt durch Schadstoffe ist enorm. Blei (im Lötzinn) ist giftig, krebserzeugend und fortpflanzungsschädigend. Cadmium (im Silberlot und in Akkus) ist hochgiftig und krebserzeugend. Vor allem bei der Herstellung von Leiterplatten fallen große Mengen von sauren und alkalischen Ätzlösungen und anderen schwermetallhaltigen Abfällen an, deren Recycling schwierig und teuer ist. Etwa 10 % bis 15 % der PCs und der für die Herstellung verwendeten Hilfsmittel landen auf Spezialdeponien.

Wenn Sie einen hochwertigen PC kaufen oder bauen, der nach ein paar Aufrüstungen für mindestens fünf Jahre eine gute Leistung bringt, ist das langfristig sowohl für Ihren Geldbeutel als auch für die Umwelt gut.

7.1.3 Muss es die allerneueste Technologie sein?

„Neu" bedeutet im Unterschied zu „bewährt" auch immer: Es ist noch nicht allzu sehr in der Praxis erprobt. Es gibt für PCs keinen TÜV und keine Crashtests. Selbst die Standards werden nachgebessert. Ein Beispiel dafür ist die neue M.2 Schnittstelle, die von Intel im Jahr 2012 entworfen wurde. M.2 ist vor allem für SSDs interessant. Moderne Hauptplatinen sind mit einem M.2 Steckplatz ausgestattet. Mit einer M.2-SSD kann man die gegenwärtig höchste Boot- und Arbeitsgeschwindigkeit erreichen.

„Neueste Technologie" bedeutet in der Computerbranche, dass Sie zuerst das Testobjekt für viel Geld kaufen müssen, um als unbezahlter Tester an einem Großversuch teilzunehmen. Drei bis zwölf Monate nach der Markteinführung eines neuen Produkts hat der Hersteller das neue Produkt meist so weit nachgebessert, dass man es relativ unbesorgt kaufen kann. Die Fachzeitschriften werden hilfreiche Tipps zur Bewältigung der übriggebliebenen Probleme veröffentlichen. Ob Hard- oder Software: Kaufen Sie möglichst nichts, was gerade erst brandneu auf den Markt gekommen ist!

Mein Haupt-Arbeitsgerät ist ein zehn Jahre alter iMac mit einem Intel Core i5-3470 und 16 GB RAM, den ich mit einer SSD aufgerüstet habe. In meinem besten Windows-PC steckt eine ASUS-Hauptplatine mit einem Intel i5-7400 der 7. Generation darauf (auf dem Markt seit 2017). Ich kenne durchaus die neuen Entwicklungen (weil ich PCs für meine Kunden zusammenbaue), doch für meinen eigenen Bedarf reichen meine bewährten alten Computer gegenwärtig noch aus.

	32 Bit	64 Bit
Windows 98	16 MB	
Windows 2000	64 MB	
Windows XP	128 MB	0,5 GB
Windows Vista	0,5 GB	1 GB
Windows 7	1 GB	2 GB
Windows 8	1 GB	2 GB
Windows 10	1→2 GB	2 GB
Windows 11		4 GB

Tab. 7.1: RAM Mindestausstattung

7.1.4 Tendenzen

Bis Windows 7 galt die Regel, dass jede neue Betriebssystem-Generation mehr Hardware-Leistung braucht, um seine Aufgaben auf dem Geschwindigkeitsniveau des Vorgängers zu erfüllen, siehe Tab. 7.1.

Eine Zeit lang hat sich Microsoft darum bemüht, Windows zum Betriebssystem auch für Smartphones und Tablets zu machen. Durch Codeoptimierungen und Entsorgung von Software-Altlasten war die Mindest-Speicheranforderung von 1 GB für Windows 7 auch für Windows 8 und Windows 10 ausreichend, und auch die Anforderungen an die CPU-Leistung sind nur wenig gestiegen. Seit dem Anniversary Update vom Herbst 2016 änderte Microsoft die Mindestanforderung für Windows 10 von 1 auf 2 GB RAM. Mit 4 GB RAM und Doppelkern-CPUs mit 3 GHz sind Sie für die meisten Büro-Anwendungen zur Zeit noch ausreichend gerüstet. 8 GB RAM sind die empfehlenswerte Ausstattung für Neugeräte, eine Aufstockung auf 16 GB oder mehr bringt bei einigen Anwendungen ein spürbares Mehr an Leistung.

854 × 480	0,5 GB
1366 × 768	1 GB
1920 × 1200	2 GB
2560 × 1600	3 GB
2560 × 2048	4 GB

Tab. 7.2: RAM-Mindestbedarf für Windows 10 auf Mobilgeräten ist abhängig von der max. Bildschirmauflösung

Ob Bildschirmarbeit zu bleibenden Augenschäden führen kann, wurde früher verneint. Neuere statistische Untersuchungen beweisen eindeutig: Der Beginn der Altersweitsichtigkeit verschiebt sich auf frühere Jahre. Je länger die tägliche Bildschirmarbeit, desto wahrscheinlicher sind Augenbeschwerden. Erschwerend kommt hinzu, dass sich die Augen weder auf dem Weg zur Arbeit noch auf dem Heimweg ausruhen können, denn da schaut man ja auf das winzige Display vom Smartphone.

Zum Glück gibt es inzwischen bezahlbare technische Innovationen. Mit der Sammelbezeichnung „4k" werden höhere Auflösungen bezeichnet, die in der Waagerechten etwa viertausend Pixel haben und vom Auge nicht mehr als unscharf empfunden werden. Im Kino ist 4k längst Realität.

Die Auflösung von 3840 × 2160 Pixeln hat sowohl in der Höhe als auch in der Breite genau die doppelte Pixelzahl wie HDTV und heißt **Q**uadruple **F**ull **H**igh **D**efinition (Vierfache volle hohe Auflösung), auch als 4k-Auflösung bezeichnet. 2013 kostete ein solcher Monitor noch 8000 Euro, inzwischen ist der Preis gefallen: Eizo EV2785 (27") kostete 540 Euro im Februar 2025. Ein 28" Samsung 4k Monitor kostet im Februar 2025 etwa 280 Euro.

Bezeichnung	Auflösung
HDTV	1920 × 1080
(Apple 27")	2560 × 1440
WQXGA	2560 × 1600
QFHD 4k	3840 × 2160
Digital Cinema 4k	3996 × 2160
UHDTV	7680 × 4320

Tab. 7.3: Höhere Auflösungen

Wird die Pixelzahl in Höhe und Breite ein weiteres Mal verdoppelt, erhält man die **U**ltra **HDTV** Auflösung, also im Vergleich zu HDTV je vierfache Pixelzahl in Breite und Höhe. UHDTV wird es als „8k UHD" beworben, die Verwechselungsgefahr mit UHD ist groß. Bei Preisen von etwa 4090 Euro für einen 32" Monitor („Dell UltraSharp UP3218K 7680 x 4320 Pixel 8K" im November 2023) ist diese Auflösung noch exotisch. Neuere Grafikkarten unterstützen diese Auflösung. Genug Rechenleistung für eine ruckelfreie Darstellung könnte ein Problem sein.

Die HDTV-Auflösung für Computerdisplays ist allmählich zum Standard geworden. Es wächst die Zahl von Webseiten, die auf HD-Auflösung optimiert sind. Doch im Privatbereich sind noch zahlreiche Bildschirme mit einer Auflösung von 1280 x 1080 und sogar 1024 x 768 im Einsatz.

Anhand der von Microsoft empfohlenen RAM-Ausstattung für Windows-Smartphones (Tab. 7.2) sieht man: Für höhere Auflösungen braucht man mehr RAM. Empfehlung für den PC: Orientierung auf 8 GB, längerfristig auf 16 GB, obwohl 4 GB ausreichen, wenn extrem gespart werden muss. Eine Ausstattung mit nur 2 GB ist völlig indiskutabel.

Die Ansprüche hochwertiger Actionspiele an die PC-Leistung sind in den letzten Jahren langsamer gestiegen als die Rechenleistung der PCs, so dass auch Spieler-PCs eine längere Nutzungsdauer erreichen können.

7.2 Marktführer

Die nebenstehende Tabelle enthält meine persönlichen Favoriten. Die genannten Firmen geben auf ihre Erzeugnisse teilweise drei bis fünf Jahre Garantie, weil deren Ausfallhäufigkeit gering ist. Sie haben einen großen Marktanteil und dadurch die Finanzkraft, an bahnbrechenden Technologien zu forschen. Sie sind in der Lage, Spitzengehälter für die weltbesten Ingenieure zu zahlen. Sie können es sich leisten, mit der Auslieferung angekündigter neuer Produkte monatelang und notfalls jahrelang zu warten, bis vorhersehbare Probleme ausgeräumt sind.

CPU und Chipsatz	Intel
Mainboard	ASUS
RAM	Kingston
Grafikkarte	NVIDIA
Festplatte (magnetisch)	Seagate
SSD	Samsung
Optische Laufwerke	LG
Bildschirm	ASUS, Samsung
Drucker (Tinte)	Canon
Drucker (Laser)	HP

Tab. 7.4. Meine Hardware-Favoriten 2026

Diese Liste bedeutet nicht, dass Erzeugnisse dieser Firmen immer die besten sind. Auch bei den Besten gibt es Qualitätsschwankungen in der Forschung und der Produktion, und das Rudel der Konkurrenten arbeitet unablässig daran, mit neuen Technologien die Marktführerschaft zu übernehmen. Doch wenn Sie weder Zeit noch Lust haben, zahllose Testberichte auszuwerten, dann greifen Sie zu einem Produkt dieser Firmen. Es wird wahrscheinlich kein Fehlgriff sein.

7.3 Hauptplatine, CPU und RAM

Falls Sie einen Gaming-PC bauen wollen, sollten Sie mit der Auswahl von Grafikkarte und CPU beginnen und danach die dazu passende Hauptplatine und alles andere aussuchen. Budgetvorschlag: Die Hälfte des Budgets oder etwas mehr für Grafikkarte und CPU reservieren. Davon verwenden Sie zwei Drittel für die Grafikkarte und ein Drittel für die CPU. Die CPU sollte genug PCIe-Lanes haben, um die Grafikkarte ohne den Umweg über den Chipsatz direkt anzusteuern (was die Hauptplatine ermöglichen muss).

Für PCs, bei denen nicht die Grafikleistung im Mittelpunkt steht, gelten andere Maßstäbe. Für Büro- und Alltags-PCs reicht oft eine integrierte Grafikkarte. Hier sollten die Überlegungen – auch im Interesse der Langlebigkeit des Computers – mit einer soliden Hauptplatine beginnen.

7.3.1 Vorüberlegungen zur Hauptplatine

Sie heißt nicht nur **Haupt**platine, sie ist tatsächlich das wichtigste Bauteil. Fast alle Komponenten eines PCs werden auf die Hauptplatine auf- oder angesteckt. Die Hauptplatine stellt Transportwege für Daten bereit und limitiert deren Übertragungsgeschwindigkeiten.

Wenn die jetzt gekaufte Hauptplatine in ein paar Jahren gegen eine modernere ausgetauscht werden soll, bedeutet das:

- meist eine neue CPU,
- meist eine neue Generation RAM,
- eine Neuinstallation des Betriebssystems.

während ein Austausch der CPU oder eine RAM-Aufstockung völlig unproblematisch sind.

Deshalb sollte die Zukunftssicherheit der Hauptplatine einen hohen Rang haben. Wenn Sie sparen wollen: besser ein hervorragendes Board mit Billig-CPU kaufen und später einmal die CPU wechseln als umgekehrt. Falls Sie Ihre Windows-10-Lizenz auf einem kostenlosen Upgrade von Windows 7 beruht, ist sie nach meinem Kenntnisstand an das Mainboard gebunden: Wenn Sie das Mainboard wechseln, müssen Sie eine neue Windows-Lizenz kaufen. Die gibt es z. B. bei `softwarebilliger.de` für etwa 25 Euro.

Wenn die Hauptplatine komplett mit Polymer-Kondensatoren bestückt ist, wird der Hersteller in der Werbung deutlich darauf hinweisen. Billige Mainboards sind mit Elektrolyt-Kondensatoren bestückt. Der Elektrolyt in den Elkos der verdunstet allmählich, was deren Speicherkapazität verringert. Besonders gefährdet sind die Spannungsregler-Kondensatoren rund um die CPU, weil sie von der CPU ständig gut „gewärmt" werden.

Weiterhin sollten Sie großen Wert auf viele Steckplätze legen. Die Möglichkeit, einen PC durch Steckkarten an wechselnde Bedürfnisse anzupassen, trägt wesentlich dazu bei, den Personal Computer zu einen individuellen, persönlichen Computer zu machen. Wenn Sie irgendwann einmal USB 4.0 benötigen oder Sie wollen Heizung, Jalousie und Modelleisenbahn mit dem PC steuern, können Sie das mit einer Steckkarte nachrüsten – vorausgesetzt, Sie haben freie Steckplätze.

Hauptplatinen der mittleren und preiswerten Klassen haben meist eine integrierte Onboard-Grafiklösung, was die Anschaffung einer Grafikkarte in manchen Fällen erübrigt. Doch auch wenn Sie heute ohne Actionspiel auskommen, kann später einmal eine Grafikkarte nötig werden, um einen Bildschirm mit 4k- oder 8k-Auflösung anzuschließen. Einen zweiten 16-Bit-Slot (PCIe-16) sollte man in Reserve haben: vielleicht für eine superschnelle PCIe-SSD-Festplatte oder für eine zweite Grafikkarte, falls Sie den PC später einmal an die heranwachsenden Kinder weitergeben wollen.

Wenn Sie Ihr Gehäuse ausmessen, wie groß die Hauptplatine höchstens sein darf, sollten Sie auch auf die „lichte Höhe" achten. Wenn hohe Teile der Hauptplatine unter den Laufwerkskäfigen angeordnet sind, könnte der Platz zu knapp sein. Achten Sie auch auf hohe Kühlkörper über dem Chipsatz und auf den Spannungsreglern.

7.3.2 Hauptplatine

Mainboards von ASUS gibt es in verschiedenen Qualitäten: „Business“, „Prime“, „CSM“, „ROG“ und „TUF“. „Business“ und „Prime“ stehen für professionelle Qualität. „CSM“ – „**C**orporate **S**table **M**odel“ ermöglicht Unternehmen, die Wartungskosten zu senken. CSM-Boards kann man mindestens 36 Monate nachkaufen und einschließlich BIOS-Einstellungen und Schnittstellen aus der Ferne fernwarten. „ROG“ – „**R**epublic **o**f **G**amers“ glänzt mit Übertaktungsmöglichkeiten und Extras bei der Ausstattung, wobei „ROG STRIX“ die exclusivste Qualität bietet. „TUF“ – „**T**he **U**ltimate **F**orce“ bezeichnet robuste, besonders langlebige und zuverlässige Hauptplatinen, die „auf jedem Schlachtfeld bestehen“ (Originalton ASUS). Es werden Komponenten verbaut, deren Haltbarkeit militärischen Kriterien entspricht (Bild 7.1). Darüber hinaus haben ROG und TUF Mainboards Steckplätze und Anschlüsse mit erhöhter mechanischer Stabilität. NUC (**N**ext **U**nit of **C**ompute) steht für Spitzentechnologie mit Intel Core Ultra CPU im Mini-Gehäuse.

Beispiel: TUF Gaming ASUS B760M-Plus WIFI, Preis etwa 170 €

Dieses Mainboard mit dem B760 Chipsatz kann mit CPUs der 12., 13. oder der 14. Generation mit 1700 Pins bestückt werden.

Basiseigenschaften

- Die maximale DDR5-Speicherkapazität beträgt 4 × 128 GB = 512 GB. Ist das Board mit einer CPU Core i7 oder Core i9 bestückt, kann der Speicher bis 6600 MHz übertaktet werden.
- 1 × PCIe-16 V5.0
- 1 × PCIe-16 V4.0: davon max. 8 Lanes nutzbar. AMD CrossFireX wird unterstützt.
- 1 × PCIe-1 V4.0
- Integrierte Grafik mit HDMI 2.1 (4096 × 2160) und DisplayPort 1.4 (4096 × 2304).
- Vier SATA-3-Anschlüsse mit 6 Gb/s, welche RAID 0 / 1 / 5 / 10 ermöglichen.
- Zwei M.2 Steckplätze mit M-Key, Typ 2242/2260/2280 arbeiten mit PCIe V4.0.
- An der Rückseite insgesamt acht mal USB:
1 × USB 3.2 Gen2x2 (2 × 10 Gb/s) Typ C
4 × USB 3.2 Gen2 (10 Gb/s) Typ A)
1 × USB 3.2 Gen1 (5 Gb/s) Typ A
2 × USB 2.0 (0,5 Gb/s) Typ A
- Für die Vorderseite sind sieben Anschlüsse möglich (wenn das Gehäuse diese anbietet):
1 × USB 3.2 Gen2x2 (2 × 10 Gb/s) Typ C
4 × USB 2.0 Typ A
1 × USB 3.2 Gen1 (5 Gb/s) Typ A

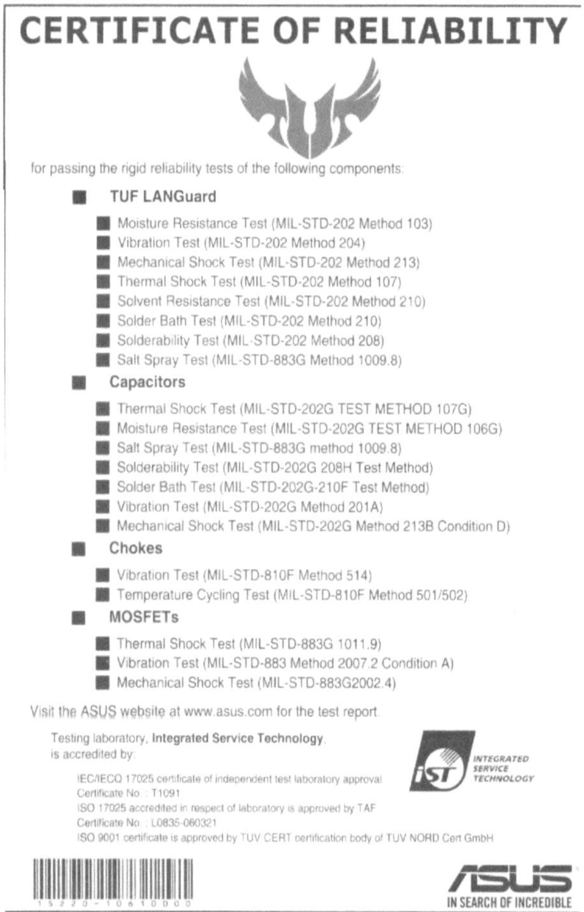
CERTIFICATE OF RELIABILITY

for passing the rigid reliability tests of the following components:

- TUF LANGuard
  - Moisture Resistance Test (MIL-STD-202 Method 103)
  - Vibration Test (MIL-STD-202 Method 204)
  - Mechanical Shock Test (MIL-STD-202 Method 213)
  - Thermal Shock Test (MIL-STD-202 Method 107)
  - Solvent Resistance Test (MIL-STD-202 Method 210)
  - Solder Bath Test (MIL-STD-202 Method 210)
  - Solderability Test (MIL-STD-202 Method 208)
  - Salt Spray Test (MIL-STD-883G Method 1009.8)
- Capacitors
  - Thermal Shock Test (MIL-STD-202G TEST METHOD 107G)
  - Moisture Resistance Test (MIL-STD-202G TEST METHOD 106G)
  - Salt Spray Test (MIL-STD-883G method 1009.8)
  - Solderability Test (MIL-STD-202G 208H Test Method)
  - Solder Bath Test (MIL-STD-202G-210F Test Method)
  - Vibration Test (MIL-STD-202G Method 201A)
  - Mechanical Shock Test (MIL-STD-202G Method 213B Condition D)
- Chokes
  - Vibration Test (MIL-STD-810F Method 514)
  - Temperature Cycling Test (MIL-STD-810F Method 501/502)
- MOSFETs
  - Thermal Shock Test (MIL-STD-883G 1011.9)
  - Vibration Test (MIL-STD-883 Method 2007.2 Condition A)
  - Mechanical Shock Test (MIL-STD-883G2002.4)

Visit the ASUS website at www.asus.com for the test report.

Testing laboratory, **Integrated Service Technology**, is accredited by:

IEC/IECQ 17025 certificate of independent test laboratory approval
Certificate No.: T1091
ISO 17025 accredited in respect of laboratory is approved by TAF
Certificate No.: L0835-060321
ISO 9001 certificate is approved by TUV CERT certification body of TUV NORD Cert GmbH

INTEGRATED SERVICE TECHNOLOGY

1 5 2 2 0 - 1 0 6 1 0 0 0 0

IN SEARCH OF INCREDIBLE

Bild 7.1: ASUS Qualitäts-Zertifikat für ein TUF Mainboard

- LAN: Super Speed Ethernet mit 2,5 Gbit. Bluetooth V5.2
- WLAN 802.11a/b/g/n/ac/ax. Die beiliegenden WLAN-Antennen werden an der Rückseite angeschraubt.

Überdurchschnittliche und zukunftsweisende Eigenschaften

- Preisgekröntes UEFI-BIOS, das sogar Ihre Notizen, Menü-Favoriten und frühere Einstellungen speichert und einen Screenshot der BIOS-Einstellungen auf USB-Stick speichern kann.

- Mit AMD 2-Way-CrossFireX (x16/x4) kann man zwei Grafikkarten zusammenschalten.
- Zusätzlich zum CPU-Lüfter können zwei Gehäuselüfter und eine Wasserpumpe angesteckt werden. Fan Xpert 2+ ermöglicht es, für jeden Lüfter eine individuelle Regelung einzustellen.
- Enhanced ESD protection: Alle Anschlüsse sind gegen ESD (Statik-Entladungen) bis 10 000 V geschützt.
- Vollständige **Q**ualified **V**endor **L**ist (Liste der geprüften Zubehör-Lieferanten) ist online verfügbar.

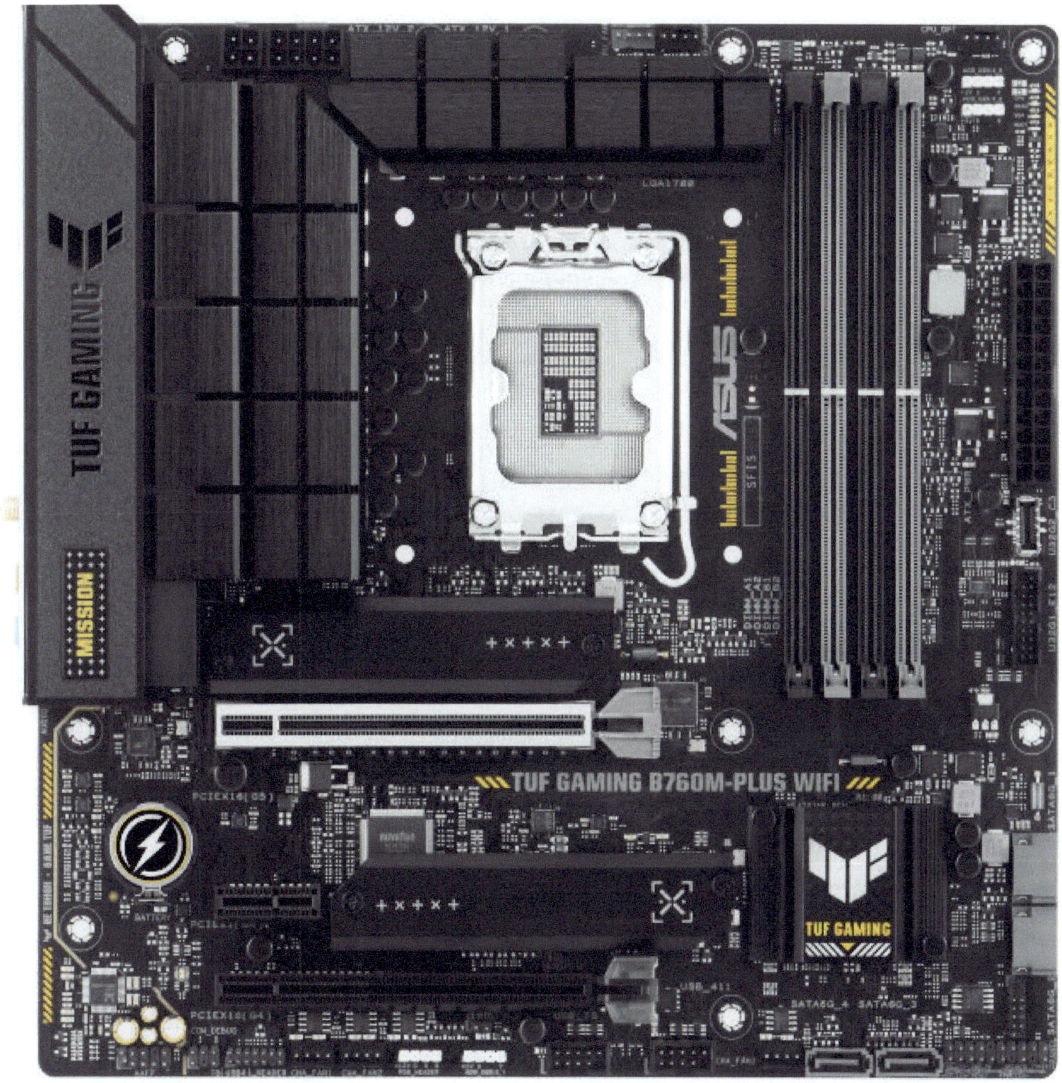

Bild 7.2: Mainboard B760M-Plus WIFI

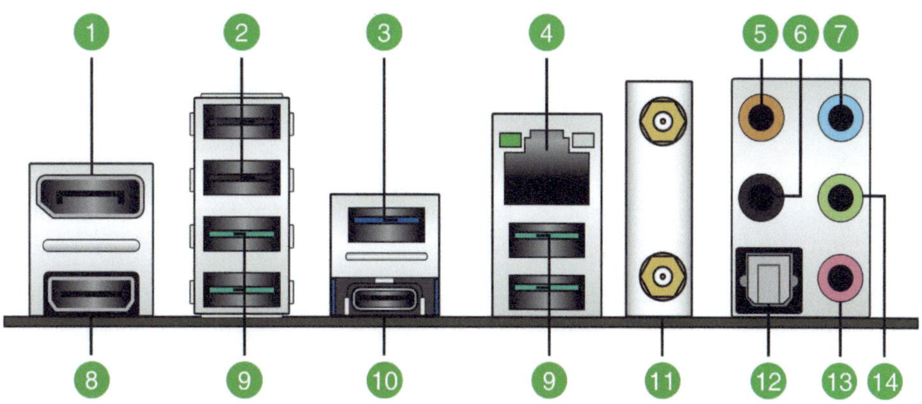

Bild 7.3: Die rückseitigen Anschlüsse des ASUS TUF Gaming B760M-Plus:
1: DP, 2: USB 2.0, 3: USB 3.2 (Gen1) 5Gb/s 4: LAN 2,5 Gb, 5: Subwoofer, 6: Hinterer Lautsprecher, 7: Line-In, 8: HDMI, 9: USB 3.2 (Gen2) 10: USB 3.2 (Gen2x2) Typ C, 11: WiFi6-Antenne, 12: S/PDIF Ausgang, 13: Mikrofon, 14: Line-Out

7.3.3 CPU

„CeleronG“ und „PentiumG“ sind Bezeichnungen für technologisch ältere, besonders preiswerte CPUs. Ab 2023 führt Intel den Celeron und den Pentium unter dem neuen Markennamen „Intel Processor“. Die „Core“-Modelle sind fortschrittlicher und leistungsfähiger. Die Modellreihe „Core i3“ ist für den unteren Leistungsbereich, „Core i5“ für den mittleren und „Core i7“ für den oberen Leistungsbereich. „Core i9“ steht für Spitzenleistung.

Hinter „Core ix“ folgt hinter einem Minuszeichen die mehrstellige Modellnummer, die seit 2011 mit der „Generationsnummer“ beginnt. Die 10. Generation heißt „Comet Lake“ oder „Ice Lake“, mit „Rocket Lake“ oder „Tiger Lake“ wird die 11. Generation bezeichnet. Die 12. Generation heißt „Alder Lake“ und die 13. heißt „Raptor Lake“ und die 14. heißt „Raptor Lake refresh“. Die 15. Generation „Arrow Lake“ ist seit Oktober 2024 im Handel. Wenn Sie mehr über Prozessorgenerationen lesen wollen, beginnen Sie mit den Wikipedia-Artikeln „Intel-Comet-Lake-Mikroarchitektur“ oder „AMD Ryzen“.

- Wenn Sie die CPU übertakten wollen, brauchen Sie ein Board mit „Z“-Chipsatz und eine CPU mit einem „K“, „X“ oder „XE“ hinter der Modellnummer (z. B. Core i7-13800**K**), wobei „XE“ das höchste Übertaktungspotential hat.
- Ein „F“ hinter der Modellnummer bedeutet, dass in der CPU die integrierte Grafik deaktiviert ist und Sie eine separate Grafikkarte brauchen. Für anspruchsvolle Spiele ist eine hochwertige Grafikkarte zu empfehlen, und dann ist es ohnehin sinnvoll, auf einen Grafikteil in der CPU zu verzichten.
- Ein „T“ kennzeichnet „energieoptimierte“ CPUs.
- Notebook-CPUs werden mit einem „H“ gekennzeichnet, besonders stromsparende mit „U“.

Die von mir empfohlene Hauptplatine TUF Gaming B760M-Plus WIFI kann mit CPUs Celeron, Pentium, Core i3, Core i5, Core i7 und Core i9 CPUs der 12., 13. oder 14. Generation bestückt werden. Hier die QVL-Liste aller kompatiblen CPUs: https://www.asus.com/de/motherboards-components/motherboards/tuf-gaming/tuf-gaming-b760m-plus-wifi/helpdesk_qvl_cpu/?model2Name=TUF-GAMING-B760M-PLUS-WIFI

Alle CPUs dieser Liste haben 20 PCIe-Lanes. Von diesen gehen 16 zu einem oder 8 + 8 zu zwei Grafikkarten-Steckplätzen. Über die restlichen vier Lanes kann die CPU direkt auf einen SSD-Speicher zugreifen, unter Umgehung des Chipsatzes.

Einige CPUs der 14. Generation:

- Core i9-14900K 5,8 GHz (8P+16E Kerne) 36 MB Cache 450 €

Einige CPUs der 13. Generation:

- Core i9-13900K 5,6 GHz (8P+16E Kerne) 36 MB Cache 490 €
- Core i7-13700K 5,2 GHz (8P+8E Kerne) 30 MB Cache 350 €

Einige CPUs der 12. Generation:

- Core i9-12900 5,1 GHz (8P+8E Kerne) 30 MB Cache 415 €
- Core i7-12600K 4,9 GHz (6P+4E Kerne) 20 MB Cache 190 €
- Core i3-12100 4,3 GHz (4P Kerne) 12 MB Cache 125 €
- Celeron G6900 3,4 GHz 2 Kerne 2,5 MB Cache 90 €

Falls Sie einen Spieler-PC mit einer Intel-CPU konfigurieren, beachten Sie, dass einige Spiele zwingend nach einer CPU mit mindestens vier Kernen verlangen.

Im Artikel der Zeitschrift „PC Games“ finden Sie die ständig aktualisierte CPU-Kaufberatung von 2026: `https://www.pcgameshardware.de/CPU-CPU-154106/Tests/CPU-Test-Benchmark-AMD-Intel-675663/`

Eine CPU der 14., 13. oder 12. Generation kaufen?

Intel liefert die 14. CPU-Generation seit dem 1. Quartal 2024 aus. Die Leistung ist natürlich höher als bei der Vorgängergeneration, andere Kennzeichen sind unverändert: Beide Generationen unterstützen PCIe 4.0 und PCIe 5.0. Die CPUs können DDR-4 oder DDR-5 Arbeitsspeicher ansteuern. Der Mainboardhersteller entscheidet, ob das Board mit Steckplätzen für DDR-4 oder DDR-5 Module bestückt wird. Acht PCIe-Lanes des Direkt-Media-Interface verbinden die CPU mit dem Chipsatz.

Die höherwertigen CPUs haben zwei Arten von Kernen: **P**erformance-Kerne und **E**ffizienz-Kerne. In dieser Hybrid-Architektur übernehmen die P-Kerne die Hauptarbeit. Die neuen E-Kerne übernehmen Hintergrundaufgaben. Ein **Thread Director** unterteilt die Arbeit und weist sie dem jeweils bestgeeigneten Kern zu. Windows 11 arbeitet mit dem Thread Director zusammen.

Der Core i9-13900 beispielsweise läuft mit einem Grundtakt von 2,0 GHz und kann kurzzeitig bis 5,6 GHz übertakten. Er hat acht multithreadfähige P-Kerne (kann also 16 Threads abarbeiten) und weitere acht nicht multithreadfähige E-Kerne. Es können also 24 Threads ((2 × 8) + 8) gleichzeitig verarbeitet werden.

Seit Ende 2024 gibt es erste CPUs mit einem „Gaussian & Neural Accelerator". Diese „**N**euronale **P**rocessor **U**nit" (NPU) soll Aufgaben der „**K**ünstlichen **I**ntelligenz" übernehmen. Gegenwärtig werden Aufgaben der KI über Internet an Großrechenzentren delegiert. Allerdings müsste die NPU-Leistung um Größenordnungen steigen, bevor ein nennenswerten Anteil von KI-Berechnungen lokal erfolgen könnte.

Im Vergleich zur i9-13900 hat die i9-14900 in Benchmarktests etwa 3% mehr Leistung, die i9-12900 bringt 2% weniger Leistung. Die Unterschiede sind so gering, dass man eher auf den Preis achten sollte. Dabei sollte man noch bedenken, dass die Gesamtleistung eines PC nur zu etwa einen Drittel von der CPU-Leistung abhängt, auch die Grafikleistung und die Geschwindigkeit der Massenspeicher haben eine großen Einfluss auf die Gesamtleistung.

Ich sehe mehrere mögliche Gründe, eine ältere CPU zu nutzen:

- Man braucht die Höchstleistung (gegenwärtig) einfach nicht. Vielleicht wäre in ein oder zwei Jahren das Auswechseln der CPU sinnvoll, wenn der Preis des i9-14900 unter 300 Euro gefallen ist.
- Die alte Hauptplatine ist defekt und man möchte die vorhandene CPU weiter nutzen.
- Man möchte eine neue Hauptplatine wegen der Anschlüsse: USB 3.2, WLAN, LAN mit 2,5 GHz oder wegen PCIe 5.0 für die M.2 SSD. Die vorhandene CPU soll weiter genutzt werden.

7.3.4 RAM

Kühlkörper

Viele Hersteller bieten RAM mit Kühlkörpern an. Damit kann die Modultemperatur um drei bis zehn Grad verringert werden. Ist es sinnvoll, RAM-Module mit Kühlkörpern zu verwenden?

Läuft der PC unter voller Belastung, können die RAM-Module 50 °C bis über 60 °C heiß werden. Steigt die Temperatur über 65 °C, werden die RAM-Chips doppelt so häufig durch einen Refresh unterbrochen. Es kommt zu einem gewissen Geschwindigkeitsverlust des Gesamtsystems, der aber ein bis zwei Prozent kaum übersteigen wird. Weil die meisten RAM-Chips bis 95 °C zertifiziert sind, läuft ein normaler PC auch mit ungekühlten Modulen stabil.

Wenn jedoch mehrere der folgenden Kriterien zutreffen, kann eine Kühlung sinnvoll sein.

- Wird der PC mit vier Speichermodulen bestückt, entsteht auf engem Raum viel Wärme. Die Ableitung der Wärme ist schwierig.
- Im Streben nach einem besonders leisen PC wird oft an der Lüfterdrehzahl gespart. Zusammen mit einer passiv gekühlten CPU und Grafikkarte kann die Grundtemperatur im Gehäuse recht hoch sein.
- Wenn Sie CPU, RAM und andere Komponenten übertakten, wird es im Gehäuse besonders heiß.

Mehr: `http://www.pcgameshardware.de/RAM-Hardware-154108/Specials/Arbeits-speicher-Ist-ein-RAM-Kuehler-Pflicht-PCGH-Basiswissen-1119855/`

Wieviel RAM ist angemessen?

Für einen einfachen PC sind reichen 8 GB aus, doch ich würde an dieser Stelle nur ungern sparen. Für einen „Arbeitspferd-PC" sind 16 GB angemessen. Für einen Gaming-PC empfehle ich 32 GB und für Höchstleistungen (Videoschnitt) 64 GB. Falls Sie auf einem 4k-Bildschirm (3840x2160) ruckelfrei spielen wollen, brauchen Sie 32 bis 64 GB RAM und eine gute Grafikkarte (GTX 1080 Ti oder RTX 2080 Super), die über DisplayPort mit dem Display verbunden wird.

Takt

Für DDR4 ist in den JEDEC-Spezifikationen ein Standardtakt von 2133 MHz vorgesehen, für DDR5 von 4800 MHz. Und nur für diese Frequenz **garantiert** Intel eine stabile Arbeit der Speichercontroller. Das heißt nicht, dass eine höhere Taktfrequenz nicht funktioniert. Sie wird bei den meisten Mainboards lediglich nicht garantiert. Nur für einige hochwertige Mainboards (ASUS) wird eine höhere RAM-Taktfrequenz genannt.

Deshalb startet jedes Mainboard mit dem Standardtakt von 2133 MHz bei DDR4 oder 4800 MHz bei DDR5. Anschließend kann man im BIOS eine höhere Taktfrequenz einstellen. Studieren Sie das Handbuch der geplanten Hauptplatine. Die höchstmögliche Speicherfrequenz kann auch von der CPU abhängen.

Empfehlung: Ein Speicherkit „Kingston FURY Beast DDR5 16 GB (2x8 GB) 5600 MHz CL40" für 56 €. Diese Module sind mit Kühlkörper und mit der bei Kingston üblichen 10-Jahre-Garantie ausgestattet. Eine Besonderheit: Die FURY-Module mit XMP 3.0 (E**x**treme **M**emory **P**rofiles) kommunizieren mit dem Intel-Chipsatz und übertakten automatisch auf die RAM-Höchstfrequenz des Mainboards. AMD hat eine vergleichbare Übertaktungs-Funktion für Ryzen-CPUs: EXPO (**Ex**tended **P**rofiles for **O**verclocking).

Etwas preiswerter: „Crucial RAM DDR5 16 GB (2x8 GB) 4800 MHz CL40" für 41 Euro. In der Spezifikation wird XMP nicht erwähnt, deshalb wohl der günstige Preis. Das Hochtakten von 2133 auf 4800 MHz muss man wohl selbst erledigen.

DDR-4 oder DDR-5?

DDR5 hat die doppelte Transferrate und die doppelte Speicherkapazität wie DDR4 – das hört sich toll an. Das Komprimieren eines Archivs mit 7-Zip kann mit DDR-4 40 % bis 50 % länger dauern als mit DDR-5. Doch bei den meisten Anwendungen wird man mit der neuen Technologie kaum einen Leistungsunterschied bemerken. Beispielsweise ist bei einem Spiel mit hohen Auflösungen und maximalen Details wahrscheinlich die Grafikkarte das limitierende Element und die CPU ist nicht voll ausgelastet. Die Geschwindigkeit des RAM-Speichers spielt dann fast keine Rolle.

Neue Technologien kosten immer deutlich mehr. Die ersten DDR-5 RAM kosteten etwa doppelt so viel wie die gleiche Menge DDR-4, gegenwärtig beträgt der Aufpreis etwa 25 %.

7.4 MASSENSPEICHER

7.4.1 Festplatte oder SSD

Das Betriebssystem sollte auf einer SSD-Festplatte installiert sein. Eine SSD ist einer Magnetfestplatte in der Geschwindigkeit derart weit überlegen, dass ein eventuell höherer Preis zu akzeptieren ist. Es muss ja keine große SSD sein, 500 oder 1000 GB reichen für eine überschaubare Menge Fotos und Musik. Nur das Sammeln von Filmen wird schwierig. Bei etwa 5 GB pro Film ist die SSD schnell voll. Für große Datenmengen kann man eine preiswerte Magnetfestplatte als zusätzlichen Massenspeicher einbauen.

Wenn Sie Ihren PC nicht nur zum Surfen benutzen, sondern auch größere Mengen von Daten erzeugen und sammeln, brauchen Sie langfristig gesehen mindestens drei Festplatten:

- eine SSD-Platte für das Betriebssystem und Anwendungen,
- eine große Magnetfestplatte (oder ein NAS-System) für Filme, Fotos, Musik und andere Massendaten,
- eine mittlere oder große Festplatte für Backups. Wenn Sie nur wenige wichtige Daten haben, genügt vielleicht ein USB-Speicherstick für ein kleines Backup.

- Vielleicht noch eine Festplatte beliebiger Größe für Testinstallationen, z. B. um ein neues Betriebssystem oder neue Software zu testen.

SSD mit M.2 oder SATA-Anschluss?

SSD gibt es in zwei Ausführungen: Mit dem gleichen SATA-Anschluss wie die Magnetfestplatten oder mit dem M.2-Anschluss. Die Datenübertragungsrate über SATA ist auf höchstens 6 Gbit/s bzw. 600 MByte/s begrenzt, und die typische Übertragungsrate von SSD mit SATA-Anschluss beträgt 550 MByte/s beim Lesen. Wegen der höheren Übertragungsrate ist der M.2 Steckplatz vorzuziehen, auch wenn SSDs mit M.2 Interface bei gleicher Speicherkapazität etwa 20 % teurer sind als solche mit SATA-Anschluss. Die Übertragungsrate erreicht bis zu 16 GBit (über M.2 Interface mit 2 PCIe-Lanes) oder 32 Gbit/s (über M.2 Interface mit 4 PCIe-Lanes). Aktuelle M.2 SSDs können diese 32 Gbit/s auch ausnutzen: Die Samsung SSD 970 EVO M.2 liest mit 3500 MByte/s, was aufgrund der 8B/10B-Kodierung (siehe 1.8.1 PCIe Grundlagen) 35 Gbit/s entspricht. Die Samsung SSD 990 Pro M.2 liest Daten sogar mit 7450 MByte/s und schreibt mit 6900 MByte/s, vorausgesetzt die Hauptplatine hat PCIe 4.0 mit 4 PCIe-Lanes. Diese SSD mit 2 TB kostet etwa 175 Euro.

Weil ich meinen PC häufig für Probeinstallationen nutze, verzichte ich auf die höhere Übertragungsrate und verwende SATA-SSD. Denn um eine M.2-SSD zu wechseln, müsste ich schrauben und fummeln, und das winzige Schräubchen geht leicht verloren. An einem SATA-Anschluss muss ich nur umstecken, und ich kann auch von Magnetfestplatten booten.

Brauche ich 2 TB? Reichen vielleicht 500 GB für den Anfang?

Windows 7, 10 und 11 kommen mit 25 GB für Betriebssystem und Auslagerungsdatei aus. Wir reservieren großzügige 75 GB für weitere Software. Hinter dieser 100 GB Partition bleiben noch 400 GB für Daten. Die reichen für 80 000 Bilder (zu je 5 MB) oder ebenso viele Musikstücke oder für 80 Spielfilme.

Lohnt es, eine SSD von 2000 GB oder größer zu kaufen? Wenn Sie ein Notebook mit nur einem Steckplatz für Festplatten haben, kann das sinnvoll sein. Für einen Desktop-PC halte ich das für Verschwendung. Speichern Sie Massendaten (Filme, Musik und Fotos) auf einer Magnetfestplatte! Eine Magnetplatte hat ein sehr viel besseres Verhältnis zwischen Kapazität und Preis. Die Zugriffszeiten sind zwar größer, doch auch die langsamste Festplatte kann Daten schneller liefern, als Sie diese hören oder sehen können. Lediglich der Abspielbeginn eines Musikstücks oder das Zeigen eines Fotos kann etwas verzögert werden – um etwa 0,1 Sekunde, doch wer kann das spüren (außer beim sehr schnellen Durchblättern einer Fotosammlung)?

Abgesehen vom Preis pro Terabyte sind Magnetfestplatten vorteilhaft für Backups und Auslagerungen:

- SSD benötigen eine regelmäßigen Refresh, wenn auch viel seltener als RAM. Während ungenutzte SSD nach einigen Monaten beginnen, Daten zu verlieren, überdauern magnetisch aufgezeichnete Daten viele Jahre.
- Nach Feuer- oder Wasserkatastrophen, auch nach Herunterfallen, können Datenrettungsunternehmen die Daten von Magnetfestplatten fast immer retten (wenn auch zu einem hohen Preis). Bei SSD ist eine Datenrettung fast immer unmöglich.

Wenn Sie Ihre Filme und andere Daten von mehreren Computern (Notebook, Smartphone, Tablet) gemeinsam nutzen wollen, sehe ich zwei Möglichkeiten:

- Ein NAS-System mit 2 bis 4 TB Kapazität mit LAN oder WLAN Zugriff für alle Computer, oder
- eine interne Magnet-Festplatte mit 1 bis 4 TB. Das sollte dann aber eine 24/7 Festplatte sein, weil diese durch den Zugriff mehrerer Computer einen großen Teil des Tages in Betrieb sein könnte. Beispiel: Die Festplatten der „roten" Serie von Western Digital sind für Dauerbetrieb in einem NAS ausgelegt. Die „WD Red 4TB 3.5" WD40EFRX - NAS 24/7" (160 €) hat 4 TB Kapazität. Sie ist mit 5400 U/min zwar etwa 20 % langsamer als eine mit 7200 U/min, aber wenn das Betriebssystem von einer SSD startet, sollte das keine Rolle spielen. Und sie hat eine längere Lebensdauer.

Wenn die Zugriffsmöglichkeiten für weitere Computer keine große Rolle spielen, rate ich Ihnen zu einer internen Magnetfestplatte mit 2 TB oder mehr für Daten.

Falls Sie sich für ein NAS-System entschieden haben, ist der Einbau einer zweiten internen Festplatte in den PC vermutlich unnötig. Falls Sie dem PC trotzdem eine Zweitplatte spendieren, haben Sie drei Vorteile:

- Sie können darauf Daten speichern, die nicht für die ganze Familie bestimmt sind, ohne sich mit der Rechteverwaltung des NAS-Speichers beschäftigen zu müssen.
- Der Zugriff auf die interne Festplatte ist schneller als über das Netzwerk, was aber nur für Videoschnitt und andere anspruchsvolle Anwendungen wesentlich ist.
- Sie können die Festplatte für ein Backup der wichtigsten Daten des NAS-Systems nutzen.

Beachten Sie beim Kauf einen möglichen „Katastrophenfall": Stellen Sie sich vor, Ihr PC hat einen Defekt oder Windows bootet nicht mehr. Wenn Sie den PC zur Reparatur einschicken, wird die Festplatte gelöscht. Um vorher Ihre Daten zu sichern, müssen Sie die Platte an einen anderen PC anstecken. Doch wenn die Festplatte 2,2 TB oder größer ist, wird sie an sehr alten PCs ohne UEFI-BIOS nicht funktionieren. Sie brauchen dann zwingend einen zweiten PC mit UEFI-BIOS, sonst kommen Sie nicht mehr an Ihre Daten heran.

7.4.2 Optisches Laufwerk

Mobile Geräte haben kein DVD-Laufwerk mehr und auch bei stationären Geräten sind DVD-Laufwerke aus der Mode gekommen. Ein portables DVD-Laufwerk an USB 3.0 für etwa 30 Euro wäre eine Alternative.

Ich brauche ein DVD-Laufwerk: Wegen meiner vielen vorhandenen DVDs mit Daten und Software. Weil Computerzeitschriften oft eine DVD beiliegt. Außerdem habe ich Dutzende von Installations-DVD für Windows sowie bootfähige DVD mit Tools, Antiviren und anderer Software. DVD-Rohlinge sind für diesen Zweck erheblich billiger als Dutzende USB-Sticks.

Bei den DVD-Brennern sind die Unterschiede in Geschwindigkeit und Preis geringfügig geworden. Und weil die meisten Nutzer das Laufwerk nur sehr selten benutzen, ist auch die durchschnittliche Lebensdauer unwichtig. Trotzdem habe ich nur eine einzige Empfehlung: Einen Brenner von LG, und zwar das „LG GH24NSD1 bulk" für 20 Euro, bei eBay für die Hälfte. Das Laufwerk brennt DVDs mit 24×.

Viele Jahre lang konnten nur LG-Laufwerke die M-Disk beschreiben. Die M-Disk besteht aus einem anorganischen, steinähnlichen Material und wird mit einer Haltbarkeit von 1000 Jahren beworben. „Normale" DVD-Rohlinge halten nur wenige Jahre, meist werden nicht einmal die zehn Jahre erreicht, die das Finanzamt als Mindestaufbewahrungszeit steuerlicher Unterlagen fordert. Es ist auch gut, eine Möglichkeit zu haben, wichtige Erinnerungen für Enkel und Urenkel langfristig speichern zu können.

In den letzten Jahren haben weitere Hersteller die Lizenz erworben, ihre DVD-Brenner mit der M-Disk-Technologie auszustatten. Doch LG hat die längste Erfahrung. Zudem haben die Brenner von LG eine prima Qualität. In vielen Jahren habe ich bei meinen Kunden so manches defekte CD- und DVD-Laufwerk gewechselt, doch ein LG-Laufwerk war nicht darunter, soweit ich mich erinnern kann.

Sie bevorzugen ein Blu-ray-Laufwerk? Für 68 Euro gibt es das „BluRay ASUS BC-12D2HT". Dieses Kombo-Laufwerk liest Blu-ray mit 12-facher Geschwindigkeit. DVD werden mit 16-facher Geschwindigkeit gelesen und gebrannt. Ein BD-Brenner kostet etwa das Doppelte.

Wenn Sie nur deshalb ein BD-Laufwerk einbauen wollen, um Videos am PC zu sehen, bedenken Sie bitte: Es wäre wohl besser, einen separaten Player zu kaufen. Der ist leichter zu bedienen und mitzunehmen, ist schneller startbereit, braucht nicht heruntergefahren zu werden, verbraucht weniger Energie und ist leiser.

Sie haben einen hochauflösenden UHD-Bildschirm oder Fernseher und wollen darauf UHD-Blu-rays ansehen? Stand 2021: Dazu muss das Ausgabegerät den Kopierschutz HDCP 2.2 unterstützen und über HDMI 2.0a oder höher angeschlossen sein. Das Blu-ray-Laufwerk muss den Kopierschutz AACS 2.0 unterstützen. Eine i5 oder i7 CPU der 7. Generation („Kaby Lake") ist erforderlich (AMD-CPUs werden nicht unterstützt). Der PC muss mindestens 6 GB RAM haben. Manche UHD-Blu-rays starten nicht ohne Internetverbindung. Als Betriebssystem ist nur Windows 10 oder 11 möglich. Als Abspielsoftware ist nur PowerDVD von Cyberlink geeignet. Weil die Filmindustrie jeden PC-Nutzer für einen bösen Raubkopierer hält, hat sie dafür gesorgt, das Ansehen von hochauflösenden Blu-ray-Filmen auf dem PC fast unmöglich zu machen.

7.5 Grafikkarte und Display

7.5.1 Grafikkarte

Auch wenn ein integrierter Grafikchip auf der Hauptplatine zunächst ausreicht, kann später einmal eine separate Grafikkarte sinnvoll sein: Sei es wegen eines Aktionsspiels oder weil Sie einen 8k-Bildschirm gekauft haben und die interne Grafiklösung dessen hohe Auflösung nicht unterstützt (die interne Grafik von Mainboards mit Intel-CPUs unterstützt die 4k-Auflösung (4096 × 2304), aber nicht die 8k-Auflösung (8192 × 4608).

Ihre Hauptplatine hat HDMI- oder Displayport-Anschluss, aber Ihr älterer Monitor hat nur VGA- und DVI-Anschluss? Eine Grafikkarte zu kaufen, um den Monitor anzuschließen, ist nicht nötig. Für etwa 20 Euro gibt es Adapterkabel von HDMI auf DVI oder von Displayport auf DVI. Sogar von Displayport auf VGA gibt es Adapter, siehe Bild 7.4.

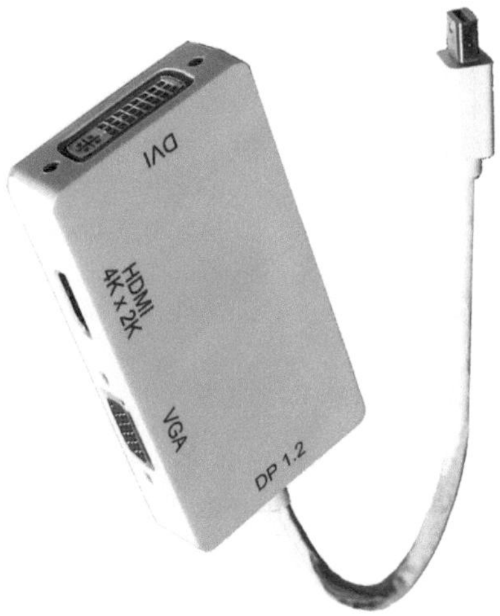

Bild 7.4: Displayport am PC kann DVI, HDMI und VGA ansteuern

7.5.2 Display

ASUS und Samsung sind meine Favoriten bei den Herstellern, weil sie bei guter Qualität und langer Lebensdauer einen vernünftigen Preis haben. Doch ich muss anmerken: Die Monitore von EIZO sind noch eine Klasse besser als die gesamte Konkurrenz. Wenn Sie das Beste wollen, gibt es keine Konkurrenz zu EIZO. Allerdings sind sie auch mit großem Abstand die teuersten. Ein Beispiel (Stand vom Febr. 2025): Der Eizo EV2460 mit 23,8 Zoll Diagonale und ungewöhnlich vielen Anschlüssen (DisplayPort, DVI-D, HDMI, VGA, USB 3.0) kostete 290 Euro, die 27" Ausführung FlexScan EV2760-BK gibt es für 480 Euro. Zum Vergleich: Einen 24" Full HD Monitor von Samsung gibt es schon für 95 Euro, und einen 27" Monitor ab 120 Euro.

Wenn Sie die Anschaffung eines Bildschirms planen, sollten Sie ein 4k-Modell in Erwägung ziehen. Damit erreichen Sie Kinoqualität und schonen die Augen bei jeder Art von Computertätigkeit. Bedenken Sie: Flachbildschirme sind langlebig. Während Röhrenbildschirme meist wegen altersbedingter Qualitätsmängel ersetzt wurden, können Flachbildschirme ein viel längeres Leben haben, zehn Jahre sind keine Seltenheit. Sie werden meistens nur deshalb ersetzt, weil sie unmodern oder zu klein geworden sind. Kaufen Sie keinen Monitor, mit dem Sie vielleicht schon in drei Jahren nicht mehr zufrieden sind!

Meine Empfehlung: Samsung U28R550UQP für aktuell 270 € (4,50 € pro Monat bei fünfjähriger Nutzung). Der 28" IPS-Monitor hat 4k-Auflösung (3840 × 2160), eine schnelle Reaktionszeit von 4 ms, eine Milliarde Farben, und auch wenn ich den Bildschirm teile (ein PC benutzt die linke Hälfte und ein anderer PC oder das Fernsehbild benutzt die rechte Hälfte), habe ich noch die doppelte Auflösung wie HDTV.

Ich konnte zwar eine 4k-Auflösung anfangs noch nicht nutzen (mein älterer iMac schafft nur 2560 × 1440), und für meinen damaligen PC musste ich mir eine Grafikkarte für 300 Euro kaufen, doch jetzt genieße ich die hohe Auflösung. Die integrierte Grafik auf vielen CPU-Mainboard-Kombinationen unterstützt bereits die 4k-Auflösung. Auch Ihr nächster oder übernächster PC wird diese Auflösung beherrschen. Sollten Sie jemals einen 75" Fernseher (189 cm) kaufen, brauchen Sie die 4k-Auflösung, sonst wird das Bild grobkörnig.

Achten Sie darauf, dass die Anschlüsse am PC und am Bildschirm zusammenpassen. Ein Display ohne HDMI würde ich nicht kaufen. Mehrere Anschlüsse sind nützlich, um das Display im Wechsel an verschiedenen PCs betreiben zu können, z. B. am PC und als Zweitdisplay am Notebook.

Beachten Sie bei der Suche nach einem preiswerten Gerät: Auch die renommiertesten Hersteller haben einige verschlissene Fließbänder und veraltete Fabriken, in denen sich keine Spitzengeräte mehr produzieren lassen. Und auch bei den besten Herstellern ist nicht jede Neuentwicklung ein Spitzenprodukt. Doch auch Geräte in minderer Qualität kann man verkaufen, wenn man den Preis weit genug senkt. Und warum sollte sich irgend ein Hersteller das Geschäft mit den „Geiz-ist-geil"-Käufern entgehen lassen? Immer, wenn Sie nach dem billigsten Gerät suchen, gehen Sie ein Risiko ein.

7.6 Netzteil

Welche Leistung wird benötigt?

Beim Hochfahren braucht der PC viel Strom, die Festplatten beispielsweise benötigen im Anlaufmoment drei- bis viermal so viel Strom wie im Dauerbetrieb. Deshalb ist eine Leistungsreserve nötig. Versuchen Sie, die benötigte Leistung des Netzteils realistisch einzuschätzen. Für einen einfachen bis mittleren PC genügt ein Netzteil von 300 Watt, maximal 500 Watt. Mehr braucht man nur, wenn man extrem leistungshungrige Komponenten einbaut, wie z. B. Hochleistungs-Grafikkarten. Wenn ein Netzteil weit unterhalb seiner Nominalleistung betrieben wird, arbeitet es mit einem schlechten Wirkungsgrad und erzeugt viel Abwärme.

Lüfterlose Netzteile

Sie werden als geräuschlos beworben, und das stimmt ja. Allerdings muss man dann mit einem Gehäuselüfter für Luftzirkulation sorgen. Letztendlich verlagert sich das Geräusch nur zu einem anderen Lüfter. Die Temperatur ist vergleichsweise höher als in einem belüftetem Netzteil, was die Lebensdauer des Netzteils verringert. Besonders die großen Elektrolyt-Kondensatoren trocknen aus. Lüfterlose Netzteile sind relativ teuer, außerdem glaube ich beobachtet zu haben, dass die Ausfallrate lüfterloser Netzteile recht hoch ist.

Qualitätsmerkmale

TÜV und GS sollte jedes Netzteil haben. Die ersten drei Schutzfunktionen in der nebenstehenden Tabelle sind vom Standard vorgeschrieben. Wenn das Netzteil weitere Schutzschaltungen hat, ist das von Vorteil.

OVP	Over Voltage Protection	Überspannungsschutz
SCP	Short Circuit Protection	Schutz vor Kurzschlüssen
OCP	Over Current Protection	Schutz vor Stromspitzen
OPP	Over Power Protection	Überlastungsschutz
UVP	Under Voltage Protection	Unterspannungsschutz
OTP	Over Temperature Protection	Übertemperaturschutz

Tab. 7.6: Schutzschaltungen für das Netzteil

Meine Empfehlung: Das Netzteil „be quiet! Pure Power 11 400 Watt ATX V2.4 Netzteil 80+ Gold“ hat eine Energieeffizienz von 92 % und ist mit einem temperaturgeregelten Lüfter außergewöhnlich leise. Es hat zwei PCIe Kabel (mit 6+2 Pin) für den Zusatzstrom einer Grafikkarte. Der Hersteller gibt 5 Jahre Garantie. Es kostet etwa 55 Euro.

7.7 Gehäuse und Lüfter

7.7.1 Gehäuse

Für das DVD-Laufwerk ist eine waagerechte Einbaulage Pflicht. Treiber-CDs für kleines Zubehör haben oft einen reduzierten Durchmesser von 8 cm. Solche CDs können Sie in ein senkrecht eingebautes Laufwerk nicht einlegen. Auch die Magnetfestplatten sollten vorzugsweise waagerecht eingebaut werden können.

Es ist ja ganz nett, wenn man das Gehäuse schnell auf- und zumachen kann und wenn man die Laufwerke ohne Schrauberei auf Gleitschienen in das Gehäuse einschieben kann. Für den Hersteller ist das prima, es verringert den Montageaufwand. Aber wie nützlich ist es für den Käufer, ein DVD-Laufwerk mit wenigen Handgriffen ohne Schraubendreher wechseln zu können? Wie oft in einem Computerleben werden Sie denn voraussichtlich das DVD-Laufwerk wechseln? Wenn Sie Festplatte und Brenner mit dem Gehäuse verschrauben können, wirkt das Gehäuse als Kühlblech und die Wärme wird besser abgeleitet.

In manchen Gehäusen brauchen bzw. können die Steckkarten nicht an der Rückwand des Gehäuses festgeschraubt werden, sondern sie werden nur festgeklemmt. Das erspart eine Minute bei der Montage, aber es erhöht die Gefahr von Wackelkontakten.

Es ist nützlich, von den großen Laufwerksschächten (5,25 Zoll) einige mehr zu haben als nur für das DVD-Laufwerk. 3,5" Festplatten mit Geräuschdämpfern passen nur in einen 5,25" Slot. Und es gibt eine Menge Zubehör: Lüfterregler, diverse Anzeigen, zusätzliche USB- und andere Anschlüsse, Wechselplatten, ...

Das Gehäuse „Antec VSK3000E-U3" für 43 € hat in der Frontblende 2 x USB 2.0 sowie Kopfhörer- und Mikrofonanschluss. Wenn Sie ein „schickes" Gehäuse wünschen, werden Sie wohl einen Rundgang durch Computermärkte machen müssen. Erschrecken Sie nicht über die Preise. Mode ist teuer.

Achten Sie auf die Anzahl der nach vorn herausgeführten USB-Anschlüsse und deren Art. Da moderne Mainboards mehrere USB 3.2 Anschlüsse anbieten, sind USB 3.0 Buchsen veraltet. Bessere Gehäuse haben vorn einen USB-C-Anschluss sowie zwei USB 3.2 Gen2 (10 Gbit/s) Buchsen. Das treibt leider den Preis nach oben. Alternativ kann man nachträglich einen USB-Hub in einen der Laufwerksschächte einbauen, für etwa 40 Euro.

7.7.2 Luftströmungen

Die Luft tritt an der Unterseite des PCs, zwischen Metallgehäuse und Vorderblende, in das Gehäuse ein. Meist gibt es im unteren Teil der Vorderseite, hinter der Plasteblende, noch weitere Öffnungen für den Lufteintritt. Die aufsteigende Wärme sammelt sich im oberen Teil des Computers. Das Netzteil ist meist oben hinten im Gehäuse eingebaut, und der Lüfter des Netzteils saugte diese warme Luft an, kühlte damit noch das Netzteil und beförderte sie nach draußen. Einfache Büro- und Home-PCs kommen oft mit dem Lüfter im Netzteil aus (abgesehen vom CPU-Lüfter). Leistungsfähigere PCs brauchen in der Regel ein bis drei Zusatzlüfter.

Mit Zusatzlüftern im unteren Teil der Vorderwand und im oberen Teil der Rückwand kann die Luftströmung verstärkt werden. Ein guter Platz für einen Zusatzlüfter ist an der Vorderseite, wo er kalte Luft direkt auf die Festplatte blasen kann. Mitunter gibt es eine zusätzliche Öffnung in der Seitenwand, um die Abluft des CPU-Kühlers auf dem kürzesten Weg aus dem Gehäuse hinauszubefördern. Kontrollieren Sie die Richtung, in die die Lüfter blasen. Warme Luft steigt nach oben. Es ist sinnlos, dagegen anzukämpfen. Manche Lüfter haben kleine Pfeile, welche die Richtung des Luftstroms anzeigen, Sie können das aber auch ohne Pfeile ganz einfach sehen: Die Richtung des Luftstroms geht immer hin zum Befestigungsrahmen des Motors.

Sorgen Sie also dafür, dass die Luft optimal strömt: von vorn unten nach hinten oben. Kontrollieren Sie, in welche Richtung der Lüfter bläst. Ungenutzte Slotblenden sollten Sie zuschrauben oder zukleben. Ungenutzte Öffnungen für Zusatzlüfter an der Rückseite sollten Sie ebenfalls zukleben, damit die von den Lüftern ausgestoßene warme Abluft nicht auf kurzem Wege zurück ins Gehäuse strömt.

In manchen Gehäusen ist in der Vorderfront ein Luftfilter versteckt, und es gibt auch Lüfter mit integriertem Luftfilter. Wenn auf den Elektronik-Komponenten weniger Staub liegt, können diese die Wärme besser abstrahlen. Nebeneffekt, besonders für Allergiker: Man sollte nicht unterschätzen, welcher Anteil der Raumluft während stundenlanger Arbeit durch den PC gesaugt und dabei gereinigt wird.

Allerdings verringert ein Luftfilter die durchströmende Luftmenge. Sorgen Sie für ein gewisses Gleichgewicht der hinein- und herausgeblasenen Luftmenge. Wenn die Lüfter an der Rückwand zu viel Luft absaugen, entsteht im Gehäuse ein Unterdruck und es wird ungefilterte Luft durch alle Ritzen einströmen.

Seit einiger Zeit gibt es Gehäuse, bei denen das Netzteil unten eingebaut wird. Der Vorteil: Am Boden des Computers ist die Luft erheblich kühler als oben, das Netzteil wird besser gekühlt. Nachteil: Nun staut sich oben die warme Luft. Deshalb muss mindestens ein Gehäuselüfter möglichst weit oben eingebaut werden, der die warme Abluft des Computers nach draußen befördert.

In Internetforen wird oft geraten, das Gehäuse zu öffnen, wenn der PC zu heiß wird. Das ist keine gute Idee. Die warme Luft, die das Netzteil nach hinten ausbläst, kehrt auf kürzestem Wege wieder in das Gehäuse zurück. Statt durch das Gehäuse zu strömen, kreist die Luft nur um das Netzteil herum, gewissermaßen ein thermischer Kurzschluss. Folglich „steht" die Luft in der Mitte des Gehäuses fast still. Das Gehäuse offen zu lassen, ist also nur dann sinnvoll, wenn Sie mit einem Tischventilator für eine kräftige Luftbewegung sorgen. Einen zusätzlichen Gehäuselüfter einzubauen wäre die bessere Lösung.

7.7.3 Lüftergröße

Die meisten heutigen CPUs regeln zunächst den Takt herunter, wenn sie zu heiß werden. Wenn Ihr PC nach einigen Minuten Aufwärmzeit drastisch langsamer wird, haben Sie möglicherweise ein Kühlungsproblem. Deshalb sollten Sie CPU-Lüfter und -Kühlkörper großzügig dimensionieren! Ein Kühlsystem, das für einen wesentlich stärkeren als Ihren Prozessor geeignet ist, kann den Lüfter auf eine langsamere Drehzahl herabregeln und dadurch leiser arbeiten. Außerdem haben Sie an heißen Tagen eine Sicherheitsreserve.

Handelsübliche Zusatzlüfter sind quadratisch und typisch 80 x 80 mm groß, dazu passende Befestigungsbohrungen sind in den meisten Gehäusen vorhanden. Wenn man die Wahl hat zwischen Lüftern mit großem oder mit kleinem Durchmesser, sollte man den größeren wählen. Ein Lüfter mit doppeltem Durchmesser hat die vierfache Fläche und kann daher die gleiche Luftmenge mit einer wesentlich geringeren Drehzahl befördern. Das bedeutet eine längere Lebensdauer des Lüfters, weniger Motorengeräusch, und auch das Geräusch der Luftströmung verringert sich. Sehen Sie sich die Rückseite des Gehäuses an: Wie groß dürfen die Lüfter maximal sein? Lüfter mit größerem Durchmesser passen in die meisten Gehäuse leider nicht hinein.

Es ist Platz vorhanden für einen 12 cm Lüfter, aber in der Rückwand sind Bohrungen für den Luftdurchlass nur für einen 8 cm Lüfter? Dann sollten Sie zusätzliche Löcher bohren. Dazu muss man aber die gesamte Elektronik und das Netzteil ausbauen: Wegen der Vibration und weil Metallspäne im PC furchtbar wären.

7.7.4 Kugel- oder Gleitlager

Lüfter werden sowohl mit Kugellagern („ball bearing", abgekürzt BB) als auch mit Gleitlagern („sleeve bearing") hergestellt. Gleitlager in einem Lüfter bedeutet: Im Plastegehäuse ist eine Bohrung, darin dreht sich eine Metallachse. Verschleiß und Geräuschpegel sind hoch. Der Preisunterschied zum Kugellager ist gering, der Unterschied in der Lebensdauer jedoch gewaltig. Bevorzugen Sie die Kugellager-Ausführung!

Auf billigen Grafikkarten und für Chipsatz-Kühler werden fast immer Lüfter verwendet, deren Achse nur auf einer Seite gelagert ist. Deshalb sind diese Grafikkarten-Lüfter recht kurzlebig. Wenn Sie einen verschlissenen Lüfter austauschen müssen, sollten Sie versuchen, einen Lüfter mit beidseitigen Lagern zu finden.

7.8 Beispiel-Kalkulation

	Typ	Parameter	Preis
Gehäuse		Miditower	120 €
Netzteil	be quiet! Pure Power 11 400 Watt ATX V2.4 80+ Gold		78 €
Hauptplatine	ASUS TUF Gaming B760M-Plus WIFI	2 × M.2	170 €
CPU	Core i3-12100	4 × 4,3 GHz	125 €
RAM	Kingston FURY Beast DDR5 16 GB 5600 MHz CL40	2 × 8 GB	56 €
Festplatte	M.2 Samsung 990 Pro PCIe V4.0 2 TB 7450 MB/s Lesen		150 €
Zusatzlüfter	Be Quiet! Pure Wings 2: Sehr leise, langlebig	120×120×25 mm	15 €
		Summe	**714 €**

Tab. 7.7: Grobkalkulation für einen Büro-PC

	Typ	Parameter	Preis
Tastatur	Cherry KC 1000 white, Flüsteranschlag, abriebfest, Blauer Engel	4 Hotkeys	10 €
Maus	Logitech Mouse M100 White, ergonomisch		8 €
DVD	Amicool portabler DVD Brenner mit USB-A und USB-C		25 €
Bildschirm	LG 24BK559Y-B Full HD IPS-Monitor, höhenverstellbar, 24"	1920x1080	165 €
Windows	Windows 10 oder 11		20 €
		Summe	**228 €**

Tab. 7.8: Grobkalkulation für Zubehör

	Typ	Parameter	Preis
Gehäuse	ASUS TUF Gaming GT502 mit USB 3.2 Gen1 und Gen2	Seitenwände: Glas	130 €
Netzteil	be quiet! Pure Power 11 600 Watt ATX V2.4 80+ Gold		78 €
Hauptplatine	ASUS TUF Gaming B760M-Plus WIFI	2 × M.2	170 €
CPU	Intel Core i5-13600 (6P+8E Kerne)	5,1 GHz	200 €
RAM	Kingston FURY Beast DDR5 16 GB 5600 MHz CL40	2 × 8 GB	56 €
Festplatte	M.2 Samsung 990 Pro PCIe V4.0 2 TB 7450 MB/s Lesen		150 €
DVD	BluRay ASUS BC-12D2HT	Blu-ray und DVD	68 €
Zusatzlüfter	2 × Be Quiet! Pure Wings 2: Sehr leise, langlebig	120×120×25 mm	15 €
		Summe	**867 €**

Tab. 7.9: Vorschlag für einen „besseren" PC, Preise 11/2025.
Der i5-13600 ist besonders für Spiele geeignet

7.9 Sparmöglichkeiten

Hier mache ich einen Vorschlag, wie Sie mit hochwertigen Komponenten preiswert beginnen können, um den PC vielleicht später schrittweise aufzurüsten.

7.9.1 RAM

Für DDR4-RAM entfällt die Notwendigkeit, vermessene „Pärchen" zu verwenden. Je mehr von den vorhandenen RAM-Steckplätzen Sie bestücken, desto seltener muss die CPU auf den Speicher warten. Doch wenn die Hauptplatine nur zwei RAM-Steckplätze hat, würde ich nicht mit 2 × 4 GB anfangen, sondern mit 1 × 8 GB. Dann haben Sie einen Steckplatz frei, den Sie später für das Aufrüsten auf 16 GB brauchen. Falls Sie vier Steckplätze für RAM haben, können Sie sogar bis 32 GB oder 48 GB aufstocken.

7.9.2 Massenspeicher

SSD oder Magnet-HDD?

Beginnen Sie mit einer SSD und verschieben Sie den Kauf einer Magnetfestplatte auf später. Notfalls reicht auch eine SSD mit 240 GB Kapazität (etwa 15 €) für Betriebssystem, Software und ein paar Daten.

Falls Sie extrem sparen müssen und von Anfang an viel Platz für Daten brauchen: Beginnen Sie mit einer 1000 GB Magnetfestplatte, z. B. „WD Blue WD10EZEX 1TB 7200 (39 €).

Bei einem Preisunterschied von etwa zehn Euro zwischen Festplatten von 500 und 1000 GB ist es unsinnig, mit einer Magnetfestplatte kleiner als 1000 GB zu beginnen, zumal bei Festplatten aus der gleichen Familie die größere stets etwas schneller ist.

Wenn Sie Geld angespart haben: Kaufen Sie eine 500 GB oder 1000 GB SSD und duplizieren Sie die Magnetfestplatte komplett auf die SSD. Das geht natürlich am einfachsten, solange die Belegung der Magnetfestplatte kleiner ist als die Kapazität der SSD.

Wenn Sie sich davon überzeugt haben, dass die Kopie funktioniert, können Sie die Partitionen auf der Magnetplatte löschen und neue Partitionen einrichten, um die Magnetfestplatte als zweite Festplatte für die Massendaten zu nutzen. Oder Sie benutzen die Magnetfestplatte für regelmäßige Backups.

M.2 oder SATA?

SSDs gibt es mit M.2 Anschluss und mit SATA-Anschluss, wobei erstere die dreifache Datentransferrate haben und etwa 20 % teurer sind. Welche Ausführung ist für das Betriebssystem zu empfehlen?

Die Zeit, die Windows zum Hochfahren braucht, ebenso wie die Zeit zum Starten von Programmen hängt nur zum Teil von der Geschwindigkeit des Massenspeichers ab. Es werden einige kleine Dateien gelesen, dann muss die CPU erst einmal damit arbeiten: die Daten dekomprimieren und an der richtigen Stelle des Arbeitsspeichers ablegen, zur Grafikkarte schicken oder ... Der Massenspeicher hat hauptsächlich Pause.

Die bis zu dreimal höhere Datentransferrate einer M.2-SSD im Vergleich zu einer SATA-SSD bringt nur bei sehr großen Dateien einen Vorteil. Beim Startvorgang von Windows und beim Starten von Programmen ist ein Unterschied kaum messbar. Wenn Sie einen Blick in den Ordner C:\Windows\ werfen, sehen Sie warum: Die meisten Dateien sind relativ winzig. Teilt man den Speicherbedarf von Windows durch die Anzahl der Dateien, erhält man eine durchschnittliche Dateigröße von 0,1 MByte. Zum Vergleich: Eine SATA-SSD hat ein Transferrate von 500 MByte/s. Und bedenken Sie, wie zeitaufwendig die Verwaltung einer Viertelmillion Dateien in 50 000 tief verschachtelten Ordnern ist! Bevor eine Datei in einem Unter-Unter-Unter-Ordner gelesen werden kann, muss sich Windows durch geschachtelte Inhaltsverzeichnisse dorthin vorarbeiten. Wenn Sie den PC zum Surfen und für Büroarbeiten nutzen, ist eine M.2-SSD gegenüber einer SATA-SSD kaum schneller. Die höhere Transfergeschwindigkeit einer M.2-SSD ist vor allem dann von Vorteil, wenn man häufig große Dateien (Videos und Musik) bewegt oder anspruchsvollere Spiele liebt.

Mit einer M.2-SSD kann es Kompatibilitätsprobleme geben, was bei einer SATA-SSD nicht passieren wird. Obwohl: Eine Kundin hatte eine neue SATA-SSD in einen nicht ganz so neuen Laptop eingebaut. Windows erreichte nur ein Viertel der normalen Geschwindigkeit. Ursache: Das Ereignisprotokoll war übersät mit Meldungen „Ein Zurücksetzen auf Gerät \Device\Harddisk0 ist erfolgt". Die SATA-SSD funktionierte in anderen PCs einwandfrei, und mit einer SSD von Samsung, dem Marktführer, funktionierte auch der Laptop einwandfrei. Also ein Problem mit der Kompatibilität.

7.9.3 Grafikkarte

Die integrierte Grafikkarte reicht für die meisten Anwender, außer für Power-Anwender (Spiele, Videoschnitt, Datenbanken). Früher konnte es passieren, dass ein Bildschirm eine höhere Auflösung hat, als die integrierte Grafikkarte schafft – heute nicht mehr.

7.9.4 CPU und Mainboard

Die preiswerte Hauptplatine ASUS Prime H610M-A D4 hat den älteren Chipsatz H610 und wird mit DDR4-RAM bestückt. Doch USB und M.2 Anschlüsse sind modern.

Beginnen kann man mit einer billigen CPU, z. B. Celeron G6900 mit 2 x 3,4 GHz für 60 €. Für die meisten (Office-)Anwendungen reicht das völlig. Auch für die meisten Spiele reichen gegenwärtig zwei Kerne aus. Kürzlich habe ich bei eBay einen Celeron für Testzwecke ersteigert, er hat 4 Euro + 5 Euro Versand gekostet.

Später kann man die CPU gegen einen Prozessor der 13. Generation austauschen.

7.9.5 Gehäuse und Netzteil

Preiswerte Gehäuse gibt es schon ab 30 Euro, z. B. aus der „LC-Power Midi" Serie. Gehäuse in dieser Preislage haben wenige USB-2.0- und USB-3.0-Anschlüsse. Auf USB-3.2 Anschlüsse brauchen Sie nicht zu hoffen. Auch die 5,25" Einbauplätze für ein DVD-Laufwerk oder ein Erweiterungspanel wie z. B. für einen Speicherkartenleser sind knapp. Doch wenn Sie das von Anfang an vorhaben, kaufen Sie doch gleich ein besseres Gehäuse.

Ein Netzteil wie beispielsweise „LC-Power LC6460GP3, 80 Plus Silver" kostet nur 30 €. Die Energieeffizienz wird mit 90,91 % angegeben, der Standby-Verbrauch mit 0,4 Watt.

	Typ	Parameter	Preis
Gehäuse	LC-Power 7034B ATX Classic	Miditower	27 €
Netzteil	LC Power LC6450 V2.2	450 W	32 €
Hauptplatine	ASUS Prime H610M-D D4 mit PCIe 4.0, USB 3.2 Gen1	M.2	78 €
CPU	Intel Pentium G7400 2 × 3,7 GHz	2 × 3,4 GHz	100 €
RAM	DDR4-2400 8 GB CL17	1 × 8 GB	13 €
Festplatte	SanDisk SSD PLUS 240GB Sata III	240 GB	27 €
		Summe	**277 €**

Tab. 7.10: Grobkalkulation für Spar-PC

7.10 Ein PC mit einer CPU der 15. Generation

Intels 15. CPU-Generation (Arrow Lake) „Core Ultra (Serie 2) ist seit Herbst 2024 auf dem Markt. Die neue Serie hat erstmals einen neuronalen Kern für KI-Aufgaben dabei. Mit dem neuen Grafikchip Arc Xe2 braucht man für aktuelle Spiele in HD-Auflösung keine separate Grafikkarte mehr. Die Ultra 9 285K CPU ist 02/2025 die schnellste, etwa 6 % schneller als der Ryzen 9 7950X, allerdings bei relativ hohem Stromverbrauch.

Für diese CPU braucht man eine Hauptplatine mit dem neuen Sockel 1851 und einem B8xx Chipsatz.

Geeignet wäre die ASUS ROG STRIX B860-F Gaming WIFI Es ist ein ATX Mainboard mit Socket 1851 und kann nur mit CPUs der 15. Generation bestückt werden. Komponenten sind in Militärqualität verbaut. Externe Anschlüsse sind vor Überspannungen geschützt.

- Vier Steckplätze für DDR5-RAM, max. 256 GB, Takt DDR5-8000 garantiert, Übertaktung ist bis DDR5-9066 möglich.
- Vier M.2 Steckplätze, davon einer mit PCIe V5.0, drei mit PCIe V4.0. Ein Steckplatz 110 mm lang, drei davon 80 mm lang. Schnellverriegelung.
- Vier SATA Anschlüsse 6 Gb/s (RAID 0, 1, 5, 10 möglich)
- Zwei PCIe-16 Steckplätze für Grafikkarten (1 x PCIe 5.0 x 16 Lanes, 1 x PCIe 4.0 x 4 Lanes)
- WLAN 802.11be (WLAN 7): Frequenzbänder 2,4, 5 und 6 GHz, Datenraten bis 46 Gbit/s

Rückwärtige Anschlüsse:

- HDMI, DP, Thunderbolt (für 8k@60Hz Auflösung), 7.1 Kanal Audio, Optical S/PDIF
- LAN Realtec 2,5 Gbit/s, TUF LANGuard.
- 1 × USB 3.2 Gen 2x2 Typ-C, 1 × USB 3.2 Gen 1 Typ-C,
- 2 × USB 3.2 Gen2, 4 × USB 3.2 Gen1, 1 x Thunderbolt 4 port (USB C)

Vordere Anschlüsse:

- 1 × USB 3.2 Gen 2 Typ-C, 1 × USB 3.2 Gen 1, 2 × USB 2.0
- 1 x Thunderbolt 4™ Anschluss

Die folgende Zusammenstellung ist fast das Beste vom Besten:

	Typ	Parameter	Preis
Gehäuse	keine Empfehlung - Angebot ist zu vielfältig	Miditower	130 €
Netzteil	be quiet! Straight Power 11 ATX 2.4 1000W Gold	6 x PEG Kabel	180 €
Hauptplatine	ASUS ROG STRIX B860-F GAMING WIFI	4 × M.2 PCIe 5.0	300 €
CPU	Core Ultra 9 285K 3,7 GHz 8+16 Kerne	bis 5,7 GHz	520 €
RAM	Kingston FURY Beast DDR5 32 GB 5200 MHz CL40	2 × 16 GB	90 €
Festplatte	M.2 Crucial T705 PCIe V5.0 1 TB 13600 MB/s Lesen		155 €
Zusatzlüfter	Be Quiet! Pure Wings 2: Sehr leise, langlebig 3 Stück	120×120×25 mm	27 €
		Summe	**1402 €**

Tab. 7.11: Grobkalkulation für einen leistungsfähigen PC (Zubehör siehe Tabelle 7.8)

Wird der PC vor allem zum Spielen genutzt, sollte eine Grafikkarte ergänzt werden. Dann könnte eine CPU mit Zusatz „F" (ohne Onboard-Grafik) verwendet werden.

Wenn Ihnen die Core Ultra 9 285K (720 €) zu teuer ist, nehmen Sie die Core Ultra 7 265K (430 €) mit 8+12 Kernen. Je nach Benchmark verlieren Sie drei bis 12 % Leistung und Sie sparen etwa 300 Euro.

Sie möchten mit einer „preiswerten" CPU starten und diese später gegen eine bessere tauschen? Sie könnten mit der Core Ultra 5 225 (6 P + 4 E-Kerne, max. 4,9 GHz, 310 €) beginnen.

7.11 Ein PC für anspruchsvolle Spieler

Die modernsten Prozessoren von Intel und AMD sind in ihrer Leistung vergleichbar. In Benchmarks weichen sie nur um wenige Prozente voneinander ab. Wobei AMD-CPUs mehr in Richtung Spielleistung optimiert werden, während für Intel kommerzielle Anwendungen wichtiger sind.

Wer seinen PC hauptsächlich zum Spielen benutzt, kann mit einer AMD-CPU wahrscheinlich ein etwas besseres Preis-Leistungs-Verhältnis erreichen. Deshalb folgen hier einige Gedanken zur Konfiguration eines Spiele-PC mir AMD-CPU.

Meine Empfehlungen sind fett hervorgehoben.

Vergleich von Mainboards mit Socket AM5:

155 €: ASUS TUF Gaming B650-Plus

170 €: GIGABYTE B850 Eagle WiFi6E

220 €: **ASUS ROG Strix B650E-F Gaming WiFi**: DDR5: **EX**tended **P**rofiles for **O**verclocking (EXPO)

CPU:

190 €: AMD Ryzen 5 9600X: Solide und relativ preiswert.

280 €: AMD Ryzen 7 9700X: Ausgewogenes Verhältnis zwischen Leistung, Energieeffizienz und Preis.

430 €: **AMD Ryzen 9 9800X3D**: Beste Leistung bei hohen Auflösungen (WQHD und 4k).

670 €: AMD Ryzen 9 9950X3D: Bei Spielen kaum schneller als die 9800X3D, Mehrwert beim Videoschnitt, Rendern und Content-Erstellung.

RAM:

DDR4 ist ein Auslaufmodell. DDR5 ist zu empfehlen, zumal der Preisunterschied zu DDR4 sich verringert hat. Ein Speichertakt von 6000 MHz ist das sinnvolle Minimum. Man sollte aber die Bestückungsmöglichkeiten des gewählten Mainboards beachten:

Bei einer CPU AMD Ryzen 7000: DDR5-6000 mit CL36 oder besser,

bei einer CPU AMD Ryzen 9000: DDR5-6400 mit CL32 oder besser,

Übrigens: Auf einem Board mit Intel Core Ultra 200S wird DDR5-8000 garantiert unterstützt.

Bei einer Neuausstattung sollte man 32 GB kaufen, wenn Auflösungen über 1920x1080 genutzt werden sollen. 64 GB sind sinnvoll, wenn der PC für Videoschnitt und Content-Erstellung genutzt wird.

Es sollten nur zwei Speicherriegel bestückt werden, um die maximale Leistung zu erhalten. Bestückt man vier Slots, werden die Speichercontroller höher belastet. Dadurch sinkt bei allen Intel- und AMD-CPUs, besonders bei AM5-CPUs, die höchstmögliche RAM-Taktfrequenz.

Damit der RAM automatisch auf seine höchste Frequenz getaktet wird, sind die Eigenschaften XMP 3.0 (Intel) bzw. EXPO (AMD) wichtig.

Empfehlung:

150 €: **Crucial Pro DDR5 RAM 32GB Kit (2x16GB) 6400MHz CL32, Intel XMP 3.0 / AMD EXPO**

Massenspeicher:

Beim Massenspeicher bringt PCIe 5.0 im Vergleich zu PCIe 4.0 beim Gaming einen kaum messbaren Vorteil, ist aber wesentlich teurer.

180 €: 2 TB **Kingston Fury Renegade NVMe-SSD, PCIe 4.0, M.2 Typ 2280**

Grafikkarten:

Aktuelle Grafikkarten sind mit 16 GB GDDR7 bestückt.

650 €: **AMD RX 9070 XT**: höhere Rasterleistung pro Euro als die RX 5070 TI

920 €: **GeForce RTX 5070 TI**: Raytracing und KI-Funktionen besser als bei der RX 9070 XT

1540 €: GeForce RTX 5080: 20% mehr Kerne, etwa 15% mehr Leistung als die RTX 5070 TI

Netzteil:

Ein leistungsstarkes älteres Netzteil kann vermutlich weiter verwendet werden, wobei wohl einige Adapter für die Stromversorgung der Grafikkarte benötigt werden. Bei einer Neuanschaffung ist ein Netzteil nach dem neuesten Standard ATX 3.1 zu empfehlen. Netzteile nach dem neuen Standard verkraften kurzzeitig höhere Leistungsspitzen von der Grafikkarte. Alle aktuellen Grafikkarten verursachen Lastspitzen. ATX 3.1 erlaubt der Grafikkarte für maximal 100 Millisekunden den dreifachen Strom abzurufen.

Eine nominale Leistung von 850 Watt sollte genügen.

Das Angebot an Netzteilen ist groß, hier sei beispielhaft genannt:

125 €: **be quiet! Pure Power 13 M 850 Watt 80+ Gold ATX 3.1 PCIe5.1 modular**

	Typ	Parameter	Preis
Gehäuse	keine Empfehlung - Angebot ist zu vielfältig	Miditower	130 €
Netzteil	be quiet! Pure Power 13 M 850 Watt	modular	125 €
Hauptplatine	ASUS ROG Strix B650E-F Gaming WiFi		220 €
CPU	AMD Ryzen 9 9800X3D		430 €
RAM	Crucial Pro DDR5 RAM 2x16GB 6400MHz CL32	XMP3.0/EXPO	150 €
Grafikkarte	AMD RX 9070 XT		650
Festplatte	Kingston Fury Renegade NVMe-SSD, PCIe 4.0, M.2	2 TB	155 €
Zusatzlüfter	Be Quiet! Pure Wings 2: Sehr leise, langlebig 3 Stück	120×120×25 mm	27 €
		Summe	1887 €

Tab. 7.12: Grobkalkulation für einen Spiele-PC (Zubehör siehe Tabelle 7.8)

7.12 Notebook individuell konfigurieren

Was kann man eigentlich an einem Notebook konfigurieren?

Nachträglich aufrüsten ist teuer

Notebooks werden als komplettes Gerät verkauft. Um einen günstigen Preis zu erzielen, wird meist an der RAM-Ausstattung und an der Festplatte gespart. In der Regel kann man nach dem Kauf vier Veränderungen vornehmen:

- den Arbeitsspeicher aufrüsten. Die meisten Notebooks haben zwei RAM-Steckplätze, von denen manchmal nur einer bestückt ist. Ein zusätzliches RAM-Modul einzustecken sollte kein Problem sein. Falls alle Steckplätze belegt sind, müssen Sie den zu kleinen RAM entsorgen, um größere Module einstecken zu können.
- die Festplatte austauschen – gegen eine SSD oder eine größere Festplatte. Allerdings ist das mit drei Problemen verbunden:
  - Das Umkopieren des Betriebssystems auf eine andere Festplatte ist nicht trivial.
  - Die alte Festplatte, die Sie mit dem Notebook gekauft haben, bleibt übrig.
  - Das Öffnen des Notebooks ist manchmal recht aufwendig.
- das vorinstallierte Betriebssystem neu installieren, um die vorinstallierte Testsoftware und anderen Müll loszuwerden,
- das vorinstallierte Betriebssystem durch ein anderes ersetzen.

Darüber hinaus wird der Verkäufer in einem Garantiefall wahrscheinlich verlangen, das Notebook in den Zustand zurückzuversetzen, in dem es gekauft wurde. Deshalb sollten Sie die alte Festplatte und den ausgetauschten RAM aufheben.

Individuell konfigurierte Notebooks

Diese Probleme umgehen Sie beim Kauf eines individuell konfigurierten Notebooks. Bei einigen Händlern wie beispielsweise bei notebookinfo.de kann man ein Grundmodell aussuchen und dann aus einem Katalog auswählen:

- Art und Größe der Festplatte
- RAM-Bestückung
- ohne oder mit Betriebssystem und welches (Home oder Pro, 32 oder 64 Bit), vielleicht auch Linux
- LTE/UMTS-Modul oder nicht

und manches andere.

Fragen Sie Google nach „Notebook-Konfigurator". Auch die Nachfrage beim örtlichen Computerhändler kann sich lohnen. Der hat bei manchen Großhändlern die Möglichkeit, ein „maßgeschneidertes" Notebook für Sie zu bestellen.

Was ich auf keinen Fall kaufen würde

Seit einiger Zeit gibt es besonders billige Notebooks, die ich nur als Wegwerfartikel bezeichnen kann. Ihr Kennzeichen: Der Akku lässt sich nicht entnehmen und der SSD-Speicher auch nicht. Mit ein wenig Pech ist der Akku nach zwei Jahren hinüber und Sie können ihn nicht auswechseln. Und häufig ist es noch schlimmer: Das Gehäuse kommt weitgehend ohne Schrauben aus, die Teile sind mit federnden Plastezungen verbunden. Am Fließband wird nicht geschraubt, sondern zeitsparend zusammengedrückt. Man bekommt diese Geräte nicht geöffnet, ohne eine größere Zahl der Halterungen zu zerbrechen. Und selbst wenn man es aufbekommt: Der RAM ist eingelötet und der SSD-Speicher möglicherweise auch. Aufrüsten ist unmöglich und Festplattentausch ebenfalls. Und wenn das Notebook kaputt ist, können Sie den Massenspeicher nicht einmal an einen anderen PC anstecken, um Ihre Daten zu retten.

Worauf ich achten würde

Zunächst einmal die Bildschirmgröße. Wie gut sind Ihre Augen? Wie oft benutzen Sie zwei Fenster gleichzeitig? Geräte mit einer Auflösung von weniger als 1920 × 1080 würde ich nicht kaufen.

Achten Sie auf ein entspiegeltes Display („non glare"), sonst sehen Sie im Sonnenschein nichts.

Sie hätten gern einen separaten Ziffernblock? Das erfordert eine minimale Displaygröße von 14 Zoll, sonst ist einfach kein Platz für einen Ziffernblock.

Als Massenspeicher würde ich eine M.2 SSD bevorzugen (ist deutlich schneller als eine SATA-SSD). Für manche Anwendungen könnte es sinnvoll sein, Platz für eine zweite Festplatte zu haben.

Ein LTE-Modul erhöht den Preis für das Gerät um etwa hundert Euro. Außerdem brauchen Sie einen Mobilfunkvertrag mit monatlichen Kosten. Wenn Sie das Gerät nur an Orten benutzen, wo es WLAN gibt, können Sie dieses Geld sparen. Es sei denn, Sie brauchen das Internet auch während einer Reise. WLAN gibt es in den Fernzügen der Bahn und an vielen öffentlichen Stellen. Und wenn Ihnen das nicht reicht, können Sie über Ihr Smartphone ins Internet kommen, indem Sie es als Ihren „persönlichen Hotspot" konfigurieren.

Ein Notebook ohne USB 3.1 Anschluss vom Typ C ist nicht zukunftssicher. Mindestens drei weitere USB Anschlüsse sollten vorhanden sein, vorzugsweise USB 3.1.

Wenn Sie das Notebook in nicht nur geringfügigem Umfang stationär nutzen, sollten Sie externe Tastatur, Maus und einen großen Bildschirm anschließen können. Die Bildschirmarbeitsverordnung schreibt das sogar vor. Eine Dockingstation ist dafür recht praktisch, aber teuer. Ich benutze einen USB 3.0 Docking Adapter für etwa 20 Euro (Bild 7.5). Ich kann ihn wahlweise über USB-C oder über USB-A-Adapter an USB 3.0 an das Notebook anstecken. Am Docking Adapter sind Tastatur, Maus und LAN angesteckt, am dritten USB-Port des Adapters steckt der Drucker oder ein externer Speicher. So kann ich alle Geräte außer dem großen Bildschirm mit nur einem Stecker anschließen.

Für 60 Euro bekommen Sie einen noch leistungsfähigeren USB-C Hub, an den Sie drei USB 3.0, einen USB Typ C und Gigabit Ethernet anschließen können. Über HDMI kann ein externes 4k Display angeschlossen werden. Außerdem sind im Hub je ein Kartenslot für SD und Micro SD/TF enthalten.

Displayport halte ich für den zukunftssichersten Anschluss für einen externen Monitor. HDMI ist auf Platz 2.

Achten Sie auf die verbaute Grafikkarte und die Möglichkeit eines Mehr-Monitor-Betriebs. Kürzlich habe ich für einen Kunden ein Notebook mit einer Grafikkarte GTX 965M ausgesucht, die einen HDMI-Anschluss sowie 2 x Mini-Displayport bereitstellt. Die GTX 965M erlaubt vier aktive Displays anzuschließen, die mit einer maximalen Auflösung von 3840 x 2160 Pixeln und 60 Hz zum Beispiel über DisplayPort 1.2 oder HDMI 2.0 angesteckt werden können.

Bild 7.5: USB Docking Adapter mit USB-C und USB-A-Adapter
bietet 3 USB 3.0 + 1 LAN

7.13 EINEN PC FÜR EINEN FREUND ZUSAMMENBAUEN

Ihre Kenntnisse haben sich herumgesprochen und nun bekommen Sie Bestellungen? Sie sollen für einen Bekannten oder Freund einen PC zusammenstellen und montieren? Da können Sie stolz sein. Und vielleicht glauben Sie sogar, sich damit ein wenig Geld verdienen zu können.

Nun, die folgenden Zeilen sollten Sie nachdenklich stimmen und Ihnen Fallstricke aufzeigen, über die Sie leicht stolpern könnten.

Die Gewährleistungsfalle

Ob bei einem gewerblichen oder bei einem privaten Kauf – der Käufer hat einen Anspruch auf Gewährleistung. Geht der PC kaputt, sind Sie zwei Jahre lang verpflichtet, ihn zu reparieren. Außer Sie haben schriftlich vereinbart: „Die Ware wird unter Ausschluss jeglicher Gewährleistung verkauft", mit genau dieser Formulierung. Unter `https://www.ratgeber-geld.de/privatverkauf/` können Sie nachlesen, warum diese Formulierung wichtig ist.

Was passiert, wenn der neue PC defekt ist?

Der von Ihnen gebaute PC ist kaputt. In den ersten sechs Monaten nach dem Kauf gilt die Vermutung, der PC hätte von Anfang an einen Makel gehabt. Es sei denn, Sie können beweisen, dass der Käufer den Schaden selbst verursacht hat. Es ist unwahrscheinlich, das Ihnen das gelingt. Also müssen Sie den PC kostenlos reparieren. Wie unangenehm und wie teuer kann das werden?

Zunächst einmal müssen Sie zweifelsfrei feststellen, welches Teil defekt ist. Angenommen, Sie verdächtigen die CPU. Wie können Sie das testen? Haben Sie eine Ersatz-CPU im Regal? Oder können Sie zum Testen die CPU aus Ihrem eigenen PC ausbauen, falls diese kompatibel ist?

Die Hersteller gewähren keine Garantie, wenn die CPU oder das Mainboard infolge von Übertaktung „gestorben" ist. Wenn Ihr Freund den PC mit Übertaktungsversuchen ruiniert hat, wird er das kaum zugeben. Weil Sie das kaum nachweisen können, müssen Sie Ersatz liefern. Der Hersteller kann feststellen, ob die CPU den Hitzetod gestorben ist und wird eine Ersatzlieferung verweigern.

Angenommen, die Hauptplatine ist defekt. Sie können diese zur Prüfung an den Händler zurückschicken. Nach meiner Erfahrung dauert es mindestens zwei Wochen, bis Sie eine Antwort erhalten. Wenn Sie Pech haben, schickt der Händler das Mainboard zur Überprüfung weiter zum Hersteller nach Südostasien. Dann dauert es zwei Monate.

Was glauben Sie, wie viele Wochen der Freund bereit ist, auf den Austausch der Hauptplatine zu warten? Wahrscheinlich werden Sie sich genötigt fühlen, ein neues Board zu kaufen. Haben Sie diese Kosten bei Ihrer ursprünglichen Kalkulation eingeplant?

Und wenn das neue Board dem alten nicht ähnlich genug ist, startet Windows nicht mehr. Möglicherweise müssen Sie Daten sichern, Windows neu installieren und alle Anwendungen wieder zum Laufen bringen. Ihr Freund wird erwarten, dass Sie das für ihn kostenlos tun (möglicherweise ist er selbst dazu nicht in der Lage).

Falls der Händler nach der Prüfung Ihren Gewährleistungsanspruch anerkennt, hat er zwei Möglichkeiten: Er zahlt Ihnen den ursprünglichen Kaufpreis zurück oder er schickt Ihnen die reparierte Hauptplatine oder einen Ersatz, den er für gleichwertig hält. Letzteres kommt dem Händler billiger und ist deshalb wahrscheinlicher, denn der Preis der Hauptplatine dürfte inzwischen gefallen sein. Falls er Ihnen eine Ersatz-Hauptplatine schickt: Was machen Sie nun mit der Hauptplatine, die Sie zur Überbrückung der Wartezeit gekauft haben?

Die Lösung: Ein Werkvertrag

Diese Risiken können Sie umgehen, indem Sie keinen fertigen PC liefern, sondern sich nur Ihre Arbeitszeit bezahlen lassen. Vereinbaren Sie, dass der Freund die Komponenten selbst bestellt und Sie diese gegen ein Honorar „nur" zusammenbauen. Und dass der Freund alle Risiken selbst trägt – ab dem Zeitpunkt, an dem er den fertigen PC funktionstüchtig „übernommen" hat.

Es dauert mindestens eine Stunde, geeignete, zueinander passende Komponenten auszuwählen und sich diese Zusammenstellung vom Freund genehmigen zu lassen.

Ein bis zwei Stunden könnte es dauern, Bestellungen für ein halbes Dutzend Komponenten auszulösen, wenn man dabei Preise, Versandkosten und voraussichtliche Lieferzeit von mehreren Online-Shops berücksichtigen muss. Geben Sie dem Freund eine genaue Liste, er soll selbst entscheiden, in welchem Shop er die Teile bestellt.

Für das Auspacken und die Überprüfung der gelieferten Teile und den eigentlichen Zusammenbau sollten Sie ein bis zwei Stunden einplanen, plus eine gewisse Zeit für die Installation des Betriebssystems.

Am besten machen Sie das alles im Beisein des Freundes, damit es im Nachhinein keine Diskussion darüber gibt, warum das alles sooo lange gedauert hat.

8 Einen PC montieren oder aufrüsten

8.1 Allgemeine Hinweise

Ihr PC ist mit Aufklebern oder lackierten Schrauben „versiegelt“? Dürfen Sie trotzdem den PC aufschrauben, ohne Verlust von Garantie oder Gewährleistung? Ja, Sie dürfen: Um ihn zu reparieren, aufzurüsten, um die Festplatte zu kopieren und um zu untersuchen, ob eine Aufrüstung sinnvoll ist. Denn der PC ist seit seiner Geburtsstunde als modulares System konzipiert. Sie dürfen jederzeit RAM und andere Komponenten nachrüsten. Sie dürfen die CPU, die Festplatte und die Grafikkarte austauschen. Und reinigen sollten Sie Ihren PC auch. Und bei einem Notebook dürfen Sie alles tauschen, was hinter leicht zugänglichen Klappen steckt. All das ist nicht schädlich für die Gewährleistung – mit einer Ausnahme: Wenn Sie beim Basteln unvorsichtig oder leichtsinnig sind und dadurch etwas kaputt geht, müssen Sie diesen Schaden selbst tragen.

Eine der wichtigsten Regeln bei der Montage ist es, keine mechanischen Spannungen zuzulassen, insbesonders eine Durchbiegung der Hauptplatine oder der Steckkarten unbedingt zu vermeiden. Auch beim Anstecken von Kabeln darf sich die Platine nicht verbiegen, sonst entstehen Haarrisse. Das Problem: Winzige Risse führen nicht immer sofort zu einem Ausfall. Sie wirken wie Mini-Kondensatoren und verschlechtern die Qualität der elektrischen Signale.

In modernen Hauptplatinen sind die Leiterbahnen in zehn und mehr Ebenen übereinander angeordnet und sehr schmal. Die Temperatur der Platine schwankt zwischen Raumtemperatur und 60 Grad. Die Platine dehnt sich bei Erwärmung aus, wobei Isoliermaterial und das Metall der Leiterzüge sich unterschiedlich ausdehnen. Mikroskopische Haarrisse und Lötschäden vergrößern sich dadurch und führen nach Monaten und Jahren zu wachsenden Störungen. Deshalb sollten Sie so vorsichtig und überlegt wie möglich vorgehen, um jegliche Schäden beim Montieren zu vermeiden.

8.2 Sicherheit

Schützen Sie sich selbst!

So lange Sie nicht das Netzteil öffnen oder Metallgegenstände hineinstecken, droht Ihnen kein elektrischer Schlag. Es gibt andere Verletzungsgefahren:

- Benutzen Sie geeignetes Werkzeug. Manch einer ist schon mit einem nicht zur Schraube passenden Schraubendreher abgerutscht und hat sich in die Hand gestochen.
- Die inneren Blechkanten des Gehäuses sind manchmal messerscharf. Legen Sie Pflaster bereit.
- Leiterplatten sind auf der Unterseite etwa so kratzbürstig wie eine Drahtbürste.
- Manche Lüfter haben scharfkantige Schaufeln. Wenn man mit dem Finger in einen Lüfter gerät, der mit 2000 Umdrehungen läuft, kann es hassliche Hautabschürfungen geben.

Schützen Sie den Computer!

- Wenn Windows heruntergefahren ist und der PC ausgeschaltet scheint, liefert das Netzteil immer noch die 5-Volt-Bereitschaftsspannung. Bestücken Sie nicht unter (Standby-)Spannung!
  - Wenn das Netzteil einen eingebauten Kippschalter hat: schalten Sie ihn aus, aber lassen Sie das Schuko-Kabel angeschlossen, dann ist der PC über den Schutzkontakt geerdet.
  - Wenn das Netzteil keinen eingebauten Kippschalter hat: Schließen Sie den PC über eine ausgeschaltete Steckdosenleiste an. Dann ist der PC ebenfalls über den Schutzkontakt geerdet.
- Berühren Sie nicht die Kontakte von CPU, Steckkarten und Kabeln. Die Kontakte korrodieren durch die Einwirkung von Schweiß.
- Schalten Sie den PC nicht ohne akkurat montierten CPU-Kühlkörper ein.
- Vermeiden Sie Kurzschlüsse. Wenn beispielsweise eine Schraube in den eingeschalteten PC fällt, kann das die Hauptplatine zerstören.

- Verbiegen Sie die Hauptplatine nicht beim Bestücken mit RAM und CPU-Kühler.
- Wenn Sie die Stromversorgung für „stromhungrige" Grafik- und andere Steckkarten nicht anstecken, funktionieren sie nicht oder nur im Leerlauf.
- Wenn Sie den Zusatzstrom für die CPU vergessen (EATX12V oder EPS12V), könnten (laut seltenen Hinweisen in Fachzeitschriften) Mainboard oder CPU Schaden nehmen.
- Achten Sie auf die richtige Polung von Steckern, vor allem der Stromversorgung.
- Behindern Sie nicht die Luftzirkulation durch ungünstigen Einbau von Komponenten. Lassen Sie keine ungenutzten Kabelenden im Gehäuse herumhängen, denn sie könnten in einen Lüfter geraten und ihn stilllegen.
- Elektrostatische Energie (ESD) kann Elektronik-Komponenten zerstören. Schäden durch ESD können sofort oder auch nach Monaten zu Fehlfunktionen oder Ausfall von Computerkomponenten führen. Das Laufen über einen Teppich oder Kunststoffboden, Haarekämmen, das Abrollen von Klebeband, die Reibung an synthetischer Kleidung oder das Verschieben eines Plastebehälters kann Sie auf tausende Volt aufladen. Frisch gewaschene Haare oder ein Bürosessel, der auf einer Plasteunterlage umherrollt, sind besonders gefährlich.

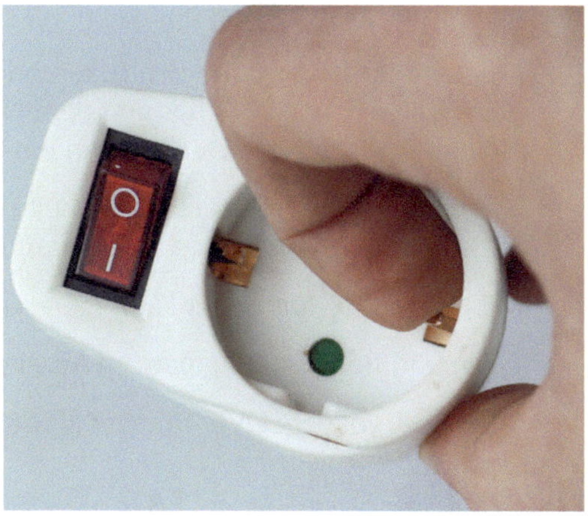

Bild 8.1: Schutzleiter anfassen ist ungefährlich

- Achten Sie darum darauf, dass Sie nicht elektrostatisch aufgeladen sind. Fassen Sie oft eine Masse an (z. B. das Netzteil, falls es geerdet ist). Den Kontakt des Schutzleiters anzufassen wie in Bild 8.1 ist völlig ungefährlich und einfacher, als eine blanke Stelle an einem Heizkörper zu finden. Halten Sie anschließend die Füße still, um sich nicht erneut aufzuladen. Profis tragen ein Erdungs-Armband, das über Kabel geerdet ist. Die Industrie richtet ESD-Schutzzonen ein, siehe `https://www.hoffmann-group.com/DE/de/hom/wissen/online-ratgeber/ratgeber-esd/e/61367/`

Ist das mit der elektrostatischen Aufladung nicht ein wenig übertrieben? Wenn die Schaltkreise auf der Leiterplatte eingelötet oder eingesteckt sind, ist die Gefahr geringer, denn jede Menge Kondensatoren können Überspannungen auffangen. Einzeln sind Schaltkreise viel empfindlicher. Eine Spannung von wenig mehr als 0,8 Volt, in falscher Polarität zwischen Basis und Emitter von Transistoren angelegt, ist tödlich für jeden Transistor.

Auf vielen Hauptplatinen gibt es eine „Standby Power LED". Sie leuchtet, wenn das System eingeschaltet oder im Sleep-Modus ist, auch im Soft-Off-Modus. Dieses Licht soll Sie ermahnen, den PC spannungslos zu machen, bevor Sie Arbeitsspeicher, Festplatte oder andere Komponenten der Hauptplatine austauschen wollen.

Gefahren durch Überhitzung

- Das Öffnen des Gehäuses ändert die Luftströme im PC. Einige Komponenten werden dadurch besser gekühlt, andere Komponenten werden nicht mehr mit Luft umströmt und können dadurch heiß werden.

Gefahren durch Dreck:

- Die Lüfter im Netzteil, auf der CPU und der Grafikkarte sollten hin und wieder ausgeblasen werden. Am Besten nehmen Sie dafür eine Druckluftflasche. Blockieren Sie dabei das Lüfterrad, damit es nicht in Drehung gerät und Strom erzeugt. Sie können auch einen Pinsel für die Lüfter nehmen. Reinigen Sie aber nicht die Elektronik mit dem Pinsel, denn die Borsten des Pinsels laden sich elektrostatisch auf.
- Achten Sie auf Lüfterdrehzahl und Geräusche. Unzuverlässige Lüfter sollten rechtzeitig getauscht werden. Ein Gehäuselüfter kostet selten mehr als 10 bis 15 Euro, und das Auswechseln ist leicht.

Verschleiß

Die Kontakte der Stecker sind mit einer dünnen Goldschicht veredelt. Nach zehn- bis zwanzigmaligem Stecken kann die Schicht abgeschabt sein und der Kontakt verschlechtert sich. Wenn man den Stecker beim Stecken oder Herausziehen verkantet, erhöht sich der Verschleiß.

Sonstige Gefahren

- Festplatte oder Gehäuse keinesfalls bewegen, so lange sich die Festplatte dreht. Der Kreiseleffekt kann zu Kopfaufsetzern führen!
- Bei Versuchsaufbauten die leitenden Teile zuverlässig isolieren. Dünnes Papier reicht eventuell nicht aus. Komponenten können verrutschen! Heimtückisch: Manche Antistatik-Tüten haben eine leitfähige metallisierte Oberfläche und können Kurzschlüsse verursachen.
- Magnetfestplatten nur an den Ecken oder Seitenflächen anfassen! Bei Magnetfestplatten ist zwischen dem Schwenkmechanismus und dem Deckel sehr wenig Platz, besonders bei 2,5" Platten. Schon ein kleiner Druck auf den Deckel kann die Festplatte zerstören.
- Auf Ordnung und Übersicht am Arbeitsplatz achten, Kurzschlüsse vermeiden! Empfindliche Teile nicht in der Nähe der Tischkante ablegen. Auf Kleinteile, Schraubendreher und Magneten achten.
- Mit einem Ring am Finger kann man Kurzschlüsse verursachen.
- Essen und Trinken sollte man am Arbeitsplatz besser nicht.
- Sorgen Sie vor dem DVD-Brenner für freien Platz, denn die Schublade könnte sich automatisch öffnen.

8.3 Material und Werkzeug

Wenn Sie optimal gerüstet sein wollen, um gelegentlich auch Freunden und Nachbarn schnell helfen zu können, ist folgendes gut zu gebrauchen (einiges können Sie vielleicht aus einem alten PC ausbauen):

- Kreuzschlitz-Schraubendreher PH2, möglichst magnetisch. Für Notebooks PH0 und vielleicht weitere.
- Schlitzschraubendreher verschiedener Größe, z. B. zum „Aufhebeln" von Gehäusen,
- Steckschlüssel 6 mm für Abstandsbolzen der Hauptplatine, notfalls reicht eine Flachzange.
- Pinsel, alkoholische Reinigungstücher, Druckluftflasche oder Akku-Druckluftgebläse (ab 30 Euro).
- Wärmeleitpaste und ein Sortiment Kabelbinder.
- Taschenlampe (wegen Kurzschlussgefahr vorzugsweise nicht aus Metall), kleine Flachzange (die vorn wirklich flach ist), Pinzette (eine kräftige plus eine aus Plaste für Arbeiten am eingeschalteten PC),
- Starke Lupe mit Beleuchtung, besser: Kopflupe oder Vergrößerungsbrille, am Besten: beides.
- Ein **Multimeter** zum Prüfen der Spannung eines Notebook-Netzteils und der CMOS-Batterie.
- **DVD-Laufwerk** oder -Brenner mit SATA- oder USB-Anschluss, um zu prüfen, ob Installations- und andere Probleme vielleicht auf ein altersschwaches Laufwerk zurückzuführen sind. Rohlinge.
- **Boot-CD** bzw. Boot-DVD: Mit Analyse- und Antivirenprogramm. DVDs mit Programmen zum Image erstellen, Klonen, Datenretten. Windows-Installations-DVD für 32 und 64 Bit (oder auf USB-Sticks).
- mindestens eine leere Festplatte für ein Image oder Backup vor einer nichttrivialen Reparatur.
- USB-IDE-Adapter, USB-SATA-Adapter und USB-M.2-Adapter (oder entsprechende Leergehäuse), um IDE-, SATA- und M.2-Festplatten anschließen zu können.
- PCIe Grafikkarte und ein Reserve-Netzteil mit mindestens 300W,
- Adapterkabel (Y-Kabel) Strom: $HDD_{ide} \rightarrow HDD_{sata}$ (um SATA-Geräte an ein älteres Netzteil anstecken zu können, das keine SATA-Stromversorgung hat oder nicht genug Anschlüsse besitzt).
- SATA-Datenkabel.

- Pieper oder kleiner Lautsprecher für BIOS-Piepsignale. Sehr zu empfehlen: Das „Mainboard-Testset“ von Intos (Bild 8.2) ist eine große Hilfe beim Testen. Bei Amazon kostet es sieben Euro.
- Kopfhörer oder Lautsprecher (mit eingebautem Verstärker), um die Funktion der Soundkarte/-anschlüsse zu testen,
- Lötkolben, Lötzinn, Kolofonium, Isolierband. Benutzen Sie das klassische bleihaltige Lötzinn – alle bleifreien Zinne lassen sich sehr schwer verarbeiten! Wenn Sie nicht löten wollen, reichen in den meisten Fällen einige möglichst kleine Lüsterklemmen.
- USB-LAN und/oder USB-WLAN-Adapter, die von Ihren Boot-CDs erkannt werden. Wenn Sie für ein neu installiertes Windows keine Treiber für die Netzwerkkarte haben, hilft Ihnen der „TP-Link UE300“ (Bild 8.3): Der Gigabit-Adapter installiert seine Treiber automatisch (von Windows XP bis Windows 11) und nach einer Minute können Sie im Internet nach Treibern und Updates suchen. Übrigens: Vielleicht sollten Sie gleich zum „TP-Link UE330“ (Bild 7.5) greifen. Der hat zusätzlich einen 3-fach USB Hub 3.0 integriert und ist gut als Docking-Station geeignet.

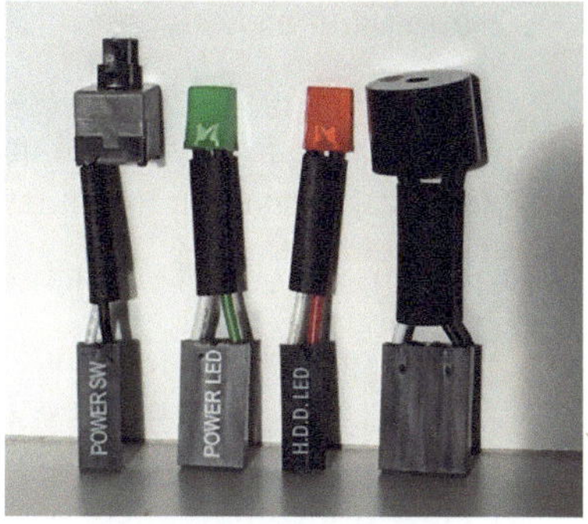

Bild 8.2: Mainboard-Testset

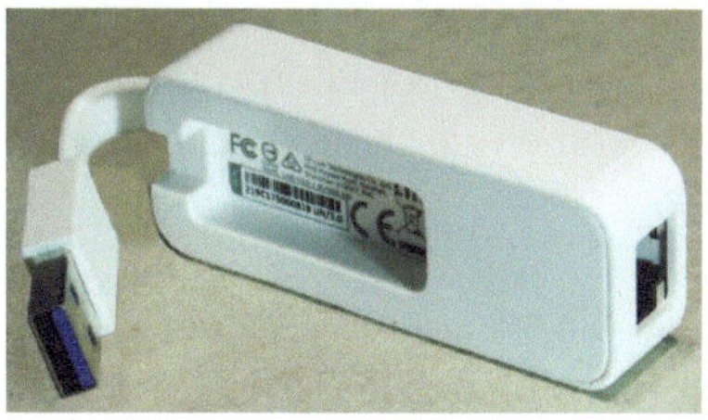
Bild 8.3: USB-LAN-Adapter

8.4 Kompakte Übersicht: Einen neuen PC komplett montieren

Bei der folgenden Anleitung wurde größter Wert auf Sicherheit und Vollständigkeit gelegt. Routinierte Bastler können einige Punkte auslassen.

Seien Sie nicht zu träge, nach dem Anstecken jeder weiteren Komponente zu testen, ob der PC noch startet!

- Gehäuse auspacken und untersuchen.
- Leistung des Netzteils überprüfen (mindestens 300 Watt).
- Vollständigkeit des Zubehörs und Kleinteile prüfen.
- Schrauben sortieren: Die dünneren Schrauben mit dem feinen M3-Gewinde sind für das DVD-Laufwerk und fast immer für die SSD-Festplatten. Die dickeren Schrauben (Zoll-Gewinde 6-32 UNC) gibt es meist mit zwei Arten von Köpfen: die mit dem kleineren Kopf (Bild links) für Magnet-Festplatten, die mit dem größeren Kopf (rechts) für Steckkarten und meist auch für die Seitenwände des Gehäuses. Hin und wieder sind die Gehäuseschrauben noch etwas dicker.

- Durchbrüche für DVD-Laufwerk und für eventuelle weitere Einbauten in der Frontblende öffnen.
- Falls der Einbau von Festplatte und DVD später problematisch sein könnte (Unzugänglichkeit von Schrauben), diese jetzt einbauen.
- Hauptplatine auspacken, auf nichtleitende Fläche ablegen, untersuchen.
- Das Handbuch zur Hauptplatine studieren!!!
- Jumper setzen, wenn nötig. Notieren Sie, was Sie umgesteckt haben!
- Anschlussleiste suchen, Beschriftung der Anschlussleiste überprüfen (Power On, Lautsprecher, LEDs).
- Aussparungen für Grafikkarte und weitere Steckkarten aus der Rückwand herausbrechen (dabei zwischen zwei Steckkarten möglichst einen Slot freilassen, wegen Wärme und Störstrahlung).
- Abstandsbolzen für Hauptplatine einschrauben plus eventuell zusätzliche Plastehalter. Auf richtige Anzahl und Position achten!!!
- Hauptplatine probeweise auf Abstandsbolzen legen, Anzahl und Sitz überprüfen. Ist ganz sicher kein überzähliger Bolzen dabei, der einen Kurzschluss verursachen könnte?

- Hauptplatine wieder aus Gehäuse herausnehmen und auf ebene, nichtleitende Unterlage legen.
- Schrauben zur Befestigung der Hauptplatine aussuchen: Gewindedurchmesser und -steigung beachten (probeweise in Abstandshalter eindrehen), Schraube nicht zu lang, Kopfdurchmesser nicht zu groß! Zunächst Schrauben locker lassen, damit Platine bis zum Einsetzen der letzten Schraube beweglich bleibt.

Es ist ratsam, mit einem Versuchsaufbau zu beginnen:

- Prozessor einsetzen. Achtung! Die Kontakte des ZIF-Sockels sind im höchsten Grade empfindlich. Wenn Sie mit einer Ecke der CPU die Kontakte berühren oder eine Schraube darauffällt, können Sie die Hauptplatine vermutlich wegwerfen. Verbogene Kontakte im Sockel oder an der CPU zurechtzubiegen ist fast völlig unmöglich. Mir ist es jedenfalls noch nie gelungen.
- Prozessor befestigen. Bei Intel-CPUs den Schutzdeckel des Sockels aus der Halterung herausdrücken.
- Kühlkörper überprüfen, ob er zum Prozessor passt: Liegt er ohne Luftspalt an? Berührt er womöglich einen der Kondensatoren oder andere Bauteile?
- Eventuell vorhandene Schutzfolie vom Kühlkörper entfernen!!!
- Prozessor mit Wärmeleitpaste sehr dünn bestreichen (es sei denn, unter der Schutzfolie des Kühlkörpers befindet sich bereits eine Schicht Wärmeleitpaste).
- Kühlkörper AUF ANHIEB RICHTIG AUFSETZEN – ein zweiter Versuch ist manchmal nicht möglich, weil die Wärmeleitschicht zerkratzt wird!
- Prozessorlüfter anschließen (Achtung! Extrem große Lüfter benötigen eventuell mehr als 6 W/0,5 A. So viel Strom hält die Hauptplatine möglicherweise nicht aus. Solche Lüfter müssen direkt an das Netzteil angeschlossen werden).
- RAM einsetzen, dabei die Angaben im Handbuch beachten. Bei DDR3-RAM beachten: Bei falscher Bestückung können RAM-Module nicht als Pärchen arbeiten und der PC verliert Geschwindigkeit.

Weniger erfahrene Bastler sollten jetzt probeweise Netzteil, Monitor und Tastatur anschließen, solange die Hauptplatine noch auf dem Tisch liegt und von allen Seiten gut zu betrachten ist. Beachten Sie, dass vom Netzteil zwei Kabel zur Hauptplatine führen müssen: Die Hauptstromversorgung mit einen (20+4)-poligem Kabel und die Zusatzversorgung für die CPU (ATX12V, vier- oder achtpolig). Den Gehäuselautsprecher anschließen, wenn vorhanden. Schalten Sie den Versuchsaufbau ein, indem Sie die beiden „PWR"-Kontakte mit einem Schraubendreher kurzschließen. Der CPU-Lüfter sollte sofort oder innerhalb von etwa fünfzehn Sekunden anlaufen. Manchmal läuft der Lüfter kurz an, setzt für einige Sekunden aus und läuft nach dem Ende des POST erneut an. Das BIOS sollte sich spätestens nach 30 Sekunden auf dem Bildschirm melden.

- Wenn ja, können Sie sich einen Siegestrunk gönnen, während Sie sich vom BIOS die CPU-Temperatur anzeigen lassen. Diese sollte sich allmählich auf einen Endwert von möglichst unter 40 °C einpegeln.
- Wenn nein, zählen Sie die Piepsignale. Helfen Ihnen die Tabellen 1.1 und 1.2 weiter? Sind ATX12V und der CPU-Lüfter angeschlossen? Vielleicht hilft es, die Speichermodule herauszunehmen und/oder die Grafikkarte zu entfernen. Spätestens jetzt müsste das BIOS wütend piepen.

Nun können Sie den Versuchsaufbau demontieren und die Hauptplatine endgültig einbauen.

- Lage und Orientierung der Anschlusskabel vor dem Einbau feststellen und notieren. Welche SATA Anschlüsse arbeiten mit 6 Gbit/s und welche mit 3 Gbit/s? Besonders wichtig ist es, die Belegung der Kontakte des System Panel Connectors zu kennen.
- Die SATA-Kabel für den späteren Anschluss von HDD und DVD eventuell jetzt schon einstecken, falls die SATA-Anschlüsse der Hauptplatine im eingebauten Zustand schlecht zugänglich sein werden.
- Hauptplatine einsetzen und anschrauben. Nicht mit dem Schraubendreher abrutschen!
- 20- oder 24-poligen ATX Power Stecker einstecken.
- 4-poligen ATX12V oder 8-poligen EPS12V Zusatzstecker in der Nähe der CPU einstecken.
- Lautsprecher/Pieper und PowerOn Taster anschließen.

- Tastatur und 230 Volt Stromversorgung anschließen.
- Monitor vorzugsweise an den Onboard-Grafikanschluss anstecken. Bei Fehlen Grafikkarte einsetzen.
- Das ist die Minimalkonfiguration, mehr Komponenten werden zunächst nicht gebraucht. Stecken Sie alle „Extras" erst später Schritt für Schritt dazu, wenn die Minimalkonfiguration funktioniert.
- Grundfunktion testen. Wenn der PC nicht anläuft, sofort ausschalten, nachdenken und Ursache suchen.
- BIOS-Setup starten und sofort die CPU-Temperatur überprüfen. Einige Minuten beobachten, ob sich die Temperatur auf niedrigem Niveau stabilisiert (36 bis 42 °C). Sollte die Temperatur über 50 °C steigen, ist vielleicht der CPU-Kühler falsch montiert.
- Auch wenn in 99 % aller Fälle bereits der Hersteller im BIOS die Standardwerte einstellt („Default Configuration"), vergessen Sie nicht, es zur Sicherheit selbst zu tun. Die Voreinstellungen könnten während des Zusammenbaus durch ESD-Entladungen verstellt worden sein. Weitere Einstellungen vornehmen, speichern.
- Power LED und RESET-Switch anschließen und überprüfen.
- Erweiterungskarten einsetzen und testen, ob PC noch anläuft.
- Festplatte einbauen. Auf Einbaulage und Belüftung achten!
  - Auf richtigen Schraubendurchmesser achten. Schrauben nicht zu lang wählen, um die Elektronikplatine der Festplatte nicht zu beschädigen.
  - Die Kabel anschließen, Festplatte im BIOS anmelden. Prüfen, ob die Festplatte erkannt wird. Ein häufiger Fehler: Wenn nur das Datenkabel angeschlossen ist und die Stromversorgung der Festplatte fehlt, startet der PC möglicherweise nicht.
  - HDD LED anschließen und testen.
- Die von der Frontseite kommenden Anschlüsse anstecken, z. B. USB, FireWire, Audio, Kartenleser.
- DVD-Laufwerk einbauen: Kurze Schrauben aussuchen, vorzugsweise die oberen Befestigungslöcher wählen. Vier Schrauben sind ausreichend.
- Herumhängende Kabel fixieren, damit sie nicht in einen Lüfter geraten können. Stromkabel kann man bündeln, doch Achtung! Datenkabel nicht bündeln! Gefahr des Übersprechens!

8.5 Abschluss der Montage

Wenn Sie Ihren ersten PC zusammenbauen, wird diese kompakte Anleitung nicht ausreichen. In den nachfolgenden Kapiteln 9 bis 15 ist jeder Schritt noch ausführlicher erläutert.

Nachdem Sie nun den PC komplett montiert haben, sollten Sie im BIOS noch folgendes tun:

- Im Power-Management vom BIOS die Spannungen bei voller Bestückung prüfen.
- Betriebsart der Lüfter im BIOS einstellen: Max/Normal/Low.
- Mit diesen Einstellungen die Temperaturkurve der CPU prüfen.
- Die Boot Sequence einstellen: Werden Sie Windows von DVD oder USB-Stick installieren?

Nun ist der PC bereit für die Installation eines Betriebssystems.

Noch ein Tipp zum Abschluss: Benutzen Sie nicht irgend eine DVD mit einer älteren Version von Windows für die Installation, weil der PC danach eine sehr lange Zeit mit Updates beschäftigt wäre. Microsoft veröffentlicht zwei große Updates pro Jahr, die alle nacheinander installiert werden müssen. Holen Sie sich die neueste Version des Betriebssystems direkt von Microsoft oder installieren Sie den „Windows ISO Downloader", mit dem Sie ISO-Dateien von Windows 7 bis 10 sowie von MS Office von 2007 bis 2016 herunterladen können. Auf meiner Webseite `eifert.net` finden Sie unter „Hilfen" → „Software" diverse Anleitungen zum „DVD erstellen" und auch zur Windows-Installation.

9 Gehäuse montieren

9.1 PC-Gehäuse öffnen

Meist genügt es, die von hinten gesehene rechte Seitenwand zu öffnen. Dazu müssen Sie zwei bis drei Kreuzschlitz- oder Rändelschrauben auf der Rückseite herausdrehen, dann können Sie die Seitenwand herausklappen oder nach hinten herausziehen. Bei manchen Gehäusen gibt es an der hinteren Gehäusekante einen Schieber, der das Gehäuse verriegelt. Mitunter ragt hinten eine Öse heraus (Bild 9.1), um mit einem Vorhängeschloss (!) das Öffnen des Gehäuses verhindern zu können. Und mit diesem Schloss und einem Drahtseil kann man das Wegtragen des PCs erschweren.

Bild 9.1: Detail

Bei manchen Gehäusen muss man zuerst den „Deckel" des Gehäuses lösen und nach hinten herausziehen, damit darunter die Befestigungen der Seitenwände zum Vorschein kommen. Durch Anheben des Henkels kann die Seitenwand herausgehebelt werden, siehe Bild 9.2 und 9.3.

Bild 9.2: Halboffenes Gehäuse von oben

Bild 9.3: Detail von Bild 9.2: Griff zum Herausheben der Seitenwand

9.2 FRONTBLENDE ABNEHMEN

Um ein DVD-Laufwerk einbauen zu können, muss mitunter die Frontblende abgenommen werden. Bisher habe ich zwei Arten von Halterungen für die Frontblende kennengelernt: Einfach nur gesteckt (Bild 9.4 und 9.5) oder mit elastischen Halteklammern (Bild 9.7 und 9.8).

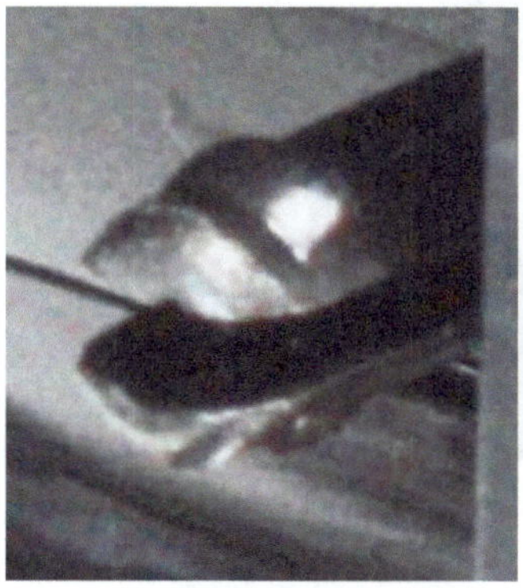

Bild 9.4: Runder Haltestöpsel

Bild 9.5: Vorderfront eines Minitowers. Blauer Pfeil: Halterung der Seitenwand

Im Bild 9.5 sind zwei von sechs Stöpseln mit roten Pfeilen markiert, mit denen die Frontblende gehalten wird. Der rechte ist gelöst, der linke hält noch. Bild 9.4 zeigt einen der Stöpsel.

Bild 9.6: Gehäuse von vorn unten

Die Blende wird nur von der Elastizität der Stöpsel festgehalten. Stellen Sie das Tower- oder Minitowergehäuse auf den Kopf. Am Boden des PCs sehen Sie zwischen Frontblende und Metallgehäuse einen Lüftungsschlitz. Fassen Sie in den Schlitz und versuchen Sie, mit einem kurzen Ruck die Blende zu lösen. Doch das klappt normalerweise nur, wenn die Stöpsel schon „ausgeleiert" sind. Meist muss man einen Schraubendreher als Hebel benutzen. Doch bevor Sie zu viel Kraft aufwenden, sollten Sie einen Blick ins Innere werfen. Mitunter ist die Frontblende zusätzlich mit Schrauben gesichert.

Bei anderen Gehäusen kommen federnde Plastehaken zum Einsatz, um die Frontblende zu halten. Üblich sind sechs Haken, die man mit dem Finger lösen kann. Im Bild 9.7 sehen Sie eine bereits ausgehakte Halterung.

Bild 9.7: Detail einer entriegelten Frontblendenhalterung

Die Halterung im Bild 9.8 benutzt ähnliche Haken. Nur befinden sie sich etwas weiter im Inneren des Gehäuses. Unter dem Haken sehen Sie eine Bohrung im Blech mit einem konischen Stöpsel, der die Frontblende vor seitlichen Verschiebungen schützt.

Auch im Bild 9.10 werden Haken verwendet, einer davon ist mit einem roten Pfeil markiert. Die Haken sind vertieft in einer „Rille" der Vorderwand angeordnet.

Bild 9.8: Detail Frontblendenhalterung

Bild 9.9: Frontblende von innen (Detail) mit den Anschlüssen zum System Panel Connector
vom links nach rechts: Anschlüsse USB2.0, Mikrofon, Lautsprecher, USB 2.0, HDD_LED, Reset, PWR-ON, PLED, PWR-ON
(unter dem Einschaltknopf sind sicherheitshalber zwei parallelgeschaltete PWR-ON-Taster angeordnet)

DVD-Laufwerke und Festplatten sind (hoffentlich) von zwei Seiten festgeschraubt. Um ein Laufwerk auszubauen, muss auch auf der rechten Seite die Seitenwand herausgenommen werden. Bei manchen Gehäusen ist das nicht möglich, weil sie vernietet sind. Suchen Sie in diesem Fall nach schwenkbaren oder herausnehmbaren Laufwerkskäfigen wie in Bild 9.10. Beachten Sie die beiden Hebel, von denen der obere mit einem blauen Pfeil markiert ist. Zieht man den Hebel zurück, kann man den Käfig mit dem Laufwerk darin herausnehmen und kommt auf beiden Seiten an die Schrauben heran.

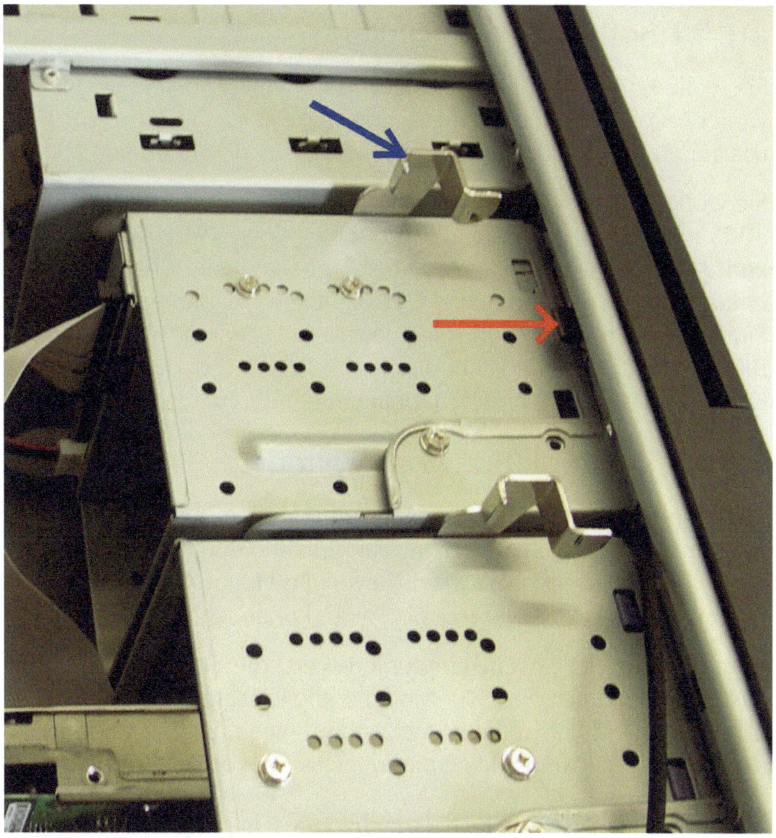

Bild 9.10: Offenes Gehäuse mit herausnehmbarem Laufwerkskäfig

10 Hauptplatine, CPU und RAM einbauen

10.1 Vorarbeiten

10.1.1 Software-Vorarbeiten

Sie wollen die Hauptplatine auswechseln, weil sie defekt ist oder weil Sie zu einer moderneren wechseln wollen? Sie wollen jedoch Ihr Windows nicht neu installieren? Das ist nicht ohne weiteres möglich. Wie das geht, ist im Kapitel „Allerlei auswechseln" beschrieben.

Sie wollen die CPU gegen eine modernere auswechseln? Das lohnt nur, wenn die neue CPU mindestens 30 % schneller ist als die alte, sonst ist die höhere Geschwindigkeit kaum spürbar. Prüfen Sie im Handbuch zum Mainboard genau, welche CPUs geeignet sind. Es reicht nicht, dass die CPU in den Sockel passt. Es kommt vor, dass die von der CPU benötigte Spannung von der Hauptplatine nicht erzeugt werden kann. Ein weiteres Problem: Wenn eine neuere CPU auf eine ältere Platine gesteckt wird, wird die neue CPU vom BIOS vielleicht nicht erkannt. In diesem Fall läuft der PC nicht an. Sie müssen dann noch einmal die alte CPU einsetzen und ein BIOS-Update durchführen.

10.1.2 Hauptplatine vorbereiten

Beim Einstecken der RAM-Module und vor allem bei der Montage des CPU-Kühlkörpers sind erhebliche Kräfte nötig. Dabei biegt sich die Hauptplatine durch, was zu Haarrissen führen kann. Deshalb sollte man diese Teile möglichst bestücken, bevor die Hauptplatine in das Gehäuse eingebaut wird. Wie die CPU eingesetzt und der Kühler montiert wird, können Sie auf den nächsten Seiten lesen.

Grundsätzlich ist es sehr empfehlenswert, die erste Inbetriebnahme der Hauptplatine außerhalb des Gehäuses vorzunehmen. Nur Modelle, die ich schon kenne, baue ich ungetestet ein. Der Vorteil: Man hat ungehinderten Blick auf alle Steckverbindungen, Jumper und Beschriftungen. Man kann gut erkennen, ob die RAM-Module und alle Verbindungsstecker korrekt eingerastet sind.

10.1.3 Den alten Kühler demontieren

Sie wollen die Wärmeleitpaste erneuern oder die CPU wechseln? Dazu müssen Sie den Kühler abnehmen.

Bei einer AMD-CPU wird der Kühler mit einem oder zwei Hebeln gehalten. Sie brauchen die Hebel nur umzulegen. Der Kühlkörper klebt manchmal recht fest auf der CPU. Ziehen Sie nicht zu kräftig am Kühlkörper, damit Sie nicht die CPU aus dem Sockel reißen, versuchen Sie besser, den Kühler etwas zu drehen.

Der Kühlkörper einer Intel-CPU ab Sockel 775 wird von vier „Bolzen" gehalten. Auf deren Oberseite befindet sich ein Schraubenschlitz und ein Richtungspfeil, siehe Bild 10.8. Drehen Sie alle vier Bolzen um 90 Grad in die angezeigte Richtung, so dass die Schlitze zur Mitte zeigen. Ziehen Sie dann an allen Bolzen den Kopf nach oben, dadurch lösen sich die Arretierungen. Eventuell müssen Sie den Kühler ein wenig schütteln, um ihn herauszubekommen. Falls der Kühler auf der CPU festklebt, nicht ziehen, sondern drehen! Notfalls kann man versuchen, den Kühlkörper mit einem Fön auf maximal 70 °C zu erhitzen. Wenn auch das nicht hilft, die Hauptplatine ausbauen und Zwirn oder Zahnseide zwischen CPU und Kühler durchziehen.

Entfernen Sie die alte Wärmeleitpaste von der CPU, solange sie noch im Sockel sitzt. Verwenden Sie ein trockenes Küchentuch oder ein alkoholisiertes Reinigungstuch. Kommen Sie nicht auf die Idee zu sparen, indem Sie Reste alter Wärmeleitpaste mit neuer Paste ergänzen. Die Pasten können aus sehr unterschiedlichen Stoffen bestehen, es könnte zu chemischen Reaktionen kommen.

Nach dem Ausbau drehen Sie die Bolzen in die ursprüngliche Position zurück, um den Wiedereinbau vorzubereiten.

10.2 Intel-CPU einbauen

10.2.1 CPU einsetzen

Bild 10.1: CPU-Sockel 775 mit Markierungen für den Kühler

Im nebenstehenden Bild sehen Sie einen teilweise verdeckten Intel-Sockel. Drücken Sie den Drahtbügel (roter Pfeil) nach unten zur Hauptplatine, bis Sie ihn nach links aus der Halterung herausschieben können. Nun können Sie den Bügel mitsamt der Andruckplatte hochklappen.

Die Einbauposition der CPU ist mit einem Punkt, mit einer Abschrägung oder einer anderen Markierung gekennzeichnet. Suchen Sie am Sockel nach dem Gegenstück dieser Markierung. Bild 10.2 zeigt den Sockel mit hochgeklappter Andruckplatte. Die CPU ist bereits eingesetzt. Wenn Sie die Nasen am Sockel (blaue Pfeile in Bild 10.2) und die Kerben an der CPU (Bild 10.3) beachten, brauchen Sie die CPU nur in den Sockel hineinzulegen. Die CPU darf nicht in den Sockel gedrückt werden. Ihr Eigengewicht muss ausreichen. Berühren Sie nicht die Kontakte der CPU, elektrostatische Ladungen könnten die CPU zerstören!

Bild 10.2: Sockel mit eingesetzter CPU

Als nächstes drücken Sie die Plaste-Schutzkappe (Bild 10.4) aus der Abdeckplatte heraus. Heben Sie die Schutzkappe auf: Falls es nötig wird, das Mainboard zu reklamieren, müssen Sie damit den Sockel vor Beschädigungen schützen. Die Sockelkontakte sind unglaublich empfindlich!

Nun können Sie die Andruckplatte herunterklappen und den Haltebügel hinter die Halterung (Bild 10.2, roter Pfeil links) einhängen. Bewegen Sie den Haltebügel mit Gefühl. Leichte Knirschgeräusche können von den Federkontakten stammen. Wenn sich der Bügel schwerer als erwartet bewegen lässt, zerbrechen Sie nicht die CPU! Überprüfen Sie den richtigen Sitz der CPU noch einmal.

10.2.2 Erster Test

Wollen Sie sich jetzt schon ein Erfolgserlebnis gönnen? Schließen Sie das Netzteil und den Systempieper an. Stecken Sie den CPU-Lüfter an, legen Sie den Lüfter mit Kühlkörper zunächst neben die Hauptplatine. Tastatur und Maus brauchen Sie noch nicht. Der Test gelingt auch ohne Bildschirm, doch wenn das Mainboard eine Grafikschnittstelle hat und Sie den Bildschirm anschließen können, ist das Erfolgserlebnis noch schöner.

Bild 10.3: CPU von unten

Vergewissern Sie sich, dass der Netzschalter gut erreichbar ist. Starten Sie die CPU (Power-On-Kontakte des System Panel Connectors für eine Sekunde kurzschließen). Legen Sie **SOFORT** danach einen Finger auf die Oberfläche der CPU. Achtung! Nach 5 bis 20 Sekunden wird die CPU heiß. Solange Ihr Finger die Temperatur aushält, ist die CPU nicht in Gefahr. Aber wenn Sie den Finger wegnehmen müssen, weil die CPU zu heiß wird, müssen Sie **AUGENBLICKLICH** den Strom ausschalten, sonst kann die CPU Schaden nehmen!

In den ersten Sekunden muss der Lüfter anlaufen. Auch wenn er gleich wieder stoppt (weil die CPU noch nicht heiß genug ist), ist das OK. Wenn Sie mindestens einen Piepton hören, ist die CPU in Ordnung. Glückwunsch! Vermutlich hören Sie sogar mehrere Piepser, weil die CPU das Fehlen von RAM und Grafikkarte bemängelt. Wiederholen Sie den Test nach dem Einsetzen von RAM und Grafikkarte.

Was tun, wenn es keine Lebenszeichen gibt? Kontrollieren Sie, ob die ATXPWR und ATX12V Stecker und die RAM-Module eingerastet sind. Ist an den vierpoligen CPU-Lüfter-Anschluss ein vierpoliger Lüfter angeschlossen? Haben Sie die richtigen Pins des System Panel Connectors kurzgeschlossen? Haben Sie einen funktionstüchtigen Pieper angeschlossen? Bei manchen Mainboards dauert es sehr lange bis zum ersten Lebenszeichen. Machen Sie nach einer Abkühlpause einen zweiten Versuch und warten Sie auf den ersten Piepton, bis Ihr Finger es gar nicht mehr auf der CPU aushalten kann.

Bild 10.4: Schutzkappe für die Kontakte
Roter Pfeil: Haltebügel, andere Form

Sind alle angeschlossenen Komponenten mit Strom versorgt? In manchen Netzteilen steckt ein geregelter Lüfter. Falls aus dem Netzteil ein Lüfterkabel heraushängt, stecken Sie es an einen Lüfteranschluss der Hauptplatine. Entfernen Sie notfalls alle verzichtbaren Komponenten vor dem nächsten Versuch.

10.2.3 Geeigneten Kühler auswählen

Wenn Sie eine CPU in der „boxed"-Ausführung gekauft haben, ist ein Kühler dabei. Er ist nicht besonders leise, ist aber garantiert ausreichend für die Kühlung. Falls Sie diesen CPU-Kühler durch einen besseren ersetzen wollen, achten Sie beim Kauf auf dessen Maße. Der Kühlkörper darf keine Kondensatoren oder andere große Teile in CPU-Nähe berühren. Einerseits könnte das zu Kurzschlüssen führen, andererseits würde vermutlich der Kühlkörper verkanten und schlecht kühlen. Es kommt durchaus vor, dass größere Kühler für manche Hauptplatinen nicht geeignet sind.

10.2.4 Wärmeleitpaste auftragen

Haben Sie die Oberfläche der CPU beim Einsetzen oder beim ersten Test berührt? Die Finger sondern Fett ab. Fett ist ein guter Wärmeisolator. Deshalb ist es wichtig, dass die CPU und auch der Kühler sauber und fettfrei sind. Zur Reinigung reicht meist ein trockenes Küchentuch, in Härtefällen nimmt man Aceton, Nagellackentferner oder feuchte Brillenputztücher. Die Oberflächen nach dem Reinigen nicht erneut mit „nackten" Fingern berühren.

Im Bild 10.6 sehen Sie einen Kühler, der schon mit Wärmeleitpaste bestrichen ist. Möglicherweise müssen Sie eine Schutzfolie abziehen. Die Hitze und der Anpressdruck werden die Paste verteilen.

Die Wärmeleitpaste ist manchmal elektrisch leitfähig, deshalb darf sie unter keinen Umständen auf die Kontakte der CPU geraten. Sehr alte CPUs hatten ein kleines Loch für den Luftdruckausgleich der CPU, das ebenfalls nicht zugeschmiert werden durfte.

Bild 10.5: Boxed-Kühler von Intel, Blick von unten

Sie sollten sehr, sehr sparsam mit der Paste umgehen: Sie soll nur die winzigen Luftspalten füllen, aber nicht den Abstand zwischen CPU und Kühlkörper vergrößern. Deshalb nur einen winzigen Klecks (in der Größe einer kleinen Erbse) auf die Mitte der CPU platzieren und gleichmäßig verteilen. Zum Breitstreichen nimmt man am besten einen Pappstreifen. Der Anpressdruck des Kühlblocks und die Wärme sorgen dann für eine gleichmäßige Verteilung.

Bild 10.6: Ausschnitt vom Intel-Kühler mit Wärmeleitpaste

10.2.5 Prozessorkühler aufsetzen

Rund um den CPU-Sockel befinden sich vier Bohrungen in der Hauptplatine (in Bild 10.1: die weißen Punkte, einer davon mit grünem Pfeil). Ihr Abstand ist je nach Sockeltyp unterschiedlich. Es gibt zwei Befestigungsverfahren:

1. Leichtere Kühler werden mit Arretierungsbolzen befestigt. In Bild 10.7 sehen Sie einen der Arretierungsbolzen.
2. Schwere Kühler müssen aufwendiger befestigt werden, damit sie beim Transport nicht abreißen. Oft wird dazu eine „Rückplatte" (Gegenstück in Form eines Kreuzes) unter der Hauptplatine befestigt und der Kühler von oben aufgeschraubt. Nachteil: Falls das Bodenblech des Gehäuses unterhalb der CPU keine Aussparung hat, muss zum Wechseln des Kühlers meist die Hauptplatine ausgebaut werden.

In welcher Stellung muss der Kühler eingebaut werden? Die Befestigungsbohrungen bilden ein Quadrat, es sind also vier Stellungen möglich.

Bild 10.7: Befestigungsbolzen einer Intel-CPU. Die mit Pfeil markierte Fläche muss auf der Hauptplatine aufliegen.

Wenn der Kühlkörper radiale Lamellen hat, die von oben angesaugte Luft also gleichmäßig nach allen Seiten herausgeblasen wird (siehe Bild 10.5), brauchen Sie nur auf die Länge des Lüfteranschlusskabels achten. Drehen Sie den Kühler so, dass Sie mit dem Anschlusskabel den Lüfteranschluss der Hauptplatine gut erreichen.

Wenn die Lamellen parallel sind, sollten Sie den Kühler so drehen, dass die Lamellen parallel zur Rückwand verlaufen. Dadurch wird die Hälfte der austretenden Luft auf den Kühlkörper des Chipsatzes geblasen und kühlt diesen ab. Die andere Hälfte der warmen Luft nimmt den kurzen Weg in Richtung des Netzteillüfters.

Bild 10.8: Bolzen von oben

10.2.6 Kühler befestigen

Das Befestigen des Kühlkörpers auf der Hauptplatine ist meist schwierig, weil er mit dauerhaft hoher Kraft auf die CPU drücken soll. Die Hauptplatine biegt sich unter dem Druck sogar etwas! Sehen Sie sich die Befestigungskonstruktion genau an. Manche Befestigungselemente sind nur einmal verwendbar, darum muss der erste Versuch klappen. Legen Sie einen oder zwei geeignete nicht-leitfähige flache Gegenstände unter die Hauptplatine, um die Montagebolzen durchpressen zu können, ohne die Hauptplatine zu verbiegen. Gut geeignet: Dickes Mousepad, Holzlineal, Radiergummis, Post-It-Block. Unter den Befestigungslöchern muss mindestens drei Millimeter Luft sein.

Legen Sie den Kühler auf die Platine und zielen Sie mit den Stiften in die Bohrungen. Drücken Sie auf den Rand des Lüfters rechts und links vom Stift, bis der Stift im Loch verschwunden ist. Erst wenn die mit dem Pfeil markierte Fläche des Bolzens auf der Hauptplatine aufliegt, dürfen Sie oben auf den Bolzen drücken. Wenn Sie für Ruhe im Raum gesorgt haben, hören Sie ein leises Knacken oder Doppelknacken, wenn der Stift gespreizt wird. Als nächsten drücken Sie den diagonal gegenüberliegenden Bolzen hinein. Überprüfen Sie von unten, ob die Bolzen korrekt eingerastet sind. Bei den restlichen Bolzen brauchen Sie etwas weniger Kraft.

Wenn die Hauptplatine bereits eingebaut ist, ist es meist besser, beim Aufsetzen des Kühlers mit den beiden Befestigungen zu beginnen, die weiter vom Rand entfernt sind. Diese sollten sich ohne Probleme hineindrücken lassen. Für die näher am Rand befindlichen Befestigungen ist erheblich mehr Kraft nötig. Stützen Sie die Platine am Rand mit den Fingerspitzen, damit sie sich nicht durchbiegt. Empfehlung: Bauen Sie das Netzteil zeitweilig aus, dann können Sie mit beiden Händen zugreifen und dadurch leicht überprüfen, ob die Bolzen eingerastet sind.

Wenn Sie einen aufwendigen Kühler einbauen: Die Schrauben müssen gefühlvoll festgedreht werden, deshalb niemals einen Akkuschrauber verwenden!

10.3 AMD-CPU EINBAUEN

10.3.1 CPU einsetzen

AMD-CPUs haben „Beinchen", die sehr dünn und empfindlich sind. Damit sich die Pins beim Einsetzen der CPU nicht verbiegen, nutzt AMD sogenannte ZIF-Sockel (**Z**ero **I**nsertion **F**orce, deutsch: Null-Kraft-Sockel). Rechts am Sockel anliegend ist auf den Bildern 10.9 und 10.10 ein Drahtbügel zu sehen. Wenn Sie diesen Bügel etwas nach rechts drücken, können Sie ihn hochklappen. Dabei werden die Kontaktfedern unter der Lochplatte zurückgezogen und die CPU kann „mit null Kraft" eingesetzt werden, das heißt: Die CPU muss durch ihr eigenes Gewicht in den Sockel hineinfallen.

Bild 10.9: AM2 Sockel (AMD), mit Befestigungsrahmen

Im Sockel sind vier Stellen zu erkennen, wo keine Pins hineinpassen. Drei Ecken sind abgeschrägt, an der linken unteren Ecke ist eine quadratische Aussparung. Bestimmen Sie daraus die Einbauposition der CPU.

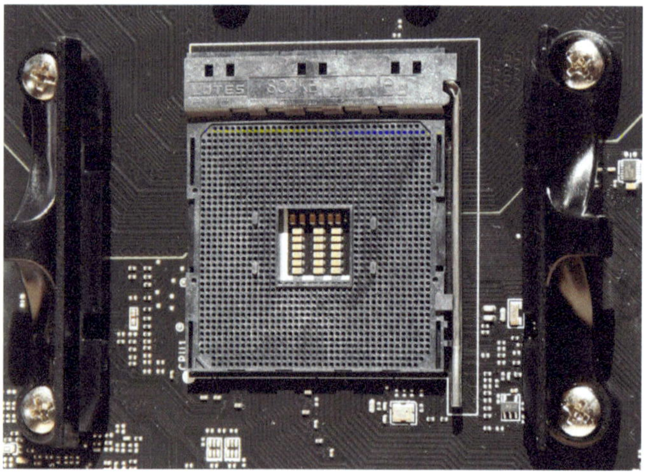

Bild 10.10: AM4 Sockel, mit Halterungen

Kontrollieren Sie vor dem Einsetzen der CPU mit einer starken Lupe, ob **alle** Pins aufrecht stehen. Fassen Sie die CPU sehr vorsichtig an, damit Sie nicht versehentlich die Pins am Rand nach innen biegen! Prüfen Sie aus allen vier Richtungen mit verschiedenen Blickwinkeln, ein schiefes „Beinchen" unter tausend ist schwer zu entdecken. Lassen Sie dann die CPU in den Sockel hineingleiten. Prüfen Sie sorgfältig, ob die CPU von allen Seiten flach auf dem Sockel aufliegt. Wenn nicht: **Nicht drücken!!!**, sonst knicken Sie ein Pin um! Beim Versuch, ein umgeknicktes Pin wieder aufzurichten, wird es vermutlich abbrechen und die CPU ist hinüber. Nehmen Sie die CPU heraus und richten Sie vor dem nächsten Versuch schiefe Pins senkrecht aus.

Wenn die CPU richtig eingelegt ist, klappen Sie den Drahtbügel nach unten.

10.3.2 Erster Test – siehe 10.2.2

10.3.3 Einen geeigneten Kühler auswählen – siehe 10.2.3

10.3.4 Wärmeleitpaste auftragen – siehe 10.2.4

10.3.5 Prozessorkühler aufsetzen und befestigen

Der Kühler auf einem AMD-Prozessor ist leicht zu befestigen. Man muss nur zwei Haken einhängen und einen oder zwei Hebel umlegen.

Manche AMD-Sockel haben vier zusätzliche Haken (an den Stellen, wo im Bild 10.9 die Schrauben sind). Schwere Kühlkörper bekommen dadurch besseren Halt.

10.4 Lüfter mit Strom versorgen

Auf der Hauptplatine gibt es vier- oder dreipolige Anschlüsse für Lüfter. Die auf der Hauptplatine angeschlossenen Lüfter werden vom BIOS überwacht. Bei geeigneten BIOS-Einstellungen

- kann man sich die Drehzahl anzeigen lassen,
- kann man sich meist warnen lassen, wenn die Drehzahl sinkt oder der Lüfter stehen bleibt. Meist kann man die Drehzahl einstellen, bei deren Unterschreitung man gewarnt werden möchte.
- und man kann meist die Art der Drehzahlregelung einstellen: Entweder läuft der Lüfter stets mit der eingestellten Drehzahl oder die Drehzahl wird temperaturabhängig geregelt.

Achtung! Lüfter mit extremem Strombedarf oder die Pumpe der Wasserkühlung sollten direkt an das Netzteil angeschlossen werden, sonst werden die Leiterzüge auf der Hauptplatine überlastet, wobei die Hauptplatine Schaden nehmen kann. Im Handbuch zur Hauptplatine ist angegeben, wieviel Strom die Lüfteranschlüsse aushalten. Wenn Sie eine solche Angabe nicht finden, sollten Sie von einer Belastbarkeit von max. 0,5 A bzw. 6 Watt ausgehen.

10.5 Abschlusskontrolle

Sie sollten sofort nach der ersten Inbetriebnahme das BIOS-Setup aufrufen und die CPU-Temperatur eine Weile beobachten. Jede CPU hält eine Temperatur von mindestens 60 °C aus. Da die CPU noch im Leerlauf ist, während Sie die Temperatur kontrollieren, sollte die Temperatur deutlich niedriger liegen. Wenn nicht, umgehend ausschalten und nach der Ursache suchen!

Die CPU-Temperatur sollte im Leerlauf etwa 5 °C über der Hauptplatinentemperatur liegen, dann ist die Kühlung exzellent. Wenn sie mehr als 10 °C über der Hauptplatinentemperatur liegt, ist die Kühlung unzureichend.

11 RAM bestücken

11.1 WELCHEN TYP BRAUCHE ICH?

Grundregeln: Statische Aufladung und mechanische Beanspruchung vermeiden, genau hinsehen, Kontakte nicht anfassen!

RAM gibt es in den Bauformen DDR, DDR2, DDR3 bis DDR5. Jede benötigt eine andere Versorgungsspannung. Jede dieser Bauformen gibt es als „unbuffered", „buffered" und als „ECC". Obwohl verschiedene RAMs teils gleiche Abmessungen und Kontaktzahlen haben, ist eine versehentliche Fehlbestückung ausgeschlossen, wenn man die Augen aufmacht. Jedes Modul hat eine Kerbe an einer anderen Stelle. Theoretisch verhindert die Kerbe das Einstecken eines falschen Moduls. Trotzdem kommen Fehlbestückungen vor. Mitunter ist der Steg nicht hoch genug. Mit etwas zu viel Kraft kann man ein falsches Modul einstecken, ohne es zu merken. Dass sich dabei die Hauptplatine durchbiegt, kann man in der Draufsicht nicht wahrnehmen. Halten Sie deshalb das RAM-Modul neben den Steckplatz, suchen Sie den Steg und vergleichen Sie genau! Bei einer fehlerhaften Bestückung geht der RAM fast immer kaputt. Das ist oft deutlich zu riechen. Meist ist auch der benutzte Steckplatz verschmort und manchmal ist sogar die Hauptplatine hinüber.

Bild 11.1: Kerbe eines Speichermoduls

11.2 BESTÜCKEN

11.2.1 Module paarweise bestücken

Hauptplatinen mit DDR3, DDR4 und DDR5 ermöglichen den Dual-Channel-Modus. Dabei werden zwei zueinander passende RAM-Module nicht nacheinander, sondern zeitversetzt angesteuert. Sie erreichen dadurch eine etwas höhere Arbeitsgeschwindigkeit. Es genügt aber manchmal nicht, zwei RAMs aus der gleichen Serie zu nehmen. Kaufen Sie vorzugsweise vom Hersteller vermessene Paare!

Die RAM-Steckplätze der Hauptplatine sind mit A1, B1, A2 und B2 beschriftet. Stecken Sie die Module in dieser Reihenfolge ein! A1 und A2 gehören zum gleichen Speicherkanal und konkurrieren miteinander, ebenso B1 und B2. Nur die Bestückung A1 und B1 ermöglicht den Dual Channel Betrieb.

Könnte man auch zuerst A2 und B2 bestücken? Besser nicht. Einige Chipsätze frischen nur den ersten Kanal immer auf, die anderen dagegen nur, wenn sie bestückt sind. Ist der erste Kanal leer, kostet der überflüssige Refresh nur Zeit. Außerdem können moderne Chipsätze einen unbestückten zweiten und folgende Speicherkanäle abschalten, um die EMV-Störstrahlung zu reduzieren.

11.2.2 Sollte ich alle vier Slots bestücken?

Es ist besser, nur zwei RAM zu stecken und die anderen beiden Slots frei zu lassen. Eine Vollbestückung belastet den Speichercontroller (im Chipsatz bzw. der CPU) höher. Das kann dazu führen, dass der Speicher heruntergetaktet wird.

Sie wollen den Arbeitsspeicher verdoppeln, zum Beispiel von 2 x 8 GB auf 32 GB? Müssen Sie die zu kleinen 8 GB Module entsorgen?

Benutzen Sie die freien Steckplätze für zusätzliche 2 x 8 oder 2 x 16 GB. Sie verlieren wahrscheinlich ein paar Prozent der möglichen RAM-Geschwindigkeit, aber das ist nach meiner Ansicht unbedeutend im Vergleich zum Gewinn durch den größeren Arbeitsspeicher.

11.2.3 RAM-Module von welchen Herstellern sind geeignet?

Im Handbuch zur Hauptplatine finden Sie die „QVL". Diese **Q**ualified **V**endor **L**ist (Liste der qualifizierten Hersteller) gibt an, welche RAM-Module von welchen Herstellern garantiert kompatibel sind. Allerdings ist es für den Hauptplatinenhersteller kaum möglich und wirtschaftlich unsinnig, sämtliche Erzeugnisse am Markt zu testen, und es kommen auch Neuentwicklungen auf den Markt. Fast alle in der QVL nicht aufgezählten Module von anderen Herstellern werden ebenfalls funktionieren, in der Regel ohne Einbuße an Geschwindigkeit.

DDR-4-RAM gibt es mit verschiedenen Versorgungsspannungen. RAMs mit 1,2 Volt sind stromsparend. Wer die RAMs übertakten will, sollte RAMs mit 1,35 Volt wählen. Manche Hauptplatinen stellen die benötigte Spannung automatisch bereit. Überprüfen Sie im Handbuch zur Hauptplatine oder in der QVL, welche Spannungen möglich sind.

11.3 Speicher nachrüsten

Von den Herstellern wird grundsätzlich empfohlen, Speichermodule des gleichen Typs, besser noch aus der gleichen Serie zu verwenden. Das Mischen von älteren und neuen Modulen kann zu Instabilitäten und Abstürzen führen. Warum ist das so?

Das BIOS führt während des Systemstarts eine Diagnose durch, um die maximal mögliche Geschwindigkeit der Speichermodule zu ermitteln. Auf jedem Modul befindet sich ein „SPD-ROM", in dem der Hersteller die technischen Daten des Moduls hinterlegt hat. Der Plug-and-Play-Modul des BIOS muss diese Daten mit den Möglichkeiten des Chipsatzes vergleichen und ein Betriebsregime konfigurieren. Wenn mehrere unterschiedliche Speichermodule vorhanden sind, ist das nicht immer erfolgreich. Was kann man tun, damit das Mischen klappt? Stecken Sie das langsamste Speichermodul in den ersten Steckplatz, weil das BIOS manchmal nur die Eigenschaften des ersten Moduls auswertet.

11.4 Speichermodule einstecken

Legen Sie die Platine auf eine geeignete Unterlage (ein dickes Mousepad vielleicht?), damit sie an der zu bestückenden Stelle fest und flach aufliegt.

- Manche Hauptplatinen haben zwei Sicherungshebel, andere nur einen pro Steckplatz. Klappen Sie den oder die Sicherungshebel nach außen. Falls im Steckplatz ein RAM-Modul steckt, wird es dadurch herausgehebelt.
- Beachten Sie die Lage der Einkerbung an der Steckerleiste der RAM-Bausteine, um die RAMs richtig herum einzustecken.
- Stecken Sie das neue Modul lose auf.
- Drücken Sie das Modul an den Enden mit beiden Daumen nach unten. Damit sich die Hauptplatine dabei nicht durchbiegt, sollten Sie vorher ein Buch o. Ä. unterlegen. Falls die Hauptplatine schon eingebaut ist, sollten Sie die Fingerspitzen unter dem Rand der Hauptplatine schieben, damit sie sich möglichst wenig durchbiegt.
- Während das Speichermodul hineingedrückt wird, klappen die oder der Sicherungshebel nach innen. Wenn Sie das nicht tun, steckt das Speichermodul noch nicht richtig. Drücken Sie die Sicherungshebel bis zum Anschlag zusammen.

Im BIOS können Sie nachsehen, ob die Speicherkapazität den gesteckten Modulen entspricht. Manches BIOS zeigt an, welche Slots bestückt sind.

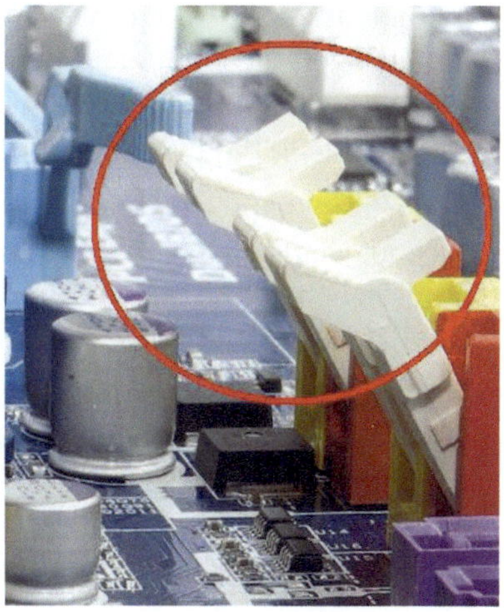

Bild 11.2: Ausgeklappte Sicherungshebel an vier RAM-Steckplätzen

12 Hauptplatine einbauen

12.1 Einbau der Hauptplatine

12.1.1 Alte Hauptplatine ausbauen

Die Kabel sind oft mit Kabelbindern zusammengeschnürt. Ein Seitenschneider ist das beste Werkzeug, um diese aufzuschneiden, ohne die Kabel zu beschädigen.

Das Mainboard ist meist mit sechs bis acht Kreuzschlitzschrauben befestigt. Entfernen Sie jede gelöste Schraube sofort aus dem Gehäuse, damit sie nicht in einer Ecke verschwindet und später Kurzschlüsse verursacht.

12.1.2 Abstandsbolzen einschrauben

Jedem neuen Gehäuse liegt eine Packung mit Montagekleinteilen bei. Bild 12.1 zeigt den minimalen Inhalt. Dazu kommen eventuell noch Ersatz-Abdeckungen für das DVD-Laufwerk, Gleitschienen für Laufwerke und anderes.

Damit die Hauptplatine nicht auf dem Blech des Gehäuses aufliegt, wird sie auf Abstandsbolzen befestigt, siehe Bild 12.2. Leider sind weder die Länge der Abstandsbolzen noch deren Gewinde genormt. Manchmal hat man die Wahl zwischen Metallbolzen und Plasteabstandshaltern. Metallbolzen sind besser: Sie halten die Platine sicherer, zweitens verbessern sie die Masseverbindungen. Warum ist die Masse wichtig?

Bild 12.1: Zubehörpaket mit Abstandsbolzen aus Metall und Plaste

Die Spannung zwischen Basis und Emitter aller Transistoren des PCs beträgt nur 0,6 Volt oder weniger. Während die Versorgungsspannungen um 5 % bis 10 % schwanken dürfen, verringern selbst kleinste Differenzen des Massepotentials die Störsicherheit des PCs drastisch. In der Hauptplatine fließen beträchtliche Ströme, 40 Ampere sind keine Seltenheit (zum Vergleich: Eine Waschmaschine braucht maximal „nur" 15 A). Die Verschraubung leitet einen Teil des Massestroms durch das Metallgehäuse und verringert die Potenzialdifferenzen. Falls Sie hauptsächlich Plasteabstandshalter verwenden wollen oder müssen, sollten Sie aber mindestens einen Metallbolzen verwenden, um eine Masseverbindung zwischen Hauptplatine und Gehäuse herzustellen.

Das Gehäuse hat viele vorbereitete Bohrungen für Abstandsbolzen, damit unterschiedlich große Platinen eingebaut werden können. Sie müssen herausfinden, welche der Gewindebohrungen Sie verwenden können. Grundsätzlich gilt: so viele wie möglich, um Durchbiegungen der Hauptplatine zu vermindern, aber auch keinen zuviel, der zu Kurzschlüssen an der Unterseite führen könnte.

Um die Bolzen festzuschrauben, braucht man einen 5 mm Steckschlüssel. Wie fest sollte man die Bolzen in das Blech einschrauben? Gefühlvoll! Dreht man zu kräftig, geht das Gewinde kaputt. Gebenenfalls können Sie mit einem überschüssigen Bolzen an einem unbenutzten Loch probieren, wie viel das Gewinde aushält. Dreht man nicht fest genug, kann es Probleme bei einem späteren Ausbau der Hauptplatine geben: Statt der Schraube dreht sich möglicherweise nur der Bolzen, und Sie kriegen die Schraube nicht raus.

Überprüfen Sie jede Befestigungsbohrung der Hauptplatine von beiden Seiten, ob rund um die Bohrung eine ausreichend große freie Fläche ist. Führt ein Leiterzug allzu dicht an der Bohrung vorbei, kann später der Bolzen oder der Schraubenkopf einen Kurzschluss verursachen.

Probleme an der Unterseite kann man mit Plaste-Abstandshaltern vermeiden oder man klebt ein Stück Elektriker-Isolierband auf den Abstandsbolzen. Verwenden Sie Schrauben mit kleinen Köpfen, um Kurzschlüsse auf der Oberseite zu vermeiden. Wenn die Schraubenköpfe nicht klein genug sind, verwendet man Plaste-Unterlegscheiben. Probieren Sie, welches Schraubengewinde in die Gewindebohrungen passt.

Wenn alle Abstandsbolzen eingeschraubt sind, die (möglichst noch unbestückte) Hauptplatine darauflegen und **auf das allersorgfältigste** prüfen, ob wirklich jeder Bolzen unter einem Loch sitzt (durchzählen!). Nun kann die Hauptplatine wieder herausgenommen und fertig bestückt werden (wenn sie das noch nicht ist).

Bild 12.2: Gehäuse vor dem Einbau der Hauptplatine, Ansicht von schräg unten

12.1.3 Rückwärtige Blende einsetzen

Am hinteren Rand der Hauptplatine befinden sich die Anschlüsse für die Peripherie: Tastatur, Maus, Sound, Bildschirm, USB, Netzwerk und andere. Anzahl und Typ der Anschlüsse sind bei jeder Hauptplatine anders. Deshalb liegt jeder Hauptplatine eine individuelle Blende mit passenden Öffnungen für die rückwärtigen Anschlüsse bei, siehe Bild 12.3. Die Außenmaße aller Blenden sind identisch, damit sie in jedes Gehäuse passen, und die Aussparung im Gehäuse ist immer an der passenden Stelle. Mehr oder weniger genau. Die Blende wird von innen in die Gehäuseöffnung hineingedrückt. Wenn das etwas schwer geht, müssen Sie vielleicht den Rand der Blende mit einer Flachzange etwas zurechtbiegen.

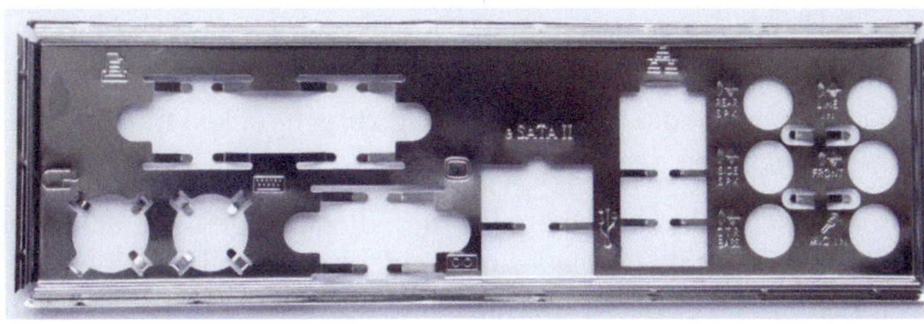

Bild 12.3: Rückwärtige Blende eines Mainboards, 160 × 45 mm

12.1.4 Lüfter einbauen

Es ist ratsam, zuerst die Zusatzlüfter einzubauen, bevor die Hauptplatine an die Reihe kommt. Achten Sie dabei auf die korrekte Strömungsrichtung: Vorn unten ansaugen, hinten und oben herausblasen. Manche Lüfter haben kleine Pfeile, die die Richtung des Luftstroms anzeigen. Wenn kein Pfeil zu sehen ist: Die Richtung des Luftstroms geht immer hin zum Befestigungsrahmen des Motors.

Es kann sinnvoll sein, das Netzteil vor der Hauptplatine einzubauen – beachten Sie den Hinweis bei 12.1.6.

12.1.5 Hauptplatine vorbereiten

Bevor Sie die Hauptplatine endgültig einbauen, sollten Sie die CPU mit Kühler aufsetzen sowie die RAM-Module einstecken, wie in den Kapiteln 10 und 11 beschrieben ist. Sehen Sie sich die komplizierteren Stellen der Hauptplatine noch einmal genau an. Wie ist der System Panel Connector (Bild 14.2 bis 14.5) zu bestücken? Auf vielen Hauptplatinen stecken einige Jumper, um beispielsweise den CMOS-RAM zurücksetzen zu können. Falls Sie irgendwelche Jumper umgesetzt haben, sind ein Vermerk auf der Montageskizze im Mainboard-Handbuch oder eine Skizze von Hand sinnvoll.

Große Teile der Hauptplatine (RAM, Kühlkörper) machen es manchmal schwierig, nach dem Einbau der Hauptplatine die Festplatte oder das optische Laufwerk auf den gewünschten Einbauplatz zu bugsieren. In diesem Fall sollten Sie zuerst die Laufwerke und erst danach die Hauptplatine einbauen.

Es ist sehr empfehlenswert, einen ersten Funktionstest vor dem Einbau vorzunehmen, wie in „8.4 Kompakte Übersicht ..." bereits kurz beschrieben. Legen Sie dazu die Hauptplatine auf eine isolierende Unterlage. Stecken Sie die beiden Kabel des Netzteils an (Main Power EATXPWR, 24-polig, Bild 14.18 und CPU-Stromversorgung ATX12V oder EPS12V, Bild 13.4). Stecken Sie einen Bildschirm an und/oder einen Speaker. Mehr brauchen Sie nicht für einen ersten Funktionstest.

Schalten Sie das Netzteil ein. Schließen Sie die PWR-Kontakte des System Panel Connectors kurz (siehe Kapitel 14.2.1), dann sollte der CPU-Lüfter anlaufen, der Speaker piepen und auf dem Bildschirm eine erste BIOS-Meldung erscheinen. Wenn das nicht passiert, bauen Sie probeweise alle RAM-Module aus (Natürlich bei ausgeschalteter Spannung) – vielleicht brauchen die RAM-Module eine andere Betriebsspannung als die Hauptplatine bereitstellt? Beim Einschalten ohne RAM sollte der Speaker der Hauptplatine zumindest empört piepen. Wenn nicht, haben Sie ein Kontaktproblem, eine defekte Hauptplatine oder eine CPU, die mit dem Mainboard nicht kompatibel ist oder ...

12.1.6 Hauptplatine einsetzen

Testen Sie, welche Schrauben in das Gewinde der Abstandsbolzen passen.

Hinweis: Nach dem Einsetzen der Hauptplatine werden Sie vermutlich feststellen, dass zwischen Netzteil und CPU-Kühlkörper ein enger Spalt ist. Ihre Finger sind zu dick, um in dieser Enge den ATX12V bzw. EPS12V Stecker auf die Platine stecken zu können? Sie haben drei Möglichkeiten: Sie bauen das Netzteil erst nach der Hauptplatine ein, Sie montieren den Kühlkörper erst, wenn die Hauptplatine schon eingebaut ist (nicht gut!) oder Sie stecken das ATX12V bzw. EPS12V Kabel vor deren Einbau auf die Hauptplatine.

Beim Einsetzen der Hauptplatine können Sie diese am CPU-Kühlkörper festhalten. Als Erstes „fädeln" Sie die rückwärtigen Anschlüsse in die Blende ein, danach klappen Sie die Platine auf die Abstandsbolzen herunter. Wenn Sie die Platine ein wenig zurechtrücken müssen, drücken Sie gegen die Kanten der Hauptplatine, nicht gegen den CPU-Kühler.

Die rückwärtige Blende enthält federnde Blechzungen, die einen leitenden Kontakt zwischen Blende und Hauptplatine herstellen sollen, siehe Bild 12.4. Noch bevor Sie die Hauptplatine festschrauben, sollten Sie kontrollieren, dass keine dieser Blechzungen fälschlich in eine USB- oder LAN-Buchse hineingeraten ist, wie in Bild 12.5 in die HDMI-Buchse. Dann passt der Stecker nicht hinein, es könnte auch zu einem Kurzschluss führen.

Bild 12.4: Ausschnitt der rückwärtigen Blende von innen

Wenn die rückwärtige Blende nicht richtig passt und dadurch einige Anschlüsse nicht benutzbar sind: Machen Sie sich nicht die Mühe, an der Blende herumzufeilen. Verzichten Sie auf die Blende – vorausgesetzt, weder die jüngsten Familienangehörigen noch Stammgäste haben die Angewohnheit, mit Stricknadeln im PC herumzustochern.

Überzeugen Sie sich, dass kein Kabel unter der Hauptplatine eingeklemmt ist.

Die Schrauben zur Befestigung der Hauptplatine zunächst nur halb eindrehen. Erst wenn alle Schrauben in ihrem Loch stecken, die Schrauben endgültig eindrehen, aber nicht „anbrummen". Leiterplatten sind spröde und splittern leicht!

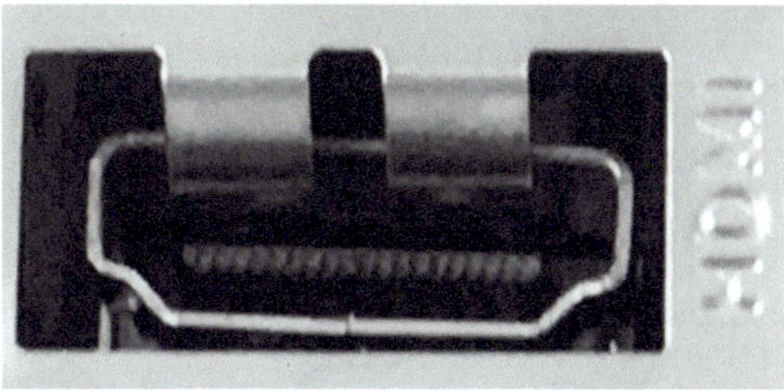

Bild 12.5: Mainboard falsch montiert: Blechzunge der Blende ragt in die HDMI-Buchse hinein, Stecker passt nicht hinein. Schlimmer noch: Einschalten könnte den HDMI-Port durch Kurzschluss zerstören

Von den übriggebliebenen Kleinteilen heben Sie einen Teil in Ihrer Bastelkiste auf, einen anderen Teil sollten Sie in einen Plastebeutel stecken und in das Gehäuse kleben. Außerdem stecke ich die Dokumentationen von Hauptplatine, Grafikkarte und weiteren Komponenten sowie eine Kopie der Treiber-CDs ebenfalls in einem Beutel in das PC-Gehäuse. Es erspart sehr viel Zeit, das alles bei einer Reparatur griffbereit zu haben.

12.2 Grafikkarte einsetzen

Hauptplatinen haben mitunter zwei oder drei PCIe-X16-Steckplätze. Beachten Sie, dass nur einer der Steckplätze (meist der näher an der CPU befindliche) über 16 PCIe-Lanes verfügt. Bei Crossfire-Boards mit zwei Steckplätzen für Grafikkarten werden die 16 Lanes auf die beiden Grafikkarten aufgeteilt, siehe Kapitel 1.6. Nur Boards und CPUs in sehr hohen Preisklassen stellen mehr PCIe-Lanes für Grafikkarten bereit.

Moderne Grafikkarten der oberen Leistungsklasse haben einen Strombedarf, der nicht über die Hauptplatine zugeführt werden kann. Es wird eine zusätzliche Stromzuführung benötigt. Sehen Sie am oberen rechten Rand der Grafikkarte nach, ob dort eine Buchse ist: vierpolig, sechspolig oder achtpolig, es können sogar zwei Zusatzstecker benötigt werden. Falls Ihr Netzteil keinen passenden Stecker hat, gibt es Adapter zu kaufen, die den Strom aus zwei Molex-Steckern (Bild 13.8) in einen PEG-Stecker (Bild 13.7) leiten.

12.3 Bestückung mit Steckkarten

Alle anderen Steckkarten können Sie im Prinzip in jeden Steckplatz stecken (vorausgesetzt, sie passen). Aber es sollten thermische Probleme bedacht werden. Die Grafikkarte erzeugt viel Verlustwärme. Deshalb ist es ratsam, ein bis drei Steckplätze direkt neben der Grafikkarte frei zu lassen, damit es nicht zum Wärmestau kommt. Auch andere Karten produzieren Wärme, ein Abstand ist ratsam. Beim späteren Anschließen der Kabel an der Gehäuserückseite ist es ebenfalls praktisch, wenn zwischen zwei Slots einer frei bleibt.

Wenn Sie nach der beendeten Windows-Installation eine Steckkarte herausziehen und in einen anderen Slot hineinstecken, erhält sie andere Ressourcen zugewiesen. Windows muss mit einer Konfigurationsanpassung darauf reagieren, was nicht immer optimal klappt. Möglicherweise muss sich die Karte im neuen Steckplatz die PCIe-Lanes mit einer anderen Komponente teilen, was im alten Steckplatz nicht der Fall war – oder umgekehrt. Eine dauerhaft reduzierte Leistung kann die Folge sein. In ganz seltenen Fällen funktionierte Windows nicht mehr. Deshalb vor einer Demontage notieren, was wo gesteckt hat!

13 Rund ums Netzteil

13.1 Netzteil prüfen

Der PC läuft nicht stabil? Eine Überprüfung der Spannungen ist sinnvoll. Im BIOS finden Sie die Spannungswerte unter „Power“ oder unter „Health“. Wenn Sie die Spannungen mit einem Multimeter selbst prüfen wollen, tun Sie das bei eingeschaltetem PC. Stecken Sie die Prüfspitzen von oben in den ATXPWR-Stecker.

Spannung	Farbe	Toleranz	Spannungsbereich
+ 12 V	Gelb	+/- 5 %	11,4 bis 12,6 V
+ 5 V	Rot	+/- 5 %	4,75 bis 5,25 V
Standby + 5 V	Rot/Violett	+/- 5 %	4,75 bis 5,25 V
+ 3,3 V	Orange	+/- 4 %	3,17 bis 3,43 V
- 5 V	Weiß	+/- 10 %	- 5,5 bis - 4,5 V
- 12 V	Blau	+/- 10 %	- 13,2 bis - 10,8 V
Power On	Grün		
PWR_OK	Grau		
Masse	Schwarz		0 V

Tab. 13.1: Zulässige Spannungstoleranzen für ATX-Netzteile

Sie haben den Verdacht, dass Ihr Netzteil nicht in Ordnung ist? Vielleicht können Sie mit einem Freund probeweise das Netzteil tauschen oder das Netzteil aus einem alten PC verwenden.

Kommen Sie nicht auf die Idee, nur die Hauptplatine zur Probe an ein Ersatznetzteil anzustecken und die Laufwerke am anderen (verdächtigen) Netzteil angesteckt zu lassen. Bei einer solchen „Mischversorgung“ könnten zerstörerische Ströme über die Datenkabel fließen! Ziehen Sie entweder das Stromversorgungskabel oder die Datenkabel aus jedem Laufwerk heraus.

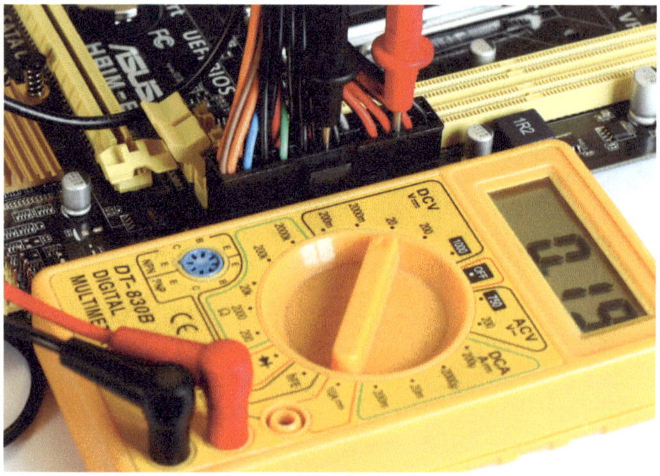

Bild 13.1: Multimeter zeigt: Statt +5 Volt sind es nur 0,19 Volt

Der PC lässt sich nicht mehr einschalten? Wenn Sie den Einschalttaster am Gehäuse drücken, sollte die Hauptplatine das PS_ON-Signal auf Null schalten. Das ist die Aufforderung für das Netzteil, hochzufahren. Sobald alle Spannungen den Normwert erreicht haben, sendet das Netzteil das Signal „PWR_OK“ zum Mainboard. Jetzt kann der POST beginnen.

Um das Netzteil ohne Hauptplatine zu testen, trennen Sie das Netzteil **vollständig** von der Hauptplatine. Jedoch müssen Sie einen Verbraucher (z. B. das DVD-Laufwerk) angesteckt lassen. Das Netzteil braucht eine minimale Last (das DVD-Laufwerk), sonst wird es eventuell **beim Einschalten zerstört**, lässt sich nicht einschalten oder es liefert nicht die vollen Spannungen. Trennen Sie das Datenkabel der Last (DVD) vom Mainboard, damit keine unerwünschten Ströme fließen können. Nun kann man am Main Power Connector mit einer zurechtgebogenen Büroklammer o. ä. den Pin PS-ON (grün) mit Masse (schwarz) verbinden, um das Einschaltsignal zu simulieren. Nun sollte der Lüfter des Netzteils anspringen. Wenn nicht, gehört das Netzteil in den Schrott.

Wenn man beim Nachmessen der Spannungen mit einem Multimeter eine Abweichung feststellt, ist die Ursache klar. Allerdings können Probleme auch durch kurzzeitige Unter- und Überspannungen entstehen, die ein handelsübliches Multimeter nicht anzeigen kann. Und selbst wenn das Multimeter im Leerlauf die korrekten Spannungen anzeigt, könnten die Spannungen unter Belastung „in die Knie gehen“.

Im Fachhandel gibt es Netzteiltester zu kaufen, zu einem Preis von 10 bis 40 €. Die Anschaffung lohnt wohl kaum für eine gelegentliche Nutzung. Diese Tester können den Totalausfall einer Spannung entdecken, aber nicht die Ursachen für diffizile Probleme: Unter- und Überspannungsspitzen, Brummspannungen, hochfrequente Störungen und anderes. Ein ausrangiertes, aber funktionsfähiges Netzteil ist bestens geeignet, um probeweise das verdächtige Netzteil zu ersetzen.

Wenn man nur die notwendigsten Komponenten ansteckt und eine eventuell vorhandene Hochleistungsgrafikkarte nicht im Spielemodus betreibt, reicht für den Test sogar ein 300-Watt-Netzteil.

13.2 ATX12V UND EPS12V

Bild 13.2: ATX12V- und EPS12V-Buchsen

Seit dem Pentium 4 gibt es auf der Hauptplatine einen eigenen Stromanschluss für die CPU. Über einen vierpoligen Stecker „ATX12V" werden 12 Volt eingespeist. Der Anschluss befindet sich nahe der CPU, genauer: meist in einer schwer zugänglichen Ecke zwischen Netzteil, Rückwand und CPU-Kühlkörper. Wenn der Kühler etwas größer ist, kommt man auch mit sehr spitzen Fingern nicht an den Stecker heran, ohne das Netzteil auszubauen. Es ist sehr zu empfehlen, vor dem Einbau einer Hauptplatine eine klare Vorstellung zu haben, welcher Stecker in welcher Ausrichtung da hinein muss!

Auf den Hauptplatinen von Servern und High-End-PCs sind EPS12V-Anschlüsse üblich, mit denen der doppelte Strom eingespeist werden kann. EPS steht für **E**ntry-Level **P**ower **S**upply (Netzteil der Einstiegsklasse).

Im nebenstehenden Bild im roten Rahmen sehen Sie die ATX12V Buchse. Wenn die schwarze Kappe entfernt wird, erhält man eine achtpolige EPS12V-Buchse.

Preiswerte Netzteile haben keinen achtpoligen EPS12V-Stecker, sondern nur den vierpoligen ATX12V-Stecker. In den meisten Fällen reicht das für ein Board mit EPS12V Anschluss aus.

Netzteile etwa ab 600 W haben meist einen achtpoligen EPS-Stecker. Damit er auch auf einfacheren Platinen genutzt werden kann, lässt sich der EPS-Stecker oft in zwei Teile zerlegen wie in Abbildung 13.4 und wird dann oft als „ATX12V 4+4" bezeichnet.

Bild 13.3: Stecker für EPS12V

Bild 13.4: teilbarerStecker für ATX12V und EPS12V

13.3 ZUSATZSTROM FÜR GRAFIKKARTEN

Ein PCIe-x16 Steckplatz kann eine eingesteckte Karte mit maximal 75 Watt versorgen. Kürzere Steckplätze haben weniger Kontakte und können nur 25 Watt liefern. Anspruchsvollere Grafikkarten können zusätzliche Energie direkt vom Netzteil über Zusatzstecker bekommen, den sogenannten „**PC**I **E**xpress **G**raphics Power Supply Connector" (auch PEG-Connector).

Es gibt zwei Arten von Zusatzsteckern: sechspolige (die 75 Watt zuführen können) und achtpolige (mit 150 Watt Zusatzleistung). Mit zwei 8-poligen Steckern kann eine Grafikkarte über 375 Watt verfügen (75 W über den PCIe-Steckplatz plus zwei mal 150 Watt). Die Grafikkarte kann anhand der Steckerbelegung erkennen, ob und welche PEG-Connectoren angesteckt sind und wie viel Strom die Grafikkarte daraus beziehen darf.

Bild 13.5: 2 PEG-Connectoren, 8- und 6-polig

Wenn das Netzteil nicht genug 8-polige PEG-Connectoren hat, kann man meist einen 6-poligen Stecker in eine 8-polige Buchse stecken. Die Grafikkarte „merkt das" und wird nur 75 Watt beziehen. Umgekehrt lassen sich manche 8-polige PEG-Connectoren in 6+2 Steckkontakte zerlegen und für 6-polige Buchsen verwenden, siehe Bild 6.3 auf Seite 89.

Achtung! Der achtpolige PEG-Connector sieht dem EPS12V Stecker (Bild 13.3) ähnlich, aber sie lassen sich nicht austauschen. Der eine Stecker passt nicht in die jeweils andere Sorte Buchsen. Keine Gewalt, bitte! Falls Ihr Netzteil keinen passenden Stecker hat, gibt es Adapter.

Versuchen Sie nicht, eine stromhungrige Grafikkarte ohne Zusatzstrom zu betreiben! Wenn Sie Glück haben, stürzt der PC ab, sobald die Grafikkarte die volle Leistung anfordert, oder Sie sehen eine Fehlermeldung „Die NVIDIA Systemüberwachung meldet, dass die Grafikkarte nicht ausreichend mit Leistung versorgt wird". Wenn Sie großes Pech haben, brennen die Leiterzüge weg, und die Hauptplatine ist Schrott.

Falls Sie einmal zwei Grafikkarten einbauen wollen, sollten Sie schon beim Kauf des Netzteils darauf achten,

- dass die +12V Leitungen mit genügend Strom versorgt werden,
- dass das Netzteil genügend PEG-Connectoren hat.

Seit 2024 gibt es Grafikkarten und Netzteile nach dem ATX 3.0 und ATX 3.1 Standard. Diese Grafikkarten werden mit einem (12+4)-poligen 12VHPWR bzw. 12V-2x6 Stecker angeschlossen. Näheres siehe im Kapitel Stromversorgung, Abschnitt 6.4: ATX 3.0 und 3.1.

Bild 13.6: Molex 8981 Stecker für alte IDE-Laufwerke

13.4 Laufwerke

Der in Bild 13.6 gezeigte „Molex 8981"-Stecker wurde hauptsächlich für die Stromversorgung von IDE-Laufwerken verwendet. Heute wird er noch für einfache Lüfter und manche Zusatzgeräte genutzt.

Das Bild 13.7 (rechts) sowie Bild 15.4 auf Seite 153 zeigen den aktuellen Stromanschluss für SATA-Laufwerke.

Bild 13.7: Stromversorgung SATA

13.5 KABELBÜNDEL

Wenn man einen PC öffnet, fällt der Blick zuerst auf ein unübersichtliches Gewirr von Kabeln. Doch in manchen PCs sind alle Kabel sorgfältig zu einem Kabelbaum verschnürt. Das sieht ordentlich aus. Die Luftzirkulation wird durch ein kompaktes Kabelbündel etwas weniger behindert als durch viele einzelne Kabel. Hat die Bündelung auch Nachteile?

Wenn zwei Leitungen dicht benachbart sind, erzeugt ein Stromfluss in der einen Leitung eine schwache „Kopie" des Signals in den benachbarten Leitungen. Diesen Effekt nennt man „Übersprechen". Die Bezeichnung kommt aus der alten, analogen Telefonie: Manchmal konnte man ein fremdes Gespräch leise mithören, das über einen benachbarten Draht geführt wurde. Beim Telefonieren störte das kaum. In einem Datenkabel darf Übersprechen nicht vorkommen.

Die Übertragung auf den S-ATA-Kabeln wird kontrolliert: Bei der „8B/10B" Kodierung werden zu jedem Byte zwei Paritätsbits hinzugefügt, um Übertragungsfehler entdecken zu können. Zusätzlich wird jeder Datenblock mit Kontrollsummen abgesichert. Wenn das Übersprechen zu Fehlern führt, wird das mit sehr hoher Wahrscheinlichkeit (allerdings nicht mit letzter Gewissheit) entdeckt und der Controller wiederholt die Übertragung so lange, bis sie fehlerfrei gelingt. Doch die Wiederholungen machen die Datenübertragung langsamer.

Empfehlung: Sorgen Sie vor allem dafür, dass kein Kabel in einen Lüfter geraten kann, befestigen Sie lose herumhängende Enden. Sonst merken Sie vielleicht erst am Schmorgeruch, dass ein Lüfter stillgelegt ist.

Wenn Ihnen der ästhetische Eindruck wichtig ist, können Sie die Kabel der Stromversorgung bündeln. Achten Sie darauf, dass die Kabel dabei nicht so straff gespannt werden, dass sie an den Steckern zerren.

Die SATA-Kabel sollten Sie nicht mit den Stromkabeln zusammenbinden und sie sollten nicht auf größerer Länge am Metallgehäuse anliegen. Bei Kabeln für hohe Übertragungsgeschwindigkeiten darf der Biegeradius nicht kleiner als 15 mm werden. Im Rahmen dieser Beschränkungen können Sie die Kabel sinnvoll verlegen, so dass sie die Luftbewegung möglichst wenig stören.

14 Mainboard Connectors

14.1 Kabel aufstecken: Allgemeine Hinweise

Die vom Netzteil kommenden Stromversorgungskabel zuerst aufstecken, die Datenkabel erst später. Achten Sie darauf, dass alle Kabel hör- und sichtbar einrasten. Denken Sie jede Sekunde daran, ein Durchbiegen der Platine zu vermeiden! Keine Gewalt, und unterstützen Sie die Platine mit den Fingerspitzen von unten an der Stelle, wo Sie einen Stecker hineinschieben! Vergessen Sie nicht, das vier- oder achtpolige Zusatz-Stromversorgungskabel für die CPU anzuschließen und einzurasten. Verlegen Sie die Stromkabel so, dass sie nicht in einen Lüfter geraten können. Montieren Sie den CPU-Kühler fachgerecht. Ohne oder mit schief sitzendem Kühlkörper ist die CPU schätzungsweise in zwanzig Sekunden überhitzt und nach einer Minute möglicherweise schon kaputt. Schließen Sie den CPU-Lüfter an. Wenn der Kühlkörper nicht durch den Lüfter gekühlt wird, kann die CPU nach fünf bis zehn Minuten geschädigt und nach zwanzig Minuten durchgebrannt sein. Schließen Sie die restlichen Lüfter an.

Stromkabel dürfen Sie mit Kabelbindern bündeln. Damit nach einem Transport die Lüfter nicht durch herumhängende Kabel blockiert werden, sollten unbenutzte Stromkabel am Gehäuse festgebunden oder in einen unbenutzten Laufwerksschacht geschoben werden, sofern sie dort die Wärmeableitung nicht behindern.

Bild 14.1: Interne Anschlüsse einer Hauptplatine
USB-Anschlüsse 2 + 3 mit aufgestecktem Kabel zur Frontblende, USB 4 bis 7 unbenutzt. Rechts neben der Schraube ist das rot-schwarze Kabel zum Gehäuselautsprecher (Speaker). Oben rechts steckt das dicke rote Kabel am ersten SATA Anschluss, rechts daneben ist der nicht benutzte zweite S-ATA Anschluss. Die Drähte rechts unten führen zu Reset- und Power-On-Taster und den LED-Anzeigen.

Ratschlag

Wenn Sie ein altes Gehäuse entsorgen, bauen Sie vorher aus der Frontblende die beiden Taster und die beiden LEDs sowie den System Speaker aus. Die Teile sind nützlich, wenn Sie eine Hauptplatine vor dem Einbau in das Gehäuse testen wollen.

Auch ein altes Netzteil sollten Sie für eine spätere Fehlersuche aufbewahren. Ihre alte Festplatte sollten Sie auf jeden Fall aufheben: Als Datensicherung und weil Ihre Daten niemanden etwas angehen.

14.2 Connectoren der Hauptplatine

14.2.1 System Panel Connector

Manchmal wird er auch verkürzt „System Connector" genannt. Das ist (außer dem Power-Anschluss) der wichtigste Anschluss der Hauptplatine. Der Steckverbinder befindet sich fast immer am linken Rand der Hauptplatine, von vorn betrachtet. Hier werden die Kabel aufgesteckt, die von den Bedienelementen an der Gehäuse-Vorderfront kommen. Die Bezeichnungen der Kabel haben die folgende Bedeutung:

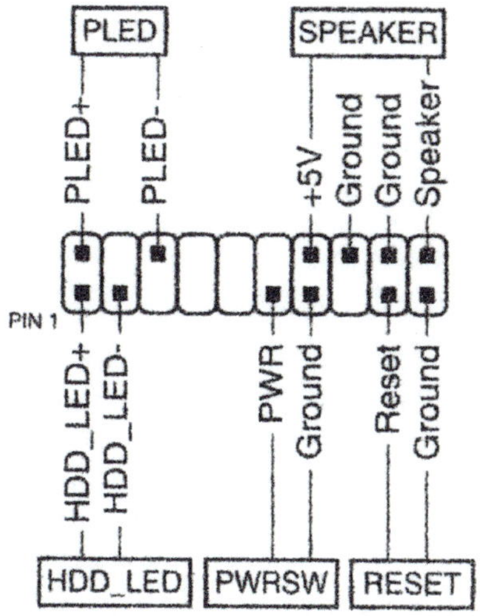

Bild 14.2: System Panel Connector

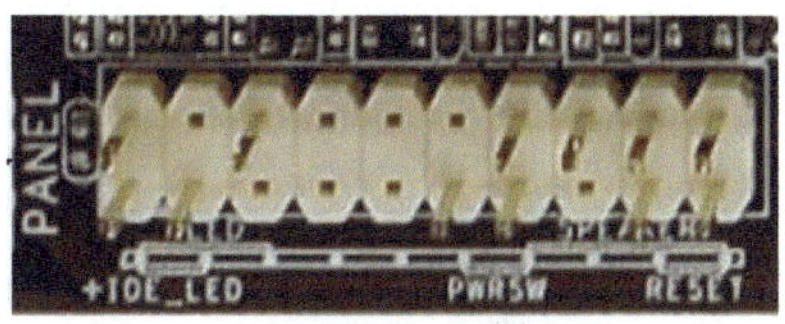

Bild 14.3: System Panel Connector

- PLED: Die „System **P**ower **LED**" bezeichnet die Leuchtdiode an der Frontseite, die anzeigt, wenn der PC eingeschaltet ist. Der Minuspol ist meist ein weißer Draht. Bei Fehlpolung oder Kurzschluss geht nichts kaputt.
- System Warning SPEAKER: Hier wird der BIOS-Pieper angeschlossen. In der Regel werden nur die äußeren Pins (+5V und Speaker) benutzt. Die Polung ist beliebig. Auf manchen Platinen ist ein Pieper aufgelötet (Bild 1.1), dann fehlt der SPEAKER-Anschluss.
- HDD_LED: Diese LED an der Frontseite zeigt die Festplattenaktivität an. Der Minuspol ist meist ein weißer Draht. Bei Fehlpolung oder Kurzschluss geht nichts kaputt.
- PWR oder PWR-BTN (**Power-Button**) oder PWR SW (**Power Sw**itch) oder PWR-ON: Ein kurzes Verbinden dieser Pins schaltet den PC ein. Hier wird der Einschalt-Taster von der Vorderseite des PC angesteckt. Polung ist beliebig, bei Fehlpolung geht nichts kaputt.
- RESET: Ein kurzes Verbinden dieser Pins startet den PC neu, ohne ihn vorher herunterzufahren. Hier wird der Reset-Taster von der Vorderseite des PC angesteckt. Solange das Betriebssystem läuft, sollte RESET nur im Notfall benutzt werden. Die Polung ist beliebig, bei Fehlpolung geht nichts kaputt.

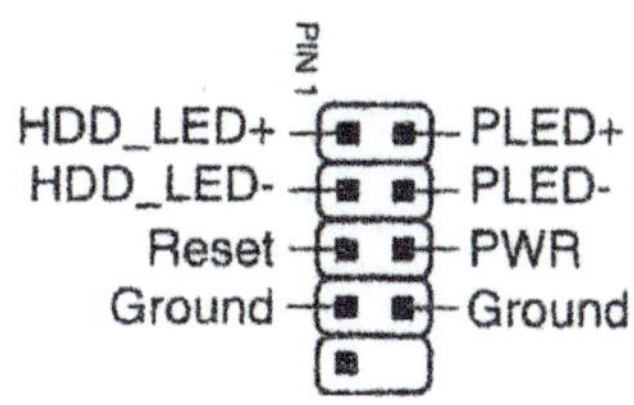

Bild 14.4: Anderer Connector

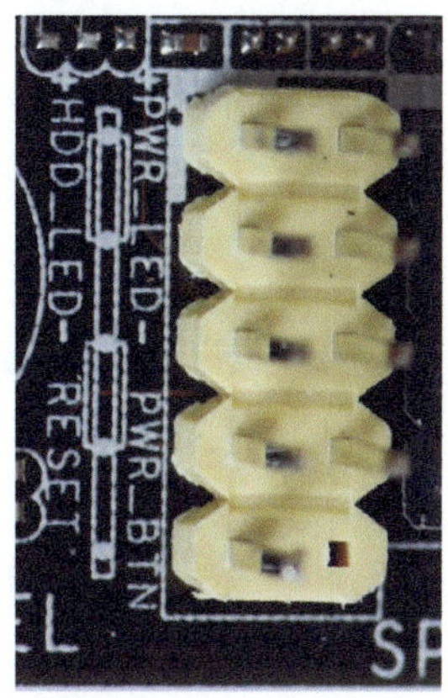

Bild 14.5: Noch ein ganz anderer Connector

Die in Bild 14.2 / 14.3 gezeigte Pinbelegung ist typisch für Hauptplatinen von ASUS. In Bild 14.4 und 14.5 sehen Sie zwei andere häufige Belegungsvarianten, die sich nur in der Position des einen ungenutzten Stifts unterscheiden. Nehmen Sie eine Lupe und/oder eine Taschenlampe, fast immer gibt es eine Beschriftung auf dem Mainboard wie im Bild 14.5 und 14.6.

Bild 14.6 zeigt den Ausschnitt einer AMD-Hauptplatine.

JFP1 ist der System Connector, JFP2 ist für den Speaker. Hier ist dieselbe Belegung wie in Bild 14.5 zu erkennen.

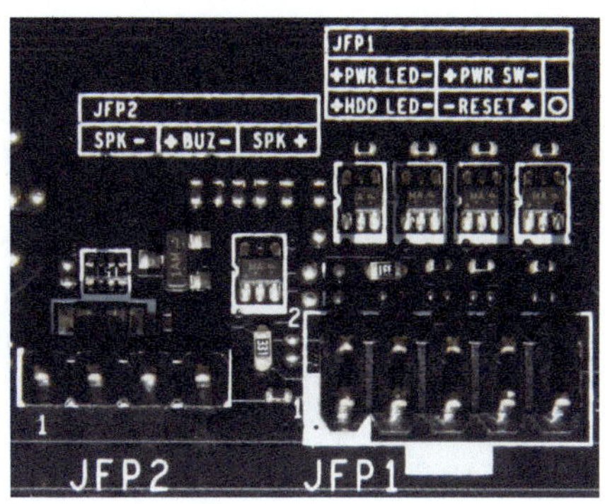

Bild 14.6: Detail AMD-Mainboard

Sie können weder eine Beschriftung auf dem Board noch ein Handbuch finden? Die Anschlussdrähte der Taster und LEDs sind bei manchen Gehäusen etwas kurz, darum befindet sich der Connector in der Nähe der Gehäusevorderseite, im unteren Bereich. Ermitteln Sie die Kontakte des PWR durch Probieren: Schließen Sie nacheinander alle benachbarten Kontaktpaare kurz, zum Beispiel mit einem Schraubendreher, bis Sie das Paar gefunden haben, mit dem das BIOS startet.

Keine Sorge – am System Panel Connector wird nichts durchbrennen, egal was Sie kurzschließen! Mehr brauchen Sie nicht für den ersten Test der Hauptplatine. Ermitteln Sie als nächstes die Reset-Kontakte: Wenn Sie das richtige Kontaktpaar kurzschließen, geht der PC aus. Meist ist der Reset gegenüber vom Power-On-Anschluss. Während der PC eingeschaltet ist, stecken Sie den Power-LED-Stecker nacheinander auf jedes verbliebene Paar Kontaktstifte (beide Polungen probieren!), bis die PLED leuchtet. Die richtige Steckposition für die HDD-LED ermitteln Sie ebenfalls durch Probieren, während die Festplatte beschäftigt ist.

Tipp

Was tun, wenn am Gehäuse ein dreipoliger **P**ower **LED** Stecker wie in Bild 14.7 hängt, aber am System Panel Connector nur Platz für einen zweipoligen Stecker ist wie in Bild 14.4 und 14.5?

Spalten Sie den PLED Connector an den roten Markierungen (Bild 14.8). Am einfachsten geht das mit einem kräftigen Seitenschneider. Stecken Sie dann die Pins einzeln auf den Connector, um 90 Grad gedreht.

Bild 14.8: PWR LED Connector

Bild 14.7: Stecker

14.2.2 USB 2.0 Connector

Wenn es an der Frontseite des PC einige USB-2-Buchsen gibt, werden diese an Connectoren wie im Bild 14.9 angesteckt. Meist sind die Kabel von zwei USB-Buchsen in einem 9-poligen Stecker zusammengefasst. Manchmal sind zwei vierpolige Kabel aufzustecken, hin und wieder sind pro USB vier einzelne Pin anzustecken.

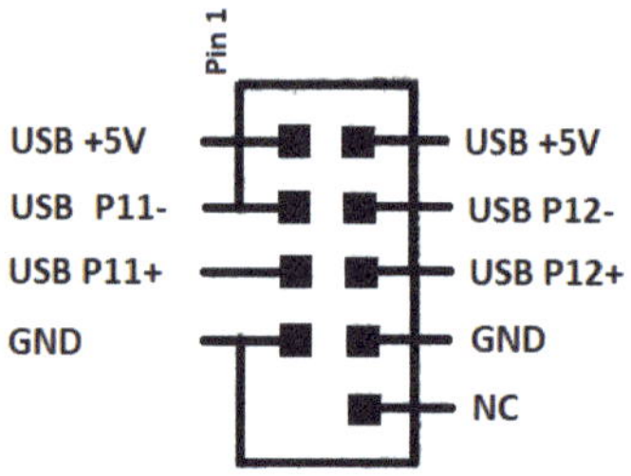

Bild 14.9: USB 2.0 Connector

Bezeichnungen:

- USB+5V oder +5V — Stromversorgung
- USB_Pxx+ oder D+ — Daten (Pluspol)
- USB_Pxx- oder D- — Daten (Minuspol)
- GND oder Ground — Masse
- NC (Not Connected) — nicht angeschlossen

„xx" steht hier für die laufende Nummer des Anschlusses. 12 oder 14 USB-Schnittstellen wie in diesen Beispielen sind auf modernen Mainboards nichts ungewöhnliches.

Mit dem NC-Pin und dem zugegossenen zehnten Loch am USB-Stecker wird sichergestellt, dass der Stecker weder verkehrt herum aufgesteckt werden noch mit dem Sound Connector oder dem System Connector verwechselt werden kann.

Bild 14.10: USB 2.0

Einigen Hauptplatinen liegt ein „Zwischenstecker" für den USB 2.0 Anschluss wie im Bild 14.11 bei. Der ist sehr nützlich, wenn die USB-Anschlüsse von der Frontseite als je acht einzelne Stecker ankommen. Man steckt die Stecker an den Adapter und diesen dann auf den Anschluss des Mainboards und erspart sich damit die „Fummelei" in den dunklen Ecken des Gehäuses.

Ähnliche Adapter gibt es manchmal auch für den System Panel Connector.

Bild 14.11: USB 2.0 Adapter

14.2.3 USB 3.0 Connector

Wenn es an der Frontseite des PCs USB 3.0 Buchsen gibt, werden diese an die nebenstehenden 20-poligen Connectoren angesteckt. Weil USB 3.x mit Differenzsignalen arbeitet, sind die Datenleitungen doppelt vorhanden und es werden 9 Pin pro USB-Buchse benötigt.

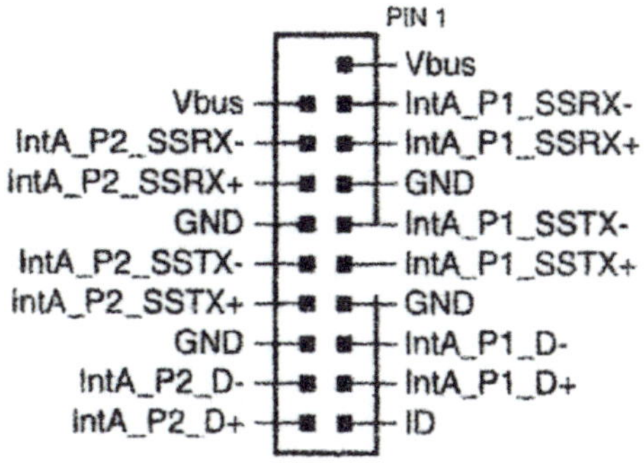

Bild 14.12: USB 3.0 Connector

14.2.4 Sound Connector

Der in den Abbildungen 14.13 und 14.14 gezeigte Sound-Connector kann auf zwei Arten genutzt werden. Im BIOS unter „Onboard Devices Configuration" kann man einstellen, ob die Hauptplatine den Sound in HD-Qualität („High Definition Audio") generiert oder ob der Standard („AC97") ausreicht. Ersteres ist wohl nur für Musiker sinnvoll, die eine hochwertige Stereoanlage anschließen wollen. Wenn Sie normale PC-Lautsprecher anschließen, dann brauchen Sie sich um diese Einstellungen nicht zu kümmern.

Bild 14.13: Sound

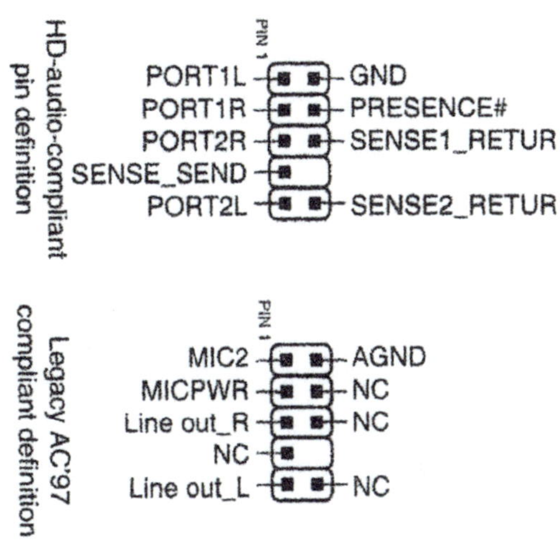

Bild 14.14: Sound Connector – zwei Belegungen

14.2.5 Fan Connector

„Fan" hat nicht nur die Bedeutung von „Bewunderer", sondern steht auch für Lüfter oder Ventilator.

Auf jeder Hauptplatine gibt es mindestens einen vierpoligen Anschluss für den CPU-Lüfter und einen dreipoligen Anschluss für Gehäuselüfter. Die meisten Boards haben drei bis acht Connectoren für Lüfter.

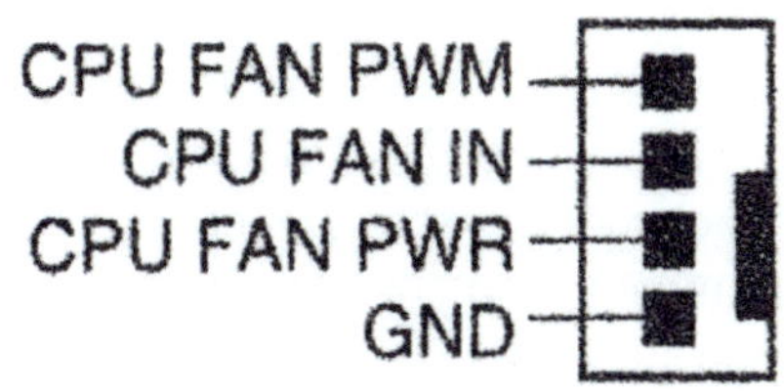

Bild 14.15: Fan Connector

- CPU FAN PWM: Regelbare Stromzufuhr
- CPU FAN IN: Tachosignal vom Lüfter zum Mainboard
- CPU FAN PWR: Power +12 Volt
- GND: Ground (Masse)

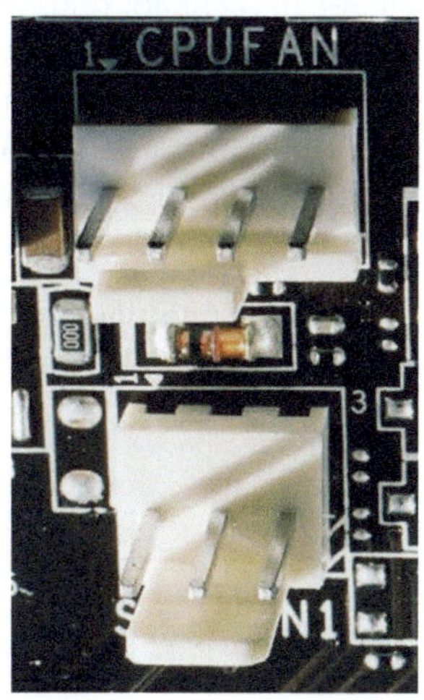

Bild 14.16: Fan Connectoren oben: CPU, unten: Gehäuse

Einfache Lüfter ohne Drehzahlregelung werden allmählich selten. Sie kommen mit zwei Anschlüssen aus (CPU FAN PWR und GND), meist werden sie direkt an einen Molex-Stecker des Netzteils angeschlossen.

Wenn Sie die Wahl haben, sollten Sie die Lüfter nicht an das Netzteil, sondern an die Hauptplatine anstecken. Denn die auf der Hauptplatine angeschlossenen Lüfter werden vom BIOS überwacht und geregelt. Je nach BIOS-Einstellungen

- kann man sich die Drehzahl anzeigen lassen,
- kann man sich warnen lassen, wenn die Drehzahl zu weit sinkt oder der Lüfter stehen bleibt,
- und man kann meist die Art der Drehzahlregelung einstellen: Entweder läuft der Lüfter stets mit voller Drehzahl oder die Drehzahl wird temperaturabhängig geregelt.

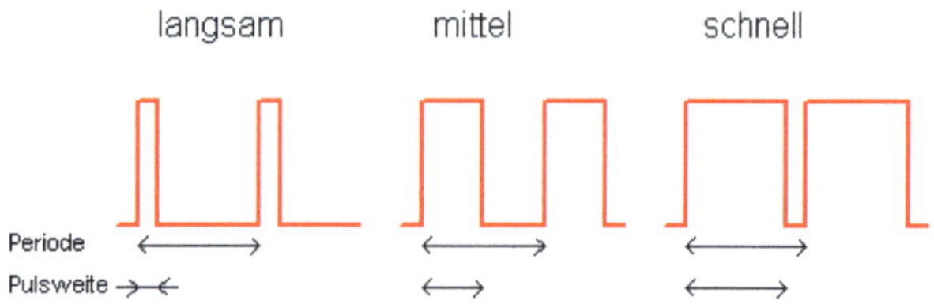

Bild 14.17: PWM Impulse für 15, 50 und 85 % Drehzahl

Die Drehzahlregler für die CPU-Kühlung benutzen die „PWM-Regelung“ und benötigen dafür vier Adern. Ein **p**uls**w**eiten**m**oduliertes Signal wechselt mit einer Frequenz von 25 kHz zwischen „Ein“ (mit voller Spannung) und „Aus“. Soll die Drehzahl erhöht werden, wird die Ein-Zeit verlängert und gleichzeitig die Aus-Zeit verkürzt. In Bild 14.17 sind die Signalformen für 15 %, 50 % und 85 % Drehzahl gezeigt. Im Extremfall wird die Aus-Zeit auf Null reduziert (volle Drehzahl) oder die Ein-Zeit auf Null verringert (Stillstand). Die PWM-Regelung hat den Vorteil, dass der Motor durch die kurzen Impulse „durchgerüttelt“ wird und auch bei geringer Drehzahl keine Anlaufschwierigkeiten hat. Dass im Unterschied zu einer Potentiometerregelung kaum Verlustwärme entsteht, ist ein weiterer Vorteil.

Die PWM-Regelung wurde 2004 von Intel für die Sockel 775-Prozessoren eingeführt und AMD hat sich angeschlossen. Das Verfahren setzt Lüfter mit integrierter Regelelektronik und mit vieradrigem Anschluss voraus.

Die Prozessortemperatur wurde früher über einen Messfühler der Hauptplatine ermittelt. Seit dem Core Duo hat die CPU interne Temperatursensoren für jeden einzelnen Kern. Die Lüftersteuerung auf der Hauptplatine vergleicht die aktuelle Temperatur mit der maximal zulässigen Temperatur der CPU und sendet ein Signal (schneller oder langsamer drehen) an die Elektronik des Lüfters. Der Lüfter sendet zur Kontrolle ein Tachosignal zurück an den Mainboard-Regler. Falls sich der Lüfter viel zu langsam dreht oder gar stehenbleibt, wird der Prozessor gedrosselt (Thermal Monitor) oder notfalls wird das System heruntergefahren.

Lüfter mit 3-Pin-Anschluss sind temperaturgeregelt. Zwei Adern sind für die Motorspannung (Masse sowie eine variable Spannung von 12 Volt oder weniger), die dritte Ader ist für das Tachosignal (CPU FAN IN), das die aktuelle Drehzahl an die Hauptplatine meldet. Die Drehzahl kann man im BIOS ansehen oder mit einem Zusatzprogramm anzeigen lassen. Weil die Abhängigkeit von Betriebsspannung und Drehzahl nicht linear ist (d. h. halbe Spannung führt nicht zur halben Drehzahl, und z. B. bei 10 % Spannung bleibt der Lüfter stehen), kann die Hauptplatine mit Hilfe des Tachosignals die Drehzahl präzise regeln.

Bei der primitivsten Art der Regelung wird je nach Temperatur zwischen Stillstand und voller Drehzahl umgeschaltet. Dieser plötzliche Wechsel des Geräuschpegels kann nervig sein. Bessere Lüftersteuerungen regeln die Betriebsspannung ein wenig herunter, wenn weniger Kühlleistung gebraucht wird. Bastler bringen manchmal ein Potentiometer am PC an, um die Lüfterdrehzahl manuell regeln zu können. Diese Art der Regelung hat zwei Nachteile: Bei der „Vernichtung“ der überschüssigen Spannung entsteht im Potentiometer Wärme, von der es im PC schon genug gibt. Wird die Spannung zu weit heruntergeregelt, läuft der Lüfter vielleicht nicht an, und das fällt meist gar nicht auf.

Lüfter mit drei Anschlüssen lassen sich an einen vierpoligen Anschluss anstecken. Allerdings können einige wenige Mainboards 3-polige Lüfter am 4-poligen Anschluss nicht regeln, die Lüfter laufen dann ständig mit voller Drehzahl. Achtung! Manche Hauptplatinen starten nicht, wenn am vierpoligen Anschluss des CPU-Lüfters ein dreipoliger oder gar kein Lüfter angesteckt ist.

Vierpolige Lüfter lassen sich auch an dreipolige Stecker anstecken, doch dann laufen sie typischerweise ständig mit voller Drehzahl.

14.2.6 Power Connector

Unten sind die Pinbelegungen der 24-poligen EATXPWR-Connectoren gezeigt. Früher war dieser Mainboard-Hauptanschluss 20-polig. Dann kamen vier Adern dazu, um die Stromversorgung zu verbessern: +3,3V, +5V, +12V und Masse. Falls Sie ein altes Netzteil mit 20-poligem Stecker an ein modernes Board anstecken müssen (z. B. für einen Test), ist das durchaus möglich. Allerdings würde ich ein Netzteil, das geschätzte zehn Jahre alt ist, nur noch für Testzwecke verwenden oder für einen weniger wichtigen, nur gelegentlich genutzten PC. Die Wahrscheinlichkeit eines Ausfalls wäre mir zu hoch und die Energiekosten ebenfalls, denn der Wirkungsgrad früherer Netzteile war geringer.

Oft lässt sich der vom Netzteil kommende 24-polige ATX-Stecker in zwei Teile von 20 und 4 Pins zerlegen, damit man mit einem modernen Netzteil auch ein älteres Mainboard versorgen kann. Der verbleibende Stecker mit vier Polen bleibt dann ungenutzt.

Bei Strömen bis 20 Ampere sind Spannungsverluste auf den Kabeln nicht zu vernachlässigen. Bei manchen Netzteilen führen zwei Adern zu einem der 3,3 Volt Anschlüsse: Die dickere Ader liefert den Strom, und ein dünner Draht meldet zurück an das Netzteil, wie hoch der Spannungsverlust zwischen Netzteil und Hauptplatine ist. Das Netzteil regelt die Spannung höher, bis am Mainboard trotz Leitungsverlust genau 3,3 Volt ankommen.

Bild 14.18: Main Power EATXPWR (24-poliger Stecker, zerlegt in 20 + 4)

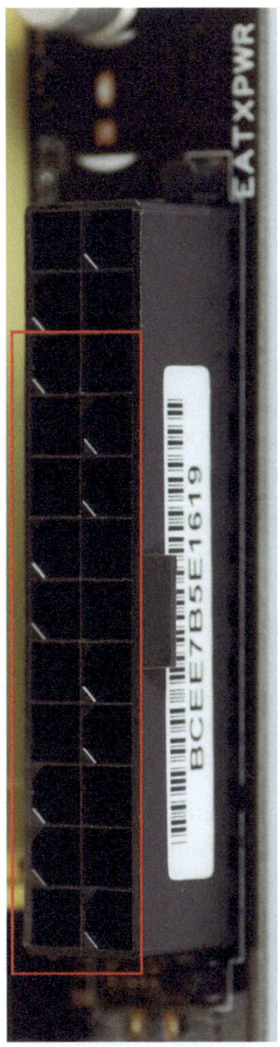

Bild 14.19: Main Power EATXPWR (24-polig) rote Markierung: 20-polig

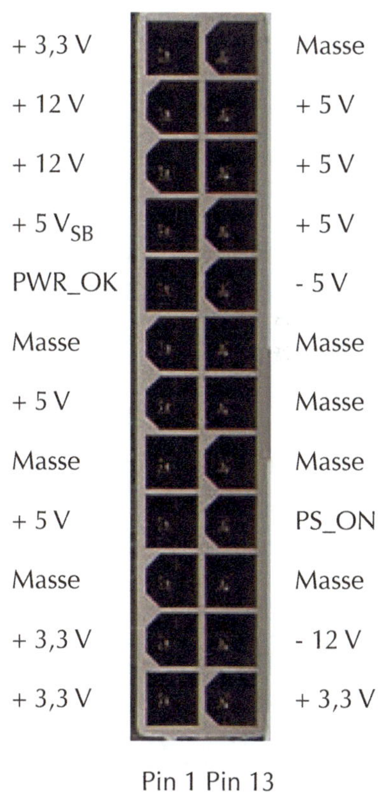

Bild 14.20: Main Power Connector (EATXPWR), 24-polig

15 Montage Massenspeicher

15.1 Magnetische Festplatten

Die nachfolgenden zwei Seiten (15.1.1 bis 15.1.3) beziehen sich hauptsächlich auf Magnet-Festplatten. Die Einbaulage ist bei SSD-Festplatten beliebig, die Kühlung aber ebenfalls wichtig.

Zunächst sollte zum Einbau die der Festplatte beiliegende Anleitung beachtet werden. Liegt diese auch auf der Herstellerwebseite nicht vor, kann man sich an folgenden Hinweisen orientieren.

15.1.1 Einbaulage

Auf die Köpfe der Festplatte wirken drei Kräfte:

- Eine genau dosierte Federkraft drückt sie in Richtung der Magnetschicht.
- Die aerodynamische Form hält die Köpfe im richtigen Abstand, sie befinden sich gewissermaßen im Gleitflug.
- Das Gewicht der Köpfe ist winzig, darf aber trotzdem nicht vernachlässigt werden. Die Köpfe über der Magnetschicht werden von der Schwerkraft näher an die Oberfläche herangedrückt und an der Unterseite vergrößert die Schwerkraft den Abstand. Natürlich haben die Hersteller den Einfluss des Kopfgewichts bei der Dimensionierung der Federkraft einkalkuliert. Stellt man die Festplatte hochkant, fällt der Einfluss der Erdanziehungskraft weg. Die Köpfe an der Oberseite entfernen sich dadurch ein wenig von der Oberfläche der Scheibe, die Köpfe an der Unterseite rücken näher heran. Dreht man allerdings die Festplatte um 180°, mit der Elektronik nach oben, wirkt die Schwerkraft entgegen der vom Hersteller geplanten Richtung und vergrößert den Höhenfehler noch mehr. Deshalb ist ein waagerechter Einbau vorzuziehen. Es ist auch kaum ein Grund vorstellbar, eine Festplatte mit der Elektronik nach oben einzubauen.

Warum ist die Einbaulage so wichtig?

- Das Magnetfeld ändert sich mit dem Quadrat der Entfernung. Wenn sich z. B. der Abstand zwischen Kopf und Platte um 10 % vergrößert, verringert sich das Magnetfeld um 21 %. Kleine Schwankungen werden mit der Verstärkungsregelung ausgeglichen, aber es steigt das Risiko, dass schwache Bits nicht mehr gelesen werden können. Das Risiko von Kopfaufsetzern bei Erschütterungen steigt ebenfalls.

Durch Verschleiß der Mechanik und vor allem durch leichte Kopfaufsetzer können Späne entstehen. Wenn die Späne zwischen Kopf und Magnetschicht geraten, fräst der Kopf eine Furche in die Oberfläche. Deshalb sind Vorrichtungen zur Fremdkörperentfernung vorgesehen, die nur in waagerechter Einbaulage optimal funktionieren.

Die meisten Hersteller erlauben „notgedrungen" auch den Betrieb um 90° auf die linke oder rechte Längsseite gekippt, weil zahlreiche Gehäuse diese Lage vorsehen. Neuere Festplatten können den Kopfabstand mit einer Flughöhenregelung („Adaptive Fly Height") nachbessern, da ist die Einbaulage weniger kritisch.

Es gibt sogar Gehäuse, die den Einbau auf der Stirnseite bzw. stehend auf den Kabelanschlüssen vorsehen. Die meisten Festplattenhersteller äußern sich kaum dazu, ob diese Lage erlaubt ist. Im Zweifelsfall sollte man auf Einbaulagen verzichten, die vom Hersteller nicht ausdrücklich erlaubt werden.

Wenn sich die Köpfe waagerecht bewegen, hat der Kopfantrieb nur die Massenträgheit der Köpfe zu überwinden. Sobald die Köpfe die gewünschte Spur erreicht haben, sinkt der Strombedarf. In Hochkantstellung muss zusätzlich zur Massenträgheit das Gewicht der Köpfe berücksichtigt werden. Um die Köpfe nach dem Erreichen der gewünschten Spur in der Schwebe zu halten, fließt ständig Strom. Das Resultat: Der Energieverbrauch und damit die Erwärmung steigt. Eine zweite Lösung (die wohl bei Consumer-Festplatten üblich ist): Der Schwenkarm des Kopfes wird mit einem Gegengewicht austariert, was allerdings die zu bewegende Masse verdoppelt. In beiden Fällen verlängern sich die Positionierzeiten.

Die Einbaulage der Festplatte beeinflusst auch den Verschleiß der Lager. Besonders kritisch: Wenn eine Festplatte in einer der erlaubten Lagen monatelang „eingelaufen" ist und in ein anderes Gehäuse eingebaut werden soll, sollte dies möglichst in gleicher Lage erfolgen. Andernfalls könnte ein vermehrtes Auftreten von Lesefehlern und Rekalibrierungsversuchen die Folge sein. Wenn Sie eine gebrauchte Festplatte erwerben, fragen Sie den Vorbesitzer, in welcher Lage sie bisher betrieben worden ist. Wenn Sie die Position einer Platte beispielsweise von waagerecht nach senkrecht ändern, sollten Sie die Platte nach einer Datensicherung in der neuen Betriebsposition neu formatieren (keine Schnellformatierung).

15.1.2 Befestigung

Im Zubehörpaket des Gehäuses gibt es Schrauben mit verschiedenen Gewinden. Die dünneren Schrauben mit dem Feingewinde (M3) sind für das DVD-Laufwerk und die meisten SSD-Platten, die mit dem gröberen, dickeren „Gewinde 6-32 UNC" für Festplatten, für das Befestigen der Steckkarten und für die Seitenwände. Achtung: Auch die Feingewindeschrauben lassen sich in die Festplatte eindrehen – aber nicht bis zum Anschlag, sondern nur zwei Umdrehungen, dann klemmt die Schraube und das Gewinde ist zerstört.

In vielen PCs wird die Festplatte mit dem Gehäuse verschraubt. Dafür sollten Sie vier Schrauben verwenden. Je mehr Schrauben, desto besser ist der Kontakt mit dem Gehäuseblech und damit die Wärmeableitung.

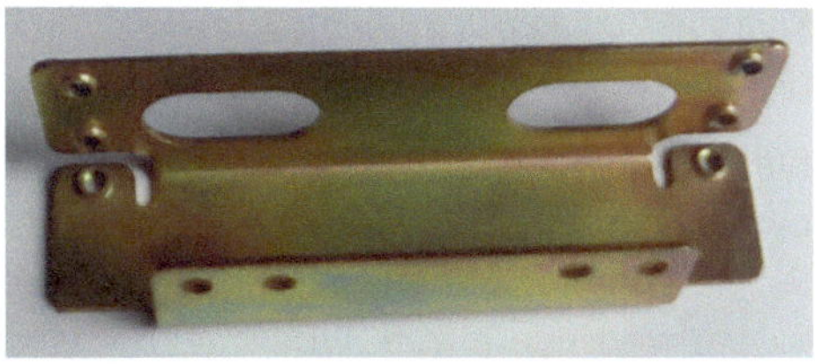

Bild 15.1: Festplatten-Einbaurahmen

Ist kein Einbauschacht passender Größe vorhanden, helfen Einbaurahmen, den überschüssigen Platz links und rechts des Laufwerkes zu füllen. Diese sind sowohl für 3,5"-, als auch 2,5"-Festplatten verfügbar, um sie dem jeweils nächstgrößeren Einbauplatz anzupassen. Das Bild 15.1 zeigt die Hälfte eines solchen Rahmens, mit dem man eine 3,5" Festplatte in einen 5,25" DVD-Schacht montieren kann. Die Fläche mit den vier Bohrungen in Reihe wird an die Festplatte geschraubt (nur zwei Bohrungen werden genutzt), die gegenüberliegende Seite mit den M3-Gewindebohrungen an das Gehäuse.

Festplattenentkopplungen senken das Geräuschniveau, indem die Schwingungen der Festplatte nicht auf den Resonanzkörper Gehäuse übertragen werden. Welchen Effekt das bringt, kann man simulieren, indem die Festplatte testweise ohne Kontakt zum Gehäuse betrieben wird. Die Unterlage darf natürlich nicht elektrisch leitend, wärmedämmend oder rutschgefährdet sein. Leider verschlechtern viele Festplattenentkopplungen die Kühlung, denn die Wärmeleitung zum Gehäuse entfällt. Vielleicht ist ein Lüfter sinnvoll.

SSD-Speicher sind mitunter schwierig einzubauen. Sie können auf einen Einbaurahmen verzichten. Es stört nicht, wenn die SSD nur auf einer Seite angeschraubt ist und auf der anderen Seite frei hängt.

15.1.3 Druckausgleich

Mancher glaubt, im Inneren der Festplatte wäre Vakuum. Doch es wäre viel zu aufwendig, ein Vakuum herzustellen und jahrelang zu erhalten. Außerdem wird ein Gas für das Luftkissen gebraucht, auf dem die Köpfe schweben. Tatsächlich ist die Festplatte mit (staubfreier) Luft gefüllt. Die Luft dehnt sich bei Erwärmung aus. Bei manchen Festplatten ist im Deckel ein kleines Druckausgleichsloch mit darunter befindlichem Filter sichtbar. Dieses Loch darf nicht zugeklebt werden!

Planen Sie Urlaub im Hochgebirge? Die Hersteller vieler Magnetfestplatten empfehlen, im Gebirge oberhalb von 3000 Metern die Festplatte nicht mehr einzuschalten. Der Grund: In der dünneren Luft schaffen die Köpfe die übliche „Segelflughöhe" nicht. In einem Flugzeug brauchen Sie sich aber keine Sorgen um Ihr Notebook zu machen: Der Luftdruck in der Kabine sinkt nicht weiter als es einer Höhe von 2400 Metern entspricht.

Bild 15.2: Druckausgleich einer Festplatte

15.1.4 Kühlung der Festplatte

Eine Magnetfestplatte leitet einen Teil der entstehenden Reibungswärme über ihr Gehäuse an den Einbauschacht. Dies gilt jedoch nicht für die Chips auf ihrer Leiterplatte und auch nicht für die Elektronik einer SSD. Zumindest kurz nach Einbau sollte die Temperatur des Laufwerkes beobachtet werden.

Festplatten etwa ab dem Baujahr 2000 haben Temperatursensoren, die mit kostenlosen Programmen ausgelesen werden können. Ist die festgestellte Temperatur dauerhaft höher als 45 bis 50 °C, sollten zusätzliche Kühlungsmaßnahmen erfolgen. Hier kann ein anderer Einbauschacht oder ein Lüfter helfen.

Bei Mini-PCs ist oft nur eine einzige Montageposition möglich und auch gar kein Platz für eine zweite Festplatte vorhanden. In Standard-Turmgehäusen finden Sie in der Regel drei oder vier Montagepositionen vor. Nicht jede der vom Gehäusehersteller angebotenen Montagepositionen ist gut. So ist zum Beispiel unerklärlich, warum in manchen Gehäusen eine Montagemöglichkeit über dem PC-Netzteil vorgesehen ist. Die Abwärme des Netzteils und ein gewisser Hitzestau im oberen Teil des Gehäuses reduzieren die Lebensdauer der Festplatte. Sie sollten Ihre Platte im Gehäuse eher tief als hoch montieren.

Installieren Sie Ihre Platte möglichst so, dass sie vom Luftstrom im Gehäuseinneren mitgekühlt wird. Vor allem sollte genug Platz über der Festplatte sein, damit die Abwärme des Laufwerks abtransportiert werden kann. In hochwertigen Gehäusen wird die Platte in aller Regel durch einen guten Kontakt mit dem Befestigungsrahmen oder -käfig ausreichend gekühlt.

Der Einbaurahmen in Bild 15.3 vereint hervorragend Kühlung und Geräuschdämmung: Die Rippen sorgen für Kühlung. Und die beiden Gummiklötze verringern die Übertragung von Schallschwingungen auf das Gehäuse.

Bild 15.3: Einbaurahmen mit Kühlrippen und Lärmdämmung für den Einbau einer 3,5″ Festplatte in einen 5,25″ Slot

15.2 S-ATA Kabel anstecken

15.2.1 Stromversorgung S-ATA

Das 15-polige Anschlusskabel versorgt die Festplatte mit den Betriebsspannungen. Tab. 15.1 zeigt die Kontaktbelegung des Steckers. Weil die Kontakte recht klein sind, werden sie in Dreiergruppen parallel geschaltet, um genügend Strom übertragen zu können.

Pin	Spannung	
1, 2, 3	3,3 V	Rosa/Rot
4, 5, 6	Masse	Schwarz
7, 8, 9	5,0 V	Rot
10, 11, 12	Masse	Schwarz
13, 14, 15	12,0 V	Gelb

Tab. 15.1: S-ATA Spannungen

Aus Rücksicht auf ältere Netzteile, die keine 3,3 V für den Anschluss von Festplatten bereitstellen, benutzen 3,5"-SATA-Festplatten zunächst nur 5 V und 12 V. Irgendwann werden neueste Festplatten auch 3,3 Volt benötigen und mit älteren Netzteilen nicht funktionieren. Gegenwärtig scheint es noch keine Massenspeicher zu geben, welche die 3,3 Volt benötigen. Deshalb verzichten einige preiswerte Netzteile darauf, die Pins 1 bis 3 zu versorgen, wie in Bild 15.4.

2,5"-Platten brauchen meist nur 5 Volt, nur selten werden 12 V gebraucht.

Achtung! Theoretisch ist es unmöglich, die Stecker falsch aufzustecken. Doch mit etwas Ungeschick kann man den Stecker verkehrt herum verkantet an die Festplatte stecken. Dabei bekommen nur einige Kontakte eine Verbindung, doch das Resultat von 12 Volt am 3,3 Volt Anschluss ist klar: die Festplatte ist augenblicklich schrottreif. Also bitte die Markierungen (die „Nase“) genau in Augenschein nehmen!

Bild 15.4: SATA-Anschluss für die Stromversorgung ohne 3,3 V

15.2.2 Datenkabel S-ATA

Bild 15.5: Zwei S-ATA Steckplätze auf der Hauptplatine

S-ATA Massenspeicher benutzen ein schmales, 7-poliges Datenkabel. Jedes Laufwerk beansprucht eine eigene Anschlussbuchse auf der Hauptplatine. Die SATA-Stecker und -Buchsen für Strom und Daten sind so gestaltet, dass ein fehlerhaftes Anstecken praktisch ausgeschlossen ist.

Bild 15.6: S-ATA-Datenstecker mit und ohne Schnappverschluss

Auf den meisten Hauptplatinen befinden sich vier bis acht Anschlüsse, die oft mit unterschiedlichen Farben gekennzeichnet sind. Wenn es unterschiedlich farbige Anschlussbuchsen gibt, dann unterstützen die blauen den derzeit schnellsten SATA-Standard mit 6 Gbit/s. Dahinein gehört die Festplatte. Andersfarbige Buchsen unterstützen möglicherweise nur 3 Gbit/s. Für DVD-Laufwerke ist das mehr als genug. Auf modernen Platinen unterstützen alle Anschlüsse 6 Gbit/s.

Meist sind die Anschlüsse nummeriert. Die Boot-Reihenfolge der Massenspeicher hängt davon ab, in welchen Anschluss der Hauptplatine sie gesteckt werden. Die Festplatte mit dem Betriebssystem sollte unbedingt in den ersten Anschluss gesteckt werden, andernfalls kann es Probleme mit manchen Dienstprogrammen geben. Dadurch bootet der PC auch dann von der primären Festplatte, wenn das BIOS auf Standardwerte zurückgesetzt wird (z. B. durch eine leere BIOS-Batterie).

15.2.3 Nach dem Einbau (einer Magnet-Festplatte)

Formatieren? Möglichst nicht sofort!

Lassen Sie eine Festplatte nach dem Einbau eine halbe Stunde laufen, damit sie auf Betriebstemperatur kommt. Erst dann sollten Sie die Festplatte partitionieren, formatieren und Daten darauf kopieren.

Trauen Sie keiner neuen Festplatte

Bei Festplatten gilt, wie bei allen technischen Geräten: In den ersten Tagen ist die Ausfallwahrscheinlichkeit hoch. Benutzen Sie die Festplatte eine Woche lang nur für weniger wichtige Daten oder heben Sie die alte Festplatte, von der Sie die Daten übernommen haben, einige Zeit auf (möglichst für immer).

Temperatur kontrollieren

Kontrollieren Sie an einem heißen Tag nach mehreren Arbeitsstunden die Temperaturen im PC. Berühren Sie die Oberseite der Festplatte vorsichtig mit den Fingern, oder verwenden Sie ein Programm, z. B. „SiSoft Sandra Lite“. Mehr als 50 °C sind nicht ratsam, sonst sollten Sie die Kühlung verbessern.

15.3 Der neue Anschluss: M.2 oder NVMe

Magnetfestplatten lesen Daten mit ungefähr 100 MByte/s, während aktuelle SSD-Festplatten die Daten mit 6 Gbit/s bzw. 600 MByte/s liefern und damit heute schon das SATA-6Gb/s-Interface zu 100 % auslasten. Deshalb gibt es gegenwärtig drei Alternativlösungen mit höherem Datendurchsatz.

- Ein „SATA Express“ Anschluss bündelt die Leistung von zwei SATA Anschlüssen mit je 6 Gbit/s. Die resultierenden 1,2 GByte/s sind doppelt so viel wie die Leseleistung moderner SSDs. Und wenn man den SATA Express Anschluss nicht braucht, kann man stattdessen zwei einzelne SATA-Massenspeicher anschließen. Doch es scheint, SATA Express ist durch die Entwicklung bereits überholt.
- Die Flash-Speicherchips werden auf eine PCI-Express-Karte montiert. In der PCIe Version 3.0 kann eine PCIe X16 Schnittstelle (wie sie z. B. für Grafikkarten verwendet wird) 15,8 GByte/s pro Richtung transportieren, siehe Tabelle 1.7 auf Seite 23. Allerdings sind diese Steckkarten relativ teuer.
- Ein neuerer Standard M.2 bzw. NVMe (ursprünglich als **N**ext **G**eneration **F**orm **F**actor bezeichnet) wird im Folgenden beschrieben.

15.3.1 Verwendung

M.2-Anschlüsse sind wegen ihrer Kleinheit vor allem für mobile Geräte (wie z. B. Ultrabooks) interessant, es gibt sie auch auf den meisten Hauptplatinen.

Bild 15.7: SSD mit M.2 Interface, Formfaktor 2280

Ein M.2 Steckplatz stellt sowohl ein SATA -6Gbit/s-Interface zur Verfügung als auch zwei oder vier PCIe-Lanes (Kanäle). Man kann Massenspeicher anschließen, aber auch andere Komponenten gibt es wahlweise als PCIe-Steckkarten oder als M.2-Steckkarten. Es gibt z. B. LTE-Module mit M.2 Interface.

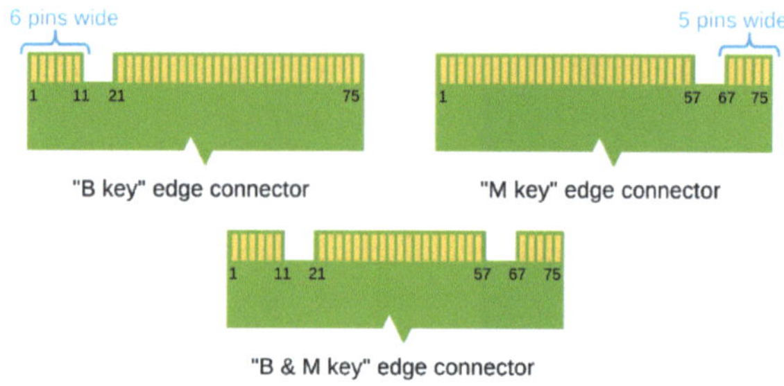

Bild 15.8: Varianten von M.2: B key und M key

15.3.2 Abmessungen

M.2 Karten sind 22 mm breit und 30, 42, 60, 80 oder 110 mm lang. Die Bezeichnung „M.2 2280" bedeutet: 22 mm breit, 80 mm lang. In Mobilgeräten steht die volle Länge nur selten zur Verfügung, auch kann es Beschränkungen für die Höhe der aufgelöteten Bauteile geben. Die Karte darf kürzer als der Steckplatz sein, vielleicht steht aber nicht für jede Länge eine Befestigungsmöglichkeit für die Arretierschraube zur Verfügung.

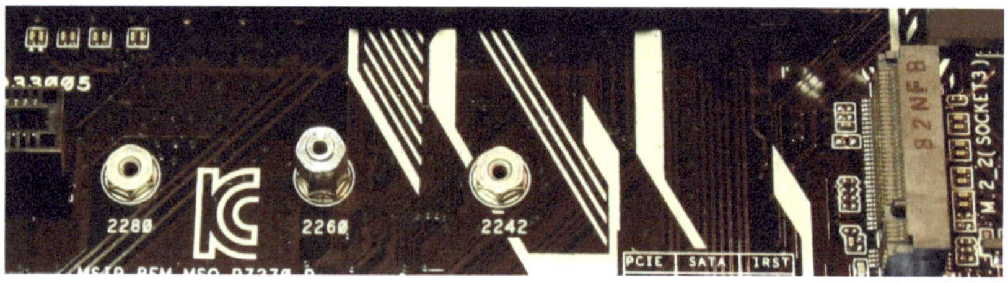

Bild 15.9: Einbauplatz auf Hauptplatine für M.2-SSD, für Formfaktor bis 2280 Rechts der Steckplatz. Links davon die Befestigungsplätze für 80, 60 und 42 mm lange Karten. Für eine 60 mm lange SSD ist der Abstandsbolzen eingeschraubt.

Ein M.2 Slot kann auch genutzt werden, um WLAN, SATA-, LAN- oder USB-Schnittstellen an PCIe x2 und/oder USB anzuschließen. Für diese Slots werden die Keys „A" und „E" verwendet (ohne Bild). Key „A" ist 4 Pins vom Rand entfernt, Key „E" 12 Pins. Diese Karten können außer 22 mm auch 16,5 oder 30 mm breit sein.

15.3.3 Einbau einer M.2-SSD

Je nach Länge der M.2-Karte gibt es mehrere Befestigungspunkte. Möglicherweise müssen Sie den Abstandshalter (im Bild 15.9 bei 2260) versetzen. Passen Sie auf das winzige Schräubchen gut auf! Schieben Sie die M.2-Karte in einem Winkel von etwa 30 Grad in den Steckplatz, bis die Spitze spürbar einrastet. Nun drücken Sie die SSD nach unten und fixieren Sie die SSD mit dem Schräubchen.

15.3.4 Geschwindigkeit

Der Steckplatz enthält einen Steg, der sich an zwei verschiedenen Positionen befinden kann: B oder M. Dadurch passt nicht jede Karte in jeden Steckplatz, außer wenn sie mit „B&M Key" kodiert ist. Ein Key B Steckplatz stellt zwei PCIe-Lanes bereit, beim Key M sind es vier. SATA-3 wird in beiden Fällen unterstützt.

Etliche M.2-SSD nutzen nur die SATA-3-Schnittstelle des M.2-Steckplatzes und sind nur kleiner, aber mit maximal 600 MByte/s nicht schneller als eine „klassische" SSD im Gehäuse. Lediglich diejenigen M.2-SSD, welche zwei oder vier PCIe-Lanes benutzen, sind tatsächlich schneller: Mit dem Standard PCIe 3.0 sind 1969 MByte/s bei zwei Lanes bzw. 3938 MByte/s über vier Lanes möglich. Als Beispiel: Die Samsung 970 EVO Plus (Bild 15.7) liest Daten mit 3500 MByte/s. Nutzt die Hauptplatine bereits PCIe 4.0, kann man mit der Samsung 990 Pro über vier Lanes beim Lesen 7450 MByte/s erreichen – das 12fache eines SATA-Anschlusses.

Wenn Ihre Hauptplatine noch keinen M.2 Steckplatz hat, gibt es PCIe-Steckkarten mit M.2 Steckplatz. Allerdings gibt es Fälle, dass manche Hauptplatinen von manchen M.2-SSD nicht booten können.

15.4 DVD

15.4.1 Notfall: Die Schublade geht nicht auf

Wenn das Laufwerk eine CD oder DVD nicht herausgibt, gibt es zwei Möglichkeiten:

- Irgendein Windows-Prozess hat sich verklemmt und gibt die Scheibe nicht frei. In diesem Fall öffnet man den Windows-Explorer, klickt mit der rechten Maustaste auf das Laufwerkssymbol und wählt „Auswerfen". Hilft das nicht, sollte man Windows herunterfahren und den PC neu starten. Hilft auch das nicht, während des nächsten Neustarts die Taste DEL oder F2 drücken, um ins BIOS-Setup zu kommen. Die Absicht dahinter: Solange der PC das BIOS-Setup ausführt, hat der Windows-Start noch nicht begonnen und kein Windows-Prozess kann das Laufwerk blockieren. Wenn das Laufwerk nach Druck auf die Auswurftaste auch jetzt nicht aufgeht, ist es definitiv ein mechanisches Problem.
- Die meisten Laufwerke haben an der Frontseite ein knapp 1 mm großes Loch für den Notauswurf. Stecken Sie (möglichst bei ausgeschaltetem PC) eine akkurat gerade gebogene große Büroklammer o. Ä. senkrecht zur Vorderfront etwa 4 - 5 cm weit hinein. Wenn die Schublade auch dadurch nicht aufgeht, sollten Sie das Laufwerk ausbauen und öffnen.

Optische Laufwerke gehen oft kaputt: Die Linse wird matt oder verstaubt, die Achse vibriert, die Justierung des Laserkopfes stimmt nicht mehr, oder der Brenner wurde durch pausenloses Brennen überhitzt. Oft äußern sich Probleme durch eine zunehmende Anzahl von gemeldeten und nicht gemeldeten Lesefehlern.

15.4.2 Einbaulage und -position

Die waagerechte Einbaulage ist vorzuziehen, weil das Einlegen der Scheibe einfacher ist. Fast in jedes Laufwerk kann man auch in senkrechter Lage eine normalgroße Scheibe einlegen. Scheiben mit 60 mm Durchmesser sowie im Scheckkartenformat finden jedoch keinen Halt. Wenn in Ihrem PC das Laufwerk senkrecht eingebaut ist, müssen Sie zum Einlegen einer Scheibe mit abweichenden Maßen den PC herunterfahren, auf die Seite legen und wieder hochfahren, um die Scheibe benutzen zu können.

Die meisten Computergehäuse haben mehrere Einbauschächte für Laufwerke. Berücksichtigen Sie

- ob über dem Laufwerk ein paar Zentimeter Platz sind, damit die beim Brennen entstehende Wärme abströmen kann und
- ob das Laufwerk gut erreichbar ist. Wenn der PC auf dem Tisch steht, ist der Einbau im untersten Fach ratsam, damit man DVDs leicht einlegen kann. Steht er unter dem Tisch, braucht man sich zu einem weiter oben eingebauten Laufwerk nicht so tief zu bücken.

Wenn man ein DVD-Laufwerk wechselt oder neu einbaut, braucht am PC nichts eingestellt zu werden.

15.5 PARALLEL-ATA

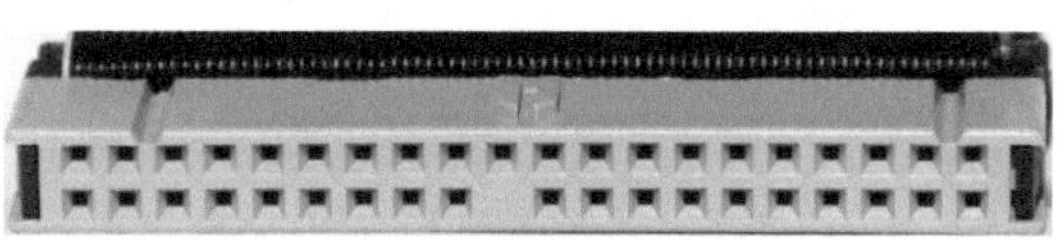
Bild 15.10: 40-poliger Stecker P-ATA

Mit solchen Flachbandkabeln, die auch mit P-ATA, PATA oder IDE bezeichnet werden, wurden früher die Massenspeicher angeschlossen. DVD-Laufwerke, HDD und Hauptplatinen mit diesem Anschluss gibt es nicht mehr. Falls Sie eine P-ATA-Festplatte anschließen müssen, könnten Sie eine PCI-Steckkarte mit P-ATA-Anschluss nutzen, siehe Kapitel „Mainboard auswechseln". Wie man diese Geräte als „Master" und „Slave" konfiguriert und was sonst zu beachten ist, finden Sie auf `eifert.net` unter „Hilfen" → „Hardware" → „Ältere Technik".

15.6 DISKETTENLAUFWERK

Erstaunlicherweise gibt es immer noch Anwendungen, die ein Diskettenlaufwerk (Floppy Disk Drive, abgekürzt FDD) benötigen. Bei einigen (älteren) kopiergeschützten Anwendungen oder Spielen muss man eine Diskette einlegen, um sich zu legitimieren. Dafür oder wenn Sie den Inhalt ihrer uralten Disketten retten möchten, gibt es USB-FDD-Laufwerke für etwa 20 Euro zu kaufen.

16 Notebook reinigen und reparieren

16.1 Sollte ich es versuchen?

Die Miniaturisierung der Komponenten macht Notebooks sehr empfindlich. Wenn man beim Auseinander- oder Zusammenschrauben Fehler macht, können empfindliche Komponenten beschädigt werden. Weil Ersatzteile unverhältnismäßig teuer sind, kann ein kleiner Fehler zum wirtschaftlichen Totalschaden führen.

Dennoch kann es Gründe geben, zum Schraubendreher zu greifen.

- Die Kühlung von Notebooks ist fast ausnahmslos unzureichend, weshalb viele Notebooks den Wärmetod sterben. Deshalb ist alle sechs bis zwölf Monate zumindest eine einfache Reinigung des Lüftungssystems zu empfehlen. Dieser Eingriff ist bei den meisten Modellen ungefährlich.
- Das Auswechseln der Festplatte oder das Aufstocken des Arbeitsspeichers kann jeder problemlos selbst erledigen, auch dabei sind kaum Risiken vorhanden.
- Die Tastatur ist defekt oder mit Cola oder Bier verklebt und soll ausgewechselt werden? Das erfordert Geduld und Sorgfalt, ist aber kaum mit Risiken verbunden.
- Das Notebook ist schwer beschädigt, z. B. nach einem Sturz oder durch Flüssigkeit? Dann gehört es in eine Fachwerkstatt. Wenn Sie sich handwerklich etwas zutrauen, können Sie das Notebook zerlegen und sich einen Überblick verschaffen, was daran kaputt ist. Möglicherweise ist es nur ein Kontaktproblem, auch wenn das wenig wahrscheinlich ist. Vielleicht können Sie ein Ersatzteil günstiger beschaffen als der Fachhändler, z. B. bei Ebay?

Jede Wartungsmaßnahme sollten Sie damit beginnen, den Stecker des Netzteils herauszuziehen und den Akku zu entnehmen, bevor Sie das Gerät reinigen oder aufschrauben!

16.2 Pflege ohne Aufschrauben: Reinigung

Kaufen Sie eine Flasche Druckluft. Diese kostet im Büro- oder Computerhandel 6 bis 10 Euro, je nach Füllmenge. Bearbeiten Sie jeden Lüftungsschlitz am Notebook ein paar mal im Wechsel mit Druckluft und der kleinsten Düse des Staubsaugers. Blasen Sie auch in die Ritzen der Tastatur, aber gehen Sie mit der Düse nicht zu dicht heran, damit die Tastenköpfe nicht wegfliegen. Eine Reinigung der Tasten kann mit einem angefeuchtetem Tuch oder mit alkoholisierten Reinigungstüchern erfolgen. Brillenputztücher beispielsweise sind nach der Reinigung der Brille noch sauber genug für die Tastatur. Verwenden Sie keine Flüssigkeiten!

Das Reinigen von Lüftungsschlitzen genügt auf Dauer nicht. Meist gibt es Ecken, wo sich die Fusselteppiche festsetzen, und außerdem trocknet die Wärmeleitpaste aus. Wenn Sie Ihrem Notebook ein langes Leben wünschen und Ihr Notebook relativ teuer war, sollten Sie das Notebook etwa alle zwei Jahre in eine Fachwerkstatt oder zu einem wirklich erfahrenem Bastler zur Grundreinigung und zum Auswechseln der Wärmeleitpaste bringen.

16.3 Ungefährliche Maßnahmen mit Aufschrauben

An der Unterseite des Notebooks befinden sich zwei bis drei Abdeckungen, die mit Schrauben befestigt sind. Sie riskieren nichts und Sie verletzen auch nicht die Garantie, wenn Sie die Schrauben herausdrehen und nachsehen, was unter den Abdeckungen ist. Sehen Sie nach, ob noch ein Steckplatz für Arbeitsspeicher frei ist oder ob Platz für eine zweite Festplatte ist. Vielleicht finden Sie weitere Staubnester.

In Bild 16.2 ist oben links der CPU-Lüfter zu sehen. Er bläst die Luft nach links durch die Kühlrippen. Diesen Bereich sollten Sie ein- bis zweimal im Jahr mit Druckluft reinigen.

Säubern Sie den Lüfter mit einem kleinen Pinsel. Benutzen Sie den Pinsel nur für nicht-elektronische Komponenten, keinesfalls zur Reinigung der Leiterplatte oder von Schaltkreisen, denn er könnte sich elektrostatisch aufladen und die Elektronik zerstören! Blasen Sie die Kühlrippen mit Pressluft aus, im Wechsel von innen und von außen. Blasen von innen ist viel effektiver als der Staubsauger von außen. Achten Sie darauf, dass dabei der Lüfter nicht in schnelle Rotation gerät, weil der Lüftermotor sonst wie ein Dynamo funktioniert und Strom erzeugt, der die Schaltung zerstören könnte.

16.4 Massnahmen, die einiges Geschick erfordern

Bevor Sie beginnen, sollten Sie die Hinweise im Kapitel „8.1. Montage – Allgemeine Hinweise" lesen und beherzigen. Beachten Sie außerdem:

- In einem durchschnittlichen Notebook werden fünf bis zehn Sorten Schrauben verwendet. Es ist **außerordentlich wichtig**, sich zu merken, welche Schraube wohin gehört. Besonders kritisch ist es, eine lange Schraube an Stelle einer kurzen einzudrehen. Dabei beschädigt man vielleicht die Hauptplatine.
- Die Flachbandkabel und die Steckverbinder sind sehr empfindlich.
- Sehen Sie sich genau an, was Sie machen wollen. Benutzen Sie eine Lupe!

Beim Sortieren der Schrauben haben sich drei Methoden bewährt:

- Legen Sie das Notebook mit der Unterseite auf den Kopierer und machen Sie eine Kopie. Legen Sie die Schrauben an den entsprechenden Stellen der Kopie ab. Das Problem dabei: Wackeln Sie nicht am Tisch!
- Bekleben Sie das Notebook mit Markierungen, welche Schraube wohin gehört. Legen Sie die Schrauben und Kleinteile auf einer Skizze des Notebooks ab.
- Kleben Sie einige Streifen doppelseitiges Klebeband auf Ihren Arbeitstisch oder auf ein Tablett aus der Küche. Skizzieren Sie die Umrisse des Notebooks auf den Streifen und kleben Sie die Schrauben an den passenden Stellen senkrecht auf. Die Schrauben kullern nicht herum und lassen sich leicht greifen.

Zu manchen Geräten kann man im Internet eine Anleitung finden, manchmal sogar ein Video, wie das Notebook zerlegt werden kann.

Beim Amilo von Bild 16.1 ist die Mainboard-Abdeckung mit fünf kurzen Schrauben am Rand, einer langen Schraube in der Mitte des oberen Randes und einer extra langen Schraube im Zentrum befestigt. Sobald diese Schrauben entfernt sind, lässt sich die Abdeckung leicht entfernen. Was ist unter der Abdeckung?

Linke Hälfte von Bild 16.2: Der auffallend große VIA-Chip in der rechten unteren Ecke ist der Soundcontroller. Links daneben ist die BIOS-Batterie, deren unterer Teil zugeklebt ist. Die WLAN-Elektronik befindet sich unter der silberglänzenden Abschirmung über dem VIA-Chip. Rechts oben sind die RAM-Module zu sehen, versetzt übereinander angeordnet. Zwischen RAM und WLAN sehen Sie einen Alu-Kühlkörper für die South-Bridge, mit aufgeklebtem runden Gummi-Abstandshalter.

Rechte Hälfte von Bild 16.2: Da befindet sich die Festplatte unter der (abgenommenen) Klappe rechts unten. In diesem Notebook ist die Festplatte nicht angeschraubt. Man braucht nur an der schwarzen Lasche nach rechts ziehen, dann gleitet die Festplatte aus dem Schacht. Bei anderen Notebooks ist die Festplatte mit kleinen Schräubchen befestigt oder der Schlitz rechts von der Lasche ist mit einem Stück Hartgummi gefüllt, damit die Festplatte nicht verrutschen kann.

Merkwürdigerweise ist die Festplatte locker mit einer silbrigen Folie überzogen, die die Wärmeableitung behindert. Warum eigentlich? Staubschutz kann nicht der Grund sein, denn der Deckel über der Festplatte hat keine Lüftungsschlitze. Andere Notebooks haben zwar Lüftungsschlitze, doch oft sind es nur Attrappen. Soll eine unangemessen lange Lebensdauer der Festplatte verhindert werden? Nach Ablauf der Garantiezeit würde ich die Folie entfernen.

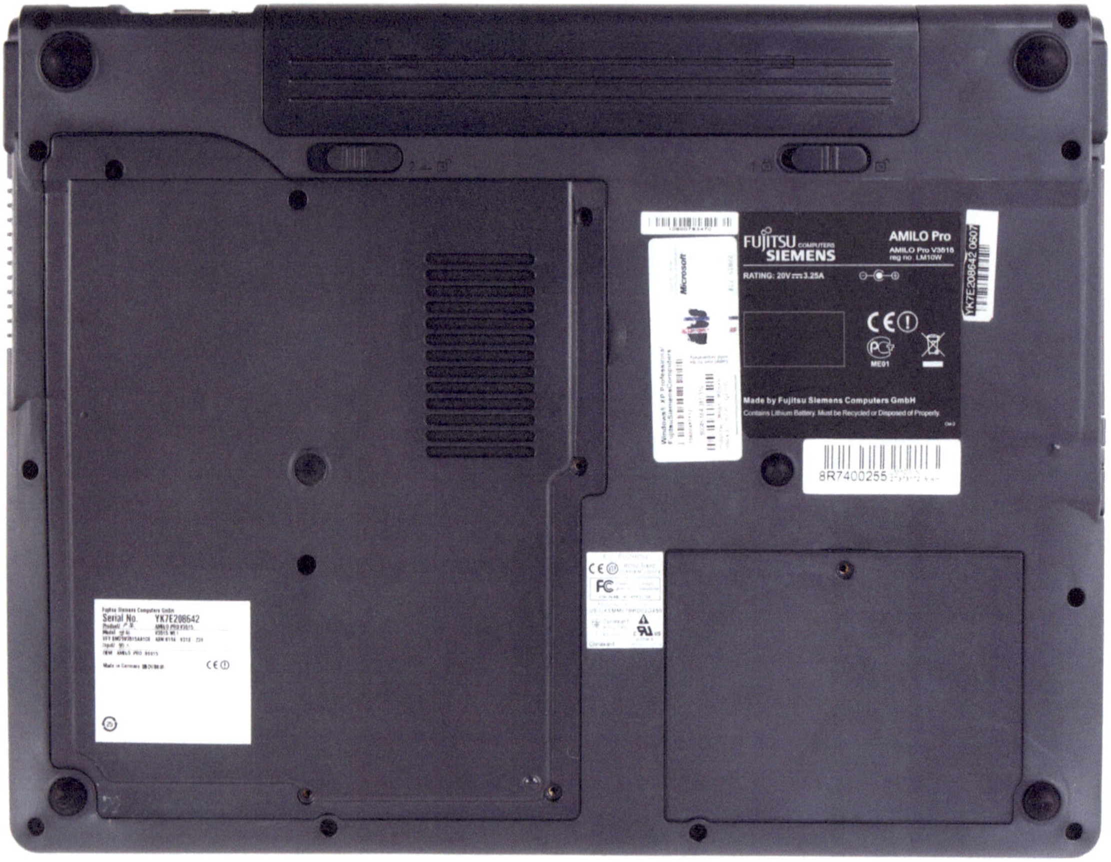

Bild 16.1: Notebook Amilo von unten

Bild 16.2: Notebook Amilo von unten, geöffnet

16.4.1 Speicher aufrüsten

Wie bei den großen PCs kann die Vergrößerung des Arbeitsspeichers einen deutlichen Gewinn an Geschwindigkeit bringen.

Für Notebooks kommen Module mit kleineren Abmessungen zum Einsatz. DDR-1, -2, -3 sind 67,6 mm breit, DDR-4-Module 69,7 mm breit, alle sind etwa 30 mm hoch. Die meisten Notebooks haben zwei RAM-Slots. Wenn Sie den Speicher aufrüsten wollen, ist vielleicht kein Steckplatz frei. Dann bleibt nichts anderes, als die vorhandenen Module zu ersetzen. Beachten Sie beim Kauf: DDR2- und DDR3-RAM-Module sollten immer als Pärchen gekauft werden. Und hoffen Sie darauf, dass das Notebook Speichermodule in der gewünschten Größe „verträgt". Manche ältere Notebooks sind nicht dafür ausgelegt, mehr als 2 oder 4 GB RAM zu adressieren. Das merkt man aber erst, wenn man den RAM hineinsteckt.

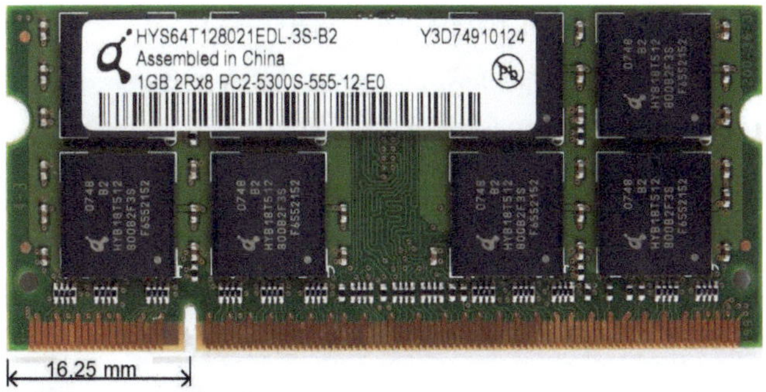

Bild 16.3: Notebook-RAM: 1 GB DDR2-5300, 67,6 mm breit
Abstand vom Rand bis zur Mitte der Kerbe in mm:
DDR-1: 15,5, DDR-2: 16,25, DDR-3: 24,8, DDR-4: 38,3

Bild 16.4: Notebook-RAM: Der untere Steckplatz ist benutzt und der obere Slot ist frei

Bild 16.5: Ausschnitt aus Abbildung 16.2

16.4.2 Festplatte wechseln

Die Festplatte eines Notebooks steckt meist in einem separaten Fach. Wenn Sie eine Abdeckung von etwa 8 × 13 cm sehen, ist darunter vermutlich die Festplatte zu finden. In seltenen Fällen ist die Festplatte von einer Seite eingeschoben, hinter einem Deckel von etwa 8 × 2 cm.

Bild 16.6: Notebook-Adapter (unten) der SATA-Festplatte (darüber) ermöglicht das senkrechte Entnehmen der Festplatte.

Sie wollen Ihre vorhandene Festplatte durch eine größere oder durch eine schnelle SSD-Platte ersetzen? Stecken Sie die neue Festplatte mit einem USB-Adapter an und duplizieren Sie die Festplatte mit einem Clone-Programm, z. B. mit „Acronis True Image". Beachten Sie das Kapitel 18.4 „Festplatte wechseln".

16.4.3 Lüfter wechseln und Wärmeleitpaste erneuern

In der linken oberen Ecke von Bild 16.5 ist der Lüfter zu sehen, darunter im Bild ein kupferner Kühlkörper für die Kühlung von CPU und Northbridge (unter dem unteren Rand des Kühlkörpers lugt ein Stück der CPU hervor). Die Wärme wird über eine Heatpipe zu den Kühlrippen geleitet. Bei Bedarf kann man den Lüfter zum Reinigen ausbauen, hier im Bild wird die Kupferplatte von drei nummerierten Schrauben gehalten. Wenn der Lüfter unregelmäßige Geräusche macht, ersetzen Sie ihn! Allerdings kann ein Original-Ersatzteil 60 bis 100 Euro kosten.

Die Wärmeleitpaste altert schneller als in einem PC, weil sie in einem Notebook heißer wird, und sie wird im Laufe der Zeit knochenhart. Kleine Erschütterungen verursachen Luftspalten, welche die Hitzeableitung behindern. Nach ein bis zwei Jahren kann es ratsam sein, die Wärmeleitpaste zu erneuern. Dazu müssen Sie zuerst den Lüfter abschrauben und die mit 1, 2, 3 gekennzeichneten Schrauben herausdrehen, dann können Sie den Kühlstrang entnehmen. Nach dem Erneuern der Paste (wenig nehmen und nicht auf die Elektronik schmieren!) die Schrauben in der angegebenen Reihenfolge hineindrehen.

16.4.4 BIOS-Batterie auswechseln

Wenn nach längerem Ausschalten und Wiederhochfahren Datum und Uhrzeit verloren gegangen sind, muss die BIOS-Batterie ausgetauscht werden. Bei einigen Notebooks ist die Batterie gut zugänglich, wie z. B. auf Bild 16.2. Das Problem: Es gibt die Batterien in vielen Bauformen und mit vielen Steckern. Originalbatterien sind teuer, vielleicht gibt es eine preiswertere Batterie im Elektronikmarkt. Eventuell müssen Sie den alten Stecker an die neue Batterie anlöten. Stellen Sie sicher, dass Polarität und Spannung richtig sind!

Bei manchen Notebooks ist die Batterie so gut versteckt, dass sie nur durch komplette Demontage des Geräts zu finden ist. Der Grund dürften Sicherheitsbedenken sein: Wer seine Daten vor fremden Augen schützen will, sichert seine Benutzeranmeldung mit einem Passwort. Damit niemand mit einer Boot-CD an die Daten herankommt, sollte man in den BIOS-Einstellungen das Booten von CD oder USB verbieten. Damit niemand diese Einstellungen aufheben kann, wird auch das BIOS mit einem Passwort geschützt. Doch wenn man die BIOS-Batterie abklemmt, gehen BIOS-Einstellungen und auch das Passwort verloren und jeder kommt mit einer Boot-CD an die Daten heran. Damit das nicht so einfach geht, verstecken manche Hersteller die Batterie sehr gut, damit man sie nicht abklemmen kann.

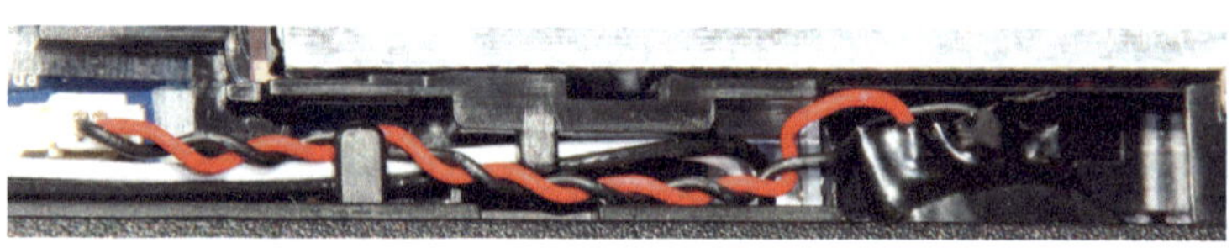
Bild 16.7: Notebook-BIOS-Akku (rechts, halb verdeckt) mit Anschluss

Bild 16.7 zeigt eine schlecht durchdachte Lösung: Die Batterie ist versteckt, doch deren Stecker kann man herausziehen. Das Kabel und der Stecker (links) sind zwischen Festplatte und Bodenplatte eingeklemmt und nach Öffnen der Klappe über der Festplatte leicht zugänglich. Der leicht zu ziehende Stecker ermöglicht jedem, das BIOS-Passwort zurückzusetzen. Doch die Batterie ist so eingeklemmt, dass man zum Auswechseln das Notebook zerlegen muss.

Sie haben es endgültig aufgegeben, an die Batterie heranzukommen? Lassen Sie das Netzteil ständig angesteckt, dann werden BIOS-RAM und die Uhr auch ohne Batterie mit Strom versorgt. Und wenn doch einmal der Strom weg war, führen Sie nach dem Booten die Kommandozeilenbefehle DATE und TIME aus und geben Sie Datum und Zeit von Hand ein, damit Browser und E-Mail wieder funktionieren.

16.4.5 Ersatzteile bestellen

Beachten Sie: Ersatzteile gibt es in vielen sehr ähnlichen Bauformen. Es kommt vor, wenn auch selten, dass ein Teil nicht in Ihr Notebook passt, obwohl es die korrekte Bestellnummer trägt. Als Privatkunde haben Sie ein 14-tägiges Rückgaberecht, wenn das Teil unbenutzt ist und möglichst nicht vollständig ausgepackt wurde. Packen Sie das Teil zunächst nur so weit aus, dass Sie überprüfen können, ob es voraussichtlich passen wird. Werfen Sie die Verpackung erst weg, wenn alles funktioniert.

Wenn an Ihrem Notebook das Display, die Tastatur, der Lüfter oder das DVD-Laufwerk defekt sind, suchen Sie auf Ebay nach einem typgleichen defekten Gerät („Bastlerware ohne Garantie"). Bei den meisten angebotenen Bastlergeräten ist „nur" die Hauptplatine oder der Grafikchip defekt und das Display und die Tastatur sind noch in Ordnung.

Bei vielen modernen Geräten muss nur eine einzige große Abdeckung abgeschraubt werden, um an viele wichtige Teile heranzukommen. Doch es gibt leider auch extrem wartungsunfreundliche Geräte, die man fast vollständig zerlegen muss, um an den Lüfter heranzukommen. Diese sollten Sie besser in eine Fachwerkstatt bringen.

16.4.6 Tastatur auswechseln

Suchen Sie zuerst auf der Unterseite nach langen Schrauben, die meist mit „Kbd" (**K**ey**b**oar**d**) gekennzeichnet sind. Diese halten die Tastatur und / oder die Blende über der Tastatur fest. Drehen Sie im Zweifel lieber ein paar Schrauben zu viel heraus.

Bei vielen Notebooks muss die Blende oberhalb der Tastatur abgenommen werden. Wenn Sie auf der Unterseite alle Schrauben entfernt haben, welche die Blende festhalten, kann die Blende vorsichtig mit dem Schraubendreher herausgehebelt werden, siehe Bild 16.8.

Wenn Sie das Gefühl haben, dass Sie eine Schraube noch nicht gefunden haben: Manchmal sind Schrauben unter dem Akku, der Festplatte, unter den Gummifüßen oder (ganz heimtückisch) unter dem Typenschild versteckt.

Bild 16.8: Beim Aufhebeln ist meist wohldosierte Gewalt nötig

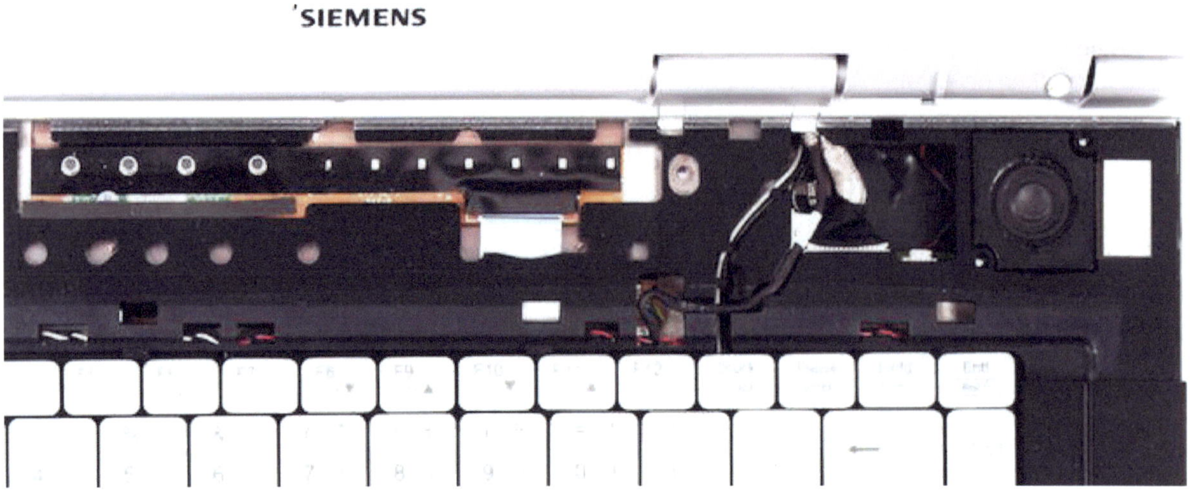

Bild 16.9: Teilansicht von oben, die Blende oberhalb der Tastatur ist abgenommen

Bild 16.10 zeigt einen Ausschnitt von Bild 16.9. Die Halterung der Tastatur liegt auf dem Gehäuseinnenrand locker auf und wurde nur von der Blende festgeklemmt.

Mit ihrer Unterkante wird die Tastatur unter dem Gehäuse eingeklemmt.

Bild 16.10: Tastaturhalterung

Bild 16.11: Tastaturbefestigung

Im Bild 16.11 ist eine andere Art der Befestigung gezeigt. Hier wird die Tastatur von Schrauben gehalten, die unter der Blende versteckt sind.

Manchmal wird die Tastatur an der Unterkante oder rundum von kleinen federnden Riegeln festgehalten, die man mit einem kleinen Schraubendreher zurückschieben kann, ohne die Blende entfernen zu müssen.

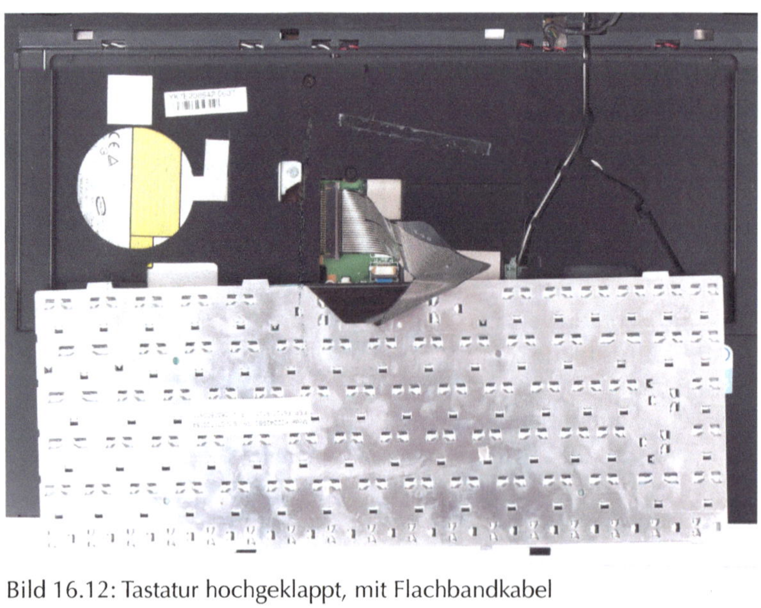

Bild 16.12: Tastatur hochgeklappt, mit Flachbandkabel

Bild 16.13: Steckverbinder der Tastatur, mit angestecktem breiten Kabel
Das Flachbandkabel ist unter dem rosafarbigen Keil festgeklemmt.
Das schmale blaue Kabel rechts unten geht zum Touchpad.

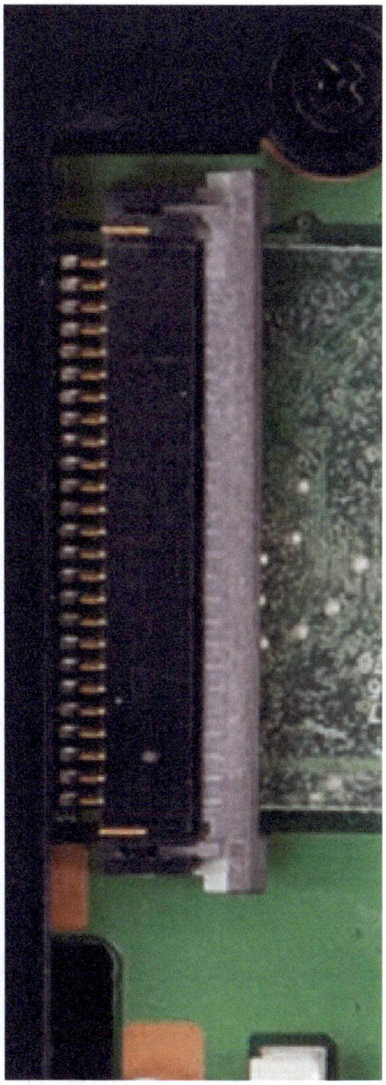

Bild 16.14: Steckverbinder der Tastatur
Rosa Keil 2 mm nach rechts geschoben,
Tastaturkabel wurde herausgezogen.

Vorsicht!

Bild 16.13 zeigt einen Ausschnitt von Bild 16.12. Das Flachbandkabel im Bild besteht aus einem Plastestreifen mit aufgedampften Leiterzügen. Wenn der sehr empfindliche Streifen bricht, ist eine Reparatur unmöglich! Um das Kabel zu ersetzen, müssten Sie eine neue Tastatur kaufen.

Der rosafarbene Keil über dem Kabel in Bild 16.13 presst das Kabel gegen die Kontakte. Drücken Sie den Keil vorsichtig und gleichmäßig **mit den Fingernägeln** in Pfeilrichtung nach rechts, dann kann das darunter festgeklemmte Kabel herausgezogen werden. Verwenden Sie kein scharfkantiges Werkzeug, damit weder Leiterplatte noch Flachbandkabel zerkratzt werden, falls Sie abrutschen.

In manchen Notebooks wird das Kabel von einer Art breitem Hebel angepresst. Sie müssen den Hebel nach oben klappen, um das Kabel herauszuziehen.

Auch für den Steckverbinder gilt: Wenn Sie ihn beschädigen, ist eine Reparatur nicht möglich! Sehen Sie sich die Funktionsweise bei jedem Steckverbinder mit einer starken Lupe bei heller Beleuchtung an!

16.4.7 DVD-Laufwerk auswechseln

Das Laufwerk sitzt in einem Schacht und wird nur von einer Lasche an der Hinterkante des DVD-Laufwerks gehalten. Die zugehörige Halteschraube finden Sie auf der Unterseite des Notebooks, etwa 13 cm von der Vorderkante des Laufwerks entfernt. Wenn Sie diese Schraube herausdrehen, sollte sich das Laufwerk herausziehen lassen.

Praktischer Tipp: Öffnen Sie die Schublade des Laufwerks, bevor Sie Windows herunterfahren. Dann können Sie das Laufwerk an der Schublade herausziehen, nachdem Sie die Halteschraube entfernt haben.

Notebook-DVD-Laufwerke gibt es in vielen Ausführungen. In ihren technischen Daten gibt es wenig Unterschiede, doch je nach Hersteller unterscheiden sie sich in ihren Abmessungen, der Lage der Steckkontakte und der Position der Befestigungslasche. Standardisierungsbemühungen vermag ich nicht zu erkennen. Auch hier der Tipp, bei eBay nach „Bastlerware" zu schauen.

Bild 16.15: DVD-Laufwerk mit Befestigungslasche unten

16.5 Flüssigkeit im Notebook

Flüssigkeiten sind mehrfach gefährlich. Sie verursachen Kurzschlüsse, wobei die Chips durchbrennen können. Selbst wenn das Notebook nach dem Trocknen noch funktioniert, drohen Langzeitschäden durch Korrosion und Elektrolyse. Je nach Art der Flüssigkeit verkleben die Tasten der Tastatur.

Wenn Sie eine große Menge Flüssigkeit auf das Notebook geschüttet haben, sollten Sie das Notebook sofort in einer „ruckfreien", nicht zu schnellen Bewegung umdrehen. Ruckfrei, weil sonst die Gefahr eines Headcrashs besteht. Denken Sie an den Kreiseleffekt!

Bei einer kleineren Flüssigkeitsmenge sollten Sie das Notebook sofort ausschalten (auf die Einschalttaste drücken, bis das Gerät aus ist) und den Netzstecker ziehen. Bewegen Sie das Gerät ruckfrei so weit über die Tischkante, bis Sie den Akku von unten herausnehmen können, wenn das ohne Ankippen des Notebooks möglich ist! Versuchen Sie mit Küchentüchern zwischen den Tasten und entlang des Randes der Tastatur die Flüssigkeit herauszusaugen.

Bei manchen Notebooks liegt die Tastatur in einer kleinen „Wanne", die ein wenig Flüssigkeit auffängt. Diese Wanne hat fast immer einen Abfluss zur Unterseite. Legen Sie Küchentücher unter das Notebook, damit die Flüssigkeit besser aufgesaugt werden kann.

Trocknen Sie das Notebook bei einer Temperatur von höchstens 40 °C. Wenn das Gerät getrocknet ist, können Sie es zerlegen und von innen reinigen.

Schalten Sie das Notebook nicht ein, solange es innen feucht ist: Wasser ist leitfähig, es kommt zu Kurzschlüssen. Außerdem kommt es zur Elektrolyse, solange noch Feuchtigkeit auf der Platine ist. Salze und andere Rückstände bleiben zurück, die meist hygroskopisch (feuchtigkeitsanziehend) sind. Dadurch wird die Platine nie ganz trocken und die chemischen Prozesse gehen weiter. Das Lötzinn und das Kupfer der Leiterzüge wird zerfressen.

Wie das nach einigen Monaten aussehen kann, sehen Sie auf dem Bild 16.16.

Deshalb die befleckten Stellen zuerst mit einem Küchentuch reinigen. Danach die Verunreinigungen mit Pinsel, destilliertem Wasser und Küchentüchern entfernen.

Für die Schlussreinigung der Elektronikplatinen sollten Sie Isopropanol 99,9% benutzen, das es in der Apotheke und im Internet gibt. Ein 70%iger Reinigungsalkohol enthält 30% Wasser und ist ungeeignet. Achtung! Gut lüften und dabei nicht rauchen! Beachten Sie, dass es auch zwischen Chipgehäuse und Leiterplatte Rückstände geben kann, die entfernt werden müssen, also nicht mit Isopropanol sparen.

Bild 16.16: Zerfressene Kontakte
Autor: „sletrabf“, Ausschnitt von thinkwiki.de/Datei:IMG_2925_2.jpg

Erst nach zwei bis drei Tagen Trocknung sollte das Notebook zusammengebaut und getestet werden. Bei der Tastatur dauert die Trocknung am längsten. Es kann mehr als eine Woche dauern, bis alle Tasten wieder funktionieren. Vielleicht können Sie zeitweise eine externe Tastatur am USB-Anschluss benutzen.

Mehr dazu: `http://thinkwiki.de/Erste_Hilfe_bei_Flüssigkeitsschäden`

17 Systematische Fehlersuche

Die nachfolgenden Tipps können nur einen ersten Anhaltspunkt liefern, welcher Fehler am wahrscheinlichsten ist. Bedenken Sie: Fehler können sehr komplexe Ursachen haben.

Ganz wichtig für eine erfolgreiche Fehlersuche: Wissen Sie, wie sich Ihr PC normalerweise nach dem Einschalten verhält? Gibt das BIOS einen Piepton von sich? Nach wie vielen Sekunden? Blinken die LEDs der Tastatur einmal und wann? Welcher Text erscheint nach dem Einschalten auf dem Bildschirm? Mit welcher Taste können Sie das Boot-Menü aufrufen? Funktioniert das Booten von einer Live-CD und wie lange dauert es? Wie hoch ist die CPU-Temperatur sofort nach dem Einschalten und im Dauer-Leerlauf? Notieren Sie Ihre Beobachtungen für einen späteren Vergleich.

Wenn Sie den normalen Ablauf nicht kennen, wie wollen Sie dann Abweichungen vom normalen Ablauf erkennen?

17.1 Startprobleme

Ein Symptom kann mehrere Ursachen haben. Die Prozentzahlen geben die Wahrscheinlichkeit an, dass die dahinter genannte Ursache zutrifft. Es handelt sich nicht um sorgfältig ermittelte statistische Werte, sondern um Schätzungen.

17.1.1 Hardware-Startprobleme

Symptom: Der Computer geht nicht an. Weder die Lüfter noch das Anlaufen der Festplatte sind zu hören, auch der Piep vom BIOS bleibt aus. Die LED an der Unterseite der Maus leuchtet nicht, obwohl die Maus mit Kabel angeschlossen ist. Die Schublade des DVD-Laufwerks lässt sich nicht öffnen.

- 75 % Netzteil defekt
- 5 % Kurzschluss
  - Bei der Montage wurde unter der Hauptplatine ein Abstandshalter falsch positioniert oder eine Schraube wurde eingeklemmt.
  - Stromversorgung eines Laufwerks ist verpolt angeschlossen.
- 5 % Ein Laufwerk hat eine Datenverbindung mit Hauptplatine, ist aber noch ohne Stromversorgung.
- 5 % Hauptplatine ist defekt.
- 5 % Stromversorgung unvollständig:
  - Ist die CPU-Zusatzstromversorgung angeschlossen (ATX12V oder EPS12V)?
  - Ist der CPU-Lüfter angesteckt? Am Anschluss für den CPU-Lüfter?
  - Braucht die Grafikkarte eine Zusatz-Stromversorgung?
- 5 % Einschalttaster ist defekt. Das können Sie prüfen, indem Sie das PWR-Kabel vom System Panel Connector abziehen und die Kontakte mit einem Schraubendreher kurzschließen. Wenn der Taster defekt ist: Stecken Sie ersatzweise den Reset-Taster statt des Power-On-Tasters an. Oder Sie konfigurieren den PC so, dass er zukünftig mit einer Taste der Tastatur eingeschaltet werden kann oder dass er beim Einschalten der Netzspannung hochfährt.

Betrachten wir den Ablauf des Startvorgangs.

Sobald das Netzteil Strom bekommt, muss es 5 Volt Bereitschaftsspannung erzeugen – noch bevor Sie den Power-On-Taster drücken. Ob diese Bereitschaftsspannung da ist, kann man folgendermaßen erkennen:

- Wenn die Maus über Kabel angeschlossen ist, leuchtet an der Unterseite der Maus eine LED,
- auf fast allen Hauptplatinen gibt es eine „Standby Power LED", die das Vorhandensein der Spannung +5V SB anzeigt.

Andernfalls ist das Netzteil defekt – oder der Strom ist weg oder der Schalter an der Rückseite des Netzteils ist aus.

Symptom: Der Computer geht nicht an. Weder das Anlaufen der Festplatte noch der Start-Piep vom BIOS sind zu hören. Die LED an der Unterseite der Maus und die Standby Power LED leuchten.

- 50 % Hauptplatine defekt,
- 10 % Einschalttaster defekt,
- 30 % Netzteil teilweise defekt,
- 10 % sonstiges.

Symptom: Man hört die Festplatte anlaufen, der Bildschirm bleibt dunkel, kein BIOS-Piep (vorausgesetzt, der PC hat einen Pieper).

- 80 % Hauptplatine defekt,
- 10 % Netzteil teilweise defekt (mit Multimeter prüfen, ob alle Spannungen im Normbereich sind),
- 10 % sonstiges.

Empfehlung: Alle verzichtbaren Komponenten (Festplatte, DVD, Grafikkarte usw.) probeweise nacheinander ausbauen, vielleicht blockiert eine davon den Start. USB-Großverbraucher ausstöpseln. Letztes Mittel: RAM und Grafikkarte ausbauen. Wenn die Hauptplatine auch jetzt nicht empört piept, ist sie kaputt (oder sie hat keinen Pieper).

Symptom: Die Festplatte läuft an, der Bildschirm bleibt dunkel, nach einigen Sekunden piept das BIOS 8 × kurz oder lang – kurz – kurz.

- 90 % Grafikkarte defekt,
- 10 % sonstiges.

Empfehlung: Manche PCs haben einen Onboard-Grafikanschluss. Bauen Sie die Grafikkarte aus und stecken Sie den Monitor an den Onboard-Anschluss.

Anmerkung: Wenn der erste Piepton erklingt, sind CPU, Hauptplatine und Netzteil definitiv in Ordnung. Wobei man beim Netzteil noch nicht wissen kann, ob es auch höhere Belastungen verträgt.

Symptom: Die Festplatte läuft an, Festplatten-Aktivitätsanzeige flackert, Betriebsgeräusche wie bei einem normalen Startvorgang, doch der Bildschirm bleibt dunkel

- 70 % Display defekt oder Bildschirmkabel nicht richtig angesteckt,
- 20 % Grafikkarte defekt,
- 10 % sonstiges.

Empfehlung, falls es am Bildschirm liegen könnte: Den Bildschirm an einem anderen PC testen (vielleicht beim Nachbarn) oder als externen Bildschirm probeweise an ein Notebook anschließen.

Vielleicht können Sie ersatzweise den Fernseher als Bildschirm verwenden.

Viele Bildschirme haben mehrere Signaleingänge: VGA, DVI, DisplayPort oder HDMI. Vielleicht ist nur einer davon defekt und die anderen sind in Ordnung?

Falls Sie die Grafikkarte in einem Notebook verdächtigen: Versuchen Sie, einen externen Bildschirm anzuschließen. Mit einer der Funktionstasten müssen Sie die Hauptanzeige auf den externen Bildschirm umschalten. Vielleicht ist der Grafikteil nur teilweise defekt?

Falls Sie die Grafikkarte in einem PC verdächtigen: Falls die Hauptplatine eine integrierte Grafik hat, bauen Sie die Grafikkarte aus und probieren Sie die Onboard-Grafik.

17.1.2 Software-Startprobleme

Symptom: Nach normalem BIOS-Selbsttest folgt die Meldung, das Betriebssystem wäre nicht zu finden.

- 30 % Boot-Sektor des Windows-Systems ist durch einen Virus oder einen Bedienfehler beschädigt.
- 20 % Festplatte ist beschädigt,
- 30 % Fehler im Dateisystem,
- 20 % sonstiges.

Empfehlung:

- Schauen Sie im BIOS nach, ob die Festplatte noch erkannt wird.
- Versuchen Sie, ob Sie den PC mit einer Live-CD starten können und ob Sie mit der Live-CD auf die Festplatte zugreifen können. Dazu muss eventuell die Bootsequenz geändert werden oder während des BIOS-Tests ist eine Taste zu drücken (oft eine der Funktionstasten F8, F9 oder F12), um das Booten von CD zu ermöglichen.

Wenn das Dateisystem beschädigt ist oder sein könnte, hatte ich zur Reparatur früher die Verwendung des Befehls `CHKDSK C: /F` bzw. `CHKDSK D: /F` empfohlen. Doch dazu kann ich neuerdings nur raten, wenn Sie vorher eine vollständige Datensicherung vornehmen. `CHKDSK /F` zerstört in seltenen Fällen das Dateisystem vollständig, siehe dazu `https://eifert.net/2021/alles-was-schiefgehen-kann-wird-auch-schiefgehen/`

Falls das Dateisystem intakt erscheint, ist vielleicht der Bootsektor beschädigt. Zur Reparatur können Sie das Programm `Bootrec` benutzen. Gehen Sie folgendermaßen vor:

- Starten Sie Ihren PC und drücken Sie die F8-Taste, bevor das Windows-Logo erscheint. Wenn das nicht gelingt, starten Sie den PC von der Original-Windows-DVD.
- Nach der Sprachauswahl kommen Sie über „Computerreparatur"→ „Problembehandlung" → „Erweiterte Optionen" zur „Eingabeaufforderung".
- Geben Sie `bootrec /FixMbr` ein, um den **M**aster **B**oot **R**ecord (das Startprogramm vom Sektor Null der Festplatte) wiederherzustellen.
- Mit dem Befehl `bootrec /FixBoot` schreiben Sie einen neuen Bootsektor auf die Festplatte. (Der Bootsektor ist das Programmteil am Beginn der Startpartition, mit dem der Windows-Start beginnt.)

Wenn der Start noch immer nicht gelingt, versuchen Sie mit dem Befehl `bootrec /RebuildBcd` die „**B**oot **C**onfiguration **D**ata"-Datenbank neu zu erstellen.

Symptom: Beim Hochfahren zeigt Windows den Willkommen-Bildschirm, anschließend wird der Bildschirm für einige Sekunden dunkel, dann kommt wieder ein Bild.

Das ist kein Fehler! Windows startet mit Universaltreibern, deren höchste Auflösung 800 × 600 Pixel ist. Während der Hochfahrens ersetzt Windows den Universaltreiber durch den zur Grafikkarte gehörenden Spezialtreiber, und dabei wird der Bildschirm kurz dunkel.

Symptom: Der PC bootet weder von Live-CD noch von USB, und ins BIOS kommen Sie auch nicht.

Windows 10 fährt normalerweise nicht mehr vollständig herunter, sondern nutzt einen Schnellstartmodus. Dabei werden Anwendungen des Benutzers und einige Hintergrundprozesse beendet, danach wird der aktuelle Zustand des Betriebssystems (der fehlerhaft sein könnte) „eingefroren" und als Datei gespeichert. Beim nächsten Start wird das BIOS und der POST übersprungen, was den Start um einige Sekunden beschleunigt. Für eine SSD bringt der Schnellstart kaum Nutzen, reduziert aber deren Lebenserwartung.

Um den PC einmalig vollständig herunterzufahren, drücken Sie die Windows-Taste plus „r" und tippen Sie `shutdown /s /f /t 0` ein, gefolgt von Enter. Empfehlung: Schalten Sie den Schnellstartmodus dauerhaft aus: Tippen Sie „Energieoptionen" ins Suchfeld ein. Weiter mit „Auswählen, was beim Drücken des Netzschalters geschehen soll" → „Einige Einstellungen sind momentan nicht verfügbar" → „Einstellungen für das Herunterfahren" → Haken entfernen vor „Schnellstart aktivieren (empfohlen)".

Windows startet nicht mehr? Drücken Sie die Power-On-Taste für etwa fünf Sekunden, bis Sie hören, dass der PC „richtig aus" ist. Besser noch: Ziehen Sie den Netzstecker. Bei einem Notebook nehmen Sie zusätzlich den Akku heraus. Beim nächsten Start wird wieder das BIOS durchlaufen.

Symptom: Das Notebook bootet weder von Live-CD noch von USB.

Vermutlich hat das Notebook ein UEFI-BIOS, das den Computer vor Datendiebstahl per Live-CD schützt.

- Sorgen Sie zunächst dafür, dass Windows „richtig" herunterfährt, wie eben beschrieben.
- Halten Sie die Taste Entf gedrückt, schalten Sie den PC ein und lassen Sie die Taste erst los, wenn der BIOS-Bildschirm erscheint. Falls das nicht klappt, probieren Sie die Tasten F2 oder Esc oder ermitteln Sie die richtige Taste im Handbuch zum Notebook oder zur Hauptplatine.
- In der Kategorie „Boot" aktivieren Sie „Launch CSM" (**C**ompatibility **S**upport **M**odule).
- In der Kategorie „Security" deaktivieren Sie „Secure Boot Control".
- Ändern Sie die Boot-Sequenz nach Ihren Wünschen. Speichern Sie mit F10 die BIOS-Einstellungen.
- Falls Sie darauf verzichtet haben, die Boot-Sequenz dauerhaft zu ändern: Halten Sie während des Neustarts die Taste F10 oder Esc gedrückt, dann sollte sich das Boot-Menü öffnen.

17.2 Abstürze und Einfrieren

Symptom: Windows lässt sich nicht herunterfahren.

- Liegt es daran, dass sich ein Fenster oder Programm nicht schließen lässt? Drücken Sie Strg-Alt-Entf und benutzen Sie den Taskmanager, um das störrische Programm zu schließen.
- Windows kann das Herunterfahren häufig nicht bis zum Ende ausführen? Notbehelf: Klicken Sie beim nächsten Mal nicht auf „Herunterfahren", sondern auf „Neustart" und schalten Sie den PC während des **P**ower**O**n**S**elf**T**est aus, noch vor der Meldung „Windows wird gestartet". Dauerlösung: Prüfen Sie, ob ein ständig scheiterndes Update der Grund ist. Sonst Windows neu installieren.
- Windows „hängt", reagiert weder auf Tastatur noch auf Maus? Drücken Sie den Reset-Taster. Besser: Drücken Sie kurz auf den Einschalter, das ist für Windows das Signal für ein Notfall-Herunterfahren. Vielleicht kann Windows dadurch noch einige Hintergrundprozesse beenden. Warten Sie eine halbe Minute und drücken Sie für 10 Sekunden auf den Ein-Taster, bis der PC ausgeht. Überprüfen Sie nach dem nächsten Start sicherheitshalber den Systemdatenträger (im Explorer: Rechtsklick auf C:, Eigenschaften, Register „Tools", „Jetzt prüfen").

Symptom: Der PC startet normal, nach einigen Minuten friert er ein oder stürzt ab, aber nicht immer auf die gleiche Weise.

- 70 % CPU wird zu heiß,
- 20 % Grafikkarte wird zu heiß (besonders bei Notebooks),
- 10 % sonstiges.

Sie sollten sofort nach einem Absturz im BIOS nachsehen, wie heiß die CPU noch ist. Lassen Sie dann den PC abkühlen (mehrere Stunden). Gehen Sie sofort nach dem Einschalten ins BIOS-Powermanagement und beobachten Sie die Entwicklung der CPU-Temperatur. Wenn Sie hier nichts auffälliges finden, sollten Sie sofort nach einem Absturz im BIOS nachsehen, wie heiß die CPU noch ist.

Überprüfen Sie das Ereignisprotokoll: Gibt es Fehlermeldungen „Kernel Power", eventuell mit Angabe der Temperatur, bei der die Abschaltung erfolgte?

Falls Sie die Grafikkarte verdächtigen: Tritt der Fehler auch auf, wenn die Grafikkarte gering beansprucht wird (im Textmodus)?

Symptom: Der PC stürzt immer häufiger ab. Schließlich bringt er nicht mal mehr den Windows-Start zu Ende, doch eine Überhitzung von CPU oder GPU halten Sie für ausgeschlossen.

- 50 % Kondensatoren der Hauptplatine sind aufgebläht (das können Sie mit bloßem Auge erkennen).
- 30 % Die Festplatte liegt im Sterben. Empfehlung: Überprüfen Sie das Windows-Ereignisprotokoll, ob Fehler registriert sind, siehe Bild 17.1. Das geht notfalls auch im „Abgesicherten Modus (nur Eingabeaufforderung)" mit `eventvwr.msc`
- 10 % Fehler des Arbeitsspeichers, eventuell Alterung oder Mischbestückung (es wurden keine Pärchen verwendet). Empfehlung: Falls mehrere RAM-Riegel im PC stecken, probieren Sie die Riegel einzeln nacheinander aus.
- 10 % sonstiges.

Symptom: Der PC vergisst über Nacht Datum und Uhrzeit.

- 90 % Die BIOS-Batterie ist leer.
- 10 % sonstiges.

Symptom: Der Bildschirm hat einen Farbstich.

- 40 % Die Grafikkarte ist defekt.
- 30 % Der Bildschirm ist defekt.
- 10 % Kabel ist nicht richtig angesteckt oder defekt.
- 20 % sonstiges.

Symptom: Bereits während des BIOS-Tests (und auch später) sind die Buchstaben „ausgefressen" oder es sind dünne Streifen auf dem Bildschirm (meist senkrecht).

- 80 % Der Grafikspeicher ist defekt. Grafikkarte austauschen. Wenn es ein Notebook ist: Die Hauptplatine zu wechseln ist wahrscheinlich unwirtschaftlich.
- 10 % Der Bildschirm ist defekt (probieren Sie es mit einem anderen Bildschirm).
- 10 % sonstiges.

Wenn der Fehler erst **nach** dem Beginn des Hochfahrens von Windows auftritt, könnte es auch ein Treiberproblem sein. Starten Sie den PC von einer Boot-CD, um den Fehler einzugrenzen.

Symptom: Der PC braucht „ewig" zum Starten, manchmal friert er für mehrere Dutzend Sekunden ein.

- 70 % Die Festplatte liegt im Sterben, siehe Bild 17.1.
- 10 % Ein Windows-Prozess hat Probleme oder zwei Prozesse streiten um die Vorherrschaft. Versuchen Sie, mit dem Taskmanager zu klären, welcher Prozess die CPU auslastet. Ein Hinweis: Leider gibt es Prozesse (sowohl nützliche als auch bösartige), die sich tarnen und nicht in dieser Liste erscheinen.
- 20 % sonstiges.

Empfehlung: Versuchen Sie den PC im „abgesicherten Modus ohne Netzwerk" zu starten. Wenn er dabei zügig startet, ist es wohl ein Software-Problem, vielleicht eine aggressive Schadsoftware. Im Ereignisprotokoll `eventvwr.msc` finden Sie vielleicht einen Hinweis. Funktioniert das Booten von einer Live-CD im gleichen Tempo wie früher einmal?

Anmerkung: Dass der PC im Laufe der Jahre **ganz allmählich** langsamer wird, ist normal.

17.3 PC IST ZU LANGSAM

Stellen Sie sicher, dass die Systempartition höchstens zu 80 % bis 90 % voll ist, weitere Partitionen oder Festplatten höchstens zu 95 %. Löschen Sie temporäre Dateien und defragmentieren Sie die Systempartition.

Sortieren Sie die Einträge in der Ereignisanzeige → System (Bild 17.1) nach der Quelle (das kann eine Minute dauern). Überzeugen Sie sich, dass keine Fehlermeldungen der Festplatte von der Quelle „Disk" vorliegen. Fehlermeldungen vom DVD-Laufwerk sind hier ohne Belang.

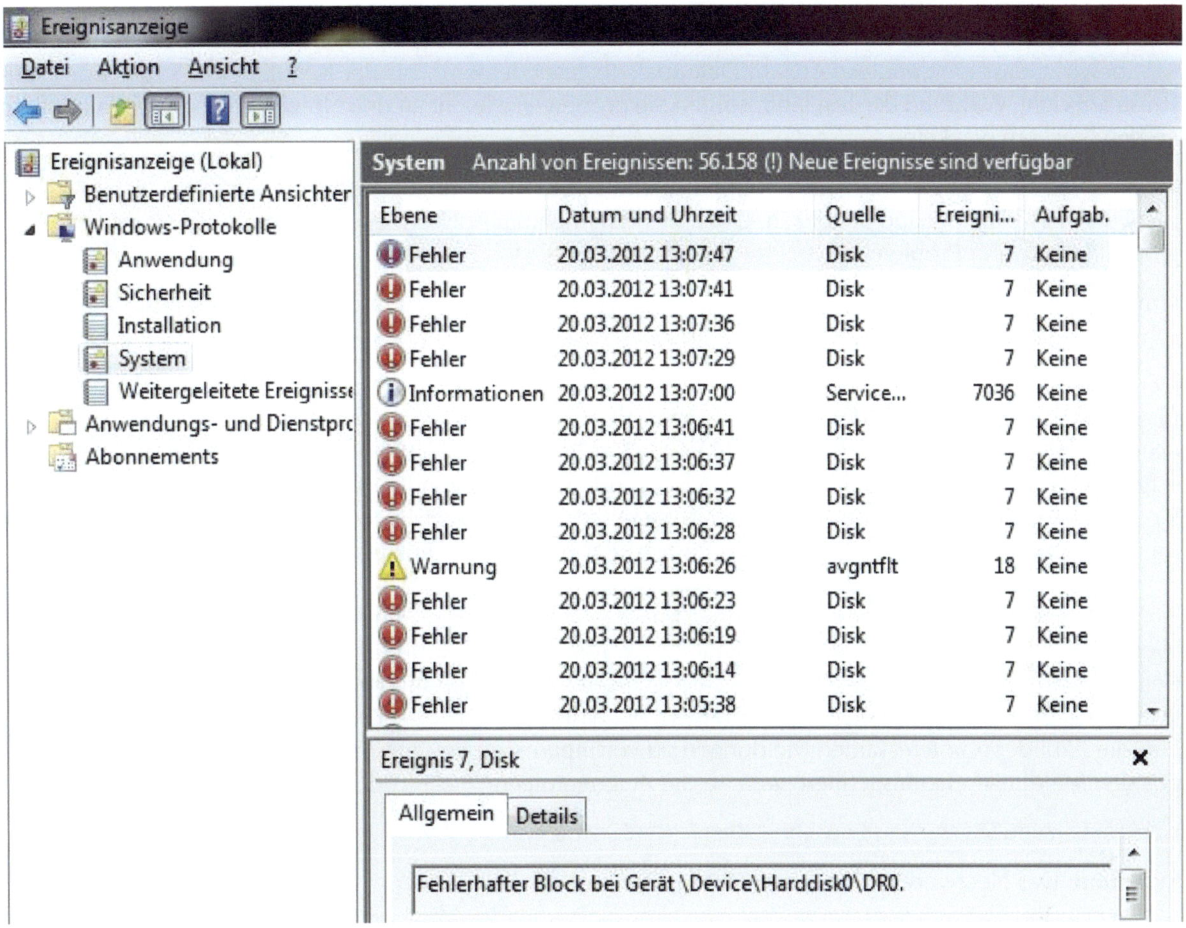

Bild 17.1: Ereignisprotokoll mit Festplattenfehlern
Mehrere Fehler pro Minute – da wird Windows schneckenlangsam.

Testen Sie: Wie schnell ist der PC im abgesicherten Modus?

Wenn der PC im abgesicherten Modus zügig arbeitet, handelt es sich vermutlich nicht um ein Hardware-Problem. Einer der Hintergrundprozesse, der im abgesicherten Modus abgeschaltet ist, könnte der „Bremser" sein. Vergleichen Sie mit dem Taskmanager, welche Prozesse im abgesicherten Modus laufen und welche im normalen Modus zusätzlich ausgeführt werden. Verwenden Sie MSCONFIG, um verdächtige Prozesse vom Autostart auszuschließen.

Wenn der PC auch im abgesicherten Modus zu langsam ist, könnte ein Hardwareproblem vorliegen.

17.4 Netzwerk

Symptom: Das Netzwerk ist langsam und setzt manchmal aus.

Das kann am Router, an der Verkabelung oder am Provider liegen.

Testen Sie zuerst, ob die Verbindung von Ihrem PC zum Router in Ordnung ist. Öffnen Sie die Eingabeaufforderung. Der Befehl `ipconfig /all` nennt Ihnen in der Zeile „Standardgateway“ die Adresse Ihres Routers. Oft ist es die Adresse `192.168.1.1`, bei einer Fritz!Box ist es die `192.168.178.1`.

Mit dem Befehl `ping -t 192.168.1.1` schicken Sie kleine Datenpakete an Ihren Router. Der Parameter `-t` bewirkt, dass eine endlose Anzahl Datenpakete gesendet wird, bis der Benutzer mit Strg-C oder Strg-Pause abbricht. Während der Test läuft, sollten Sie probeweise leicht an den Netzwerkkabeln und vor allem an den Steckern wackeln.

Wenn keine anderen PCs aktiv sind, sollte die Antwortzeit in der Regel kleiner als 1 ms sein, gelegentliche „Ausrutscher“ bis 5 ms sind unkritisch. Doch wenn manchmal Antwortzeiten von mehr als 30 ms auftreten, gibt es definitiv ein Problem.

Um bei einem längeren Test nicht ständig auf den Monitor schauen zu müssen, verwenden Sie den Befehl `ping -t 192.168.1.1 | find /v "<1ms"`

Der senkrechte Strich leitet die Ausgabe des Ping-Befehls vom Bildschirm zum Find-Befehl um. Dieser Befehl filtert alle Zeilen heraus, in denen die Zeichenfolge „`<1ms`“ vorkommt. Sie können auch ein Protokoll erstellen lassen: Der Befehl `ping -t 192.168.1.1 | find /v "<1ms" > d:\protokoll.txt` schreibt das Testergebnis in die Datei `d:\protokoll.txt`. Während dieser Befehl ausgeführt wird, sehen Sie nichts auf dem Bildschirm. Nach einer angemessenen Zeit (z. B. 15 Minuten) brechen Sie den Befehl mit der Tastenkombination Strg-C ab. Das Protokoll können Sie seitenweise ansehen mit dem Befehl

```
more <d:\protokoll.txt
```

Wenn Sie der Meinung sind, dass die Reaktionszeiten bis zum Router angemessen sind, testen Sie den Befehl `ping -t google.de`. Die typische Reaktionszeit sollte im mittleren zweistelligen Bereich liegen. Werte über 200 ms sind schlecht. Angenommen, die typischen Antwortzeiten sind 30 und 31 Millisekunden. Um die Zahl der uninteressanten Meldungen zu verringern, werden mit dem folgenden Befehl alle Zeilen aus den Meldungen herausgefiltert, welche die Zeichenfolgen „`30ms`“ oder „`31ms`“ enthalten.

```
ping -t google.de | find /v "30ms" | find /v "31ms"
```

Symptom: Das Netzwerk funktioniert nicht.

Wenn es sich um ein Funknetzwerk (WLAN) handelt, ist es am einfachsten, testweise eine Kabelverbindung herzustellen. Ansonsten finden Sie eine Anleitung für die Fehlersuche in „Computerhardware für Anfänger“ im Kapitel „Netzwerk“.

Kontrollieren Sie zuerst die Verkabelung: Die Netzwerkbuchse an beiden Enden des Kabels hat zwei LEDs. Die eine leuchtet (meist grün), wenn die Kabelverbindung zur Gegenstelle in Ordnung ist und die Geräte an beiden Enden eingeschaltet sind. Eine zweite LED zeigt die Geschwindigkeit der Übertragung an. Ein Flackern zeigt, dass (irgendwo im Netzwerk) Datenverkehr stattfindet (auch wenn Sie nichts tun, wandern immer einige Datenpakete umher). Wenn das so ist, ist die Verkabelung wohl OK.

Ist das Netzwerk vielleicht nur abgeschaltet? Bei einigen PCs und vermutlich allen Notebooks kann man WLAN und Bluetooth über eine Tastenkombination und/oder einen kleinen Schiebeschalter ausschalten, um Strom zu sparen.

Der Befehl `ping 127.0.0.1` sendet Datenpakete an den eigenen PC. Es braucht dazu nicht einmal ein Netzwerkkabel angesteckt sein. Wenn das nicht funktioniert, kontrollieren Sie im Gerätemanager, ob die Netzwerkkarte fehlerfrei erkannt worden ist. Aktualisieren Sie die Treiber. Booten Sie von einer geeigneten CD und versuchen Sie, ins Internet zu kommen. Die Installations-CD Ihres Virenscanners ist vermutlich bootfähig und wird sofort anfangen, die neuesten Virendefinitionen aus dem Internet herunterzuladen. Wenn das funktioniert, steckt das Problem nicht in der Hardware.

Symptom: Das Internet funktioniert nicht.

Der Router hat mehrere Status-LEDs. Können Sie aus deren Anzeige etwas entnehmen?

Die Verbindung kann auf zwei Seiten gestört sein: Zwischen Provider und DSL-Router oder zwischen Router und Ihrem PC. Kontrollieren Sie, ob Sie Ihren Router „anpingen" können. Zusätzlich können Sie versuchen, auf Ihren Router zuzugreifen und den Status der Internetverbindung abzufragen. Wenn das gelingt, liegt der Fehler nicht auf „Ihrer" Seite.

Trennen Sie den DSL-Router für drei Minuten vom Stromnetz. Warten Sie nach dem Wiedereinschalten drei Minuten, bis der Router hochgefahren ist. Funktioniert es jetzt?

Rufen Sie die Service-Hotline Ihres Providers an. Der kann die Leitung prüfen und gegebenenfalls den Router ersetzen.

Manchmal hilft es, bis zum nächsten Tag zu warten. Mehrstündige Ausfälle kommen bei allen Providern mindestens einmal im Jahr vor.

17.5 Besonderheiten bei Notebooks

Symptom: Notebook lässt sich nicht einschalten. Kein Ton, kein Buchstabe auf dem Bildschirm.

- 10 % Nehmen Sie den Akku heraus, betreiben Sie das Notebook mit Netzteil. Manchmal ist der Akku derart defekt, dass er das Notebook kurzschließt. Bei manchen Modellen hilft es, die Einschalttaste eine Minute lang gedrückt zu halten, bis das BIOS-Logo erscheint.
- 40 % Ist das Netzteil in Ordnung? Gibt es eine Anzeige, dass Spannung am Notebook anliegt? Kontrollieren Sie am Netzteil die Ausgangsspannung mit einem Voltmeter. Allerdings beweist das Fehlen einer Spannung nicht, dass das Netzteil defekt ist. Manche Netzteile bleiben spannungslos, wenn keine Last angeschlossen ist. Wenn Sie ein Ersatznetzteil kaufen: Es muss nicht ein Original-Ersatzteil sein. Die Spannung muss übereinstimmen, die Leistung darf größer sein.
- 5 % Vielleicht hat die Festplatte einen Kurzschluss? Nehmen Sie die Festplatte heraus.
- 35 % Hauptplatine ist defekt. Eine neue Hauptplatine kostet vermutlich 300 €.
- 10 % sonstiges.

Symptom: Es hört sich so an, als ob das Notebook normal startet, doch der Bildschirm bleibt dunkel.

- 60 % Der Grafikchip auf der Hauptplatine ist durchgebrannt.
- 20 % Nur der Bildschirm ist defekt, mit einem externen Bildschirm funktioniert das Notebook vielleicht.
- 10 % Das Kabel vom Grafikchip zum Display führt durch ein Scharnier. Häufiges Auf- und Zuklappen des Deckels zermürbt das Kabel. Probieren Sie, ob es eine Stellung des Deckels gibt, in der das Display funktioniert. Geschätzte Reparaturkosten: Die Scharniere gibt es wahrscheinlich nicht einzeln. Sie müssen ein neues Display für etwa 200 € kaufen, der Einbau dauert eine Stunde.
- 10 % sonstiges.

Viele Notebooks können mit der Kombination einer Funktionstaste (oft F4 oder F8) und der Sondertaste Fn zwischen internem und externen Display umschalten. Es gibt Notebooks, bei denen das versehentliche Drücken dieser Tastenkombination das Display abschaltet.

17.6 Wo die Logik versagt

17.6.1 Allgemeine Probleme

Kontaktprobleme jeder Art sind häufiger, als man glaubt. Wenn Sie kein offensichtliches Problem finden, sollten Sie die Grafikkarte und andere Karten leicht in den Steckplatz drücken. Kontrollieren Sie die Steckverbinder (unter leichtem Wackeln hineindrücken).

Beachten Sie, dass die Kontakte von Steckern und Buchsen eine begrenzte Lebensdauer haben, bei SATA-Kabeln sind etwa 25 Steckungen erlaubt. Manchmal muss man nur ein Kabel auswechseln oder einen anderen Steckplatz benutzen.

17.6.2 Einige Beispiele: Auf so etwas kommt man nicht.

Eine Grafikkarte funktionierte nur in der Standardauflösung, höhere Auflösungen ließen sich nicht einstellen. Ursache: Das BIOS der Grafikkarte hatte ein Kompatibilitätsproblem mit dem DVD-Laufwerk. Das Problem wurde durch Austausch des DVD-Laufwerks gegen ein Modell eines anderen Herstellers gelöst.

Das Netzwerk war langsam und setzte manchmal aus. Ursache: Der Kunde hatte das LAN-Kabel in einem engen Kabelkanal verlegt. Weil das Kabel einen Meter zu lang war, hatte der Kunde die überschüssige Länge zusammengerollt in einem ziemlich engen Kabelkanal versteckt, anstatt die überschüssige Länge abzuschneiden. Der minimale Biegeradius war unterschritten.

Das Netzwerk war langsam und setzte manchmal aus. Ursache: Die Mittelader des verwendeten Koaxialkabels war auf einer Länge von 15 m zweimal unterbrochen. Das Signal kam meistens durch, war aber geschwächt (die Netzwerk-Übertragungsfrequenz lag im UKW-Frequenzbereich, und UKW kann durchaus einige Millimeter Luft überwinden). Hintergrundinfo: Als ich die Kabelrolle kaufte, pries sie der Großhändler an mit „billiger als eine Wäscheleine“. Der Preis hätte mich warnen müssen. Den Rest der Kabelrolle hatte ich in acht Stücke zerschnitten in der Hoffnung, diese Reste verwerten zu können. Vier davon hatten ebenfalls eine Unterbrechung. Der Hersteller wusste zweifellos von dem Mangel, aber verschrotten kostet Geld. In so einem Fall gründet der Hersteller eine Tochterfirma, um seinen „guten Namen“ nicht zu beschmutzen, und verkauft den Schrott über diese zeitweilige Firma.

Ich hatte PCs mit identischer Hardware an zwei Brüder verkauft. Ein bestimmtes Spiel lief auf dem einen PC, aber nicht auf dem anderen. Ursache: Das BIOS der einen Grafikkarte war neuer als das der anderen, obwohl ich beide Grafikkarten mit der gleichen Lieferung erhalten hatte. Ein Update des Grafik-BIOS löste das Problem.

Ein Kunde hatte einen gebrauchten PC gekauft, kannte aber das BIOS-Passwort nicht. Üblicherweise trennt man den PC vom Stromnetz und nimmt die BIOS-Batterie heraus. Meistens reicht eine Minute, dann gehen alle Einstellungen im CMOS-RAM verloren, einschließlich Passwort. Doch auch eine Wartezeit von zehn Minuten reichte nicht. Lösung: Die Batterie war mit einem Elko gepuffert. Erst nach einer Wartezeit von zwölf Stunden war der CMOS-Speicher endlich stromlos und hatte das Passwort vergessen.

Eine Kundin bestückte ein hochmodernes Mainboard mit einem PCIe-Harddisk-Controller, um ihre alte IDE-Festplatte anschließen zu können. Ohne die IDE-Platte startete der PC normal, mit angesteckter IDE-Platte dauerte der Windows-Start vier Minuten. Anschließend konnte man normal mit allen Festplatten arbeiten, obwohl `EVENTVWR.MSC` mehrmals meldete „Fehler der Festplatte“. Fazit: Beim Zusammentreffen von sehr neuer mit sehr alter Hardware sind Kompatibilitätsprobleme häufig. Die Hersteller testen nur selten das Zusammenwirken ihre neuesten Produkte mit älteren Komponenten.

Ein Kunde klagte über einen schneckenlangsamen PC und brachte ihn in die Werkstatt – doch hier lief er einwandfrei. Lediglich einige Meldungen „CPU Power“ im Ereignisprotokoll fand ich verdächtig. Ich dachte, die CPU hätte wegen Überhitzung nur mit halber Taktfrequenz gearbeitet. Nach einer Lüfterreinigung und Erneuerung der Wärmeleitpaste fuhr der Kunde nach Hause, aber dort war der PC erneut schneckenlangsam. Ursache war eine defekte Maus. Unterbrechungen von Tastatur und Maus haben eine hohe Priorität für die CPU (es wäre ja auch schlimm, wenn der Computer Bedienereingaben ignorieren würde), und vermutlich wurde die CPU von der Maus mit hunderttausenden sinnlosen Interrupts pro Sekunde zugemüllt.

Ein Kunde hatte seinen PC selbst zusammengebaut. Der PC steckte in einem flachen Desktop-Gehäuse. Jedesmal wenn er seinen Bildschirm auf das Gehäuse stellte, ging der PC aus. Ursache: Unter der Hauptplatine war eine Schraube eingeklemmt. Wenn sich das Gehäuse unter der Last des Monitors verformte, wurde die Schraube gegen die Hauptplatine gedrückt und verursachte einen Kurzschluss.

Der PC stürzt mit allmählich zunehmender Häufigkeit ab? Der PC ist älter als zwei bis drei Jahre? Dann können Sie diesen Fehler in einem Drittel aller Fälle mit bloßem Auge finden. Sehen Sie sich alle Elektrolyt-Kondensatoren genau an, vor allem rund um die CPU. Wenn auch nur ein Elko einen minimal aufgewölbten Deckel hat, braucht der PC eine neue Hauptplatine. Nutzen Sie die letzten Stunden oder Tage, an denen die Hauptplatine noch einigermaßen funktioniert, um den Austausch der Hauptplatine vorzubereiten (siehe Kapitel „Mainboard auswechseln ohne Neuinstallation" auf der nächsten Seite) oder um wenigstens Ihre Daten zu sichern.

Der PC erkennt Geräte nicht mehr oder „spinnt"? Eine Überspannung auf der Stromleitung oder ein fehlerhafter Schalter einer Steckdosenleiste könnte Kondensatoren des Netzteils und der Hauptplatine überladen haben. Lösung: Netzspannungsstecker ziehen und den Ein-Taster („Power On") eine Minute lang drücken, das entlädt die Kondensatoren. Nun sollte der PC funktionieren. Wenn nicht: Stecker ziehen und den PC über Nacht stromlos stehen lassen. Vielleicht müssen Sie danach einige USB-Geräte neu installieren.

Symptom 1: Der PC ist eingeschlafen und lässt sich nicht mehr aufwecken.

Symptom 2: Nach längeren Arbeitspausen werden Netzwerkfehler gemeldet.

Symptom 3: Nach längeren Arbeitspausen gibt es merkwürdige Effekte auf dem Bildschirm: Wenn man Fenster oder Dialogboxen verschiebt, bleiben Spuren zurück.

Wenn der PC nach einem Neustart stets funktioniert, könnte die gemeinsame Ursache ein Fehler in den Energiesparfunktionen des ACPI-Powermanagements sein. Solange Sie am PC arbeiten, bleibt der PC aktiv. Erst wenn Sie eine Arbeitspause machen, die lang genug ist, dass der PC in den Schlafmodus wechselt, tritt der Fehler scheinbar zufällig auf.

In vielen Fällen genügt es, im Gerätemanager mit der rechten Maustaste auf die Netzwerkkarte zu klicken und „Eigenschaften" zu wählen. Deaktivieren Sie „Computer kann das Gerät ausschalten ...". Übrigens: Weil diese Art von Störungen so schwer zu lokalisieren sind, entferne ich diesen Haken prophylaktisch bei allen Desktop-PCs, auf denen ich Windows installiere.

Bild 17.2: Energiemanagement der Netzwerkkarte

18 Allerlei auswechseln

18.1 Mainboard auswechseln ohne Neuinstallation

Wenn eine Hauptplatine ausgewechselt werden soll, weil sie defekt ist oder weil Sie zu einer moderneren Hauptplatine wechseln wollen, haben Sie so gut wie immer ein schweres Problem mit den Treibern des Festplattencontrollers.

Während der Neuinstallation von Windows verwendet das Betriebssystem eigene, universelle Treiber, die mit jedem Chipsatz zurechtkommen. Allerdings nutzen diese Treiber die Leistungsfähigkeit moderner Chipsätze nur zu einem geringen Teil. Deshalb ersetzt ein neuinstalliertes Windows die Festplatten-Universaltreiber durch spezielle Treiber des Chipsatz-Herstellers, die für den verwendeten Chipsatz optimiert sind. Windows bringt ein umfangreiches Treibersortiment mit, holt sich die Treiber aus dem Internet oder fordert zum Einlegen der Treiber-CD des Mainboards auf. Microsoft hat keine einfache Möglichkeit vorgesehen, diese Treiberinstallation rückgängig zu machen und zu den ursprünglichen Universaltreibern zurückzukehren.

Was geschieht mit Ihrem Windows, wenn Sie den PC hochfahren, nachdem Sie die Hauptplatine gegen eine modernere Platine mit einem weiterentwickelten Chipsatz ausgetauscht haben? Es ist sehr unwahrscheinlich, dass die Treiber auf der Festplatte (die zum Chipsatz der alten Platine passen) mit dem neuen Chipsatz zurechtkommen. Die renommiertesten Hersteller schicken die Treiber für ihre in Entwicklung befindlichen Hauptplatinen vorab an Microsoft, damit diese in die Windows-Treiberbibliothek eingebaut werden. Dann kann Windows diese Treiber für die neue Hauptplatine verwenden. Andernfalls bekommen Sie eine Fehlermeldung (meist einen BlueScreen) und können nicht auf die Festplatte zugreifen. Sie müssten also die alten Festplattentreiber gegen die zur neuen Hauptplatine passenden auswechseln. Manchmal gelingt das im abgesicherten Modus. Wenn aber Windows abstürzt, noch bevor Sie auf die Festplatte zugreifen konnten? Dann haben Sie ein Problem.

Ich sehe fünf Möglichkeiten in dieser Situation. Allen fünf Lösungsvorschlägen sollte eins vorausgehen: Erstellen Sie eine funktionsfähige Kopie der gesamten Festplatte für den Fall, dass das Betriebssystem beim Versuch der Anpassung zerstört wird. Ein Image der Betriebssystempartition auf eine externe Festplatte zu sichern ist die minimale Vorsichtsmaßnahme. Besser ist es, die Festplatte zu klonen.

1. Bauen Sie die Festplatte aus und stecken sie diese über einen USB-SATA-Adapter an den Computer an. Wenn es gelingt, den PC mit der alten Hauptplatine über USB zu booten, gelingt das sicher auch mit der neuen Hauptplatine. Installieren Sie die Treiber der neuen Hauptplatine und bauen Sie die Festplatte wieder ein.
2. Wenn Ihr PC in der alten Konfiguration noch funktioniert, können Sie vor dem Ausbau der alten Platine versuchen, den Festplattentreiber zu entfernen und durch den Windows-Standardtreiber zu ersetzen. Das ist nicht einfach und es klappt nicht immer. Eventuell verliert Windows dabei den Zugriff auf Ihre Festplatte für immer.
3. Sie können die Festplatte als Zweitplatte an einen anderen PC anschließen, die Treiber entfernen und vor allem die Registry-Einträge anpassen. Das ist sehr schwierig. Nicht jeder Fachhändler und nur wenige Computerfreaks können das. Auf `https://kb.acronis.com/ati2020/aur` wird ein Programm „Acronis Universal Restore" beschrieben, mit dem man diesen Treiberaustausch durchführen kann.
4. Besorgen Sie einen Festplattencontroller als Steckkarte, der sich sowohl in die alte als auch in die neue Hauptplatine stecken lässt und der für Ihr Betriebssystem die passenden Treiber hat. Stecken Sie diesen Hilfscontroller auf die alte Hauptplatine und installieren Sie dessen Treiber. Wechseln Sie danach die Hauptplatine und stecken Sie den Hilfscontroller auf die neue Hauptplatine. Schließen Sie die Festplatte an den Hilfscontroller an. Mit etwas Glück können Sie nun Windows booten und die Treiber für das neue Mainboard installieren. Auf der nächsten Seite ist dieser Ablauf ausführlicher beschrieben.
5. Wenn all das nicht geht, bleibt Ihnen nur, die Betriebssystempartition zu löschen und Windows neu zu installieren. Anschließend installieren Sie alle Treiber und alle Ihre Anwendungen erneut. Kopieren Sie die Daten vom Backup zurück und verknüpfen Sie diese mit den Anwendungen.

Umstellung mit Hilfs-Festplattencontroller

Material

Hier einige Vorschläge für einen geeigneten Hilfs-Festplattencontroller:

1. 20 € „PCI Card Delock 2x SATA“
2. 20 € „PCI Expr Card Delock 2x SATA“
3. 20 € „PCI Card Delock 1x eSATA ext +1x SATA +1x IDE“
4. 30 € „PCI Expr Card Delock 2x SATA III int + 1x IDE“ (siehe Bild 18.1)
5. 35 € „PCI Expr Card DIGITUS Combo-Card SATA III/PATA“

1. und 2. sind geeignet, wenn Sie eine SATA-Festplatte benutzen. Weil diese Steckkarte nur zum Zwecke der Umstellung benötigt wird, braucht sie keine schnellen SATA III Schnittstelle zu haben, SATA II genügt. Nach beendeter Umstellung wird die Festplatte an die Hauptplatine angesteckt und der Hilfscontroller wird nicht mehr benötigt.

Wenn Sie noch eine alte Festplatte mit IDE-Anschluss haben, kommen nur 3., 4. oder 5. in Frage. Hat die alte Hauptplatine keinen PCIe-Steckplatz, bleibt nur die 3. Variante.

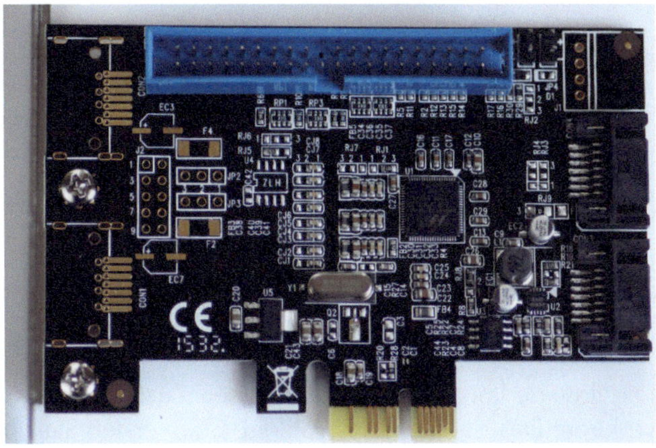

Bild 18.1: PCI Express Karte mit IDE- und SATA-Anschlüssen

Ablauf

Bauen Sie die PCI- oder PCIe-Hilfscontrollerkarte in den alten PC ein und installieren Sie die Treiber für diese Steckkarte. Starten Sie den PC neu, um die Installation abzuschließen, und fahren Sie den PC herunter.

Ziehen Sie die Boot-Festplatte vom Anschluss des Mainboards ab und stecken Sie diese nun an den Hilfscontroller an. Testen Sie, ob der PC ganz normal hochfährt. Vielleicht müssen Sie dazu die Boot-Sequenz anpassen. Vielleicht klappt das nicht, weil das BIOS nicht imstande ist, um von einem zweiten Controller zu booten. Aber auch wenn das Booten nicht klappt – noch ist nichts verloren.

Wechseln Sie nun die Hauptplatine, wie in den Kapiteln 9 bis 15 beschrieben. Testen Sie die Funktion der Hauptplatine, noch ohne eine Festplatte anzustecken.

Bestücken Sie die neue Hauptplatine mit dem Hilfscontroller. Stecken Sie die Festplatte und das DVD-Laufwerk zunächst an die Anschlüsse des Hilfscontrollers. Schalten Sie nun den PC ein und stellen Sie die Bootsequenz ein. Weil die Treiber der Hilfscontrollerkarte bereits installiert sind, sollte Windows starten. Allerdings gibt es dutzende Fehlermeldungen, weil Windows die Treiber für die neue Hauptplatine noch nicht kennt.

Es gibt zwei Möglichkeiten, diese Treiber zu installieren.

- Legen Sie die mit der Hauptplatine gelieferte Treiber-CD ein und überlassen Sie es Windows, die Treiber zu finden. Es werden einige Treiber dabei sein, die nicht automatisch gefunden werden. Versuchen Sie, mit Hilfe des Gerätemanagers zu bestimmen, welche Komponenten fehlen. Starten Sie die entsprechenden Setup-Programme.
- Brechen Sie beim Hochfahren von Windows alle Installationsaufforderungen ab („Treiber nicht installieren“). Gehen Sie dann systematisch vor und installieren Sie die Treiber mit ihren Setup-Programmen. Beginnen Sie mit den Chipsatz-Treibern.

Ich bevorzuge die zweite Methode, weil ich dabei jederzeit genau weiß, welche Treiber schon installiert sind und welche noch fehlen.

Nachdem die Chipsatztreiber installiert sind, können Sie die Festplatte vom Hilfscontroller an den Anschluss der Hauptplatine umstecken. Die Hilfscontrollerkarte wird nicht mehr benötigt und kann ausgebaut werden.

18.2 Akku bzw. Batterie prüfen und wechseln

Die Systemuhr und der CMOS-RAM müssen ununterbrochen mit Strom versorgt werden: Entweder vom Netzteil oder von einer Batterie. In den 80er und 90er Jahren wurden noch Akkus verwendet. Weil im Laufe der Jahre der Strombedarf der entsprechenden Schaltungen der Hauptplatine immer weiter reduziert werden konnte, kommen inzwischen – wahrscheinlich ausnahmslos – nur noch preiswerte Knopfzellen-Batterien zum Einsatz. Dadurch kann auf der Hauptplatine die Ladeelektronik für die früheren verwendeten Akkus eingespart werden. Diese „BIOS-Batterie" hat eine Haltbarkeit bis zu 10 Jahren. Bei hohen Temperaturen im PC oder wenn der PC selten genutzt wird, kann die Lebensdauer bis auf zwei Jahre sinken.

Wenn der PC über Nacht Datum und Uhrzeit vergisst, ist meist die BIOS-Batterie erschöpft. Woran können Sie eine erschöpfte Batterie noch erkennen?

- Bevor die Uhr stehenbleibt, läuft sie bei ausgeschaltetem PC möglicherweise langsamer. Eine Differenz sehen Sie nur bei getrennter Internetverbindung, sonst erfolgt die Zeit-Synchronisierung.
- Das Datum springt auf 1.1.1970 (das Startdatum der UNIX-Zeitzählung).
- Neuere PCs suchen automatisch nach einem Startlaufwerk, wenn CMOS-Informationen fehlen, doch das Booten erfolgt deutlich langsamer oder schlägt fehl.
- Fehlermeldung „CMOS Read Error" oder „CMOS Battery Failure".

Die Batterie können Sie im stromlosen Zustand des PCs wechseln. Dabei gehen die BIOS-Einstellungen verloren. Das ist aber kein Problem: Beim ersten Start nach dem Batteriewechsel setzen Sie das BIOS auf Standardeinstellungen zurück und dann passen Sie gegebenenfalls die Bootsequenz an.

Auf ATX-Hauptplatinen steckt fast immer eine Knopfzelle vom Typ 2032 in einer Fassung. Drücken Sie mit einem kleinen Schraubendreher oder einem Zahnstocher in Richtung des roten Pfeils gegen den federnden Metallbügel, dann sollte die Batterie herausspringen.

Bild 18.2: Batterie in der Halterung (hier vom Typ 2032)

Wenn Sie die Batterie nicht auswechseln, reicht der Strom noch einige Wochen für das sparsame CMOS-RAM, doch irgendwann bringt das BIOS eine Meldung „System Battery Dead" (Systembatterie ist tot) oder ähnlich. Auch mit einer „toten" Batterie können Sie den PC noch weiter verwenden, bekommen allerdings nach jedem Start eine Fehlermeldung und Sie müssen jedesmal Datum und Uhrzeit neu eingeben.

Sie sind nicht sicher, ob die Batterie wirklich leer ist? Manchmal erkennt man eine entladene Batterie an korrodierten Kontakten. Man kann die Batterie auch mit einem Spannungsmesser überprüfen. Die Spannung sollte zwischen 3,0 bis 3,6 Volt liegen. Die Batterie sollte man zur Messung herausnehmen. Falls das nicht geht, muss der PC während der Messung stromlos sein, sonst ist es ungewiss, welche Spannung man misst.

Manchmal ist es notwendig, den CMOS-Speicher gezielt zu löschen, zum Beispiel

- wenn man nicht anders ins BIOS kommt (die Taste „F2", „Entf" oder andere, vom Hersteller des Mainboards angegebene Tasten(kombinationen) funktionieren nicht),
- wenn der PC beim Booten im BIOS „hängen bleibt", z. B. wegen ungeeigneter Tuning-Einstellungen,
- bei merkwürdigen Abstürzen.

Dazu nimmt man bei stromlosem PC die BIOS-Batterie heraus. Doch weil die Versorgungsspannung für das CMOS meist mit Kondensatoren gestützt wird, kann es eine Weile dauern, bis das CMOS-RAM gelöscht ist. Fast immer genügt eine Minute Wartezeit, doch ich habe es erlebt, dass eine Stunde nicht ausreicht.

Schließen Sie einfach die beiden Batteriekontakte in der Batterie-Halterung für etwa eine Sekunde kurz, das dürfte die Kondensatoren schnell entladen.

Auf Notebooks vermeiden die Hersteller Steckverbindungen, damit es bei Erschütterungen keine Unterbrechungen gibt. Wahrscheinlich ist der Akku eingelötet. Versuchen Sie gar nicht erst, die Batteriekontakte aus der Hauptplatine auszulöten! Die Hauptplatine ist mehrlagig und das Risiko, Leiterzüge beim Auslöten zu beschädigen, ist sehr sehr hoch. Es ist besser, die Lötfahnen dicht an der Batterie mit einem Seitenschneider abzukneifen und die Drahtenden an die neue Batterie anzulöten. Mehr zum Auswechseln der BIOS-Batterie bei Notebooks haben Sie schon unter 16.3.4 gelesen.

18.3 Grafikkarte wechseln

Bevor Sie die alte Grafikkarte für immer entfernen, sind zwei Schritte zu empfehlen:

- Falls zur Grafikkarte ein Softwarepaket gehört, deinstallieren Sie es.
- Gehen Sie zum Gerätemanager und deinstallieren Sie die Treiber. Fahren Sie Windows herunter und bauen Sie dann die Grafikkarte aus. Denn wenn die Grafikkarte ausgebaut ist, wird sie bei zukünftigen Starts nicht mehr im Gerätemanager angezeigt und es ist zu spät, die alten Treiber zu entfernen.

Sinngemäß gilt das auch beim Austausch anderer Komponenten, die einen Treiber benötigen: Soundkarte, USB 3.0 Controller, ...

Am Ende des Grafikkarten-Steckplatzes (und anderer langer Steckplätze) wird die Steckkarte von einem „Haken" festgehalten. Ohne diese Verriegelung neigt beispielsweise die Grafikkarte zum „Herausrutschen" aus dem Steckplatz, weil man beim Anstecken des Bildschirmkabels unweigerlich etwas Druck ausüben muss. In die Aussparung der Grafikkarte (Bild 18.5) greift ein elastischer Haken wie in Bild 18.3 oder ein Hebel wie in Bild 18.4. Drücken Sie den Haken zur Seite bzw. den Hebel nach unten, um die Karte herausziehen zu können. Achten Sie darauf, dass die neue Karte einrastet.

Bild 18.3: Verriegelung PCIe-Steckplatz

Bild 18.4: Verriegelung PCIe (ASUS)

Bild 18.5: Unterer Teil einer PCIe-x16-Grafikkarte

18.4 Festplatte wechseln

SSD der Baujahre vor 2022 in einem intensiv genutzten PC sollten Sie nach etwa fünf Jahren vorsorglich auswechseln oder zumindest für eine regelmäßige Datensicherung sorgen. Ich musste eine hohe Ausfallrate nach Ablauf der Garantie feststellen.

Achtung: Es gibt Festplatten, die nur im Original-Notebook funktionieren. Wenn man sie ausbaut und als externe Festplatte an einen Computer ansteckt, sind sie nicht lesbar oder enthalten unbekannte Partitionen. Baut man sie in das Notebook ein, funktioniert Windows wieder.

Schlimmer noch: Die Festplatte in manchem Hochsicherheits-Notebook ist verschlüsselt, beim Hochfahren muss man jedesmal ein Passwort eingeben. Wenn man mehrmals ein falsches Passwort eingibt oder wenn man versucht, die Festplatte außerhalb des Notebooks zu betreiben, löscht die Festplatte ihren Schlüssel und die Daten sind für immer verloren.

Es ist deshalb besser, beim Klonen (oder bei einer Datensicherung) die Festplatte zunächst an ihrem Platz zu belassen und die neue Festplatte extern anzuschließen.

Es gibt etwa ein Dutzend Image-Programme zum Klonen der Festplatte. Acronis True Image, Paragon Drive Backup und Norton Ghost kosten je 30 bis 50 Euro. Sie sind relativ übersichtlich und haben eine deutsche Bedienoberfläche. DriveImage XML, Partimage, Clonezilla, Partclone, Aomei Data Backupper und DiscWizard von Seagate sind kostenlos. Manchmal findet man zeitlich begrenzte Versionen der Bezahl-Programme im Internet und in Zeitschriften. Mehr dazu, auch zu Problemfällen, ist auf `eifert.net/klonen` nachzulesen.

Wenn Sie eine Magnetfestplatte durch eine SSD ersetzen wollen, liegt der SSD wahrscheinlich eine CD mit einem Klon-Programm bei. Samsung legt das Programm SAMSUNGSSD bei, das man auch von der Webseite `www.samsung.com/samsungssd` heruntergeladen werden kann, wenn die CD nicht vorliegt.

18.4.1 Klonen mit Acronis True Image

Acronis True Image ist eines der besten Image-Programme. In der Home-Version kostet es etwa 30 Euro. Damit können Sie Partitionen, ganze Festplatten oder ausgewählte Ordner sichern, auch inkrementell. Es ist möglich, eine komplette Festplatte auf eine neue, größere Festplatte zu kopieren und dabei neue Partitionsgrößen festzulegen. Ich rate Ihnen, „True Image" nicht zu installieren, wenn Sie es nur ein einziges Mal brauchen. Sie können direkt von der CD booten.

Allerdings wurde das Programm im Jahr 2021 in „Acronis Cyber Protect Home Office" umbenannt. Mit zahlreichen neuen Funktionen kostet es jetzt 49 Euro pro Jahr. Ich rate Ihnen, nach Restexemplaren von „Acronis True Image" zu suchen. Mit den Versionen von 2018 bis 2021 funktioniert das Klonen und auch das Erstellen von Images einwandfrei. Das neue Acronis True Image 2025 kostet 50 Euro.

Stecken Sie die neue Festplatte an: Als zweite Festplatte im PC oder über einen USB-SATA-Adapter. Booten Sie von CD. Es erscheint für einige Sekunden ein Auswahlmenü. Klicken Sie schnell genug auf „Acronis True Image (Vollversion)", sonst wird der „Windowsstart fortgesetzt". Nach einer nervigen Wartezeit erscheint das Hauptmenü.

- Klicken Sie auf der Startseite auf „Extras und Werkzeuge", dann auf „Laufwerk klonen".
- Im nächsten Fenster können Sie zwischen „Automatisch" und „Manuell" wählen. Lassen Sie nicht das Programm raten, welche die Quelle-Festplatte ist! Wählen Sie „Manuell".
- Die Liste Ihrer Festplatten wird angezeigt. Wenn Sie ein Laufwerk markieren, wird dessen Belegung angezeigt. Wählen Sie das Quelllaufwerk, weiter, dann wählen Sie das Ziellaufwerk.
- Nun können Sie die Größe der Partitionen auf der neuen Festplatte anpassen. Wenn Sie beim Kopieren auf eine größere Festplatte „Proportional" wählen, werden alle Partitionen um den gleichen Faktor vergrößert. Wenn Sie kein besseres Programm für eine spätere Änderung von Partitionsgrößen haben

als den Festplattenmanager von Windows mit seinen sehr beschränkten Möglichkeiten, sollten Sie „Manuell" wählen und wohlüberlegt die neue Größe für jede Partition festlegen.

- Eine Zusammenfassung wird angezeigt. Überprüfen Sie die Planung, dann „Fertig stellen".

Wenn keine Fehler auftreten, können Sie anschließend die neue Festplatte anstelle der alten anstecken.

Acronis schätzt den Zeitbedarf anfangs möglicherweise sehr hoch ein, aber nach einigen Minuten pegelt sich die Voraussage auf einen realistischeren Wert ein. Das Klonen dauert meist 10 bis 30 Minuten, selten mehr als eine Stunde. Falls jedoch der Zeitbedarf bei vielen Stunden bleibt, sollten Sie eventuell das Sichern abbrechen und beim nächsten Start des Programms den „abgesicherten Modus" wählen. Im abgesicherten Modus werden andere Treiber verwendet, wodurch sich der Zeitbedarf drastisch verändern kann – nach unten, aber mitunter auch nach oben.

Tipp: Beobachten Sie das Fenster „Fortschritt der Aktion". Wenn sich die prognostizierte Restdauer plötzlich verdoppelt, ist Acronis auf einen Bereich der Festplatte gestoßen, wo für zahlreiche Sektoren vielfache Leseversuche nötig waren. Acronis nimmt nun an, dass auch der Rest der Festplatte ebenso problematisch ist. Wenn nicht, geht die Zeitprognose langsam wieder nach unten – bis zum nächsten geschwächten Bereich.

Bei einer älteren Festplatte, besonders bei Notebooks, sind kleinere Schwankungen normal. Doch wenn sich Prognosezeiten verdreifachen, vielleicht gar mehrmals, sollten Sie über den Kauf einer neuen Festplatte oder zumindest über eine häufigere Datensicherung nachdenken.

Auf `eifert.net` finden Sie unter „Hilfen" → „Datensicherung" → „Anleitungen" mehr über das Klonen sowie eine bebilderte Anleitung.

18.4.2 Die neue Festplatte ist kleiner als die alte

Normalerweise setzt Acronis True Image voraus, dass die Ziel-Festplatte größer oder gleich groß ist wie die alte Festplatte. Doch eine SSD-Platte zu kaufen, die so groß wie eine vorhandene Magnetfestplatte ist, dürfte viel zu teuer sein. Was tun?

Eine Möglichkeit ist es, alle vorhandenen Partitionen auf eine Mindestgröße zu reduzieren und sie ohne Lücken dazwischen am Anfang der Festplatte „zusammenzuschieben". Wenn dadurch der genutzte Teil der Festplatte kleiner wird als die neue Festplatte, ignoriert das Acronis-Klonprogramm den ungenutzten Teil der Festplatte.

Eine andere Möglichkeit ist es, von der Betriebssystempartition und der kleinen Bootpartition am Anfang der Festplatte ein Image auf eine externe Festplatte zu sichern und dieses Image auf die neue, kleinere Festplatte zurückzukopieren. Nachdem man sich von der Funktionsfähigkeit des kopierten Betriebssystems überzeugt hat, löscht man die Betriebssystempartition von der alten, großen Festplatte und steckt diese als Zweitfestplatte für Massendaten in den PC.

Mehr dazu ebenfalls auf meiner Webseite.

19 Anhang

19.1 Vergleich von Datenübertragungsraten

Um Sie bei der Kaufentscheidung von Komponenten zu unterstützen, sehen Sie hier eine Aufstellung der wichtigsten Datenübertragungsraten im PC und zur Peripherie.

Um sie besser vergleichen zu können, sind die Werte in MByte/s und auch in Mbit/s angegeben. Die in Prospekten und Dokumentationen üblicherweise genannten Werte sind fett hervorgehoben. Es handelt sich dabei um theoretische Werte, real erreichbare Werte liegen teils beträchtlich darunter.

MByte/s	Mbit/s	Übertragungsverfahren
0,005	**0,052**	Modem, analog
0,007	**0,055**	GSM ohne EDGE
0,008	**0,064**	ISDN (64 kbit/s pro Kanal)
0,028	**0,220**	GSM mit EDGE
0,048	**0,384**	UMTS ohne HSPDA
0,125	**1,0**	DSL 1000
0,450	**3,6**	UMTS mit HSDPA
0,900	**7,2**	UMTS mit HSDPA (wenige Orte)
2,000	**16**	DSL 16 000
12,500	**100**	LTE

Tab. 19.1: Datenübertragungsraten zum Internet

MByte/s	Mbit/s	Übertragungsverfahren
0,050	**0,4**	Bluetooth 1.0
0,200	**1,5**	USB 1.1 Low Speed
0,375	**3,0**	Bluetooth 3.0
1,500	**12,0**	USB 1.1 Full Speed
2	**16,0**	Centronics-Schnittstelle (paralleler Druckeranschluss)
50	**400**	FireWire (IEEE 1394a)
60	**480**	USB 2.0 High Speed
100	**800**	FireWire (IEEE 1394b)
400	**3200**	FireWire (IEEE 1394b S3200)
625	**5000**	USB 3.1 Gen 1 (alt: USB 3.0 Superspeed)
1250	**10 000**	USB 3.1 Gen 2 (alt: USB 3.1 Superspeed Plus)
2500	**20 000**	USB 3.1 Gen 3 (alt: USB 3.2)
2500	**20 000**	Thunderbolt 2
5000	**40 000**	USB 4.0 und Thunderbolt 4

Tab. 19.2: Datenübertragungsraten der externen Schnittstellen

MByte/s	Mbit/s	Übertragungsverfahren
0,150	1,2	1-fache Abspielgeschwindigkeit CD-ROM
1,350	10,8	1-fache Abspielgeschwindigkeit DVD-ROM (wie 9x CD-ROM)
3,3	26	ATA-1 im PIO-Modus 1
16,7	133	ATA-1 im PIO-Modus 4 (maximal)
16,7	133	Ultra ATA 16 (P-ATA), auch als UDMA 16 bezeichnet
33	266	Ultra ATA 33 bzw. UDMA 33
66	533	Ultra ATA 66 bzw. UDMA 66
100	800	Ultra ATA 100 bzw. UDMA 100
133	1066	Ultra ATA 133 bzw. UDMA 133
166	1333	Ultra ATA 166 bzw. UDMA 166
150	**1500**	SATA 1,5 Gbit/s (SATA Revision 1.0) *1
160	1280	Ultra 160 SCSI
300	**3000**	SATA 3 Gbit/s (SATA 300, SATA II, Revision 2.x) *1
600	**6000**	SATA 6 Gbit/s (SATA 600, SATA III, Revision 3.x) *1
7877	**63000**	M.2-SSD über PCIe x4 V4.0
14500	**116000**	M.2-SSD über PCIe x4 V5.0

Tab. 19.3: Datenübertragungsraten zu Festplatte und DVD

MByte/s	Mbit/s	Übertragungsverfahren
9,540	76	ISA Bus (16 Bit, 4,77 MHz)
133	1066	PCI 1.0 (32 Bit, 33 MHz)
250	2000	PCIe x1 (1 Bit) V1.0 (2,5 GHz)
266	2133	AGP 1x (32 Bit, 66 MHz)
533	4266	AGP 2x (32 Bit, 133 MHz)
533	4266	PCI 2.3 (64 Bit, 66 MHz)
1000	8000	PCIe x4 (4 Bit) V1.0 (2,5 GHz)
1066	8233	AGP 4x (64 Bit, 133 MHz)
3200	25 600	AMD FSB 400
3938	31020	PCIe x4 (4 Bit) V3.0 (8 GHz)
4000	32 000	PCIe x16 (16 Bit) V1.0 (2,5 GHz)
6400	51 200	Intel FSB 800
8000	64 000	PCIe x16 V1.0 (2,5 GHz) und PCIe x16 V2.0 (5 GHz)
15754	126 000	PCIe x16 V3.0 (8 GHz)
31508	252 000	PCIe x16 V4.0 (16 GHz)
63000	504 000	PCIe x16 V5.0 (32 GHz)

Tab. 19.4: Datenübertragungsraten zu den internen Steckkarten

*1: Umrechnungsfaktor Byte zu Bit von 1 : 10 wegen 8B/10B-Konvertierung

19.2 FACHWORTVERZEICHNIS

Dieses Fachwortverzeichnis enthält wichtige Fachwörter zur Hardware. Auf meiner Website `eifert.net` unter „Hilfen“ finden Sie ein aktuelleres und weit umfangreicheres Wörterbuch zu vielen Computerthemen.

%USERNAME%
: Systemvariable, die den Benutzernamen des angemeldeten Benutzers enthält, z. B. „Klaus“.

%USERPROFILE%
: Systemvariable, die den Nutzerordner des angemeldeten Benutzers anzeigt. Beispiel: `C:\USERS\Klaus` oder `C:\Benutzer\Klaus` je nach Windowsversion und Sprache.

3,5″-Festplatte
: Standard-Festplatte mit einem Scheibendurchmesser von etwa 3,5 Zoll = 89 mm. Daraus ergeben sich Gehäusemaße von etwa 10 cm Breite, 14,5 cm Länge und 2,5 cm Höhe. In Notebooks werden kleinere Festplatten mit 2,5" verwendet.

64-Bit-Prozessor
: 16-Bit-CPUs verarbeiten Zahlen bis 65 535 (2^{16}) in einem Schritt, 32-Bit-CPUs verarbeiten Zahlen bis 2^{32}, also etwa vier Milliarden, in einem Rechenschritt. 64-Bit-CPUs schaffen das mit Zahlen bis 2^{64}, also etwa 18 Trillionen (18 Milliarden Milliarden). Eine Multiplikation wie z. B. 72 057 594 037 927 936 x 122 = 8 791 026 472 627 208 192 gehört für eine 64-Bit-CPU noch zum „kleinen Einmaleins“.

8-Bit-Prozessor
: Ein 8-Bit-Prozessor kann Zahlen aus 8 Bit, also Zahlen von 0 bis 255 (2^8-1) in einem Rechenschritt verarbeiten. Das in der Schule gelernte kleine Einmaleins geht bis 100, bei einer 8-Bit-CPU bis 255. Rechnungen mit größeren Zahlen muss der Computer nach den gleichen Rechenregeln in einfachere Rechenschritte zerlegen wie wir.

Abgesicherter Modus
: Eine funktionell eingeschränkte Betriebsart. Nur die allernotwendigsten Treiber werden geladen, wodurch nach schweren Abstürzen oder Installationsfehlern auch ein beschädigtes Windows oft noch gestartet und repariert werden kann.

AC97
: Ein Verfahren, den Sound mit der CPU zu berechnen, um auf eine Soundkarte verzichten zu können.

Access Control List
: Eine Liste im Dateisystem NTFS, welche die Zugangsberechtigungen der Benutzer enthält.

Access Point
: Basisstation für ein WLAN, z. B. der DSL-Router.

ACPI
: Das „**A**dvanced **C**onfiguration and **P**ower **I**nterface“ ist ein Industriestandard für die Energieverwaltung (engl.: Power Management) und die Geräteerkennung. Weil das Betriebssystem die beste Übersicht über die Sparmöglichkeiten hat, hat im Unterschied zum Vorgänger APM (**A**dvanced **P**ower **M**anagement) das Betriebssystem die Kontrolle.

ActiveX
: Softwarekonzept von Microsoft, um den MS Internet Explorer und andere Programme um zusätzliche Komponenten zu ergänzen. Damit lassen sich – ähnlich wie mit Java – Webseiten dynamisch gestalten.

Administrator
: der Systemverwalter in Windows-Betriebssystemen, der Benutzer mit den umfangreichsten Rechten. In Linux-Systemen wird der Systemverwalter als „Root“ bezeichnet.

AGP
: **A**dvanced **G**raphic **P**ort: Eine Schnittstelle für Grafikkarten, Nachfolger des PCI-Interfaces, veraltet. Neue PC benutzen PCI-Express, vor allem für Grafikkarten.

AHCI
: **A**dvanced **H**ost **C**ontroller **I**nterface: Neuerer Standard für den Festplattenzugriff. Ermöglicht es der Festplatte, eintreffende Lese- und Schreibanforderungen in geänderter, optimierter Reihenfolge abzuarbeiten.

AMD
: Bedeutender Hersteller von hochwertigen Halbleitern, vor allem von Prozessoren, Chipsätzen und Grafikprozessoren.

Analog
: Eine Größe, die beliebig viele Zwischenwerte haben kann. Das Gegenteil ist „Digital".

Android
: Ein auf Linux basierendes Betriebssystem, das auf den meisten Smartphones, Mobiltelefonen, Netbooks und Tablet-Computern installiert ist. Es wird von der „Open Handset Alliance" weiterentwickelt, deren Hauptmitglied Google ist.

Anschluss
: Steckverbinder für zusätzliche Baugruppen. Fast alle PC-Steckverbinder haben eine andere Form, so dass es nicht zu Verwechslungen und Schäden kommen kann.

ANSI
: **A**merikanisches **N**ationales **S**tandardisierungs **I**nstitut: Normungsinstitut der USA, das die gleiche Aufgabe wie das Deutsche Institut für Normung e.V. (DIN) hat.

ANSI-Zeichensatz
: Bezeichnung für einen Zeichensatz mit 256 Zeichen. Die ersten 127 Zeichen stimmen mit dem ASCII-Zeichensatz überein. Der Nachfolger ist Unicode.

Anwendungsprogramm
: Ein Programm, das eine für den Anwender nützliche Tätigkeit verrichtet.

APM
: Das „Advanced Power Management" ist ein Standard für Energiesparmethoden aus den 1990er Jahren. Das BIOS entscheidet je nach Art und Dauer der Inaktivität darüber, welche Komponenten abgeschaltet oder in den Energiesparmodus versetzt werden können. Zwischen normalem Betrieb (Aktivitätsmodus „S1") und Ausgeschaltet („Soft-Off", Aktivitätsmodus „S5") gibt es weitere drei Aktivitätsstufen. APM wurde weitgehend durch ACPI abgelöst.

Apple
: Führender Hersteller von Smartphones, Tablets und hochwertigen Computern.

Arbeitsspeicher (Memory)
: Schneller elektronischer Speicher aus DRAM-Chips für die Zwischenspeicherung der in Benutzung befindlichen Daten und Programme. Der Kurzzeitspeicher verliert beim Ausschalten die Information. Meist 4 – 16 GB groß.

ASCII-Zeichensatz
: **A**merican **S**tandard **C**ode for **I**nformation **I**nterchange. Codierung für Zeichen, vorzugsweise des lateinischen Alphabets. Der Nachfolger ist ANSI.

Assembler
: Elementare, prozessorspezifische Programmiersprache.

ATA
: Standard für Massenspeicher-Schnittstellen (Festplatte, DVD u.a.).

Athlon
: Markenname für eine Prozessorserie des Herstellers AMD.

ATI
: bedeutender Hersteller von Grafikprozessoren (GPU), wurde von AMD übernommen.

ATX
: Aktueller Formfaktor für PCs, vor allem für Gehäuse, Platinen und Netzteile.

ATX12V
: vierpoliger Stecker für die Stromversorgung der CPU mit 12 Volt.

ATX12V 4+4
: vierpoliger Stecker für die Stromversorgung der CPU mit vier Zusatz-Pins, die zusammen als EPS12V Anschluss dienen.

Auflösung
: Anzahl der Bild- oder Druckpunkte in waagerechter und senkrechter Richtung auf Display oder Drucker.

Auslagerungsdatei
: engl.: swapfile. Bereich der Festplatte für die kurzzeitige Zwischenlagerung von momentan nicht benötigten Daten und Programmen.

Ball bearing
: Kugellager-Lagerung

BASIC
Beginners All Purpose Symbolic Instruction Code – einfache Programmiersprache.
Basisdatenträger
Festplatte mit einer klassischen Partitionstabelle.
Befehlssatz
Die Menge aller Maschinensprachebefehle einer CPU.
Benchmark
Testprogramm zum Messen und Vergleichen der Leistung von Computern.
Bereitschaftsspannung
Eine Spannung von 5 Volt, mit der es Maus, Tastatur, Netzwerkkarte und Netztaster möglich wird, den „ausgeschalteten" PC aufzuwecken.
Betriebssystem
Eine aufwendige Software, welche die grundlegende Steuerung des PC, die Verwaltung seiner Ressourcen und das Management der Anwendungen übernimmt.
Big-Tower-Gehäuse
Großes Computergehäuse, 50 cm hoch oder mehr.
Bildtrommel
Lichtempfindliche Trommel eines Laserdruckers, meist mit Selen beschichtet.
Bildwiederholspeicher
RAM der Grafikkarte, der für jeden Bildpunkt Farbe und Helligkeit speichert. Siehe BWS.
Binärsystem
auch: Dualsystem. Zahlensystem mit zwei Ziffern: 0 und 1.
Binärzahl
Auch: Dualzahl. Zahl, die nur aus Nullen und Einsen besteht, wird intern im PC verwendet.
BIOS
Basic **I**nput/**O**utput **S**ystem. Das fest eingebaute Programm, welches die ersten Befehle enthält, die der Prozessor nach dem Einschalten auszuführen hat. Außerdem sind einige grundlegende Hilfsprogramme eingebaut.
BIOS-ROM
Festwertspeicher, in dem das BIOS-Programm gespeichert ist.
Bit
Kleinste Einheit der Information. Ein Speicherbit kann nur zwei Zustände speichern: 0 oder 1.
Blu-ray
Optischer Datenträger mit einer Kapazität von 25 GB oder mehr.
Bluescreen
Fehlermeldung des PC in weißer Schrift auf blauem Hintergrund nach einem Absturz.
Bonden
Der Kontaktflächen eines „Die" (eines Plättchens mit der Halbleiterschaltung) werden mit Gold- oder Aluminiumdraht mit den Pins des Chip-Gehäuses verbunden.
Boot-CD
auch Live-CD: ermöglicht das Starten eines Betriebssystems ohne Installation und ohne den Inhalt der Festplatte zu verändern. Ermöglicht den Zugriff auf die Daten der Festplatte, wenn Windows nicht mehr startet.
Boot Manager
Ein Programm, mit dem der Benutzer nach dem Einschalten aus mehreren installierten Betriebssystemen eines auswählen kann.
Boot Sequence
Voreinstellung, ob das Betriebssystem von Festplatte, DVD oder USB-Stick gestartet werden soll.
Booten
Vorgang des „Hochfahrens" nach dem Einschalten des Computers, bei dem die Hardware erkannt und das Betriebssystem in den Arbeitsspeicher geladen wird.
Bootsektor
Der erste Sektor eines startfähigen Datenträgers, der den Beginn des Startprogramms des Betriebssystems enthält.

Boxed Kühler
: vom CPU-Hersteller gefertigter Kühler, der mit der CPU mitgeliefert wird.

Branch Prediction
: Teil der CPU, der den weiteren Programmablauf vorherzusagen versucht.

Brenner
: ein optisches Laufwerk, mit dem CD-, DVD- oder Blu-ray-Rohlinge beschrieben werden können.

BrightView
: Eine der Bezeichnungen für Bildschirme mit hochglänzender Oberfläche.

BTX
: „**B**alanced **T**echnology e**X**tended", ein veralteter Gehäuse-Formfaktor.

Buffer Underrun
: nennt man es, wenn es beim Brennen zu Stockungen im Datennachschub kommt. Bei früheren Brennern wurde der Rohling unbrauchbar. Moderne Brenner können kurze Unterbrechungen tolerieren.

Bug
: Programmfehler.

Bugfix
: Kleines Programm zur Reparatur von Softwarefehlern.

Bulldozer
: Markenname für eine Prozessorgeneration von AMD.

Burstmodus
: Übertragungsmodus zur schnellen Übertragung einer größeren Datenmenge.

Bus
: ein Verbindungssystem zwischen einer variablen Anzahl von Komponenten im PC, bestehend aus Daten- Adress- und Steuerleitungen.

BWS
: Der „**B**ild**W**iederhol**S**peicher" ist derjenige Teil des RAM-Speichers der Grafikkarte, in dem ein Abbild des aktuellen Bildschirminhalts gespeichert ist.

Byte
: Maßeinheit für digitale Daten, besteht aus 8 Bit.

Cache
: Zwischenspeicher: schneller Halbleiterspeicher zur Beschleunigung eines langsameren Speichers.

Cache-Hit
: So wird der „Treffer" bezeichnet, wenn ein von der CPU angefordertes Byte im Cache gefunden wird. Das Gegenteil, wenn das Byte aus dem Arbeitsspeicher geholt werden muss, ist ein „Cache-Miss".

CAD
: **C**omputer **A**ided **D**esign = Design-Entwurf am Computer. Mit einem solchen Programm kann man Werkstücke und Autos entwickeln und auch eine Küche dreidimensional planen.

CAS
: **C**olumn **A**ddress **S**trobe: Spaltenadresse bei der Adressierung eines RAM-Speichermoduls.

Celeron
: Bezeichnung der Herstellers Intel für CPUs mit halbiertem Cache.

Chip oder Schaltkreis
: Hochintegrierte Schaltung in einem kleinen Plast- oder Keramikgehäuse.

Chipsatz
: Eine Gruppe von hochintegrierten Schaltkreisen auf der Hauptplatine, welche den Datenverkehr zwischen dem Prozessor und den anderen Hauptbaugruppen steuert.

Cluster
: Zusammenfassung mehrerer Sektoren der Festplatte zu einer Verwaltungseinheit.

CMOS-RAM
: **C**omplementary **M**etal **O**xide **S**emiconductor: Extrem stromsparende Halbleitertechnologie. Ein RAM aus diesem Material wird vom BIOS verwendet, um Konfigurationseinstellungen zu speichern.

Codec
: Zusammengesetzt aus englisch **co**der und **dec**oder (deutsch: Kodierer und Dekodierer). Programm zum Entschlüsseln von komprimierten Videos oder Audio-Dateien.

Compiler
: Computerprogramm, das die Anweisungen einer Programmiersprache (den Quelltext) in Maschinencodebefehle übersetzt. Im Unterschied zum Interpreter wird der gesamte Code „im Ganzen" vor dem ersten Start des Programms übersetzt.

Core Duo
: Bezeichnung für eine Intel-CPU mit zwei Kernen. Siehe „Multikernprozessor".

Core Quad
: Bezeichnung für eine Intel-CPU mit vier Kernen. Siehe „Multikernprozessor".

CPU
: **C**entral **P**rocessor **U**nit, Hauptprozessor: oberste Steuerungs- und Recheneinheit des Computers.

Crossfire
: eine Technologie von AMD bzw. ATI, um die Grafikberechnungen auf zwei Grafikkarten aufzuteilen.

Crossover-Kabel
: Bezeichnung für ein Kabel für die Direktverbindung zwischen Computern, an dem die Eingangs- und Ausgangssignale vertauscht sind.

CUDA
: eine von NVIDIA entwickelte Technologie, einen speziellen Teil der CPU-Arbeit auf den Grafikprozessor zu verlagern.

Datei
: Zusammenhängende Informationsmenge.

Dateisystem
: Verwaltungsprogramm und -tabellen für die Dateien auf Datenträger.

Datenträger
: Gerät für eine längere Aufbewahrung von Daten, z. B. Festplatte, DVD, USB-Speicherstick, Kamera-Speicherkarte, Magnetband u. a.

Datenträgerbereinigung
: Ein Programm, das überflüssige Dateien von der Festplatte löscht, vor allem temporäre Dateien. Allerdings werden viele überflüssige Dateien nicht gefunden, denn die Datenträgerbereinigung von Microsoft ignoriert die temporären Dateien von Anwendungen, die nicht von Microsoft stammen, wie z. B. temporäre Dateien vom Firefox-Browser.

DDR-RAM
: Das sind die gegenwärtig in PC verwendeten Speicherbausteine für den Arbeitsspeicher. DDR steht für **D**oppelte **D**aten-**R**ate: Die RAM-Vorgängergeneration „SD-RAM" konnte einmal pro Takt Daten liefern, DDR-RAM können zweimal pro Takt oder noch häufiger Daten lesen bzw. schreiben.

Debug
: DEBUG.EXE ist ein Systemprogramm zur Fehlersuche in Assemblerprogrammen. Ein „Bug" ist ein Programmfehler. Ein „Debugger" ist ein Programm zum Diagnose und Fehlersuche in Programmen.

Defragmentierung
: Wenn die Daten auf der Festplatte nicht zusammenhängend gespeichert werden, sondern irgendwie auf der Festplatte verteilt werden, wo gerade eben Platz frei ist, entsteht Fragmentierung. Wenn man gelegentlich (Empfehlung: monatlich) ein Defragmentierungsprogramm laufen lässt, werden die Daten besser (zusammenhängender) angeordnet, wodurch der PC um einige wenige Prozente schneller werden kann. Moderne Dateisysteme achten bereits beim Speichern auf eine sinnvolle Verteilung der Daten und brauchen keine Defragmentierung.

Desktop-PC
: Bezeichnung für einen nicht-mobilen PC, der auf oder unter dem Tisch (Desktop) seinen Platz hat.

Die
: Auf einer großen Siliziumscheibe, dem Wafer, entstehen in der Chipfabrik gleichzeitig viele identische Schaltungen: CPUs, RAM usw. Durch Zersägen erhält man viele identische „Dice", Einzahl: „Die", welche anschließend in ein Chipgehäuse geklebt werden. Nach dem Bonden (dem Verbinden der Kontaktflächen mit den Pins des Gehäuses) wird der Chip verschlossen und getestet.

Digital
: bezeichnet eine Größe, die nur genau definierte Werte annehmen kann. Zwischenwerte müssen auf den nächsten Zahlenwert gerundet werden. Das Gegenteil ist „Analog".

Directory
Ordner, Dateiverzeichnis.

DisplayPort
moderne Schnittstelle zum Anschließen vor allem von Bildschirmen.

DMA
Direct **M**emory **A**ccess, deutsch: Direkter Speicherzugriff. Eine Zugriffsart, bei der Daten zwischen Geräten transportiert werden, ohne dass die CPU daran beteiligt ist. Die CPU initiiert nur den Transport (gibt Anfangsadressen und Bytezahl vor) und wird über das Ende des Transports mit einem Interrupt benachrichtigt. DMA-Zugriff ist mehrfach schneller als wenn jedes Byte erst von der CPU gelesen und dann zum Ziel gesendet werden muss.

DOS
Das ist die Abkürzung von **D**isk **O**peration **S**ystem, deutsch etwa „Disk-Betriebssystem", wobei Disk sowohl für Hard-Disk (Festplatte) als auch für Floppy-Disk (Diskette) steht. Dieses textbasierte Betriebssystem kam ohne Maus und Grafik aus und wurde bis in die Mitte der neunziger Jahre von den Firmen Microsoft (MS-DOS), Digital Research (DR-DOS) und anderen angeboten.

DPI
Dot **P**er **I**nch (Pixel pro Zoll), Maßeinheit für die Auflösung von Druckern und Bildschirmen.

DRAM
Dynamischer **RAM**, wird als Arbeitsspeicher verwendet.

DSUB oder D-SUB
Bezeichnung für eine Kategorie Steckverbinder mit zwei gegeneinander versetzten Kontaktreihen. Meist ist damit der neunpolige VGA-Stecker gemeint.

Dual Channel
Verfahren zur Geschwindigkeitssteigerung, indem zwei Speichermodule abwechselnd, zeitlich überlappend angesprochen werden.

Dualsystem
auch: Binärsystem. Zahlensystem mit zwei Ziffern: 0 und 1.

Dual-BIOS
Auf dem Mainboard integrierte Sicherheitskopie vom BIOS, die bei Fehlern im BIOS einspringt.

Duron
Bezeichnung des Herstellers AMD für CPUs mit halbiertem Cache.

DVB-T
Fernsehnorm, sogenanntes „Überallfernsehen". Empfang in Ballungsgebieten mit Zimmerantenne.

DVD
Digital **V**ersatile **D**isc, deutsch: digitale vielseitige Disk. Datenträger mit 4,7 GB oder mehr Kapazität.

DVD-RAM
Besonders langlebige vielmals beschreibbare DVD, die wie eine Festplatte beschrieben werden kann.

DVI
Digital **V**ideo **I**nterface. Eine digitale Verbindung zwischen Grafikkarte und Flachbildschirmen.

ECC
Error **C**orrection **C**ode: Verfahren, um mit Hilfe von zwei Zusatzbit pro Byte Einzelbitfehler automatisch zu korrigieren.

Editor
Einfaches Textprogramm.

EEPROM
Elektrisch löschbarer und beschreibbarer ROM, wird zum Speichern des BIOS verwendet.

EFS-Dateisystem
Encrypted **F**ile **S**ystem: Dateisystem mit eingebauter Verschlüsselung.

Eingabeaufforderung
Blinkender Cursor in schwarzem Fenster, der auf das Eintippen eines Kommandozeilenbefehls wartet.

Elektromigration
Durch elektrische und magnetische Kräfte, begünstigt durch hohe Temperaturen im Inneren eines Chips wandern (diffundieren) Atome. Leiterzüge werden schmaler und brennen durch. Die Dotierung ändert sich, wodurch sich die Leitfähigkeit von Halbleitermaterial ändert.

Elko
: **El**ektrolyt-**Ko**ndensator: Ein elektronisches Bauteil zum Speichern von Energie und zum Glätten von Spannungsschwankungen.

Embedded Computer
: Spezialisierte Kleincomputer in Navis, Handys, MP3-Playern, Waschmaschinen usw.

EMV
: **E**lektro**m**agnetische **V**erträglichkeit ist die Eigenschaft eines Geräts, andere Geräte nicht durch elektromagnetische Effekte zu stören oder selbst durch andere Geräte gestört zu werden.

Enterprise-Komponenten
: Komponenten für hochprofessionelle Verwendung, im Unterschied zu „Consumer"-Komponenten.

EPROM
: Löschbarer und erneut beschreibbarer Festwertspeicher.

EPS12V
: achtpoliger Stecker für die Stromversorgung der CPU mit 12 Volt auf Serverplatinen.

Ereignisanzeige (eventvwr.msc)
: Protokollfunktion von Windows.

Erweitere Partition
: Hilfskonstruktion, um eine größere Anzahl von Partitionen einrichten zu können.

eSATA, auch e-SATA
: Extern SATA: nach außen geführter, gegen Störspannungen abgeschirmter SATA-Anschluss.

ESD
: Elektrostatische Entladung (engl. **e**lectro**s**tatic **d**ischarge) ist ein Funke oder Stromstoß, der elektronische Komponenten zerstören kann. Ursache ist meist eine Aufladung durch Reibung. Beim Laufen über einen Teppichboden kann ein Mensch bis auf 30 000 Volt aufgeladen werden.

Ethernet
: Übertragungsstandard für Netzwerke.

Even
: deutsch: gerade. Meist bei der Angabe der Parität und im Druckertreiber („Even Pages = gerade Seiten) verwendet. Gegenteil: Odd = ungerade.

Farbtiefe
: Anzahl der möglichen Farben für einen Bildpunkt.

Farbtripel
: Eine Gruppe von drei Farbpunkten (rot, grün und blau) auf dem Bildschirm. Das Auge verschmilzt die Farbpunkte wegen ihrer Kleinheit zu einem einzigen Farbeindruck.

Fan
: Lüfter, Gebläse.

FAT
: FAT12, FAT16 und FAT32 sind veraltete Dateisysteme.

Fernsehkarte
: Erweiterungsbaugruppe (meist Steckkarte), die den Fernsehempfang auf dem Computermonitor und das Mitschneiden von Sendungen ermöglicht.

Festplatte
: Massenspeicher, bestehend aus schnell drehenden Metallscheiben in einem hermetischen Gehäuse. Die Scheibenoberfläche ist mit einem Material beschichtet, in dem durch Magnetisieren gewaltige Informationsmengen dauerhaft gespeichert werden können.

Festplattenaktivitätsanzeige
: Ein rotes oder gelbes Lämpchen an der Vorderfront des PC, das beim Zugriff auf die Festplatte flackert.

FIFO
: **F**irst **I**n – **F**irst **O**ut (englisch: der Reihe nach) ist eine Speicherstrategie, bei der die zuerst gespeicherten Elemente auch zuerst wieder aus dem Speicher entnommen werden. Ein anderer Name dafür ist „Warteschlange". Eine gegensätzliche Strategie ist „**L**ast **I**n – **F**irst **O**ut".

File Allocation Table (FAT)
: In der Dateibelegungstabelle ist für jede Verwaltungseinheit (Cluster) der Festplatte registriert, von welcher Datei sie belegt ist oder ob sie frei ist.

Firmware

Auf Hauptplatinen, Grafikkarten, Brennern und anderen Baugruppen ist ein Startprogramm gespeichert, das beim Abschalten des Stroms nicht verloren geht. Das Startprogramm der Hauptplatine wird BIOS genannt. Die Hersteller stellen Updates bereit, um die Firmware bei Bedarf auf einen neueren Stand zu bringen.

Firewire

auch als iLink oder IEEE1394 bezeichnet, ist ein Datenübertragungssystem ähnlich USB.

Flash-ROM

mit relativ hoher Geschwindigkeit wiederbeschreibbarer nichtflüchtiger Speicher.

Flüchtiger Speicher

Speicher, der bei Stromausfall die Daten verliert, z. B. Arbeitsspeicher.

Formatieren

Einrichten des Dateisystems. Ein leeres Inhaltsverzeichnis (Directory) und eine leere Belegungstabelle (FAT oder ähnlich) werden erzeugt.

Formfaktor

Eine Angabe über Abmessungen, Befestigungsmöglichkeiten und Schnittstellen von Bauteilen, wie z. B. Hauptplatinen, Netzteile und Massenspeicher. Die Position von Befestigungslöchern und Steckverbindern und deren Kontaktbelegung, Leistungsdaten, Wirkungsgrad u. a. werden festgelegt.

Fragmentierung

Zerstückelung von Dateien, siehe „Defragmentierung".

Front **S**ide **B**us

Abgekürzt: FSB. Eine Bezeichnung für die schnellsten Datenwege im PC, die von der CPU zum RAM und zum Chipsatz führen. Wurde durch das „**D**irect **M**edia **I**nterface" auf PCIe-Basis abgelöst.

Full-HD

Bezeichnung für die High-Density-Auflösung von 1920 × 1080 Pixeln.

Full-Speed (USB)

Geschwindigkeit von USB 2.0 (12 Mbit/s). Zum Vergleich: High Speed 480 Mb/s, Low Speed 1,5 Mb/s

Garbage Collection

„Müllsammlung": Optimierung der Speicherverwaltung, siehe „Defragmentierung".

Geräte–Manager

Mit dem Geräte–Manager kann man Treiber installieren und kontrollieren, ob alle Treiber vorhanden sind. Sie können ihn mit der Tastenkombination Windows-Taste+"r" und Eintippen von „Geräte-Manager" aufrufen.

Gigabit-Ethernet

Netzwerkprotokoll mit einer theoretischen Übertragungsrate von 1 Milliarde Bit pro Sekunde.

Gleitkomma

In der Wissenschaft gebräuchliche Zahlenschreibweise, mit der auch sehr große und kleine Zahlen dargestellt werden können, z. B. 3×10^8 m/s = 300 000 000 m/s = Lichtgeschwindigkeit.

Ground oder GND

Elektrotechnik: Masse- bzw. Erdleitung. Bezugspotential = 0 Volt.

GPU

Die **G**raphics **P**rocessor **U**nit ist der Prozessorchip auf der Grafikkarte. Die GPU übernimmt rechenintensive Aufgaben der 2D- und 3D-Computergrafik und entlastet damit den Hauptprozessor, die CPU. Moderne GPUs haben eine mit der CPU vergleichbare Rechenleistung.

Grafikkarte

Diese Steckkarte wandelt die vom Computer kommenden Signale in eine Form um, die vom Bildschirm dargestellt werden kann.

GUI

Grafisches **U**ser **I**nterface, deutsch: Grafische Bedienoberfläche.

Hardware

Materielle (anfassbare) Teile des Computers.

Hauptplatine

Größte Leiterplatte im Computer, welche den Prozessor, den Chipsatz und viele andere wichtige Komponenten trägt.

HD-Ready
Bezeichnung für einen Fernseher oder Bildschirm, der Vollbilder der Auflösung 1280 × 720 oder Halbbilder mit 1920 × 1080 Pixeln wiedergeben kann.

HDD
Hard **D**isk **D**rive = Festplatte

HDMI
High **D**efinition **M**ultimedia **I**nterface: Schnittstelle für die digitale Übertragung von Bild- und Tonsignalen.

HDTV
High **D**efinition **TV**: Fernsehnorm für hochauflösendes Fernsehen.

Headcrash
Zerstörung einer Festplatte durch Aufsetzen eines Magnetkopfes bei voller Drehzahl.

Heatpipe
Spezialkühler für CPUs und Grafikkarten, die ähnlich wie eine „Wärmepumpe" arbeiten.

Herunterfahren
Das gezielte Beenden aller laufenden Prozesse vor dem Ausschalten.

Hexadezimal
Zahlendarstellung mit den Ziffern 0 1 2 3 4 5 6 7 8 9 A B C D E F.

High Speed (USB)
Geschwindigkeit von USB 2.0 (480 Mbit/s). Zum Vergleich: Full Speed 12 Mb/s, Low Speed 1,5 Mb/s.

Hot Plug
Verfahren, um Geräte im laufenden Betrieb anschließen und abkoppeln zu können, wie z. B. USB.

Hot Spot
Stelle an der Oberfläche eines Chips, wo sich die Wärme konzentriert.

Hot Swapping
Austausch der Festplatten von RAID-Systemen im laufenden Betrieb.

Hot Spare
Ein betriebsbereites, noch ausgeschaltetes Reservelaufwerk in einem RAID-System.

Hotfix
Kleines Programm zur Korrektur eines Softwarefehlers.

Hotkey
Taste oder Tastenkombination, die in einem Programm eine bestimmte, oft gebrauchte Aktion auslöst.

HT
Hyper **T**hreading: Eigenschaft des Prozessorkerns, zwischen zwei Programmteilen umschalten zu können.

Hyper Memory
Technologie von ATI, die einen zu knapp dimensionierten Grafikspeicher mit einem Teil des Hauptspeichers ergänzt. Bei NVIDIA heißt die gleiche Technologie TurboCache.

IBM
Bedeutender Hersteller von (vor allem großen) Computern, der die Computerfamilie „PC" bzw. „IBM-kompatibel" begründete.

IC
Integrated **C**ircuit, deutsch: integrierter Schaltkreis, Mikrochip.

IDE
Integrated **D**evice **E**lectronic: Schnittstelle von älteren Festplatten.

IEEE
Das „**I**nstitute of **E**lectrical and **E**lectronics **E**ngineers" ist ein weltweiter Berufsverband von Ingenieuren der Elektrotechnik, Elektronik und Informatik. In 38 Fachbereichen werden Standards erarbeitet.

IEEE 1394
Standard für den Anschluss schneller Geräte, vorzugsweise Videokameras. Auch als „Firewire" bezeichnet.

IEEE 802
Ein seit 1980 laufendes Projekt des IEEE, um internationale Standards für lokale Netze (LAN) auszuarbeiten. Einige wichtige Arbeitsgruppen sind 802.1 (Routing von Datenpaketen), 802.2 (Ethernet), 802.3 (Geschwindigkeiten von 10 und 100 MBit/s, Gigabit-Ethernet und schneller), 802.8 (Glasfasermedien), 802.11 (WLAN), 802.15.1 (Bluetooth) und viele andere.

IEEE 802.11
Gruppe von Standards des IEEE für WLAN.

Image
Ein Image (deutsch: Speicherabbild) ist eine 1:1 Kopie einer Partition oder der ganzen Festplatte, mit der eine identische, sofort startfähige Festplatte erstellt werden kann. Ein Image enthält Informationen über das Dateisystem und die Struktur des Datenträgers, einschließlich Master Boot Record und Partitionstabelle. Betriebssystem, Programme und Daten werden einschließlich ihrer Position auf der Festplatte gesichert. Kopiert man das Image zurück, entsteht ein Bit für Bit identisches Abbild des Originals.

Intel
Bedeutender Hersteller von hochwertigen Halbleitern, vor allem von Prozessoren und Chipsätzen.

Interlacing
Methode des Bildaufbaus aus zwei Halbbildern.

Interrupt
Unterbrechung der Befehlsfolge der CPU durch ein Ereignis, das zu einem unvorhersagbaren Zeitpunkt eintritt, z. B. eine Bewegung der Maus oder das Eintreffen eines Datenpakets aus dem Internet.

Interruptvektortabelle
Tabelle mit Adressen von Unterprogrammen und Treibern, die sich am Anfang des Arbeitsspeichers befindet und Platz für 256 Einträge bereithält.

ISA
Industrie Standard Architektur: Veraltetes Bus-System für PC-Erweiterungskarten. Seit 1991 abgelöst durch den PCI-Bus.

ISO
Die „International Standardisation Organization" ist eine Dachorganisation der Normierungsinstitute von 89 Staaten, darunter DIN und ANSI. Die ISO erarbeitet internationale Standards, die aber nicht verbindlich sind. ISO-Normen werden verbindlich, indem sie von den nationalen Normierungsorganisationen (z. B. DIN) in nationale Normen umgesetzt werden.

ISO-Image
deutsch: ISO-Abbild. Ein von der ISO standardisiertes Verfahren, den Inhalt einer CD oder DVD auf der Festplatte so abzulegen, dass zu einem späteren Zeitpunkt eine oder viele präzise Kopien des optischen Datenträgers erstellt werden können.

JEDEC
Joint **E**lectron **D**evice **E**ngineering **C**ouncil: Organisation von mehr als 300 Halbleiterherstellern, die Standards u. a. für RAM und SSD erarbeitet.

RAS
Row Address Strobe: Zeilenadresse bei der Adressierung eines RAM-Speichermoduls

Jumper
deutsch: Kurzschlussbrücke. Wird für Voreinstellungen auf Hauptplatinen u.a. Platinen benutzt.

Junk
engl. für Abfall, Plunder. „Junk-Dateien" sind vermutlich unnötig, z. B. Überbleibsel von Installationen. „Junk-Mail" ist ein anderer Begriff für Spam.

Kommandozeilenbefehl
Diese Befehle können nach dem Öffnen des Zubehör-Programms „Eingabeaufforderung" mit der Tastatur eingetippt werden. Zu den klassischen DOS-Befehlen sind neue Befehle dazugekommen.

Kompatibilität
Kompatibilität bzw. Abwärtskompatibilität ist die Strategie, bei der Entwicklung einer neuen Hard- oder Software alle Eigenschaften der Vorgängerversion beizubehalten und sie um neue Funktionen zu ergänzen. Dadurch funktioniert eine Software, die für ein bestimmtes Computermodell entworfen wurde, auch mit den Nachfolgermodellen.

Kontextmenü
Zusatzmenü, das mit der rechten Maustaste geöffnet wird.

LAN
Local **A**rea **N**etwork: Netzwerk mit einer Ausdehnung von wenigen hundert Metern.

Laufwerk
Mit Buchstaben bezeichnete(r) Datenträger bzw. Partition der Festplatte.
Leiterplatte
Isolierplatte mit Leiterzügen und aufgelöteten elektronischen Bauelementen.
Level-1-Cache, Level-2-Cache und Level-3-Cache
kleine Zwischenspeicher zwischen CPU und Arbeitsspeicher, der langsamer als die CPU und schneller als der Arbeitsspeicher ist. Level 1 ist am schnellsten und am kleinsten.
LIFO
Last In – First Out (englisch: der Reihe nach) ist eine Speicherstrategie, bei der die zuletzt gespeicherten Elemente zuerst wieder aus dem Speicher entnommen werden. Ein anderer Name dafür ist „Stapel". Eine gegensätzliche Strategie ist FIFO: „First In – First Out".
LightScribe
Das ist eine Technik zur Beschriftung optischer Datenträger. Der DVD- oder BD-Rohling wird mit der speziell beschichteten Beschriftungsseite nach unten in den Brenner eingelegt und mit dem Laser bearbeitet.
Live-CD
auch als Boot-CD bezeichnet. CD mit startfähigem Betriebssystem. Startet man den PC von Live-CD, wird die Festplatte nicht benutzt. Mit einer Live-CD kann man Daten retten, wenn Windows nicht mehr startet, oder einen PC auf Malware überprüfen.
Logisches Laufwerk
Partition einer Festplatte.
Low-Speed
Geschwindigkeit von USB 1.1 (1,5 Mbit/s).
M.2
M.2 ist ein neuer Standard auf höherwertigen Hauptplatinen für Massenspeicher und andere Steckkarten. Eingesteckte Karten können auf ein SATA-6Gbit/s-Interface oder auf zwei bis vier PCIe-Lanes (Kanäle) zugreifen (mit 16 oder 32 Gbit/s).
MAC-Adresse
Jede Netzwerkkarte hat eine weltweit eindeutige **M**edia-**A**ccess-**C**ontrol-**Adresse**, Microsoft nennt sie die „Physikalische Adresse". Über die MAC-Adresse werden die Geräte in einem Rechnernetz identifiziert.
Mainboard, auch Motherboard
Hauptplatine, Träger von Prozessor, Arbeitsspeicher und Steckkarten.
Mainframe
Großrechner.
Maschinensprache
Alle Befehle des Prozessors sind als Folge von Binärzahlen aufgezeichnet.
MBR
Master **B**oot **R**ecord: Der erste Sektor der Festplatte mit dem Startprogramm (dem Bootloader) und der Partitionstabelle.
Micro ATX
Formfaktor für 24,5 × 20,5 cm große Mainboards. Maximal 2 Erweiterungssteckplätze sind möglich.
MLC
Multi-**L**evel-**C**ell, eine Technologie für Speichersticks und SSD-Festplatten.
MMX
Multi**m**edia-E**x**tension, ein spezieller Befehlssatz der CPU.
Mnemonics
Symbolische Bezeichnungen für Maschinensprachebefehle.
Modding
Verändern des eigenen PCs, um dessen Aussehen zu verändern. Beliebt sind Fenster und Beleuchtungen.
Modem
Ein Kunstwort aus Modulation und Demodulation. Weil Einsen und Nullen nicht über Telefonkabel bertragen werden können, verwandelt sie das Modem in eine Folge von Tönen. Im Empfänger werden die Töne demoduliert, d. h. in Einsen und Nullen zurückverwandelt.

Molex
: Bezeichnung für vierpoligen Stromversorgungsstecker für ältere IDE-Festplatten und DVD-Laufwerke.

Motherboard
: auch Mainboard: Hauptplatine.

Multikernprozessor
: Eine CPU besteht intern aus Rechen-, Speicher-, Verwaltungs- und anderen Komponenten. Wenn die Rechenkomponenten mehrfach vorhanden sind, ist es ein Multikernprozessor.

Multiplex
: Ein Übertragungsverfahren, bei dem eine Leitung abwechselnd von verschiedenen Arten von Daten benutzt wird. Beispiel: Über die gleiche Leitung wird erst die Adresse und anschließend das Datenwort übertragen.

Multiprocessing
: Mehrere Prozessoren teilen sich die Arbeit, z. B. ein Prozessor arbeitet für das Betriebssystem, ein zweiter führt Anwendungen aus.

Multisession
: die Fähigkeit eines CD-Laufwerks, CDs zu lesen, die in mehreren Durchgängen beschrieben wurden. Ist heute selbstverständlich.

Multi Stream Transport
: **M**ulti **S**tream **T**ransport ist eine Eigenschaft des **D**isplay**P**ort-Interfaces, über einen DP-Anschluss mehrere Displays zu betreiben, die vom Computer als separate Bildschirme verwaltet werden, jeder mit seiner eigenen Auflösung. Es gibt zwei Möglichkeiten der Zusammenschaltung: Wenn Sie einen kompatiblen Monitor haben, wird dieser mit seinem DP-Eingang an den Computer angeschlossen und dessen DP-Ausgang reicht das Signal weiter an einen zweiten DP-Monitor. Zweite Möglichkeit: Sie benutzen einen DP-Hub (ein DP-Hub für zwei Monitore kostet etwa 40 Euro), der an den DP-Anschluss des Computers angesteckt wird. Die zusätzlichen Bildschirme werden an den Hub angesteckt. Mit geeigneten Adaptern können Sie an den Hub sogar Monitore anschließen, die keinen DP-Eingang haben.

Multitasking
: ist die Fähigkeit eines Betriebssystems, mehrere verschiedene Programme oder auch verschiedene Teile eines Programms gleichzeitig abarbeiten zu können.

Multithreading
: Beim Multithreading erlaubt Windows einem Programm, mehrere Teile eines Programms, so genannte Threads (von engl. thread = Faden), gleichzeitig ablaufen zu lassen.

NAND-Speicher
: Bezeichnung für Flash-Speicher, der in Tablet-Computern anstatt einer Festplatte verwendet wird.

Nano ITX
: Formfaktor für 12 × 12 cm große Mainboards.

NAS
: **N**etwork **A**ttached **S**torage ist ein lokaler Netzwerkspeicher für die gemeinsame Nutzung durch mehrere PC, im Prinzip ist es ein Mikro-Fileserver.

NIC
: **N**etwork **I**nterface **C**ard, deutsch: Netzwerkkarte.

Netzwerkkarte
: Komponente zur Verbindung der Computer untereinander oder mit dem Internet. Früher nur als Steckkarte, heute auf der Hauptplatine integriert.

Notfall-Herunterfahren
: Wird durch kurzes Drücken der Einschalttaste ausgelöst, nicht gespeicherte Daten können dabei verloren gehen.

Northbridge
: Hochintegrierter Schaltkreis auf der Hauptplatine, zuständig für schnelle Verbindungen zwischen CPU, RAM, Steckplätzen und Southbridge. Teil des Chipsatzes.

NTFS
: **N**ew **T**echnology **F**ile **S**ystem, aktuelles Dateisystem von Microsoft.

Nullmodemkabel
Crossover-Kabel für die serielle Schnittstelle, bei dem Eingangs- und Ausgangsleitungen gekreuzt sind. Damit konnte man zwei PC ohne Verwendung von zwei Modems (Modem-Anzahl = null) verbinden. Veraltet.

NVIDIA
bedeutender Hersteller von Grafikprozessoren.

NVMe
NVM Express ist eine Software-Schnittstelle, um nichtflüchtige Massenspeicher (engl. **n**on**v**olatile **m**emory (SSD)) über PCI Express zu verbinden, ohne herstellerspezifische Treiber zu benötigen. So wie AHCI die Ansteuerung von Magnetfestplatten übernimmt, erledigt NVMe dasselbe für M.2-SSD, aber mit geringerer Latenz und weniger Overhead. Der NVMe-Standard wurde von Intel entwickelt, zusammen mit führenden Speicherherstellern.

Odd
deutsch: ungerade. Meist bei der Angabe der Parität und im Druckertreiber („Odd Pages = Ungerade Seiten) verwendet. Gegenteil: Even = gerade.

OEM
Original **E**quipment **M**anufakturer: ein Hersteller, der Hard- oder Software anderer Hersteller unverändert in seine Produkte übernimmt.

Onboard-Grafikkarte
in den Chipsatz oder die CPU integrierte Grafikelektronik.

OTG
USB OTG (**O**n **t**he **g**o, etwa: USB für unterwegs) ist ein Standard, der es USB-Peripheriegeräten erlaubt, Daten ohne zwischengeschalteten PC auszutauschen. Wenn Sie USB-OTG-fähige Digitalkamera, Drucker, Smartphone, Tastatur, Maus, USB-Stick u. a. zusammenstecken, wird eins der Geräte zum Master und übernimmt die Steuerung. Bedingung: Beide Geräte müssen OTG-tauglich sein, was Sie an einem grünen Pfeil unter dem USB-Logo erkennen.

Overclocking
ist das Übertakten von CPU und Hauptplatine, um einen kleinen Geschwindigkeitszuwachs zu erhalten. Nicht zu empfehlen, weil es oft zu Instabilität des Systems und verkürzter Lebensdauer führt.

P-ATA
Schnittstelle für Massenspeicher, unter Verwendung von Flachbandkabel.

Parallelisierung
Mehrere Aufgaben gleichzeitig ausführen.

Parallelport
25-poliger Anschluss für einen älteren Drucker.

Parität
Fehlerkorrekturverfahren, mit dem eventuelle Einzelbitfehler erkannt werden können.

Partition
Verwaltungsbereich der Festplatte. Eine Festplatte kann eine einzige Partition oder mehrere Partitionen enthalten. Mit geeigneter Partitionierung kann eine Festplatte besser genutzt werden.

Partitionstabelle
Tabelle im Master Boot Record mit der Einteilung der Festplatte und der Angabe, auf welcher Partition sich das Betriebssystem befindet.

PATA oder P-ATA
veraltete Schnittstelle für Festplatten, CD- und DVD-Laufwerke mit Parallelübertragung.

PEG
PCI **E**xpress **G**raphic.

PCI
Peripheral **C**omputer **I**nterconnect: Schnittstelle für Erweiterungskarten. Auf einer Hauptplatine lassen sich theoretisch bis zu acht PCI-Karten unterbringen, z. B. Soundkarte oder Netzwerkkarte. Üblich sind zwei bis fünf Steckplätze. PCI hat den ISA-Bus abgelöst und ist inzwischen ebenfalls veraltet. PCI ist weitgehend durch PCI-Express ersetzt, nur auf wenigen neuen Mainboards gibt es noch ein bis zwei PCI-Steckplätze.

PCI Express oder PCIe
: Neuester Schnittstellen-Standard für Erweiterungskarten. Hat AGP abgelöst und verdrängt auch PCI.

PCI SIG
: Die **P**eripheral **C**omponent **I**nterconnect **S**pecial **I**nterest **G**roup ist eine Interessengemeinschaft der Hersteller von Computerkomponenten für die Weiterentwicklung und Standardisierung von PCI und PCI Express. Mitglieder sind Intel, AMD, Dell, HP, NVIDIA und weitere 800 Hardware-Hersteller.

PCMCIA
: Schnittstellenstandard für Notebook-Erweiterungskarten.

Pixel
: ist die Abkürzung von **Pic**ture **El**ement und bezeichnet den kleinsten Leuchtpunkt auf einem Bildschirm oder den kleinsten druckbaren Punkt auf dem Papier.

Pixelgrafik
: Darstellung eines grafischen Objekts als Matrix von Pixeln. Der Speicherbedarf ist zur Bildfläche proportional.

Platine
: Isolierplatte mit aufgebrachten Leiterzügen und aufgelöteten elektronischen Bauelementen.

Plug-a**n**d-**P**lay
: Wird mit PnP abgekürzt und bedeutet „Einstecken und Loslegen". Gemeint ist, dass das BIOS neue Hardware weitgehend selbst konfigurieren kann.

Pluton
: Sicherheitschip, der in CPUs von Intel, AMD und Qualcomm eingebaut wird und TPM ablöst. Pluton schützt das BIOS und die CPU vor Sicherheitslücken wie Meltdown und Spectre, was TPM nicht kann.

PnP
: siehe **P**lug-a**n**d-**P**lay:

Polling
: Die CPU fragt die Computerbaugruppen in kurzen Abständen ab, ob es Neuigkeiten gibt, die ein Eingreifen der CPU erfordern. Alternativtechnologie zum Interrupt.

POST
: **P**ower **O**n **S**elf **T**est: vom BIOS nach dem Einschalten durchgeführter Test des PCs.

Primäre Partition
: Partition der Festplatte, die zur Aufnahme eines Windows-Betriebssystems geeignet ist.

PROM
: einmalig programmierbarer (beschreibbarer), nicht löschbarer Festwertspeicher.

Prozessor
: Zentrale Steuer- und Recheneinheit im PC. Engl. „**C**entral **P**rozessor **U**nit".

PS/2
: Standard von IBM, der runde Tastatur- und Mausstecker beschreibt.

QFHD
: **Q**uadruple **F**ull **H**igh **D**efinition (Vierfache volle hohe Auflösung) mit 3840 × 2160 Pixeln. Vergleich: HDTV hat 1920 × 1080 Pixel, UHDTV (**U**ltra **HDTV**) zeigt 7680 × 4320 Pixel.

QVL
: Die **Q**ualified **V**endor **L**ist (Liste der qualifizierten Hersteller) gibt an, welche Komponenten von welchen Herstellern garantiert kompatibel sind. Im Handbuch zur Hauptplatine ist meist nur eine einzige QVL abgedruckt: Welche RAM-Module mit dem Board garantiert kompatibel sind. Auch die meisten nicht aufgeführten Komponenten funktionieren einwandfrei – es ist einfach unmöglich, alles zu testen, was auf dem Markt ist.

RAID
: **R**edundant **A**rray of **I**ndependent **D**isk: Festplattenverband, bei dem der Ausfall einer Festplatte nicht zu Datenverlust und Arbeitsunterbrechung führt.

RAM
: Schneller Halbleiterspeicher für Arbeitsdaten und -ergebnisse.

RAMDAC
: **RAM**-**D**igital-**A**nalog-**C**onverter: Teil der Grafikkarte, falls diese einen analogen Anschluss (VGA) hat. Wandelt den digitalen Inhalt des Bildwiederholspeichers in ein analoges VGA-Signal.

RAS
    Mit dem **R**emote **A**ccess **S**ervice, deutsch: Fernzugriffsdienst, kann man einen PC über Netzwerk oder Internet fernsteuern, z. B. zur Fernwartung oder für Telearbeit.

RAS
    Row **A**ddress **S**trobe: Zeilenadresse bei der Adressierung eines RAM-Speichermoduls.

Recovery-DVD
    DVD mit einem Programm, welches das Betriebssystem in den Zustand beim Kauf zurücksetzt, oft unter Verlust von Nutzerdaten.

Redundanz
    Hinzufügen von Kontrollsummen o. a., um die Gefahr von Datenübertragungsfehlern zu verringern.

Reed-Solomon-Korrekturverfahren
    Verfahren, um auf CD-ROM eine größere Anzahl fehlerhafter Bits automatisch zu reparieren.

Refresh
    „Auffrischung" der RAM-Speicherzellen, damit diese nicht durch Leckströme ihre Information verlieren.

Registrierung, engl. „registry"
    Zentraler Speicherort für alle Windows-Konfigurationsdaten. Siehe Registry.

Registrierungs-Editor (RegEdit)
    Programm zum Betrachten und Verändern der Registry.

Registry
    Datenbank mit zehntausenden Einträgen im Kern des Windows-Betriebssystem, in der die Parameter von Hard- und Software gespeichert sind.

Remote Desktop
    Deutsch „entfernter Schreibtisch": Fernbedienung mit grafischer Oberfläche.

RJ45
    International genormter Anschluss für ISDN-, DSL- und LAN-Kabel.

RMA
    Return **M**aterial **A**uthorization: deutsch etwa „Genehmigung zur Rücksendung". Bei Hardwareherstellern muss im Garantiefall eine Rücksendung angemeldet werden.

RoHS-Verordnung
    Verordnung der EU, dass bleihaltiges Lötzinn nur noch in genau definierten Ausnahmefällen verwendet werden darf.

ROM
    „**R**ead **O**nly **M**emory". Speicher für grundlegende Daten und Programme, die während der Herstellung von Hauptplatine, Grafikkarte, Brenner o. Ä. gespeichert werden und danach nicht mehr verändert werden sollen. ROM ist ein nichtflüchtiger Speicher, d. h. bei Stromausfall gehen die Daten nicht verloren.

rpm
    revolutions **p**er **m**inute, deutsch: Umdrehungen pro Minute.

RTC
    Real **T**ime **C**lock: Der im PC eingebaute Uhrenchip.

Ruhezustand
    Im Ruhezustand wird der Inhalt des Arbeitsspeichers in eine Datei der Festplatte geschrieben, danach wird der PC heruntergefahren und ausgeschaltet. Beim Einschalten wird der Zustand vor dem Ruhezustand wiederhergestellt.

Safe Mode
    Siehe Protected Mode.

Samplingrate
    Bei der Digitalisierung von Tönen die Häufigkeit, mit der die Lautstärke gemessen wird.

SATA, auch S-ATA
    Moderne serielle Schnittstelle für Festplatten und optische Laufwerke.

Schaltkreis
    kompakte Elektronikschaltung in kleinem Plastgehäuse, engl.: chip.

Schnittstelle
: engl. „Interface". Hat zwei Bedeutungen: eine Programmschnittstelle für die Übergabe von Daten zwischen zwei Programmen oder der Anschluss für Peripheriegeräte. Aussehen und Form der Stecker, Spannungspegel und Timing (zeitliche Abfolge der Signale) an jedem Steckerstift sind genau definiert.

SCSI
: Abkürzung für **S**mall **C**omputer **S**ystem **I**nterface, wird „Skasi" ausgesprochen. Es handelt sich um eine sehr flexible, sehr schnelle, sehr zuverlässige und sehr teure Technik zur Ansteuerung von Festplatten und anderen Massenspeichern, die fast nur in Profi-Systemen zum Einsatz kommt.

SDRAM
: **S**ynchroner **d**ynamischer **RAM**, eine veraltete RAM-Bauart, Vorgänger von DDR-RAM.

Sektor
: Kleinste Speichereinheit auf Diskette und Festplatte, enthält 512 Datenbyte.

Self-Powered Hub
: Ein USB-Hub mit eigenem Netzteil. Gegenteil: ein Bus-Powered Hub bezieht Strom aus dem PC.

Setup
: Ein Programm oder Vorgang, um neue Software zu installieren.

Shared Memory
: Grafikkarte ohne eigenen Speicher, die einen Teil des Arbeitsspeichers benutzt.

Shutdown
: Herunterfahren des Betriebssystems.

SLC
: **S**ingle **L**evel **C**ell, eine Technologie für Speichersticks und SSD-Festplatten.

SLI
: **S**calable **L**ink **I**nterface - eine Technik von NVIDIA, um mehrere Grafikprozessoren zusammenzuschalten.

Slot
: Steckplatz für Einsteckkarten oder für RAM-Speichermodule auf der Hauptplatine.

SMART
: In die Festplattenelektronik integriertes Diagnose- und Verwaltungsprogramm, das vor manchen Arten von bevorstehenden Ausfällen warnen kann.

SMD
: **S**urface **M**ounted **D**evice: Oberflächen-montiertes Bauteil. Indem Elektronikbauteile direkt auf die Oberfläche der Leiterplatte gelötet werden, können Bohrungen eingespart werden.

Socket
: Steckfassung für die CPU mit ein- bis zweitausend Kontakten.

Southbridge
: Hochintegrierter Schaltkreis auf der Hauptplatine, zuständig für „langsame" Komponenten. Teil des Chipsatzes.

SPD-ROM
: Auf dem DDR-RAM-Modul aufgelöteter ROM-Chip, in dem der Hersteller die technischen Daten des Speicherriegels hinterlegt hat. In mehr als hundert Byte werden Details über Zugriffszeiten, Aufbau des Moduls und Fehlerkorrektur für die PnP-Funktion des BIOS bereitgestellt.

Speedstep
: Verfahren, um den Energiebedarf der CPU zu verringern, wenn sie gering belastet oder im Leerlauf ist.

Speicherbank
: Gruppe von Steckplätzen (Slots) auf der Hauptplatine zur Aufnahme von Speichermodulen.

Speicherbus
: Verbindungsleitungen (Adress-, Daten- und Steuerleitungen), die vom Chipsatz oder der CPU zu den Speichermodulen führen.

Speichermodul oder Speicherriegel
: kleine Leiterplatte mit aufgelöteten RAM-Speicherbausteinen. 133 mm breit, etwa 30 mm hoch.

SRAM
: **S**tatischer **RAM**. Sehr schnell, wird deshalb vor allem als Cache-Speicher in der CPU verwendet.

SSD
Solid **S**tate **D**rive: So heißen die Massenspeicher, die anstelle von Festplatten verwendet werden. Im Inneren haben sie keinerlei Mechanik, sondern nur Flash-ROM und sind dadurch schnell, stromsparend, robust und lautlos. Wenn die SSD kein Gehäuse hat und direkt auf die Hauptplatine gesteckt wird, heißt sie SSM.

SSM
Solid **S**tate **M**odule: Eine SSD ohne Gehäuse, für den M.2 Steckplatz einer Hauptplatine.

Standby-Modus
Bereitschaftsmodus, wenn der PC nicht benutzt wird. Im Standby-Modus wird der aktuelle Systemzustand im RAM gespeichert, anschließend werden Festplatte, CPU, Grafikkarte und Bildschirm abgeschaltet. Der Arbeitsspeicher wird weiter mit Strom versorgt. Der Energiebedarf fällt auf weniger als 10 Watt. Vorteil: Abschalten und Aufwecken dauert nur Sekunden.

Steckkarte
Bestückte Leiterplatte, die in einen Steckplatz (Slot) der Hauptplatine gesteckt wird.

Strukturbreite
Halber Abstand zwischen den Leiterbahnen in Prozessoren und anderen Mikrochips.

Super Speed
Bezeichnung für die höchste Übertragungsrate einer USB 3.0-Schnittstelle (5 Gbit/s).

Supercomputer
Bezeichnung für die leistungsfähigsten Großcomputer der Welt, mit einem Stückpreis von einer Milliarde Euro.

Systemeinheit
Kernstück eines Computersystems: Gehäuse mit Hauptplatine, Festplatte, DVD u. a.

Taktfrequenz
Anzahl der von einem Prozessor pro Sekunde ausgeführten Arbeitsschritte. Wird in Hertz angegeben.

Taskmanager
Zeigt die aktiven Anwendungen und die Auslastung des Computers an und ermöglicht den Abbruch unerwünschter Anwendungen. Wird mit Strg-Alt-Entf aufgerufen.

Tastatur-Controller
Ein integrierter Schaltkreis, der das Drücken und Loslassen jeder Taste registriert und unter Berücksichtigung der Feststell- und Sondertasten einen Zeichencode an den Prozessor schickt.

TDP
Thermal **D**esign **P**ower: Herstellerangabe zur maximalen Leistungsaufnahme einer CPU oder anderer elektronischer Bauteile. Auf Grundlage der TDP wird die Kühlung und der Strombedarf geplant.

Thunderbolt
Moderne Schnittstelle für den Anschluss von Bildschirmen und Massenspeichern.

Touchpad
Ersatz für die Maus in Notebooks. Wird mit einem oder mehreren Fingern bedient.

Touchscreen
Bildschirm mit berührungsempfindlicher Oberfläche. Der Computer kann mit einem oder mehreren Fingern gesteuert werden. Wird vor allem in Smartphones und Tablets verwendet.

TPM
Trusted **Pl**atform **M**odule: Verschlüsselungsbaustein auf der Hauptplatine. Das Vorhandensein und die Aktivierung von TPM in Version 2.0 ist Voraussetzung für Windows 11.

Treiber
Unterprogramm, welches aus den Anforderungen des Betriebssystems die hardwarespezifischen Befehle für die Ansteuerung der Hardware generiert.

TrueType
(„Echte Schrift"): Verfahren für Vektorschriften. In den 80er Jahren wurden Buchstaben als ein Muster von Bildpunkten definiert (sogenannte Bitmap-Schriften). Für jede Kombination von Schriftmerkmalen (kursiv, fett, normal) und Schriftgröße wurde eine andere Tabelle benötigt. Bei Vektorschriften wird das Aussehen der Buchstaben mit Linien, Kreis- und Ellipsenabschnitten beschrieben. Für jeden Buchstaben ist eine Formel gespeichert, mit der das Aussehen eines Buchstabens in jeder beliebigen Schriftgröße und -art (Fett, kursiv, ...) ohne Qualitätsverlust errechnet werden kann.

Turbo-Cache
: Technologie von NVIDIA, die einen zu knapp dimensionierten Grafikspeicher mit einem Teil des Hauptspeichers ergänzt. Bei ATI heißt die gleiche Technologie HyperMemory.

Turbo-Modus
: Wenn in einem Mehrkernprozessor einzelne Kerne zeitweilig nicht gebraucht werden, können die benutzten Kerne höher getaktet werden.

Übersprechen
: Ungewollte Übertragung von Signalen zwischen parallel verlaufenden Kabeladern. Benannt nach dem Effekt auf analogen Telefonleitungen, Gespräche auf benachbarten Telefonleitungen leise mithören zu können. Das Übersprechen kann durch Abschirmung und durch Vermeidung von Kabelbündelung verringert werden.

Übertakten
: Ein Art von Tuning, bei der es darum geht, durch Erhöhung der Taktfrequenzen und Verändern der Betriebsspannungen über die vom Hersteller vorgegebenen Grenzen hinaus unter Verlust der Garantie einige wenige Prozent mehr Leistung aus dem PC herauszuholen.

UEFI
: **U**nified **E**xtensible **F**irmware **I**nterface (deutsch: vereinheitlichte erweiterbare Firmware-Schnittstelle). Ersetzt das BIOS, um größere Festplatten als 2,2 TB verwenden zu können.

UEFI-BIOS
: Neue BIOS-Generation mit grafischer Bedienung, die Festplatten über 2,2 TB nutzen kann. Der Startvorgang wird beschleunigt und eine Festplatten-Komplettverschlüsselung ist möglich.

UHDTV
: **U**ltra **HDTV** mit 7680 × 4320 Pixeln (waagerecht und senkrecht jeweils die vierfache Auflösung von HDTV) wird hauptsächlich in Kinos genutzt. Zum Vergleich: **Q**uadruple **F**ull **H**igh **D**efinition (Vierfache volle hohe Auflösung) arbeitet mit 3840 × 2160 Pixeln, HDTV hat 1920 × 1080 Pixel.

Unicode
: Standard für einen Zeichensatz mit bis zu 65536 Zeichen, der alle gegenwärtig weltweit verwendeten Schriftzeichen enthält. Mit der UCS-Erweiterung sind 4 Milliarden Zeichen möglich.

Unterbrechung
: Signal an die CPU, dass ein wichtiges Ereignis eingetreten ist, welches ein Eingreifen der CPU erfordert. Englisch „interrupt".

Unterbrechungsleitung
: Eingänge der CPU für Meldungen von der Peripherie über unerwartete Ereignisse.

Update
: deutsch: Aktualisierung; Um Software an neue Anforderungen anzupassen bzw. Fehler zu beseitigen, stellen Hersteller Updates für ihre Kunden bereit.

USB
: **U**niversal **S**erial **B**us mit Übertragungsgeschwindigkeiten Low-Speed (1,5 Mbit/s), Full-Speed (12 Mbit/s), High-Speed (480 Mbit/s) und Super-Speed (5000 und 10 000 Mbit/s).

Vektorgrafik
: Ein Bild (oder Buchstabe) wird durch eine Folge von Linien und geometrischen Figuren (z. B. Kreisabschnitte) beschrieben.

Vendor
: Hersteller, Produzent.

Verwaltungseinheit
: Zusammenfassung mehrerer Sektoren der Festplatte, um den Verwaltungsaufwand zu verringern, engl.: Cluster.

Verzeichnis
: Zusammenfassung von Dateien und (Unter-)Ordnern. Das oberste (umfassendste) Verzeichnis ist das Wurzelverzeichnis. Ab Windows 95 werden Verzeichnisse als Ordner bezeichnet.

Verzeichnisbaum
: Darstellung der Ordnerstruktur als (liegender) Baum, engl.: tree.

Vollduplex
Übertragungsverfahren, bei dem Senden und Empfangen gleichzeitig möglich ist, wie z. B. bei einem Telefongespräch. Das Gegenteil ist „Halbduplex".

Vorwärtsfehlerkorrektur
Mit einem zusätzlichen Bit pro Datenblock können einzelne Bitfehler erkannt, aber nicht korrigiert werden. Wenn mehr als ein redundantes Bit pro Datenblock hinzugefügt wird, spricht man von Vorwärtsfehlerkorrektur (forward error correction, FEC); sie wird bei manchen Datenträgern und bei vielen Datenübertragungsverfahren eingesetzt und erlaubt es, fehlerhaft gelesene bzw. empfangene Bits zu korrigieren, solange die Fehlerdichte unterhalb einer kritischen Schwelle bleibt.

Wafer
Scheibe aus Reinstsilicium, 30 bis 45 cm Durchmesser, 1 mm dick, für die Halbleiterindustrie. Auf dem Wafer werden durch chemische und andere Prozesse gleichzeitig viele identische Halbleiterschaltungen erzeugt. Anschließend werden die Schaltkreise aus dem Wafer herausgesägt, siehe „Die".

Wear Leveling
Verfahren des Controllers von SSD-Platten, um eine möglichst gleichmäßige Abnutzung der Speicherblöcke zu sichern.

Workstation
So bezeichnet man besonders leistungsfähige Computerarbeitsplätze. Bei einem Preis von vielen zehntausend Euro haben sie eine mehr als zehnfache Leistung eines bestens ausgestatteten PC.

WYSIWYG
„**W**hat **Y**ou **S**ee **I**s **W**hat **Y**ou **G**et", deutsch „Was Sie sehen ist das, was Sie bekommen". WYSIWYG ist ein Bearbeitungsmodus komfortabler Editoren. Sie können bei Änderungen sofort erkennen, wie sich diese im Ergebnis auswirken werden. Ist heute (fast) selbstverständlich.

XEON
Bezeichnung für hochwertige Server-CPUs von Intel.

Y-Kabel
ein Stromverteilerkabel, dass aus einem Stromanschluss zwei macht.

Hinweis

Der Platz im Buch ist begrenzt, deshalb wurden hier nur die wichtigsten Begriffe erläutert. Das Fachwortverzeichnis unter „Hilfen" auf **www.eifert.net** enthält mehr als doppelt so viele Begriffe.

19.3 Verzeichnis der Bilder

9 Gehäuse montieren

10 Hauptplatine, CPU und RAM einbauen

11 RAM bestücken

12 Hauptplatine einbauen

13 Rund ums Netzteil

14 Mainboard Connectors

Bildlizenzen

Fotos von https://commons.wikimedia.org

Lizenzen:
- CC = Creative Commons, siehe http://creativecommons.org/licenses/by-sa/3.0/deed.de
- GFDL = GNU Free Documentation License
- PD = Public Domain (Gemeinfrei)
- FK = Lizenz Freie Kunst

1.8	Bussysteme Extended ISA 32Bit, ISA 16Bit, XT 8Bit.JPG	CC 3.0	Autor:Nightflyer
2.6	Watercooling vue globale.jpg	PD	Autor: MasterMatt
5.1	3Beam_CD_Tracking.png Commons	CC 3.0	Autor: Appaloosa
5.2	Cdplayer_hauptstrahlfokussierung.png Wikipedia	PD	Autor: Kresley
10.9	Socket am2 retention module.jpg	CC 2.0	Autor: Rainer Knäpper
11.1	RAM_-_closeup_connector.jpg	CC 3.0	Autor: Justin Smith
13.5	File:ATX power supply adapter cable R7309257 wp.jpg	GFDL	Autor: Rainer Knäpper
13.8	Molex female connector.jpg	CC 2.5	Autor:Barcex
15.4	SATA power cable.jpg	CC 3.0	Autor: Ed g2s
15.6	Sata_2_Stecker.jpg	CC 2.0	Autor: Rainer Knäpper
15.8	M2 Edge Connector Keying.svg	CC 3.0	Autor:NikNak
16.16	Ausschnitt von thinkwiki.de/Datei:IMG_2925_2.jpg	CC 3.0	Autor: „sletrabf",

Fotos von Andre Gärditz, alle Rechte vorbehalten: 1.10, 2.1, 2.2, 2.5, 4.1, 6.2, 6.3, 6.4, 9.4, 9.5, 9.7, 9.9, 12.1, 12.4, 13.1, 13.3, 13.4, 14.5, 14.9, 14.17, 14.18, 15.2, 16.1, 16.2, 16.4, 16.5, 16.8 bis 16.11, 16.13, 16.14, 18.1.
Fotos bei Fotolia.de erworben: 11.2, Cover, Backcover
Alle anderen Abbildungen sind selbst fotografiert.

19.4 Verzeichnis der Tabellen

19.5 Index

Symbole

A

B

C

D

E

F

G

H

I

U

V

W

X

Y

Z

Verlagsprogramm

Bezugsmöglichkeiten

Für die beiden Hardware-Bücher sowie „Datensicherung" gibt es drei Bezugsmöglichkeiten:

- Bestellung im örtlichen Buchhandel. Die Buchhandlung hat das Buch vermutlich nicht vorrätig, doch der Großhändler liefert wahrscheinlich über Nacht.
- Bestellung bei Amazon. Das Buch kommt nach etwa zwei Arbeitstagen bei Ihnen an.
- Ich empfehle Ihnen die Direktbestellung über meinen Shop. Sie bekommen garantiert die neueste Ausgabe des Buches. Von Amazon oder im Buchhandel bekommen Sie möglicherweise die Restexemplare der Vorgängerversion.

Wenn Sie beim örtlichen Buchhändler bestellen, gehen die Steuern an Ihre Kommune. Amazon verschiebt die Gewinne in eine Steueroase und zahlt in der EU gar keine Steuern.

„Software-Grundlagen" und „Sicherheit im Internet" gibt es nur unter `eifert.net`.

Sie können jedes meiner Bücher auch als Ringbuch (genauer: mit „Drahtkammbindung" wie bei einem Wandkalender) bekommen. Das ist recht praktisch für unterwegs oder wenn man neben dem PC nur wenig Platz auf dem Tisch hat. Übrigens: Die Ausführung als Ringbuch ist oft neuer als die Softcover-Ausführung.

Die Hardware-Bücher (für Anfänger und für Fortgeschrittene) können Sie in der Größe 20x28 cm Softcover oder 17x24 cm Hardcover bestellen. Inhalt und Schriftgröße sind in beiden Formaten identisch.

Wenn Ihre Bestellung bis 15 Uhr bei mr eintrifft, trifft Ihr Buch mit etwas Glück am nächsten Vormittag bei Ihnen ein. Sie bezahlen die Rechnung nach Erhalt des Buches. Bestellen Sie in meinem Webshop unter `www.eifert.net` oder formlos per Brief. Ich gebe Ihre Adresse nicht weiter und belästige Sie nicht mit Werbung. Gleichgültig auf welchem Weg Sie bestellen, es werden innerhalb Europas keine Versandkosten berechnet. Aufgrund der Buchpreisbindung zahlen Sie überall den gleichen Preis.

Vorschläge und Hinweise

Ich versuche, meine Bücher so zu schreiben, dass sie auch für Computerlaien verständlich sind. Doch es fällt mir extrem schwer einzuschätzen, wie ausführlich meine Beschreibungen sein müssen. Was haben Sie nur mit Mühe oder gar nicht verstanden? Fragen Sie einfach mich! Welche Themen oder Anleitungen haben Sie vermisst? Ich bin sehr dankbar für jeden Hinweis, um die nächsten Auflagen meiner Bücher verbessern zu können. Und ich bedanke mich für Ihre Verbesserungsvorschläge mit Zusendung eines Buches als PDF-Datei.

Bestellungen von Schulen

Schulen und andere Bildungseinrichtungen können Bücher mit selbstgestaltetem Cover bestellen, ohne Aufpreis. Es sind auch inhaltliche Ergänzungen möglich, z. B. das Einfügen von Kapiteln aus anderen Büchern.

Kostenlose Beratung

Wenn Sie an meinen Büchern kräftig herummäkeln (inhaltliche und Rechtschreibfehler, was ist schwer verständlich oder veraltet), erwerben Sie ein Anrecht auf eine kostenlose Beratung.

Ich erwarte eine kurze Antwort von Ihnen, wenn ich Ihnen einen Tipp gegeben habe oder einen Ratschlag für eine Fehlersuche: Waren meine Spekulationen über die Fehlerursache zutreffend? Denn ich biete Ihnen die Beratung nicht aus Langeweile an, sondern damit auch ich daraus lernen kann!

1. Auflage: Januar 2011, 2. Auflage: Juli 2013,
3. Auflage: April 2015, 4. Auflage: Nov. 2016,
5. Auflage: Dez. 2019, 6. Auflage: Febr. 2021,
7. Auflage: Mai 2022, 8. Auflage: Juli 2023,
9. Auflage: Juli 2024, überarbeitet März 2025
Preis: 34,00 Euro 120 Abbildungen, 54 Tabellen
Das Buch gibt es in zwei Ausführungen mit identischem Inhalt:

28 x 20 cm, Softcover	ISBN 978-3-00-03259-6-0	304 Seiten
24 x 17 cm, Hardcover	ISBN 978-3-98-14657-6-1	388 Seiten

Rezensionen

ekz (die Einkaufszentrale und Informationsdienst der öffentlichen Bibliotheken): „Das großformatige Buch bietet solides Grundlagenwissen zur Computerhardware. Gut verständlich geschrieben, ohne Fachchinesisch und nur einige technische Kenntnisse voraussetzend werden schwerpunktmäßig die Bestandteile und Funktionen von Zentraleinheit, Speichern, Ausgabegeräten, Eingabegeräten, Gehäuse, Netzwerkkomponenten und die Besonderheiten von Notebooks behandelt. Abschließend geht es um Tipps zum PC-Kauf, Hinweise zur Fehlersuche, die Ursachen von Alterung und Verschleiß bei Hardwarekomponenten sowie Reparatur-/Tuningmaßnahmen bei PC und Notebook. Mit aussagekräftigen Farbfotos, Fachworterklärungen, Tabellen und weiterführenden Internetquellen. Fazit: ausgezeichnete Grundlage in Vergleich zu relativ kurzlebigen Reparaturratgebern."

Gerhard P.: „Unser Sohn (11 Jahre) ist völlig begeistert von Ihrem hervorragend geschriebenen und illustrierten Buch und liest es abendlich als Bettlektüre!!!"

Jakob W.: Wer schon immer die grundlegenden Themen zur Computerhardware verstehen wollte hat mit diesem Buch eine große Chance dazu. Es liest sich exzellent und motiviert zum tiefen Eindringen in die Tiefen der Bits und Bytes. Allein die simple Frage, wieso der PC Binär „denkt", ist in keinem anderen Buch so gut beschrieben!

Katrin A.: Nachdem ich „Computerhardware für Anfänger" gelesen habe, mache ich mich nun an die anderen Bücher. Ihre Erklärungen, Ihr Stil und Ihr Humor gefallen mir sehr. Mit Vergnügen nutze ich die Zeit im Lockdown, um mich in Informatik fit zu machen.

Peter B.: „entdeckt hab ich Ihre Bücher in der Bücherei, gelesen, verschlungen, weil verständlich für den Nichtprofi und doch nicht absoluten Anfänger. Viel neues gelernt und darum erwarte ich schon sehnlichst das Buch mit Hardware für Fortgeschrittene, also bitte informieren, wenn fertig, und ja, es gäbe noch viele Themen verständlich zu machen, wie z.B. kleine Netzwerke oder Virtualisierung für den Heimgebrauch. Danke für ihre Arbeit. Mit lieben Grüßen aus Wien Peter B."

Lutz Rolf Willi: „Klaus Eifert hat es hervorragend verstanden einem Halblaien (70 Jahre alt!!) es verständlich rüber zu bringen. Für jeden Computerfreak ein Muss! Sehr ausführlich geschrieben und auch vieles dabei, was man wissen sollte. Sollte als Schulbuch eingeführt werden!"

Dr. Hans-Joachim Niemann: „Für einen Laien ... ist es nicht einfach, auf Hardware-Fehler zu reagieren. Das ganze PC-Ding weggeben? Einen neuen kaufen und in Kauf nehmen, dass kein Programm mehr so läuft wie es früher mal lief? Und dann die ganze Aufspielerei von Dutzenden neuer und alter, vielleicht veralteter Programme, die man aber nicht missen möchte? Vielleicht ist es nur eine Winzigkeit, die ich selber hätte beheben können? Daher: man sollte schon etwas wissen über dieses Gerät, mit dem man täglich arbeitet. Dieses Buch ist dafür bestens geeignet und geradezu gold- bzw. geldwert. ganz leicht sind nun die einzelnen Teile des Pc zu verstehen. ganz klar nun die oft gehörten, nie ganz verstandenen Fachausdrücke. ... Dank an den Autor, auch für seine vorbildlich klare und sachliche Schreibweise."

Dr. Mengert: Sehr gutes Buch. Zwar für Laien geschrieben, trotzdem auf anspruchsvollem Niveau. Es erfüllt einen Bedarf, den sicher viele Computerenthusiasten haben, und der nur schwer zu erfüllen ist, wenn man sich nicht in die reine Fachliteratur vertiefen will. Gut, dass das Buch in kurzen Abständen immer wieder auf den neuesten Stand der Technik gebracht wird. Glückwunsch für den Autor!

Peter B.: „Entdeckt hab ich ihre Bücher in der Bücherei, gelesen, verschlungen, weil verständlich für den Nichtprofi und doch nicht absoluten Anfänger. Viel Neues gelernt und darum erwarte ich schon sehnlichst das Buch mit Hardware für Fortgeschrittene, also bitte informieren, wenn fertig, und ja, es gäbe noch viele Themen verständlich zu machen, wie z.B. kleine Netzwerke oder Virtualisierung für den Heimgebrauch. Danke für ihre Arbeit. Mit lieben Grüßen aus Wien Peter B."

Inhaltsübersicht des Buches „Computerhardware für Anfänger"

1. Grundlagenwissen
2. Zentraleinheit: CPU, Mainboard, Plug-and-Play, Anschlüsse, BIOS.
3. Speicher: RAM, ROM, Flash-Speicher.
4. Magnetische und SSD-Massenspeicher, RAID, Externe Festplatten.
5. Optische Massenspeicher: CD, DVD, Blu-Ray, MDISK, DVD-RAM, Lebensdauer.
6. Ausgabe: Bildschirm, Grafikkarte, Sound, Tinten-,Laser- und 3D-Drucker.
7. Eingabe: Tastatur, Maus, Touchpad, Touchscreen, Scanner, Joystick u.a.
8. Netzteil, Gehäuse und Lüfter. Kühlung, leise PC, Formfaktoren.
9. Netzwerke: Grundlagen, Technik, WLAN, PowerLAN, Mobilfunk.
10. Notebooks und andere mobile Geräte: Besonderheiten, Stromversorgung, Reparaturen.
11. Gedanken vor dem Kauf: Wie teuer? Wie langlebig? Overclocking? Reparaturen?
12. Warum altern PCs? Warum gehen sie kaputt? Kondensatoren, Elektromigration, Umwelt.
13. Reinigung, Kleinreparaturen und Aufrüstung. Austausch von RAM, Festplatte, DVD.
14. Notebook reinigen und reparieren.
15. Fehlersuche: Hardware- oder Softwareproblem? Internet geht nicht.
16. Anhang: Bilder- und Tabellenverzeichnis, Index. Fachwortverzeichnis.

1. Auflage: Mai 2016, 2. Auflage: Februar 2018,
3. Auflage: Sept. 2019, 4. Auflage: Juli 2021
5. Auflage: August 2022, 6. Auflage: Juli 2023,
7. Auflage: März 2024, 8. Auflage: März 2025
9. Auflage: Februar 2026
Preis: 32,00 Euro 127 Abbildungen, 49 Tabellen
Das Buch gibt es in zwei Ausführungen mit identischem Inhalt:
28 x 20 cm, Softcover ISBN 978-3-98-14657-4-7 224 Seiten
24 x 17 cm, Hardcover ISBN 978-3-98-14657-5-4 276 Seiten

Dieses Buch soll Ihnen Mut machen, Ihren Computer zu reparieren, aufzurüsten und die Komponenten eines Computers auszuwählen, den Sie anschließend selbst zusammenschrauben.

Sie trauen sich nicht, an Ihrem Computer herumzuschrauben? Wenn Sie sich trauen, aus fünfzig Teilen nach Anleitung eine Schrankwand zu montieren, schaffen Sie das auch mit einem PC. Wobei ein PC viel einfacher ist: Er besteht nur aus einem Dutzend Komponenten.

Rezensionen

ekz - Informationsdienst: „Anknüpfend an „Computerhardware für Anfänger" wendet sich der EDV-Spezialist an fortgeschrittenere PC-Nutzer und vermittelt, wie man PCs/Notebooks selbst repariert oder aufrüstet, geeignete Komponenten auswählt und den eigenen Wunsch-PC zusammenbaut. In der 1. Hälfte wird weniger bekanntes Detailwissen zu den einzelnen Bauteilen wie Zentraleinheit, Kühlung, RAM, Massenspeicher und Netzteil behandelt. Anschließend wird die Auswahl der Komponenten für einen PC der gehobenen Mittelklasse und die Montage erklärt. Separate Kapitel gehen auf die Reparatur/Reinigung eines Notebooks und die systematische Fehlersuche bei Soft- und Hardwareproblemen ein. Thematisch anspruchsvoller als der Anfängerband, aber ebenso anschaulich und gut nachvollziehbar mit zahlreichen Farbfotos, Warnhinweisen bei kritischen Arbeitsschritten, konkreten Produktvorschlägen, geldwerten Praxistipps, ausführlichem Fachwort-Glossar, weiterführenden Links und Quellenangaben."

Superstaticus: „Ich habe immer wieder die einschlägigen Buchangebote des Marktes durchstöbert und einige Bücher zum Thema gefunden. Leider versprechen die meisten Bücher zu viel. Selbst Bücher mit dem Hinweis „gute Selbstbauanleitung" scheitern am Thema, weil diese häufig die Kompetenz vermissen lassen und/oder es an der Systematik oder der treffenden Beschreibung von Bauteilen mangelt. Ganz arg wird es wenn die aktuelle Auflage gar schon 2 Jahre alt ist. Vielen Autoren geht bei der Aktualität die Puste aus. Genau an diesem Punkt gewinnt dieses Buch. ... Dem Autor sei Dank!"

P. Schmidt – 8. August 2024
Ich habe mit großem Interesse Ihr Buch „Hardware für Fortgeschrittene" gelesen und obwohl ich schon lange am Thema interessiert und im Beruf früher an einer allgemeinbildenden Schule auch in der IT tätig war, fand ich viele nützliche und wichtige Informationen darin. Wäre ich nicht bereits in Pension, würde ich Ihre Bücher als Lehrwerke für Grund- und Erweiterungskurse an meiner ehemaligen Schule zur Anschaffung empfehlen! Gerade junge Menschen glauben oft, dass sie gute Kenntnisse in diesem Bereich haben, aber leider ist damit meist nur die Social Media-Sparte und die Smartphonenutzung gemeint.

Markus M.: Ich möchte ein Lob aussprechen über die Bücher „Computerhardware für Anfänger" und „Computerhardware für Fortgeschrittene". Sie lesen sich sehr toll und ich benutze sie auch nach dem Durchlesen noch sehr gerne als Nachschlagewerk. Im Dezember habe ich meinen ersten PC zusammengebaut, das Buch von Ihnen zuvor gelesen und beim Zusammenbau hatte ich so gut wie keine Probleme (nur am Anfang aus Versehen vergessen den EPS12-Stecker einzustecken, weshalb sich erst mal nichts tat). Danach hat alles super funktioniert. Vielen Dank!

Jürgen S.: Der Aufbau und Inhalt des Buches, aber besonders wie Sie die einzelnen Thematiken vermitteln, hat mich positiv beeindruckt und dazu bewogen, mir auch das Buch „Computerhardware für Anfänger" zu bestellen.

Milen: Ich bin Ingenieur. Die Bücher von Herrn Eifert für Computerhardware sind die besten die ich je gelesen habe. Umfangreich und sehr interessant geschriben. Vielen Dank und herzlichen Glückwunsch!

M. Enchev: Die Praktischen Beispiele und die „Systematische Fehlersuche" sind wirklich super.

Karin K.: Ich liebe Ihre Bücher. Sie sind verständlich geschrieben und prallvoll mit Informationen. Dabei sind sie so interessant verfasst, dass ich sie am liebsten in einem Zug durchlesen würde. Außerdem fühle ich mich wie an die Hand genommen und habe große Hoffnung, brenzlige Situationen zukünftig erfolgreich entschärfen zu können, bzw. es gar nicht erst dazu kommen zu lassen. Ich hoffe, Sie werden weiterhin so geniale Computerbücher verfassen. Nochmals vielen Dank und viele Grüße! Karin K.

Inhaltsübersicht des Buches „Computerhardware für Fortgeschrittene"

1. Zentraleinheit: BIOS, BIOS-Update, Dual-BIOS, Bussysteme, Energiesparfunktionen, USB.
2. Kühlung: CPU-Kühler, Materialien, Wärmeleitpaste und Alternativen, leise und lautlose PC.
3. RAM: Grundwissen, Timing, Speicherfehler, DDR4 und DDR5.
4. Massenspeicher: Firmware, Datenrettung, Fehlerkorrektur, Flash-Speicher, SSD.
5. Optische Massenspeicher: Red Book und Yellow Book. Justierung, Codierung, Fehlerkorrektur.
6. Netzteil: Wirkungsgrad, Power Factor Correction, Standby, Schutzschaltungen, Kabelmanagement.
7. Wunsch-PC zusammenstellen: Kriterien, Marktführer, Umwelt. Konkrete Empfehlungen.
8. Den Wunsch-PC montieren oder aufrüsten: Hinweise, Sicherheit, Material und Werkzeuge.
9. Gehäuse: Öffnen, Montieren, Frontblende befestigen.
10. Hauptplatine, CPU und RAM einbauen: CPU einsetzen, Kühler montieren, Abschlusskontrolle.
11. RAM bestücken: Typ auswählen, Bestücken, Nachrüsten.
12. Mainboard Connectors: Vorstellung aller Steckverbindungen.
13. Rund ums Netzteil: Prüfen, ATX12V und EPS12V, Zusatzstrom für Grafikkarten, Luftführung.
14. Hauptplatine einbauen: Abstandsbolzen, rückwärtige Blende, Einbau.
15. Montage Massenspeicher: Festplatten, S-ATA, M.2, P-ATA, DVD, Notfall.
16. Notebook reinigen und reparieren: Pflege, Komponenten wechseln, Wasser im Notebook.
17. Systematische Fehlersuche: Startprobleme, Abstürze, Einfrieren, PC zu langsam, Netzwerk, Notebooks
18. Allerlei auswechseln: Mainboard, Batterie, Grafikkarte, Festplatte.
19. Anhang: Übersicht Datenübertragungsraten, Fachwortverzeichnis, Tabellen und Bilder, Index.

1. Auflage: Juni 2013, 2. Auflage: März 2015,
3. Auflage: Jan. 2017, 4. Auflage: Okt. 2020,
5. Auflage: Mai 2021, 6. Auflage: Januar 2024
Seit Dez. 2021 mit neuem Titel:
„Datensicherung für Home und Office“,
7. Auflage: Februar 2026
Preis: 26,00 Euro, 96 Abbildungen

Das Buch gibt es in zwei Ausführungen mit identischem Inhalt:
28 x 20 cm, Softcover ISBN 978-3-9814657-1-6 250 Seiten
24 x 17 cm, Hardcover ISBN 978-3-9814657-7-8 296 Seiten

Nur sehr wenige Computernutzer sichern Daten regelmäßig. Einige Nutzer sichern Daten nur sporadisch. Und es gibt nicht wenige Nutzer, die ihre Daten noch nie gesichert haben. Die meisten wissen einfach nicht, wie es gemacht wird.

- Ist Ihnen eigentlich bewusst, auf welchem Minenfeld sich Ihre Daten befinden? Wie vielfältig die Risiken für Ihre Daten sind? Es gibt mehr Gefahren als nur Festplattenfehler und Viren. Und wenn die Daten weg sind: Wissen Sie, dass eine professionelle Datenrettung viele hundert Euro kostet?
- Ist Ihnen bekannt, wie klein der Aufwand sein kann, Ihre Daten regelmäßig zu sichern? Mit einer Investition von nur 20 Euro und 20 Minuten (nach Lesen der ersten 30 Seiten dieses Buches) können Sie das Schlimmste verhindern.
- Außerdem: Ist Ihnen klar, wie problematisch die Aufbewahrung von Daten über mehr als fünf Jahre ist? Was Sie tun müssen, um Ihre digitalen Fotos auch nach 20 Jahren noch betrachten zu können?

Rezensionen

Superstaticus: „Schade für andere Autoren die sich zum Thema abmühen und auf 500 Seiten nicht das zusammenbekommen was hier auf nur 132 Seiten gelungen ist. … Dieses Buch ist keine Empfehlung, sondern ein Muss!“

Karin Kösling-Berger: „Ein informatives Nachschlagewerk rund um die Datensicherung. Verständlich und interessant geschrieben. Es macht Spaß, dieses Buch zu studieren. Ich kann es uneingeschränkt empfehlen.“

Gorski: „Das Buch ist sehr übersichtlich gestaltet und verständlich geschrieben. Die Ausführungen übertreffen meine Erwartungen. Ein gutes Nachschlagewerk für jeden PC-Benutzer.“

Willi Robotnik: Geniale Tipps aus der Praxis! „Es ist immer wieder für alle ein Gewinn, wenn jemand aus der Praxis sich aufrafft und seine Erfahrungen für uns zugänglich macht. Das Buch ist erfreulich schmal, die Beschreibungen der Problemlösungen sind erprobt und rasch umzusetzen (auch für absolute Laien).“

Harald N.: Es war für mich ein Glücksfall, als ich den Verlag Eifert entdeckte. Kaum zu glauben, aber doch die Realität: Ein „unbezahlbares“ Fachwissen, ein Leitfaden gegen jedes „Computer-Leid“, eine wegweisende Richtung für alle Probleme („die man ohne Computer kaum kennt“). Mein persönlicher Dank für die umfassende Unterstützung. Immer neugierig auf weitere Themen!

David: Top! Es ist alles bis ins Detail beschrieben! Gerade die ganzen CMD-Befehle für die Datensicherung sind für „neugierige und zum Teil schon Vorbelastete XCopy/Robocopy-Freunde“ absolut interessant und verständlich beschrieben. Ideal wäre natürlich noch die PDF-Datei, damit man die Befehle nicht selbst schreiben oder per OCR einlesen muss.

Andreas: Alles was man braucht auf nur 126 Seiten. Ich würde dieses Buch immer wieder kaufen. Kontaktaufnahme zum Autor wurde prompt beantwortet! Besser geht es nicht!

Otto: Kurz und bündig. Alles was man zum Thema wissen muss, prägnant und verständlich erklärt. Der Mann kennt sich aus. Echt sehr gut und ich empfehle es gerne weiter..

Inhaltsübersicht des Buches „Datensicherung für Home und Office"

Einführung
Risiken: Stellen Sie sich vor: Ihre Festplatte ist defekt. Sind Ihre Daten in Gefahr? Was sind Ihre Daten wert?
Geräte für die Datensicherung: DVD und Blu-ray, Externe Festplatte und USB-Speicherstick, Festplatte eines anderen PC, Online-Backup.
Methoden und Hilfsmittel: Vollsicherung und Teilsicherung, Drei-Generationen-Sicherung. Das Image: ein vollständiges Speicherabbild.
Daten sinnvoll ordnen: Wo befinden sich Ihre Daten? Partitionen: Programme und Daten trennen.
Langzeit-Archivierung: Lebensdauer von Daten und Datenträgern, von Technologien und von Codierungen.
Werkzeuge und Programme: Eingabeaufforderung, Umzugsassistent, Windows-Backup, Automatisierung.
Kopierprogramme: Windows-Explorer und ROBOCOPY. MS Disk Manager und seine Konkurrenten.
Daten organisieren: Den optimalen Platz für die Daten finden: Die „Eigenen Dateien" verlagern, Voreinstellungen für den Speicherort ändern. E-Mail und Adressbücher, Besonderheiten beim Sichern von Datenbankprogrammen.
GoBD: Gesetzliche Grundlagen, Aufbewahrungsfristen
Netzwerk-Grundlagen: IP-Adresse und Netzwerknamen ermitteln, Benutzer einrichten, Ordner freigeben, Verbindungen einrichten.
Automatisierung: Taskplaner, in Abwesenheit sichern, Protokollierung
Disaster Recovery: Vorbeugen. Ich glaubte, ich hätte ein Backup.
Wiederherstellen nach Totalverlust
Ich kann die Daten nicht mehr lesen! Was nun? Tipps und Anleitungen.

1. Auflage: Dezember 2014, 2. Auflage: September 2015,
3. Auflage: Dezember 2017, 4. Auflage: September 2019,
5. Auflage: Februar 2022, 6. Auflage: Dezember 2024
ISBN 978-3-9814657-3-0 Preis: 23,00 Euro
288 Seiten, 67 Abbildungen, 22 Tabellen
Es ist nur die Ausführung mit Ringbindung erhältlich.

Im Internet werden wir mit Spam belästigt und mit Werbelügen eingedeckt, von Phishern ausgetrickst und von Geheimdiensten ausspioniert. Viren und Trojaner greifen unsere Internetgeräte an, ruinieren das Betriebssystem und zerstören unsere Daten. Abmahnanwälte und betrügerische Webshops wollen an unser Geld, und kriminelle „Hacker" scheffeln Millionen. Doch Sie sind dieser Heerschar von Betrügern nicht hilflos ausgeliefert. Dieses Buch wird Ihnen die Gefahren und die Gegenmittel in leichtverständlicher Sprache erklären. Jeder kann es verstehen.

Und wenn Ihnen die Art der Bedrohung klar geworden ist, werden Ihnen auch die Abwehrmaßnahmen einleuchten. Einige davon sind simpel und trotzdem hochwirksam.

Im Buch werden die folgenden Themen behandelt:

Um sich schützen zu können, muss man wissen, wie das Internet funktioniert.

1. Grundlagen des Internets und wie die Internet-Anwendungen funktionieren
2. HTML, Webseiten und Suchmaschinen
3. Verschlüsselung, Zertifikate, digitaler Fingerabdruck und die Cloud
4. Alles über E-Mail sowie Anleitungen zum Einrichten und Benutzen

Welche Gefahren es gibt und wie Sie sich schützen können

5. Wie Viren, Trojaner und andere Malware funktionieren
6. Auf welchem Wege Ihr PC angreifbar ist
7. Big Brother: Nackt im Internet
8. Antivirenprogramme, Firewalls, Updates, sichere Passwörter
9. Vorsichtsmaßnahmen

Der PC ist befallen - was nun?

10. Ist der PC befallen? Wie rette ich meine Daten?
11. PC neu installieren und Daten säubern

Rezensionen

Helena H.: Erst einmal – danke, dass Sie das Buch „Sicherheit im Internet" verfasst haben. Es hat mir ein solides Grundwissen über die Funktionsweise des Internets an sich und das Vermeiden grober Fehler bzgl. Malware (die ich leider teilweise schon gemacht habe) gebracht.

Fam. Haas: „Ich bin sowas von begeistert und komme erst heute zum Schreiben dieser Mail, da mich die Neugier einfach dazu gezwungen hat, alle drei Bücher erst einmal grob zu überfliegen und mir ein erstes Bild vom Inhalt zu machen. Die Darstellung einerseits und die Praxisbezogenheit andererseits sind beispiellos und unterscheiden sich um Welten von anderen Computerbüchern."

U. Peters: „Das Internet ist für uns alle Neuland" … und dieses Buch von Klaus Eifert ist quasi eine Landkarte bzw. ein Kompass. Der Autor hat ein Talent dafür, Fachbegriffe verständlich zu erklären. Er erläutert, wie das Internet funktioniert, welche Gefahren es birgt, wie der PC geschützt werden kann und was bei einem befallenen PC zu tun ist. Dieses Buch ist sowohl für Anfänger als auch für Fortgeschrittene empfehlenswert."

Andreas: Endlich ein Buch zum Thema das auch einen für den Leser verwendbaren Inhalt hat. Hier schreibt ein Autor der genau weiß worüber er schreibt und nirgendwo abgeschrieben hat. Dieses Buch ist eine ganz klare Empfehlung! Kontaktaufnahme zum Autor ist erwünscht und die Antwort folgt prompt!

Helena H.: Sehr geehrter Herr Eifert, erst einmal – danke, dass Sie das Buch „Sicherheit im Internet“ verfasst haben. Es hat mir ein solides Grundwissen über die Funktionsweise des Internets an sich und das Vermeiden grober Fehler bzgl. Malware (die ich leider teilweise schon gemacht habe) gebracht.

An dieser Stelle möchte ich gleich noch „Computerhardware für Anfänger“ und „Computerhardware für Fortgeschrittene“ vorbestellen, gerne mit dem kleinen Fachwortbuch als Beilage.

Warnung!

Es könnte sein, dass Sie nach dem Lesen dieses Buches ein wenig paranoid reagieren, wenn Sie an Ihren Computer denken. Das tut mir leid. Doch Angriffe auf PCs und Bankkonten sind alltäglich und die Augen zu verschließen ist keine geeignete Strategie. Viele Vorsichtsmaßnahmen kosten weder Zeit noch Geld – man muss sie nur kennen.

Im Buch werden die folgenden Themen behandelt:

Um sich schützen zu können, muss man wissen, wie das Internet funktioniert.

1. Grundlagen des Internets und wie die Internet-Anwendungen funktionieren
2. HTML, Webseiten und Suchmaschinen
3. Verschlüsselung, Zertifikate, digitaler Fingerabdruck und die Cloud
4. Alles über E-Mail sowie Anleitungen zum Einrichten und Benutzen

Welche Gefahren es gibt und wie Sie sich schützen können

5. Wie Viren, Trojaner und andere Malware funktionieren
6. Auf welchem Wege Ihr PC angreifbar ist
7. Big Brother: Nackt im Internet
8. Antivirenprogramme, Firewalls, Updates, sichere Passwörter
9. Vorsichtsmaßnahmen

Der PC ist befallen - was nun?

10. Ist der PC befallen? Wie rette ich meine Daten?
11. PC neu installieren und Daten säubern
12. Regeln für eine sicherheitsbewusste Neuinstallation

1. Auflage: Juli 2012, 2. Auflage: März 2015,
3. Auflage: April 2017, 4. Auflage: Juli 2019,
5. Auflage: November 2024
ISBN 978-3-9814657-2-3 Preis: 26,00 Euro
300 Seiten, 150 Abbildungen, 18 Tabellen
Es ist nur die Ausführung mit Ringbindung erhältlich.

Rezension des ekz - Informationsdienstes

Die ekz ist die Einkaufszentrale der öffentlichen Bibliotheken und gibt Rezensionen und Empfehlungen zum Bestandsaufbau heraus.

„Der Autor wendet sich an den Normalbenutzer, der seinen PC ganz einfach zum Arbeiten oder für sein Hobby einsetzen will. Auf Hintergrundwissen und Fachterminologie wird weitestgehend verzichtet; englische Fachwörter werden erklärt und möglichst durch deutschsprachige Begriffe ersetzt. Eine Einführung in das Programmieren im klassischen Sinn ist das Buch nicht. Hier finden sich auch Hinweise, dass der Leser sorgfältig prüfen sollte, ob er jeder neuen Version auch folgen muss. Inhaltliche Schwerpunkte liegen u.a. bei Dateien und Dateisystemen, bei der Systemregistrierung, bei Treibern, beim Installieren von Anwendungsprogrammen und bei der Wartung und Fehlersuche. Hinweise auf nützliche Freeware. Viele Tabellen und Praxistipps, locker geschrieben, gut nachvollziehbar."

Rezensionen

UncleBens schreibt: „Ich habe das Buch in meiner Begeisterung über „Computerhardware für Anfänger" ... gekauft und wurde dabei auch nicht enttäuscht. „Software-Grundlagen" ist ein wirklich gutes Buch zum Einstieg in die Thematik der Software. Der Inhalt wird gut erklärt und ist somit für jeden leicht zu verstehen. Es beinhaltet zudem eine Menge Tipps und Tricks im Umgang mit dem PC und lässt sich auf Grund der Fülle an Informationen auch als Nachschlagewerk verwenden. Ein Buch von Klaus Eifert würde ich jeder Zeit wieder kaufen."

AfricanQueen meint: „Seit vielen Jahren wieder einmal ein Computerfachbuch, welches so spannend – und dazu auch noch leicht und einfach zu lesen – ist, daß ich es von Anfang bis Ende in einem Zug durchgelesen habe. ... Viele Tipps, wie man mit dem Computer besser umgehen kann, werden so nebenbei eingestreut. ... Schade, daß ich „nur" maximal fünf Sterne vergeben kann, das Buch hätte mehr verdient."

Wolfgang H. schreibt: „Kann dieses Buch einfach nur jedem PC-User, welcher einfach verstehen will was da im Hintergrund so passiert, nur empfehlen! Gut, einfach, übersichtlich und nachvollziehbare Lektüre!"

Sandra M. schreibt: „Ich fand das Buch schon in der 1. Auflage so toll und einfach geschrieben, so daß es auch Laien verstehen, daß ich das Buch unbedingt besitzen musste. Und was soll ich sagen... Die 2. Auflage ist sogar besser geworden, da sich ja die Technik laufend weiterentwickelt. Das Gute an dem Buch ist auch, das sich Bilder zum besserem Verständnis darin befinden :-)"

H. Winterfeld: Klaus Eifert besitzt die Gabe, komplizierte Dinge in gut verständlicher Weise darzustellen. Er versteckt sich nicht hinter einer verschwurbelten Fachsprache, sondern erklärt Fachbegriffe und vermittelt solides Grundwissen zur Software und damit Sicherheit im Umgang mit dem PC. Schade, dass ich nicht früher auf dieses Buch aufmerksam geworden bin – so habe ich völlig sinnlos viel Energie damit verschwendet, meinem PC furchtbar böse Wörter entgegen zu kreischen.

Dietmar W.: Sehr geehrter Herr Eifert! Ihre Bücher füllen eine Marktlücke, weil sie präzise, schnörkellos, verständlich und informativ sind! Fachworte werden neben dem zusätzlichen Stichwortverzeichnis dort erklärt, wo sie hingehören (im Text). Dafür noch einmal: Vielen Dank. Viele Grüße von Ihrem neuen Fan!

Gudrun S.: Trotz fortgeschrittenen Alters hab ich meine Ausbildung zur Betriebsinformatikerin vor kurzem absolviert. Ihre Bücher haben mir die für mich eigentlich fremde Thematik richtig gut nahe gebracht und ich hatte richtig Spaß am Lernen. Da ich nun mein Wissen auffrischen und vertiefen möchte, bestelle ich bei Ihnen gerne die anderen Titel ... Ich freu mich schon sehr auf die Lieferung, wenn ich endlich meine Lieblingsbücher wieder habe.

Inhaltsübersicht des Buches „Software-Grundlagen"

1. Einleitung: Grundlagenwissen, Hardware-Grundkenntnisse, Software-Grundkenntnisse
2. Programmiersprachen: Was bedeutet „Programmieren"? Assembler- und Hochsprachen
3. Massenspeicher: Cloud, Unterteilung der Festplatte, Partitionen.
4. Dateien und Dateisysteme. Eigenschaften von FAT, NTFS u. a.
5. Das Betriebssystem: Fachbegriffe, Treiber und Dienste, Updates.
6. Die Systemregistrierung: Aufbau, Änderungen, Sichern, Wiederherstellungspunkte
7. Anwendungsprogramme: Installieren und Deinstallieren, Programmbibliotheken, Windows neu installieren, mehrere Betriebssysteme auf einem PC, virtueller PC.
8. Wartung und Fehlersuche: Wartung, Datensicherung, Fehlersuche, Passwortprobleme.
9. Softwarefehler
10. Anleitung zur Neuinstallation: Windows installieren, anpassen und verbessern
11. Daten optimieren, Eigene Dateien verlagern, Explorer optimieren.
12. Windows optimieren, Benutzerkonten einrichten, sinnvolle und sinnlose Verbesserungen.
13. Anwendungen installieren und optimieren.
14. E-Mail installieren und konfigurieren, Postfach mieten und einrichten, Virenschutz.
15. Anhang: Zahlensysteme.
16. Fachwörterbuch, Verzeichnis der Anleitungen, Bilder und Tabellen, Index.

Die „**Ersten Schritte mit dem PC**" bestehen aus zwei Teilen.

Teil 1 mit 60 Seiten gibt es in zwei Ausführungen: Für Windows 10 oder 11. Bitte geben Sie bei der Bestellung an, welches Windows Sie nutzen!

Teil 2 mit 25 Seiten: Internet, E-Mail, Das Internet sicher nutzen.

Preis: 10,00 Euro

Dieses Heft wurde für eine AG „Computer" geschrieben. Es wurde mit Schülern der 3. und 4. Klassen zehn Jahre lang erprobt. Es eignet sich auch für alle anderen Neueinsteiger, die das **erste Mal** vor ihrem Computer sitzen und sich nicht an der „Du-Ansprache" für die Kinder stoßen.

Der Einstieg erfolgt mit dem Malprogramm „Paint". Die Schüler lernen das Markieren, Ausschneiden, Kopieren, Einfügen, das „Rückgängig machen" sowie den Umgang mit der Tastatur und viele Tastenkombinationen.

Ganz wichtig ist das Kennenlernen von „Speichern", „Speichern unter" und „Öffnen", um die kleinen Kunstwerke in der nächsten Stunde wiederfinden zu können. In diesem Zusammenhang werden auch die Besonderheiten von Festplatten und anderen Massenspeichern vorgestellt.

Das Ausschneiden, Kopieren und Einfügen wird beim Verfassen von Texten weiter geübt. Immer beliebt: Das Einfügen von Bildern in Texte, nützlich beispielsweise für Vorträge.

Wie funktioniert das Internet? Wie nutzt man effektiv einen Browser?

Wie sucht man mit Google? Wie findet man zuverlässige Informationen und wie fügt man diese in eigene Texte ein?

Es ist nicht einfach, Bilder zu finden und diese in hoher Auflösung herunterzuladen. Zurechtgeschnitten müssen die Bilder auch noch werden. Und das schwierigste: das Bild an der richtigen Stelle im Text zu platzieren.

Mit Excel kann man blitzschnell eine Tabelle mit dem kleinen und großen Einmaleins erstellen, oder einen individuellen Kalender. Die anspruchsvolleren Funktionen üben wir am Beispiel einer Kostenkalkulation für eine Party.

E-Mail: Einrichten und nutzen. Eigene Bilder als Anhang verschicken. Gefahren durch Viren und Anhänge.